„Vorwärts immer, rückwärts nimmer!"

Interne Dokumente zum Zerfall von SED und DDR 1988/89

Herausgegeben und eingeleitet
von Gerd-Rüdiger Stephan
unter Mitarbeit
von Daniel Küchenmeister

„Vorwärts immer, rückwärts nimmer!"

Interne Dokumente zum Zerfall
von SED und DDR 1988/89

Dietz Verlag Berlin

„Vorwärts immer, rückwärts nimmer!". Interne Dokumente zum
Zerfall von SED und DDR 1988/89 / Hrsg. von
Gerd-Rüdiger Stephan. - Berlin : Dietz Verl. - 1994. - 302 S.

ISBN 3-320-01859-0

© Dietz Verlag Berlin GmbH 1994
Schutzumschlag und Einband: Brigitte Bachmann unter
Verwendung eines Fotos von Dr. Gerd Murza
Die Satzvorlage lieferte der Herausgeber
Printed in Austria
Druck und Bindearbeit: Druck- und Verlagsanstalt Wiener Verlag

Inhalt

Vorwort 5

Kapitel 1 Übergang zum „harten Kurs": Von den Januar-
Ereignissen bis zum Sputnik-Verbot 1988 25

Dokument 1: Information der ZK-Abteilung Parteiorgane
über eine sogenannte beabsichtigte Provokationen von Ausreise
antragstellern in Berlin, 14. Januar 1988 25

Dokument 2: Maßnahmen der SED-Bezirksleitung Berlin
„zur Sicherung eines störungsfreien Verlaufs der Kampf
demonstration" am 17. Januar 1988 26

Dokument 3: SED-Politbürovorlage „Zur Festnahme von
Personen wegen des begründeten Verdachts landeverräterischer
Beziehungen", 29. Januar 1988 27

Dokument 4: Information der ZK-Abteilung für Sicherheitsfragen an das SED-Politbüro zu den Übersiedlungsersuchen
nach der BRD vom 14. April 1988 30

Dokument 5: Streng geheime interne Information des MfS
„Hinweise über bedeutsame Aspekte der Reaktion der Bevölkerung" vom 25. August 1988 36

Dokument 6: Expertise des Direktors des Zentralinstituts für
Jugendforschung (ZIJ) in Leipzig, Walter Friedrich, für Egon Krenz
vom 21. November 1988 „Einige Reflexionen über geistig-kulturelle
Prozesse in der DDR" 39

Dokument 7: „Hinweise zu einigen bedeutsamen Aspekten der
Reaktion der Bevölkerung im Zusammenhang mit der Mitteilung über
die Streichung der Zeitschrift 'Sputnik' von der Postzeitungsvertriebsliste der DDR", vorgelegt von der Zentralen Auswertungs- und Informationsgruppe (ZAIG) des MfS am 30. November 1988 53

Kapitel 2 Gegen alle Widerstände: Durchhalteparolen
und Repression im ersten Halbjahr 1989 58

Dokument 8: Vorlage der Staatlichen Plankommission und
des DDR-Finanzministeriums für das SED-Politbüro „Konzeption
des Ansatzes für den Fünfjahrplan 1991 - 1995 und für die
staatlichen Aufgaben 1990" vom 24. Februar 1989 (Auszug) 58

Dokument 9: Aufzeichnungen des 1. Sekretärs der SED-
Stadtleitung Dresden, Werner Moke, über eine Rede von Erich
Honecker auf der SED-Politbürositzung am 28. Februar 1989 63

Dokument 10: Grundlinie der Staatlichen Plankommission zur DDR-
Zahlungsbilanz für das SED-Politbüro vom 7. April 1989 (Auszug) 69

Dokument 11: Schreiben von Egon Krenz an die Leiter der
Wahlkommissionen vom 2. Mai 1989 72

Dokument 12: Niederschrift über das Gespräch des Generalsekretärs
des Zentralkomitees der SED und Vorsitzenden des Staatsrates der
DDR, Erich Honecker, mit dem Mitglied des Politbüros des Zentralkomitees der KPdSU undMinisters für Auswärtige Angelegenheiten
der UdSSR, Eduard A. Schewardnadse am 9. Juni 1989 in Berlin 75

Dokument 13: BRD-Bericht über die „innere Lage der DDR nach
dem 8. ZK-Plenum", Juli 1989 89

**Kapitel 3 Der Massenexodus: Botschaftsbesetzer
und Ausreisewelle im Sommer 1989** 95

Dokument 14: Schreiben von Bundeskanzler Helmut Kohl an
SED-Generalsekretär Erich Honecker, 14. August 1989 95

Dokument 15: Verlauf der Sitzung des SED-Politbüros am
29. August 1989 96

Dokument 16: Schreiben Erich Honeckers an Helmut Kohl vom
30. August 1989 107

Dokument 17: Vermerk über das Gespräch des Mitglieds des Politbüros und Sekretärs des ZK der SED, Genossen Günter Mittag,
mit dem Minister für Auswärtige Angelegenheiten der Ungarischen
Volksrepublik, Genossen Gyula Horn, am 31. August 1989 109

Dokument 18: Schreiben Eduard Schewardnadses an Oskar Fischer
vom 1. September 1989 113

Dokument 19: Erklärung des DDR-Außenministeriums an das
Außenministerium Ungarns vom 4. September 1989 115

Dokument 20: Verlauf der Sitzung des SED-Politbüros am
5. September 1989 118

Dokument 21: Vermerk über das Gespräch des Ministers für
Auswärtige Angelegenheiten der DDR, Oskar Fischer, mit dem
Außerordentlichen und Bevollmächtigten Botschafter der UdSSR
in der DDR, Wjatscheslaw I. Kotschemassow, am 5. September 1989 126

Dokument 22: Vermerk über das Gespräch des Ministers für
Auswärtige Angelegenheiten der DDR, Oskar Fischer, mit dem
Außerordentlichen und Bevollmächtigten Botschafter der UdSSR
in der DDR, Wjatscheslaw I. Kotschemassow, am 7. September 1989 129

Dokument 23: Information über das Gespräch des Leiters der
Ständigen Vertretung der DDR in der BRD, Horst Neubauer, mit
dem Bundesminister für besondere Aufgaben und Bundeskanzleramtschef, Rudolf Seiters, am 7. September 1989 131

Dokument 24: Information über die Aktivitäten der DDR gegenüber
der BRD zur Frage des widerrechtlichen Aufenthaltes von DDR-Bürgern in BRD-Vertretungen vom 31. August bis 7. September 1989 132

Dokument 25: Erstes Fernschreiben vom DDR-Botschafter in
Ungarn, Gerd Vehres, am 8. September 1989   134

Dokument 26: Zweites Fernschreiben vom DDR-Botschafter in
Ungarn, Gerd Vehres, am 8. September 1989   136

Kapitel 4   Der offene Krisenausbruch: Von der Grenzöffnung in Ungarn bis zur Abwahl Honeckers   138

Dokument 27: Erstes Fernschreiben vom DDR-Botschafter in
Ungarn, Gerd Vehres, am 10. September 1989   138

Dokument 28: Zweites Fernschreiben vom DDR-Botschafter in
Ungarn, Gerd Vehres, am 10. September 1989   141

Dokument 29: Schreiben vom DDR-Botschafter in Ungarn, Gerd
Vehres, an Außenminister Oskar Fischer vom 10. September 1989   142

Dokument 30: Verlauf der Sitzung des SED-Politbüros am
12. September 1989   146

Dokument 31: Protokoll der Sitzung des SED-Politbüros vom
29. September 1989   154

Dokument 32: Protokoll der Sitzung des SED-Politbüros vom
4. Oktober 1989 (Auszug)   155

Dokument 33: Redemanuskript von Hans Modrow für die
Beratung der 1. Bezirkssekretäre der SED mit Erich Honecker
am 12. Oktober 1989 in Berlin   157

Dokument 34: Notiz über ein Gespräch Wadim Medwedjews mit
Kurt Hager im ZK der KPdSU in Moskau am 13. Oktober 1989   162

Dokument 35: Protokoll der Sitzung des SED-Politbüros vom
17. Oktober 1989 (Auszug)   166

Kapitel 5   Verzweifelte Versuche zur Rettung des DDR-Sozialismus: Vom 9. bis zum 10. ZK-Plenum   167

Dokument 36: Botschaft Wjatscheslaw Kotschemassows an
Egon Krenz vom 20. Oktober 1989   167

Dokument 37: Vorlage für das Politbüro des ZK der SED vom
20. Oktober 1989 („Neues Forum")   168

Dokument 38: Grundsätze für den Entwurf eines Gesetzes zu
Reisen von Bürgern der DDR in das Ausland vom 23. Oktober 1989   173

Dokument 39: Vorschläge des SED-Politbüros für „Maßnahmen gegen antisozialistische Sammlungsbewegungen" vom 23. Oktober 1989   174

Dokument 40: Antwort auf die Mitteilung an das Ministerium des
Innern über die Gründung der Sozialdemokratischen Partei in der DDR   179

Dokument 41: Gespräch zwischen dem Generalsekretär des ZK der
SED, Egon Krenz, und dem Bundeskanzler der BRD, Helmut Kohl,
am 26. Oktober 1989, von 8.30 Uhr bis 8.44 Uhr   180

Dokument 42: ZK-Information „Zur aktuellen politischen Lage in der DDR" vom 30. Oktober 1989 — 186

Dokument 43: Argumentation zum Entwurf des Reisegesetzes, beschlossen vom SED-Politbüro am 31. Oktober 1989 — 192

Dokument 44: Information für das SED-Politbüro über Stand und Vorbereitung der Demonstration auf dem Berliner Alexanderplatz am 4. November 1989, eingebracht am 31. Oktober 1989 — 196

Dokument 45: Niederschrift des Gesprächs von Egon Krenz, Generalsekretär des ZK der SED und Vorsitzender des Staatsrates der DDR, mit Michail Gorbatschow, Generalsekretär des ZK der KPdSU und Vorsitzender des Obersten Sowjets der UdSSR, am 1. November 1989 in Moskau — 199

Dokument 46: Reden der ZK-Mitglieder Günter Ehrensperger, Gerhard Schürer und Werner Jarowinsky auf der 10. Tagung des SED-Zentralkomitees am 9. und 10. November 1989 — 224

Dokument 47: Erklärung von SED-Generalsekretär Egon Krenz auf der 10. Tagung des ZK der SED am 9. November 1989 — 238

Kapitel 6 Der Untergang der SED-Herrschaft: Von der Mauereröffnung bis zum ZK-Rücktritt, Spätherbst 1989 — 240

Dokument 48: Telegramm von SED-Generalsekretär Egon Krenz an KPdSU-Generalsekretär Michail Gorbatschow, 10. November 1989 — 240

Dokument 49: Botschaft Michail Gorbatschows an Helmut Kohl vom 10. November 1989 — 241

Dokument 50: Botschaft Michail Gorbatschows an Francois Mitterand, Margaret Thatcher, George Bush, 10. November 1989 — 242

Dokument 51: Telefongespräch zwischen dem Generalsekretär des ZK der SED, Egon Krenz, und dem Bundeskanzler der BRD, Helmut Kohl, am 11. November 1989, 10.13 Uhr bis 10.22 Uhr — 243

Dokument 52: Inhalt des Telefongesprächs zwischen Michail Gorbatschow und Helmut Kohl vom 11. November 1989 — 249

Dokument 53: Inhalt des Telefongesprächs zwischen Eduard Schewardnadse und Hans-Dietrich Genscher am 11. November 1989 — 251

Dokument 54: Ausführungen von Ministerpräsident Hans Modrow anläßlich der Diensteinführung von Generalleutnant Wolfgang Schwanitz als Leiter des Amtes für Nationale Sicherheit in Berlin am 21. November 1989 — 253

Dokument 55: Protokoll der Sitzung des SED-Politbüros vom 3. Dezember 1989 — 268

Dokument 56: Unkorrigiertes Protokoll der 12. (außerordentlichen) Tagung des ZK der SED am 3. Dezember 1989 — 268

Anhang (Abkürzungsverzeichnis/Personenregister) — 289

Vorwort

Im Herbst 1989 entschied sich das Schicksal des realsozialistischen Systems in der Deutschen Demokratischen Republik. Vierzig Jahre nach Gründung eines zweiten deutschen Staates brach die „Arbeiter- und Bauernmacht" abrupt zusammen. Die Implosion der SED-Herrschaft in einem von vielen als „friedliche Revolution" bezeichneten Umbruchsprozeß führte auch zu einer Lösung der nach dem zweiten Weltkrieg entstandenen nationalen Frage.[1] Am 3. Oktober 1990 wurde bereits der Beitritt des ehemaligen DDR-Gebiets zum Geltungsbereich des Grundgesetzes der Bundesrepublik Deutschland vollzogen.

In einer historisch einmaligen Situation standen der Öffentlichkeit nahezu parallel dazu die meisten schriftlichen Hinterlassenschaften des untergegangenen Staates zur Verfügung. Die Archive der DDR wurden insbesondere der wissenschaftlichen Forschung zugänglich gemacht. So sind manche Hintergründe der geschichtliche Abläufe heute schon recht genau rekonstruierbar, auch für die letzten Jahre der Existenz der DDR und ihren scheinbar plötzlichen Zusammenbruch.

Im Rahmen der Studien für die vorliegende Quellensammlung konnten umfangreiche Materialien des zentralen SED-Archivs (seit 1992 in der Stiftung Archiv der Parteien und Massenorganisationen der DDR im Bundesarchiv), des FDJ-Archivs (bis 1994 im Jugendarchiv des Instituts für zeitgeschichtliche Jugendforschung e. V., seitdem ebenfalls in der genannten Stiftung), des Zentralarchivs in der Behörde des Bundesbeauftragten für die Unterlagen des DDR-Staatssicherheitsdienstes, des Bundesarchivs (Abteilungen Potsdam), regionale SED-Bestände (vor allem im Sächsischen Hauptstaatsarchiv Dresden) sowie private Unterlagen und Sammlungen eingesehen werden.

Nur so war es möglich, einen repräsentativen Querschnitt wichtiger, bisher nicht oder nur auszugsweise bekannter interner Unterlagen zum Zerfall von SED und DDR 1988/89 zusammenzustellen. Diese Texte wurden in chronologisch abgegrenzte Kapitel eingeordnet und mit kurzen Erläuterungen in Form von Anmerkungen versehen. Innerhalb der sechs Kapitel wurde angestrebt, die bedeutendsten Ereignisse und Entwicklungen aussagekräftig zu dokumentieren.

---

1 Aus der inzwischen sehr umfangreichen Literatur zum Umbruch in der DDR vgl. u. a. Timothy Garton Ash: Im Namen Europas. Deutschland und der geteilte Kontinent. München/Wien 1993; Hans Joas/Martin Kohli: Der Zusammenbruch der DDR. Soziologische Analysen. Frankfurt a. M. 1993; Sigrid Meuschel: Legitimation und Parteiherrschaft in der DDR. Zum Paradox von Stabilität und Revolution in der DDR 1945 - 1989. Frankfurt a. M. 1992; Fred Oldenburg: Der Zusammenbruch des SED-Regimes und das Ende der DDR. In: Die revolutionäre Umwälzung in Mittel- und Osteuropa. Berlin 1993, S. 103 ff.; Siegfried Prokop (Hrsg.): Die kurze Zeit der Utopie. Die „zweite DDR" im vergessenen Jahr 1989/90. Berlin 1994. Rolf Reißig/Gert-Joachim Glaeßner (Hrsg.): Das Ende eines Experiments. Umbruch in der DDR und deutsche Einheit. Berlin 1991.

Während im Gefolge der „Wende" in der DDR zunächst bekanntlich eine ganze Reihe autobiographischer Schriften herausgegeben wurde,[2] erlangten inzwischen darüber hinaus durch Forschungen zur deutschen Zeitgeschichte, insbesondere zur Geschichte von SBZ und DDR, Quelleneditionen, erarbeitet auf der Grundlage der zur Verfügung stehenden Archive, eine nicht zu unterschätzende Bedeutung.[3] Mit ihrer Hilfe sollte es künftig leichter sein, ein weiterhin besonders heftig umstrittenes Kapitel deutscher Geschichte einzuschätzen. Dazu will der vorliegende Band einen bescheidenen Beitrag leisten.

Im Verlaufe der Geschichte der DDR veränderten sich die äußeren und inneren Bedingungen der Gesellschaft mehrfach. Obwohl Unterschiede zwischen den fünfziger und den achtziger Jahren höchst signifikant sind, gab es dennoch wesentliche Gemeinsamkeiten dieser Perioden.[4] Die vom sozialistischen Modell abgeleiteten politischen und wirtschaftlichen Strukturen bestimmten durchgängig die Entwicklung der DDR. Ständig herrschte ein zeitweise stärkerer, zeitweise geringerer Problemdruck. Der Widerspruch zwischen einem administrativen Zentralismus, der sich als autoritäre Hierarchie darstellte, und neuen Bedingungen sowie Interessen in der Gesellschaft war stets vorhanden und konnte nur partiell gelöst werden. Die wirtschaftliche Effizienz der DDR war unzureichend. Die Differenzen zwischen der DDR und den anderen RGW-Staaten waren groß. Der 17. Juni 1953, die Ereignisse 1956 in Ungarn, das Vorfeld des 13. August 1961, der Prager Frühling 1968 und später die polnische Solidarnosc-Bewegung erschütterten die DDR und stellten die Frage

---

2   In der „Memoirenliteratur" sind hervorzuheben: Reinhold Andert/Wolfgang Herzberg: Der Sturz. Erich Honecker im Kreuzverhör. Berlin/Weimar 1990; Manfred Gerlach: Mitverantwortlich. Als Liberaler im SED-Staat. Berlin 1991; Egon Krenz: Wenn Mauern fallen. Die Friedliche Revolution: Vorgeschichte - Ablauf - Auswirkungen. Berlin 1990; Günter Mittag: Um jeden Preis. Im Spannungsfeld zweier Systeme. Berlin/Weimar 1991; Hans Modrow: Aufbruch und Ende. Hamburg 1991; Günter Schabowski: Das Politbüro. Ende eines Mythos. Reinbek bei Hamburg 1990; Ders.: Der Absturz. Berlin 1991. Zuletzt erschienen außerdem: Werner Eberlein: Ansichten, Einsichten, Aussichten. Berlin 1994; Erich Honecker: Moabiter Notizen. Letztes schriftliches Zeugnis und Gesprächsprotokolle vom BRD-Besuch 1987 aus dem persönlichen Besitz Erich Honeckers. Berlin 1994; Manfred Uschner: Die zweite Etage. Funktionsweise eines Machtapparates. Berlin 1993.

3   Neben einigen umfangreichen Quelleneditionen zur SBZ- und DDR-Frühgeschichte wurden erste Textsammlungen zur DDR-Gesamtgeschichte und auch zu den achtziger Jahren vorgelegt, z. B. Christoph Kleßmann/Georg Wagner (Hrsg.): Das gespaltene Land. Leben in Deutschland 1945 bis 1990. Texte und Dokumente. München 1994; Walter Süß: Zu Wahrnehmung und Interpretation des Rechtsextremismus in der DDR durch das MfS (Der Bundesbeauftragte für die Unterlagen des Staatssicherheitsdienstes der ehemaligen Deutschen Demokratischen Republik. Analysen und Berichte 1/93). Berlin 1993.

4   Vgl. Lutz Prieß/Detlef Eckert: Zu Verhaltensmustern der SED in Krisensituationen der DDR. In: Detlef Keller/Hans Modrow/Herbert Wolf (Hrsg.): Ansichten zur Geschichte der DDR. Bd.1. Bonn/Berlin 1993, S. 99 ff. Einen chronologisch vollständigen Überblick bietet Hermann Weber: DDR. Grundriß der Geschichte 1945 - 1990. Hannover 1991.

nach den realen Perspektiven des Sozialismus sowjetischer Prägung. Immer wieder kämpfte die SED gegen die mangelnde Legitimität ihrer Herrschaft an.

Vier Jahrzehnte gelang es dem engsten Kreis der politischen Führung, ob unter Walter Ulbricht oder unter Erich Honecker, durch Korrekturen der politischen und wirtschaftlichen Mechanismen sowie der Sozialpolitik die DDR relativ zu stabilisieren, wobei die internationale Konstellation der Ost-West-Konfrontation und die Interessen der Sowjetunion wesentliche äußere Voraussetzungen schufen. Tiefgreifende Veränderungen erfolgten jedoch nie.

Intellektuelle Reformströmungen in den Reihen der SED und die zahlreichen Initiativen, aus denen die Bürgerbewegung des Herbstes 1989 hervorging, setzten mehrheitlich auf eine systembewahrende Veränderung des Sozialismus.[5] Den „real existierenden Sozialismus" hielt man für unreif oder pervertiert, aber er schien geeignet als Basis für eine zweite Stufe der Entwicklung, eine reformierte, bessere DDR.

Die SED-Führung lehnte aber den unter dem neuen KPdSU-Generalsekretär Michail Gorbatschow ab 1985 eingeleiteten Kurs der Perestroika und der Glasnost, beginnend mit dem XI. Parteitag (Mai 1986), ab.

1986 wurde eine Linie bestätigt, die Honecker seit seinem Machtantritt 1971 gestaltet hatte. Im Parteiprogramm von 1976 waren die Elemente festgeschrieben: Machtausübung durch die „Diktatur des Proletariats", die führende Rolle der „Partei neuen Typs" in allen wichtigen gesellschaftlichen Ebenen, das Prinzip des demokratischen Zentralismus, die Ideologie des Marxismus-Leninismus, staatliches Eigentum, die Anwendung der sozialistischen Planwirtschaft, eine „sozialistische Bündnispolitik". Dazu gehörten außerdem die Akklamation des „proletarischen Internationalismus" einschließlich der „unverbrüchlichen" Freundschaft zur Sowjetunion sowie die These von der „sozialistischen deutschen Nation" (1974 von Honecker in die Verfassung diktiert).

Der XI. SED-Parteitag berücksichtigte somit völlig unzureichend die Realitäten der veränderten internationalen und nationalen Situation. Er bewahrte für die DDR eine konservativ-orthodoxe Strategie und wies alle Impulse des XXVII. KPdSU-Parteitages zurück.[6] Der „falsche strategische Ansatz" (Egon Krenz) wurde damit irreparabel sanktioniert.

Die zu Dogmen verkommenen „sozialistischen" Grundsätze bildeten das Selbstverständnis der SED-Führung, auch für jede kleinste gesellschaftliche „Erneuerung". Sie stellten das Korsett eines stalinistischen „Reformverständnisses" dar. Angesichts des realen politischen Handlungsbedarfs hätten viele der genannten Eckwerte angegriffen werden müssen. Das wäre innerhalb des Systems jedoch „Reformismus", also Verrat an der Revolution gewesen.

---

5 Zu letzterem vgl. die Dokumentation in Gerhard Rein (Hrsg.): Die Opposition in der DDR. Entwürfe für einen anderen Sozialismus. Berlin 1989, S.13 ff.

6 Vgl. Protokoll der Verhandlungen des XI.Parteitages der Sozialistischen Einheitspartei Deutschlands im Palast der Republik in Berlin. 17. bis 21. April 1986. Berlin 1986.

Im Inneren des Landes erhielt der politische Kurs Honeckers letztmalig anläßlich seines Besuches in der Bundesrepublik eine breitere Zustimmung durch die Parteimitglieder und durch Teile der Bevölkerung. Einige Tage zuvor, Ende August 1987, war das SED-SPD-Dokument „Der Streit der Ideologien und die gemeinsame Sicherheit", nach seiner Absegnung durch die SED-Spitze, vorgestellt worden.[7] Nunmehr war eine historisch sozusagen kuriose Situation entstanden, in der die Politik der Bundesrepublik die DDR eher stabilisierte, während die Politik des Hauptverbündeten Sowjetunion die DDR in gewisser Weise destabilisierte. Honecker hatte den Bruch mit Gorbatschow inzwischen sehr deutlich vollzogen.[8]

Im Herbst 1987 wurde die letzte Chance vertan, die Opposition in der DDR, die für eine „bessere", aber weiterhin „sozialistische Gesellschaft" eintrat, in einen inneren Dialog einzubeziehen. Das Ideologiepapier von SED und SPD beinhaltete diesen Grundgedanken, wurde allerdings sowohl seitens der Parteiführung als auch der Basis ausgeschlagen. Letztere erkannten oder verstanden das Angebot nicht. Honecker und sein Umfeld lehnten ganz bewußt einen „inneren Dialog" ab. Das Vorgehen des Staates gegen die Umweltbibliothek und die Zionskirchengemeinde in Berlin Ende 1987 zeigten auf, daß nunmehr repressive Mittel verschärft zur Anwendung kommen sollten.

Im Januar 1988 ereigneten sich dann die spektakulären Vorfälle am Rande der traditionellen Berliner Liebknecht-Luxemburg-Ehrung. Wie die Quellen belegen, waren „Partei und Staat" auf die Auseinandersetzungen vorbereitet.[9] Der Opposition sollte wohl mit abgestuftem Gewalteinsatz begegnet werden.

Die Lage in den meisten Ostblockstaaten, auch in der DDR, hatte sich am Ende der achtziger Jahre akut verschärft. Die strukturellen Defekte des gesellschaftlichen Systems wurden besonders im wirtschaftlichen Bereich deutlich. Hauptbestandteil einer Gesellschaftsreform hätte deshalb eine Wirtschaftsreform sein müssen. Diese war ohne eine Reform des politischen Systems undenkbar. Zugunsten wirtschaftlicher Effektivität die führende Rolle der Partei, die „Machtfrage", zu untergraben, wurde in der SED ausgeschlossen.

Als abschreckendes Beispiel galt Ungarn, das 1982 dem IWF beigetreten war. 1985 begannen Veränderungen des politischen Systems. Im Februar 1989 strich man bereits die führende Rolle der Partei aus der Verfassung. Die Annäherung an den Westen wurde offensichtlich.

Eine grundlegende Reform der DDR-Gesellschaft gefährdete die Basis des Realsozialismus. Selbst eine isolierte Wirtschaftsreform wurde nicht versucht.

---

7   Vgl. Neues Deutschland (im weiteren: ND), 28. August 1987 bzw. Kultur des Streits. Die gemeinsame Erklärung von SPD und SED. Stellungnahmen und Dokumente. Köln 1988, S. 8 ff.

8   Vgl. Daniel Küchenmeister (Hrsg.): Honecker - Gorbatschow. Vieraugengespräche. Berlin 1993, S. 7 ff.

9   Vgl. Dokumente 1 bis 3.

Zum einen fehlten die finanziellen Mittel. Zum anderen gab es nur ganz wenige organisatorische und theoretische Voraussetzungen.

So leitete ZK-Sekretär Günter Mittag Jahr für Jahr die Direktoren der Großkombinate und sogar die Leiter kleinerer Betriebe persönlich an. Es galt vor allem, eine Prämisse der Politik Honeckers, die „Einheit von Wirtschafts- und Sozialpolitik", nicht anzutasten. Den Anstieg der Auslandsschulden auf ca. 40 Mrd. DM 1989 nahm man dafür trotz aller Warnungen hin.[10]

Anfang der achtziger Jahre hatte die Bundesrepublik bekanntlich „Milliardenkredite" der DDR abgesichert. Dennoch konnte danach wichtigen Interessen der Bevölkerung ökonomisch nicht entsprochen werden. Die Versorgungslücken erregten die Menschen, die Probleme in der Produktion waren täglich sichtbar und die zaghaften Zugeständnisse der Parteiführung hinsichtlich der Reisefreiheit reichten natürlich nicht aus. Die Wirtschaftsministerin in der Modrow-Regierung, Christa Luft, sprach in einer Einschätzung jener Zeit davon, daß der „Gesellschaftsvertrag" zwischen SED-Spitze und Volk zerbrach.[11]

Nach den Ereignissen am 17. Januar 1988 in Berlin verschärfte sich der innere Druck immer stärker. In einer ersten Phase wurden in der SED-Führung das wachsende Reformbedürfnis zur Kenntnis genommen und - abgelehnt.[12]

Bis zur 7. Tagung des ZK der SED am 1. und 2. Dezember 1988 waren Anzeichen für einen offenen Ausbruch der Krise des politischen Systems in der DDR sehr wohl sichtbar. Eine Zuspitzung erfuhr die innenpolitische Situation nochmals nach dem Verbot des „Sputnik" sowie mehrerer sowjetischer Filme in DDR-Kinos im November.[13] Die erregten Debatten in der Bevölkerung und in den Parteiorganisationen spielten auf der ZK-Beratung selbstverständlich keine Rolle. Die Honecker-Führung verfolgte andere Ziele. Die Situation im Lande sollte durch Negierung der Widersprüche stabilisiert werden. „Partei und Volk" wurden orientiert, keine „Umgestaltung" in der DDR zuzulassen.

Der Politbürobericht wurde von Honecker selbst erstattet.[14] Die Ausführungen von Gerhard Schürer zu den Planentwürfen enthielten bei deutlich ange-

---

10 Vgl. Dokumente 8 und 10.

11 Vgl. Daniel Küchenmeister/Gerd-Rüdiger Stephan: Zwischen Wende und Ende. Interview mit Christa Luft. In: Deutschland Archiv, 1992, H. 1, S. 63. Vgl. auch Dokument 5.

12 Zum Ablauf der Ereignisse in der DDR sind zahlreiche Chronologien publiziert worden. Zu verweisen ist z. B. auf DDR-Almanach '90. Daten, Informationen, Zahlen. Stuttgart/München/Landsberg 1990, S. 173 ff.; Der Fischer Weltalmanach. Sonderband DDR. Frankfurt a. M. 1990, S. 97 ff.; Ilse Spittmann/Gisela Helwig (Hrsg.): Chronik der Ereignisse in der DDR. 4., erweiterte Auflage. Köln 1990; Zeno Zimmerling: Neue Chronik DDR. 1. bis 8. Folge. Berlin 1990 f.

13 Vgl. Dokument 6 und 7.

14 Vgl. Mit dem Blick auf den XII. Parteitag die Aufgaben der Gegenwart lösen. Aus dem Bericht an die 7. Tagung des ZK der SED. Berlin 1988.

spannter Wirtschafts- und Finanzlage keine neuen Lösungsansätze. Die vagen Hoffnungen auf eine Reformdiskussion erfüllte keiner der Redner. Selbst die Wissenschaftler Otto Reinhold und Erich Hahn sowie Generaldirektor Wolfgang Biermann übten sich in Stereotypen oder Durchhalteparolen.[15]

Eine Analyse der 7. Tagung bestätigt jene zeitgenössischen Einschätzungen, die innenpolitische Stagnation, selbstgerechte Nabelschau und deutliche Reformfeindlichkeit herausstellten.[16] In Erinnerung blieb vor allem die Formulierung, daß man sich „durch das Gequake wildgewordener Spießer, die die Geschichte der KPdSU und der Sowjetunion im bürgerlichen Sinne umschreiben möchten"[17], nicht beeindrucken lassen werde und weiterhin erfolgreich voranschreite. Der „Maulkorb" für Reformüberlegungen wurde durch den Beschluß über den Umtausch der SED-Mitgliedsausweise im Jahre 1989 bekräftigt. So waren Parteisäuberungen mehrfach eingeleitet worden. Die vorzeitige Einberufung des XII. SED-Parteitages einschließlich namentlich besetzter Tagesordnung erschien manchem sogar als spät beginnende Einsicht in die Notwendigkeiten, hing aber damit zusammen, daß sich Honecker erstens nicht wieder den Kurs von der KPdSU unter Gorbatschow vordiktieren lassen wollte und zweitens intern seine nochmalige Wiederwahl als Generalsekretär ankündigte.[18]

Honecker proklamierte anläßlich einer Tagung des Thomas-Müntzer-Komitees am 18. Januar 1989 demonstrativ, „die Mauer ... wird in 50 und auch in 100 Jahren noch bestehen, wenn die dazu vorhandenen Gründe noch nicht beseitigt sind."[19] Im Frühjahr spitzte sich die innenpolitische Situation erneut zu. Die Fälschungen der Kommunalwahlergebnisse am 7. Mai,[20] der Abbau der ungarischen Grenzanlagen (Ankündigung am 2. Mai), die offiziellen Reaktionen auf die blutige Niederschlagung der chinesischen Studentenrevolte (Juni) und nicht zuletzt der IX. Pädagogische Kongreß (13. - 15. Juni) hinterließen nachhaltige Wirkung in der Bevölkerung, auch innerhalb der Partei. Honecker hatte statt dessen noch einmal ein aufwendiges und über die reale Lage hinwegtäuschendes FDJ-Pfingsttreffen (12. - 15. Mai) inszenieren lassen.

---

15 Vgl. Aus den Diskussionsreden. 7. Tagung des ZK der SED. Berlin 1989.

16 Vgl. Ilse Spittmann: Weichenstellung für die neunziger Jahre. In: Deutschland Archiv, 1988, H. 12, S. 1249 ff.; Johannes L. Kuppe: Offensiv in die Defensive. In: Ebenda, 1989, H. 1, S. 1 ff.

17 Mit dem Blick auf den XII. Parteitag die Aufgaben der Gegenwart lösen. A. a. O., S. 9.

18 Vgl. ND, 3. Dezember 1988. Der XII. Parteitag sollte vom 15. bis 19. Mai 1990 in Berlin stattfinden. In der bereits verabschiedeten Tagesordnung waren Erich Honecker (als Berichterstatter des ZK der SED), Willi Stoph und Horst Sindermann direkt genannt.

19 ND, 20. Januar 1989.

20 Vgl. Dokument 11.

Die Anzeichen für einen offenen Ausbruch der Systemkrise des gesamten sozialistischen Lagers waren ganz deutlich, als Eduard Schewardnadse im Juli 1989 bei Honecker vorsprach. Nach Schewardnadses Einschätzungen befand sich die sowjetische Gesellschaft in einem „krisenhaften Zustand", und die Situation in Polen und Ungarn wäre überaus gespannt.[21]

Das 8. ZK-Plenum (22./23. Juni 1989) brachte nicht nur Stagnation und Rundumverteidigung zum Ausdruck,[22] es deutete im Bericht des ZK-Sekretärs Joachim Herrmann sowie in der farblosen Diskussion bereits auf Agonie hin.[23] Symptomatisch war, daß Honecker wenige Tage später bei der Tagung des Politischen Beratenden Ausschusses des Warschauer Vertrages in Bukarest eine Gallenkolik ereilte, und er nach Berlin zurückgeflogen werden mußte.

Den Stil der Auseinandersetzung verdeutlichte der Bericht einer ZK-Arbeitsgruppe zur „Unterstützung" der Parteiorganisation Dresden.[24] Die im Referat enthaltenen Einschätzungen wiesen alle „Meckerer" in die Schranken.

Honecker ließ sich während seiner krankheitsbedingten Abwesenheit im Sommer 1989 erstmals von Günter Mittag vertreten. Am 29. August kam es unter dessen Leitung im Politbüro zu einer ersten Diskussion der inzwischen eskalierenden Ausreiseproblematik, die unter Hinweis auf die Abwesenheit Honeckers vertagt wurde.[25] Der ungarische Beschluß, ab 11. September, 0 Uhr, die Grenzen nach Österreich für DDR-Bürger zu öffnen, wurde natürlich zur Kenntnis genommen. Nach dem Scheitern aller Bemühungen, mit Hilfe von Schmeicheleinheiten und Drohungen die ungarische Führung von ihrem Vorhaben abzubringen, überließ man den einflußlosen Diplomaten das Feld.[26] Die Führung konzentrierte sich zunächst auf die Feierlichkeiten zum 40. Jahrestag der DDR. Im Parteiapparat verlautete, erst danach könnten gewisse Veränderungen in Angriff genommen werden. ZK-Sekretär Horst Dohlus bestätigte auf einer Konferenz von Parteigruppenorganisatoren in Karl-Marx-Stadt das starre Festhalten an der Linie: „Einheitlich und geschlossen setzen wir unseren klaren und sicheren Kurs zum Wohle des Volkes fort."[27] - Nun

---

21 Vgl. Dokument 12.

22 Vgl. Johannes L. Kuppe: In der Defensive. Zum 8. Plenum des ZK der SED. In: Deutschland Archiv, 1989, H. 8, S. 837 ff.

23 Vgl. Aus dem Bericht des Politbüros an die 8. Tagung des ZK der SED. Berlin 1989; Aus den Diskussionsreden. 8. Tagung des ZK der SED. Berlin 1988.

24 Vgl. Dokument 9 sowie Aus dem Bericht des Politbüros an die 8. Tagung des ZK der SED. A. a. O., S. 88 f.

25 Vgl. Dokument 15.

26 Vgl. insbesondere die Dokumente 17, 19 sowie 25 bis 29.

27 ND, 22. September 1989.

gingen erste Gruppierungen an die Öffentlichkeit, oppositionelle Parteien wurden gegründet. Noch vor den Oktoberfeierlichkeiten eskalierte die Situation an der Botschaft der Bundesrepublik in Prag. Mit Zügen mußten von dort zweimal Ausreisewillige über das DDR-Territorium in den Westen gebracht werden, denen der leidlich wiedergenesene Honecker in einem Kommentar zynisch „keine Träne" nachweinte.[28] In Dresden kam es bei der zweiten Durchfahrt von Zügen zu bürgerkriegsähnlichen Ausschreitungen. In Leipzig etablierte sich die Montagsdemonstration. Während der Feierlichkeiten zum 40. Jahrestag in Berlin gab es am 7. und 8. Oktober schwere Auseinandersetzungen zwischen Demonstranten und Sicherheitsorganen. Die Situation wurde politisch nicht mehr beherrscht. In Leipzig drohte am 9. Oktober sogar eine „chinesische Lösung".

Am selben Tage hatte die „Junge Welt" einen Brief des ZK-Mitglieds Hermann Kant veröffentlicht. Der DDR-Schriftstellerverbandspräsident mahnte eine Verständigung im Inneren an: „Kritisch und selbstkritisch, offen, nicht wehleidig, hart und geduldig. ... Unter Verzicht auf Pomp und Gepränge und diese elendige Selbstzufriedenheit." Das Schlechteste an der DDR in ihrem jetzigen Zustand wäre, daß „es sie so wie derzeit gibt."[29] Ein Umschwung begann. Dieser wurde durch den glücklichen Ausgang der Leipziger Montagsdemonstration (70.000 Teilnehmer) am 9. Oktober verstärkt. Nur knapp und dank individueller Initiativen war man allerdings einer Katastrophe entgangen.

Innerhalb des Politbüros bereitete inzwischen eine Gruppe um Egon Krenz (mit Günter Schabowski, Siegfried Lorenz, Harry Tisch) die Entmachtung Honeckers vor. Unter dem Siegel tiefster Verschwiegenheit sammelte man die Kräfte. Die ganze Konzentration galt der Abwahl von Honecker, über eine Konzeption für den Tag danach existierten eher organisatorische als konzeptionelle Vorstellungen.

Am 10. und 11. Oktober befaßte sich das Politbüro erstmals ausführlich mit der Krise in der DDR und verabschiedete nach turbulentem Sitzungsverlauf eine von Krenz initiierte Erklärung, die zu einer Reihe von offen zutage getretenen Problemen zurückhaltend Stellung bezog und partielle Veränderungen in Aussicht stellte.[30] Auf der nächsten turnusmäßigen Beratung am 17. Oktober fiel die Entscheidung über die Abwahl von Honecker, Herrmann und Mittag.

Am 17. Oktober erhielten die Mitglieder und Kandidaten des ZK ein von Honecker unterzeichnetes Schreiben, wonach die 9. ZK-Tagung „auf Beschluß des Politbüros" für den 18. Oktober 1989, 14.00 Uhr einberufen worden sei.[31]

---

28 Vgl. Ebenda, 2. Oktober 1989.

29 Junge Welt, 9. Oktober 1989.

30 Vgl. ND, 12. Oktober 1989. Zur Entstehung der Erklärung vgl. Gregor Gysi/Thomas Falkner: Sturm aufs Große Haus. Der Untergang der SED. Berlin 1990, S. 33 ff.

31 Vgl. Egon Krenz: Wenn Mauern fallen. A . a. O., S. 15.

Zu Beginn trug Honecker persönlich die am Vortag von Krenz und Schabowski vorbereitete Rücktrittserklärung vor.[32] Bis auf eine Gegenstimme waren alle ZK-Mitglieder dafür. Willi Stoph dankte Honecker für seine Arbeit.

Ohne irgendeine weitere Zwischenbemerkung wurde anschließend Egon Krenz einstimmig zum Generalsekretär des ZK der SED gewählt. Krenz war nie der Wunschkandidat der Parteibasis oder des Volkes. Seine langjährige „Kronprinzenrolle", der ZK-Verantwortungsbereich Staat, Recht und Sicherheit (ab 1983), der Vorsitz der Wahlkommission am 7. Mai 1989, die Äußerungen zu den chinesischen Ereignissen, die offensichtliche Konzeptionslosigkeit sowie schließlich der namentliche Vorschlag von Honecker belasteten ihn schwer. Eigentlich gab es keine Symbolfigur für eine neue Führungspersönlichkeit im engeren Zirkel der Macht, im Politbüro. Der „außenstehende" Modrow besaß von allen etablierten Politikern noch die meisten Sympathien.

Die Rede des neuen Generalsekretärs ging etwas realer als die Erklärung vom 11. Oktober auf die Situation im Lande ein und offerierte erste Korrekturabsichten, aber keinen Ausweg aus der Krise.[33]

Krenz wiederholte am Abend seine ZK-Rede im Fernsehstudio. Der überstürzte Auftritt, die verfehlte Anrede „Liebe Genossen!" und viele spröde Abschnitte, vor allem aber die in Anbetracht notwendiger durchgreifender Reformen unzureichenden Kernaussagen verbesserten die ohnehin miserable Ausgangsposition von Krenz - und mit ihm der gesamten alten SED-Führung - keinesfalls. Effekte, wie sie bei der Ablösung Ulbrichts durch Honecker 1971 eingetreten waren, ließen sich in der DDR 1989 nicht einfach wiederholen. Es wechselte die Führerfigur. Eine neue Strategie war durch die alte Macht nicht vorbereitet und inmitten der in Bewegung geratenen Gesellschaft nicht einfach „aus der Schublade" hervorzuzaubern. Zeit dafür gab es keine mehr.

Entsprechend der bekundeten Absicht, angesichts der sich überschlagenden Ereignisse viel zu spät, berief Krenz am 25. Oktober (einen Tag nach seiner Wahl zum Vorsitzenden des DDR-Staatsrates und des Nationalen Verteidigungsrates) das 10. ZK-Plenum für den 8. bis 10. November nach Berlin ein. Am 31. Oktober wurde im Politbüro u. a. der Entwurf eines neuen Reisegesetzes beraten.[34] Den überarbeiteten Entwurf veröffentlichte die Tagespresse erst

---

32 Schabowski beschrieb später, daß er die Erklärung (vgl. ND, 19. Oktober 1989) vorbereitet hatte. Ihm bliebe unverständlich, wieso Krenz namentlich als neuer Generalsekretär vorgeschlagen worden sei (vgl. Günter Schabowski: Das Politbüro. A. a. O., S. 107 f.; Ders.: Der Absturz. A. a. O., S. 267 ff.). Nach eigenen Angaben formulierte Honecker diesen „letzten Willen" selbst. Statt: „Dem Zentralkomitee und der Volkskammer sollte dafür ein Genosse vorgeschlagen werden...", hieß es nun: „sollte Genosse Egon Krenz vorgeschlagen werden" (vgl. Stiftung Archiv der Parteien und Massenorganisationen der DDR, Sozialistische Einheitspartei Deutschlands, Zentralkomitee [künftig: SAPMO - BArch, SED, ZK], IV 2/1/698).

33 Vgl. ND, 19. Oktober 1989.

34 Vgl. Dokumente 38 und 43.

am 6. November. Die Fassung stieß auf breite Ablehnung in der Bevölkerung. Es war vorgeschlagen worden, daß für die Bürger kein Anspruch auf konvertible Reisezahlungsmittel bestünde sowie die Bearbeitungsfrist der Anträge 30 Tage betragen müßte. Damit hatte man sich für die schlechteste der angedachten Varianten entschieden. Außerdem hätte der Vorschlag eher erfolgen müssen. Bereits der Auftritt von Krenz am 18. Oktober bot die Möglichkeit.

Am 4. November 1989 demonstrierten Hunderttausende auf dem Berliner Alexanderplatz für mehr Demokratie und gesellschaftliche Veränderungen, gegen die führende Rolle der Partei und deren Machtmißbrauch.[35]

Das 10. Plenum selbst wurde zum Spiegelbild der Zerrüttungserscheinungen der Gesamtpartei und zu einem Kulminationspunkt der Herbstereignisse in der DDR. Am 8. November 1989 begannen die Beratungen. Krenz begründete zunächst den Vorschlag des Politbüros, seinen geschlossenen Rücktritt anzunehmen. Dies erfolgte einstimmig. Krenz empfahl ein neues Politbüro.[36] Über die Kandidatenliste wurde erstmals einzeln abgestimmt. Nach der Bestätigung von Generalsekretär Krenz erhitzte die Kandidatur des Hallenser SED-Bezirkschefs Hans-Joachim Böhme die Gemüter. Nach Diskussionen erreichte Böhme 91 Ja- und 66 Nein-Stimmen. Die Vorschlagsliste war sichtbar gefährdet.

Mit sehr großen Mehrheiten kamen Eberlein, Herger, Jarowinsky, Keßler, Lorenz, Modrow, Rauchfuß, Schabowski und Schürer durch. Kleiber erhielt nur 39 Ja-Stimmen und fiel heraus. Der äußerst unbeliebte Kandidat für die herausgehobene Funktion des ZPKK-Vorsitzenden, Dohlus (bisher ZK-Sekretär für Parteiorgane), erreichte ganze 12 Stimmen und erlitt ein Desaster. Krenz kam dadurch in Schwierigkeiten, denn die ZPKK-Funktion spielte eine wichtige Rolle, schlug als Ersatz spontan Werner Eberlein vor, der einstimmig akzeptiert wurde. In dieser Weise setzte sich der Abstimmungs-Wirrwarr fort.

Nach der Mittagspause trug Krenz das in der Presse dann fast vollständig veröffentlichte Referat vor.[37] Der Versuch eines „Schrittes zur Erneuerung" hinterließ Ernüchterung. Die SED-Führung formulierte keine durchgreifend neuen Zielstellungen, sie rannte den Forderungen der Massenbewegung des Herbstes in der DDR hinterher. Krenz konnte kein mit konkreten Vorschlägen untersetztes Konzept präsentieren. Im Bereich der Wirtschaft, des politischen Systems (Gesetze), der Außenpolitik und der Parteiarbeit wurde der akute Handlungsbedarf lediglich aufgezeigt.

In einer Referatspause erläuterte Siegfried Lorenz einen Vorschlag des neuen Politbüros zur Frage des „Neuen Forum".[38] Danach sollte der Innenminister anordnen, daß die entsprechenden staatlichen Organe Anmeldungen zur Grün-

---

35 Vgl. Dokument 44.

36 Zu den neuen Führungsmitgliedern vgl. ND, 9. November 1989.

37 Vgl. Ebenda.

38 Vgl. auch Dokument 37.

dung von Vereinigungen auf der Grundlage der DDR-Verfassung annehmen können. Die Anerkennung müßte versagt werden, wenn verfassungswidrige Ziele in den Statuten auftauchen. Den Antragstellern des „Neuen Forum" (Bärbel Bohley und Jutta Seidel) wäre noch am selben Tage ein Gespräch im Ministerium des Innern anzubieten. Abschließend wurden Gespräche u. ä. Aktivitäten mit dem „Neuen Forum" in den Bezirken gutgeheißen und ihre Weiterführung empfohlen. Diese Orientierungen kamen allerdings viel zu spät.

Im Plenum begann am 9. November eine bisher nicht bekannte Aussprache. Das Kommuniqué sprach von 25 gehaltenen und 68 schriftlichen Beiträgen. Mehrere Reden wurden in die Bilanz nicht aufgenommen. Sie blieben verschwiegen. Die Diskussion wurde mehrmals von wichtigen oder unwichtigen Auseinandersetzungen, sogar von „historischen" Entscheidungen unterbrochen. Am 9. November gegen 15.30 Uhr entschuldigte sich Krenz, daß er nochmals von der Tagesordnung abweichen müsse und verkündete die neue „Reiseregelung".[39] Danach wurde die Debatte fortgesetzt. Auf diese Weise nahm das ZK die Entscheidung zum Mauerfall hin, ohne daß die Mehrheit seiner Mitglieder den genauen Inhalt, die Tragweite und die Folgen erfaßte.

Am späten Nachmittag orientierten sich die Debatten des Plenums - welches sich eigentlich die Aufgabe gestellt hatte, in einem „Aktionsprogramm" ein neues Gesellschaftskonzept zu offerieren - in eine Richtung, die entscheidend für die weitere politische Entwicklung wurde. An den Aussagen zur Wirtschaft scheiterte faktisch zunächst die Plenartagung. Einige Wochen später war das gesamte realsozialistische System in der DDR bereits zerbrochen.

Gewissermaßen als „Vorbote" beschäftigte sich Otto Reinhold mit der gesellschaftlichen Krise, die gleichzeitig eine Krise der Partei sei. Er hielt dem ZK vor, den Ernst der Lage nicht vollständig erkannt zu haben und gelangte zu bemerkenswerten Einsichten: „Ohne die SED hätte es in der Deutschen Demokratischen Republik keinen Sozialismus gegeben, und ohne die SED wird es auch in der Zukunft keinen Sozialismus in der Deutschen Demokratischen Republik geben. ... Ohne Sozialismus in der DDR wird es auf die Dauer keine zwei deutschen Staaten geben."[40] Dem folgten heftige Angriffe auf die offensichtliche Wissenschaftsfeindlichkeit der alten Parteiführung. Alle Analysen wären als störend empfunden, oftmals als Staatsgeheimnisse behandelt, in Panzerschränke gesteckt und niemals berücksichtigt worden.[41] Aufga-

---

39 Vgl. Dokument 47.

40 SAPMO - BArch, SED, ZK, IV 2/1/708. AfG-Rektor Reinhold hatte sich im Sommer und Frühherbst mehrfach ähnlich geäußert. Vgl. Die „sozialistische Identität" der DDR. Überlegungen von Otto Reinhold in einem Beitrag für Radio DDR am 19. August 1989. In: Blätter für deutsche und internationale Politik, Köln. 1989, H. 10, S. 1175; Ders.: Eine sozialistische Alternative zur BRD. In: Horizont, Berlin, 1989, H. 10, S. 8 ff.; Ders.: Wie spezifisch ist unser Sozialismus? In: Berliner Zeitung, 12. Oktober 1989.

41 Horst Sindermann äußerte sich am 30. November 1989 in einem Interview zur sozialwissenschaftlichen Forschung in der DDR: „Auf unsere marxistischen Wissenschaftler gebe

be sei es, die Konzeption für einen modernen Sozialismus in der DDR zu diskutieren, deren Grundstock eine solide Wirtschaftspolitik wäre.

Kurt Hager wies Reinholds Vorwürfe scharf zurück. Unter Verdrehung von Tatsachen gaukelte er dem Auditorium vor, daß er alle wissenschaftlichen Studien und Analysen den Politbüromitgliedern zugeleitet habe.[42] Krenz stellte sogar die Mitwirkung von Reinhold an Anti-Gorbatschow-Kampagnen heraus. Der Beitrag bringe nicht voran, deshalb solle der Text der Rede Reinholds nicht veröffentlicht werden. So geschah es dann auch.

Hans Modrow schätzte später ein, daß nach den „konzeptionslosen Darlegungen von Krenz" beim Auftritt Reinholds für ihn deutlich wurde, „daß von dort keine Reformkonzepte zu erwarten waren".[43] Einen letzten Ausweg bildeten für ihn die an der Hochschule für Ökonomie initiierten Studien.[44]

Die Nacht vom 9. zum 10. November 1989 hatten die ZK-Mitglieder sehr verschieden erlebt. Als das Gremium, welches den auslösenden Beschluß vorbehaltlos zur Kenntnis genommen hatte, am 10. November um 9 Uhr wieder zusammentrat, feierten noch Tausende Menschen im Ost- und Westteil der Stadt Berlin den Fall der Mauer. Tausende gingen in der ganzen DDR nicht zur Arbeit, machten sich zu einem Besuch des „Westens" auf den Weg. Krenz hatte sich inzwischen an Gorbatschow gewandt, um die Lage zu erläutern.[45]

Sollte beabsichtigt gewesen sein, durch das Auftreten von Günter Ehrensperger, Gerhard Schürer und Werner Jarowinsky die Aufregung um die Daten zur Wirtschaftslage zu beruhigen, muß von einem Fehlschlag gesprochen werden.[46] Die Darlegungen von Schürer und Jarowinsky wurden ebenfalls nicht veröffentlicht. Darüber gab es allerdings gar keinen Beschluß des ZK. Krenz bat darum, keine Informationen über die Finanzlage nach außen dringen

---

ich überhaupt nichts. Die haben immer bloß hinterhergeschrieben, was wir gemacht haben, aber nie vorausgedacht." (Peter Kirschey: Wandlitz/Waldsiedlung - die geschlossene Gesellschaft. Berlin 1990, S. 37).

42 Hager widersprach sich während seines Verfahrens am 20. Januar 1990 vor der SED/PDS-Schiedskommission. Dort äußerte er, „daß zahlreiche Gesellschaftswissenschaftler umfangreiche wissenschaftliche Materialien zu verschiedenen Bereichen erarbeitet hatten, die aber im Politbüro gänzlich unbeachtet blieben. Das Politbüro war unfähig, strategisch wichtige Entscheidungen auf der Grundlage der von den Wissenschaftlern erarbeiteten Konzeptionen zu treffen." (Peter Kirschey: Wandlitz/Waldsiedlung. A. a. O., S. 80). ZK-Mitarbeiter bestätigten, daß nur wenige Politbüro-Mitglieder die Materialien zur Kenntnis nahmen.

43 Hans Modrow: Anfang und Ende. A. a. O., S. 27 f. Ministerpräsident Modrow holte die HfÖ-Rektorin, Christa Luft, als seine Stellvertreterin für Wirtschaft in die Regierung.

44 Vgl. Christa Luft: Zwischen WEnde und Ende, Eindrücke, Erlebnisse, Erfahrungen eines Mitglieds der Modrow-Regierung. Berlin 1991, S. 21 ff.

45 Vgl. Dokument 48 sowie die Dokumente 49 und 50.

46 Vgl. Dokument 46.

zu lassen. Die Darlegungen zur Wirtschafts- und Finanzsituation der DDR erlaubten den ZK-Mitgliedern einen Einblick in den bevorstehenden Staatsbankrott. Dabei waren noch nicht einmal alle Schwierigkeiten offenbart worden. Teilnehmer der Beratungen reagierten auf die Enthüllungen schockartig. Fast alle waren tief betroffen. Die gleichzeitig geöffneten Grenzen verstärkten das Empfinden von Chaos und Anarchie.

Das 10. Plenum beförderte das rasche Ende der Herrschaft der SED. Die gesellschaftlichen Strukturen waren in Auflösung begriffen. Die wirtschaftliche Lage war desolat. Der in seinen Konsequenzen nicht zu Ende gedachte Beschluß zur Grenzöffnung verschlechterte die Situation nochmals entscheidend. Die SED konnte weder eine alternative Strategie noch eine Politik der Stabilisierung, der grundlegenden Reformen in Angriff nehmen. Die zuletzt auf der Tagung gefaßten Beschlüsse führten keinen Umschwung herbei.[47]

Drei Tage später versammelte sich das Zentralkomitee aufs neue. Einige Beschlüsse der 10. Tagung hatten sich inzwischen infolge der rasanten Entwicklung in- und außerhalb des Landes überlebt. Vor allem mußte die einberufene Parteikonferenz in einen Sonderparteitag umgewandelt werden, sollte der begonnene Zerfallsprozeß auch nur einigermaßen begrenzt werden. Dies bewies die anhaltende Handlungsunfähigkeit der SED-Führung. Es wurde lediglich reagiert, nicht mehr agiert, was angesichts der neuen Situation nach der Grenzöffnung für die Partei nur noch einen „geordneten Rückzug" offenließ.

Auf der 11. Tagung des ZK der SED am 13. November 1989 begründete Krenz die Umwandlung des drei Tage zuvor gefaßten Beschlusses. Die Einberufung der 4. Parteikonferenz würde nicht „den Forderungen und Erwartungen breiter Teile der Parteibasis" entsprechen. Er hätte Zehntausende Briefe erhalten, und Hunderttausende betrachteten eine Parteikonferenz nicht als ausreichend. Schon jetzt wäre ein Vertrauen in das gegenwärtige ZK nicht mehr gegeben. Außerdem seien zahlreiche gewählte Strukturen der SED funktionsunfähig. Dies und die Stimmung großer Teile der Mitgliedschaft, die einen Parteitag „von unten" initiieren könnten, ließen keine Wahl. Ein außerordentlicher Parteitag solle für den 15. bis 17. Dezember 1989 einberufen werden.

Krenz bezeichnete die Wahl eines neuen ZK als die Hauptaufgabe des Sonderparteitages. Dann eröffnete er eine Diskussion, die gekennzeichnet war von Verwirrung, Chaos und der chronischen Unfähigkeit des Gremiums Zentralkomitee, konstruktiv auf eingetretene Entwicklungen zu reagieren. Nur wenige Redner konnten überhaupt noch etwas Vernünftiges vortragen.

Der Sonderparteitag wurde schließlich einberufen, andere Beschlüsse gab es nicht. Auf die Arbeitspermanenz des ZK orientierte keiner. Alles verlagerte sich erneut in die Bezirke und Kreise. Wirkliche Impulse, selbst praktische operative Orientierungen für den „Kampf" blieben aus.

Die am 17. November 1989 von Hans Modrow unterbreitete Regierungserklärung orientierte auf ein Halten des erreichten Lebensstandards, auf

---

47 Vgl. Kommuniqué und „Aktionsprogramm" in: ND, 11./12. November 1989.

Wirtschafts-, Bildungs- und Verwaltungsreformen, auf Veränderungen im politischen System, sprach außenpolitische Neuorientierungen und die Gestaltung der deutsch-deutschen Beziehungen an. Die Regierung begann sich von der SED-Führung zu lösen. Die internationalen Verbindungen der DDR wurden ausschließlich von Modrow und Außenminister Fischer verantwortet, der Ministerrat arbeitete ohne die bisher übliche Rückversicherung beim Politbüro. Die Regierung äußerte zwar am 28. November 1989 zum deutschlandpolitischen Zehn-Punkte-Plan von Bundeskanzler Kohl, er gehe an den Realitäten vorbei, das Politbüro reflektierte das Programm überhaupt nicht mehr.

Inzwischen mehrten sich die Vorwürfe an Partei- und Staatsfunktionäre aller Ebenen, sich durch Amtsmißbrauch und Korruption bereichert zu haben.[48] Inbesondere waren die höchsten SED-Kader belastet worden. Ende November/Anfang Dezember spitzte sich die Situation nochmals zu. Am 1. Dezember 1989 erstattete in der Volkskammer die Kommission über Amtsmißbrauch und Korruption einen ersten Bericht. Die alte SED-Führung sah sich schweren Vorwürfen ausgesetzt. Die Generalstaatsanwaltschaft ermittelte. Die Partei mußte zudem am 1. Dezember in der Volkskammer die Streichung ihrer Führungsrolle aus der Verfassung hinnehmen. Die Vorgänge in Bulgarien und der CSSR verstärkten die aggressiv-negativen Stimmungen gegenüber der SED.

Die Delegiertenwahlen in der SED verdeutlichten einen dramatischen Vertrauensverlust in die Führungsgremien. Innerhalb von 14 Tagen waren alle 1. Bezirkssekretäre abgelöst worden. Auf zahlreichen Kreisdelegiertenkonferenzen der Partei am 2. Dezember wurde, inmitten einer seit Mitte November andauernden zweiten Austrittswelle, die Forderung nach dem Rücktritt von Politbüro und Zentralkomitee erhoben sowie die Einsetzung eines Arbeitssekretariats zur Parteitagsvorbereitung gefordert. Diesem Druck konnte sich die Führung nicht länger widersetzen.

Das Zentralkomitee versammelte sich kurzfristig am 3. Dezember in Berlin. Zunächst trat das Politbüro zusammen und wurde sich über den geschlossenen Rücktritt von Politbüro und ZK einig. Anschließend bestätigten die 1. Bezirkssekretäre in einer Beratung mit dem ZK-Sekretariat diese Entscheidung. Die außerordentliche 12. (und letzte) ZK-Tagung trat gegen 13 Uhr zusammen. 25 gewählte Mitglieder nahmen bereits nicht mehr teil.[49]

---

48 Am 16. November 1989 begann die ZPKK mit Verfahren gegen Hans Albrecht und Gerhard Müller wegen Gesetzesverletzungen, am 18. November setzte die Volkskammer einen Ausschuß zur Überprüfung von Amtsmißbrauch, Korruption und persönlicher Bereicherung ein. Nach einem Besuch der Medien in der Politbürosiedlung Wandlitz am 23. November wuchsen sich die Vorwürfe zum existentiellen Problem für die SED-Führung aus.

49 Aus der Anwesenheitsliste geht das Fehlen von dreizehn ehemaligen Politbürokadern und fünf ehemaligen Bezirkssekretären hervor (vgl. SAPMO - BArch, SED, ZK, IV 2/1/716). Am 2. Dezember 1989 waren Hans Albrecht, Günter Mittag, Gerhard Müller und Harry Tisch verhaftet worden. Nach Alexander Schalck-Golodkowski wurde gefahndet. - Das erstmals veröffentlichte Protokoll der 12. ZK-Tagung vgl. in Dokument 56. Vgl. auch die Dokumente 54 und 55.

Egon Krenz schloß um 14.50 Uhr, nach der Annahme des Rücktrittsbeschlusses, also der Auflösung des ZK, diese Beratung. Die Führung der SED-Basis übernahm ein 26-köpfiger Arbeitsausschuß unter Leitung des neugewählten Erfurter Bezirkssekretärs Herbert Kroker. In der darauffolgenden Nacht wurden auf Anweisung von Gregor Gysi als Leiter einer vom Arbeitsausschuß eingesetzten Untersuchungskommission die Zimmer des Politbüros in der zweiten Etage des ZK-Gebäudes versiegelt.

Ein Zentralkomitee sollte nicht wieder gewählt werden. Der außerordentliche Parteitag am 8./9. und am 16./17. Dezember in Berlin bestimmte einen 101-köpfigen Parteivorstand. Es vollzog sich ein radikaler Kaderwechsel, wenngleich die Inkonsequenzen der Nichtauflösung der schwer diskreditierten Partei (verdeutlicht am Namenswechsel zur SED/PDS oder den Finanzbeschlüssen) für den beabsichten Neuanfang schwere Hypotheken aufluden.

Der Zerfall der SED-Herrschaft in der DDR vollzog sich im wesentlichen in einem sehr kurzen historischen Zeitraum. Die „Diktatur des Proletariats" ostdeutscher Prägung brach faktisch zwischen 1988 und 1989 in ähnlicher Weise zusammen, wie das gesamte nach dem zweiten Weltkrieg in Osteuropa von der Sowjetunion geschaffene und dominierte Herrschaftssystem zusammenfiel. Die allgemeine Systemkrise wurde am Ende der achtziger Jahre deutlich. Die Parteidiktaturen fanden keine Möglichkeiten im Inneren wie im Äußeren, diese Entwicklung aufzuhalten. Eine bis zu den Ereignissen in Polen 1981 übliche Praxis der Drohung bzw. Realisierung militärischer Mittel entfiel schon kurz nach dem Machtantritt Gorbatschows.[50]

Den neuartigen, gewaltfreien Übergang in Ostdeutschland sicherten verschiedene politische Kräfte innerhalb der DDR-Gesellschaft, darunter zahlreiche Mitglieder der SED. Die Chance, in das vereinigte Deutschland durch den östlichen Teil eigene politische Inhalte und Werte einbringen zu können, verspielte die Partei bereits unter Honecker, insbesondere durch eine verheerende Wirtschaftspolitik. In den wenigen Wochen, in denen die Perspektiven als offen angesehen werden konnten, erwiesen sich alle Führungsebenen der SED als vollständig überfordert. Sie blockierten die wenigen noch möglichen Alternativen. Die Implosion vollzog sich in kurzer Frist und vollständig. Das Ende der SED bedeutete den Untergang der DDR. Von der Auflösung der alten SED-Führungsebenen bis zu den ersten freien Wahlen zur Volkskammer am 18. März 1990, bis zur Einführung der Wirtschafts- Währungs- und Sozialunion mit der Bundesrepublik am 1. Juli 1990 und bis zur staatlichen Einheit Deutschlands am 3. Oktober 1990 war es, unter Berücksichtigung der völlig veränderten Position der sowjetischen Führung und gemessen an der über vierzigjährigen deutschen Nachkriegsgeschichte, nur noch ein kurzer Schritt.

---

50 Vgl. Daniel Küchenmeister/Gerd-Rüdiger Stephan: Gorbatschows Entfernung von der Breshnew-Doktrin. Die Moskauer Beratung der Partei- und Staatschefs des Warschauer Vertrages vom 10./11. November 1986. In: Zeitschrift für Geschichtswissenschaft (ZfG), 1994, H. 8.

Die vorliegende Publikation entstand als Fortsetzung in einer losen Reihe von Dokumenteneditionen über die Geschichte der DDR in ihrer Endphase. 1993 konnte dazu bereits der Band „Honecker - Gorbatschow. Vieraugengespräche" erscheinen. Die Arbeiten sind eingeordnet in ein laufendes Forschungsprojekt des Herausgebers und seines Kollegen Daniel Küchenmeister zur Frage der Reformfähigkeit der DDR-Gesellschaft in den achtziger Jahren, welches von Professor Dr. Wolfgang Benz (Technische Universität Berlin) betreut wird. Für die jederzeit freundliche Unterstützung sei ihm ebenso wie Professor Dr. Hermann Weber (Universität Mannheim) herzlich gedankt. Das Bundesministerium des Innern gewährte eine Projektförderung. Am Institut für zeitgeschichtliche Jugendforschung (IzJ) Berlin fand der Herausgeber, ebenso wie bei vielen wissenschaftlichen Veranstaltungen am Zentrum für Antisemitismusforschung der TU Berlin, die für das Projekt notwendigen Arbeitsbedingungen und eine entsprechende Arbeitsatmosphäre. Allen Mitarbeitern des IzJ gebührt an dieser Stelle Dank.

Während der Forschungen war die Hilfe von Zeitzeugen natürlich unersetzlich. Stellvertretend für viele seien besonders Wolfgang Herger, Christa Luft, Hans Modrow und Gregor Schirmer erwähnt.

Für die hilfreiche Unterstützung und die Genehmigung zur Veröffentlichung der Dokumente dankt der Herausgeber den Mitarbeitern der Stiftung Archiv der Parteien und Massenorganisationen der DDR im Bundesarchiv, der Abteilung Bildung und Forschung des Bundesbeauftragten für die Unterlagen des Staatssicherheitsdienstes der ehemaligen DDR sowie des Sächsischen Hauptstaatsarchives Dresden. Die genaue Herkunft der abgedruckten Quellen ist am Ende der Dokumente jeweils ausgewiesen.

Wie bereits im ersten Band angestrebt, werden die hier vorgestellten Dokumente überwiegend vollständig wiedergegeben. Alle Hervorhebungen im Original sind in kursiver Schrift gesetzt. Redaktionelle Einfügungen bzw. Auslassungen wurden in eckige Klammern gesetzt. Die offensichtlichen Fehler in Rechtschreibung und Grammatik sind stillschweigend verbessert worden. Die Fernschreiben in den Dokumenten 25 bis 28 wurden in Groß- und Kleinschreibung übertragen, um eine bessere Lesbarkeit zu gewährleisten.

Die Anmerkungen enthalten nur die wichtigsten weitergehenden sachlichen Informationen, Literaturhinweise sowie Verweise auf andere Texte dieses Buches, soweit sie dem Herausgeber als unerläßlich für das Verständnis der Dokumente erschienen.

Abschließend sei darauf hingewiesen, daß auch im Fall der vorliegenden Dokumente vor einer Überinterpretation des Quelleninhalts bzw. ihrer selektiven Benutzung gewarnt wird. Weitere Forschungen und Archivstudien sind notwendig, um unser Bild über die DDR-Gesellschaft in ihrer Endphase und über die Ursachen des Zusammenbruchs des „realen Sozialismus" zu vervollständigen.

Kapitel 1

Übergang zum „harten Kurs": Von den Januar-Ereignissen bis zum Sputnik-Verbot 1988

Dokument 1

Information der ZK-Abteilung Parteiorgane über eine sogenannte beabsichtigte Provokationen von Ausreiseantragstellern in Berlin, 14. Januar 1988

In der am 13. 01. 1988 durchgeführten Sitzung des Sekretariats der Bezirksleitung Berlin wurde darüber informiert, daß von etwa 150 Antragstellern beabsichtigt wird, die Kampfdemonstration anläßlich des 69. Jahrestages der Ermordung von Karl Liebknecht und Rosa Luxemburg an Sonntag, den 17. Januar 1988 für ein öffentliches provokatorisches Auftreten auszunutzen.[51]

Es wurde bekannt, daß sie mit Zitaten von Karl Liebknecht und Rosa Luxemburg zu Fragen der Menschenrechte in Erscheinung treten wollen.

Die Sicherheitsorgane wurden beauftragt, sofort konkrete Maßnahmen zur Abwendung dieser beabsichtigten Provokation einzuleiten und für einen reibungslosen Ablauf der Kampfdemonstration Sorge zu tragen.

Der 1. Sekretär der Bezirksleitung, Genosse Günter Schabowski, informiert über die eingeleiteten Schritte den Generalsekretär des ZK der SED, Genossen Erich Honecker.

Quelle: Stiftung Archiv der Parteien und Massenorganisationen der DDR im Bundesarchiv, Zentrales Parteiarchiv der SED, Zentralkomitee (im folgenden: SAPMO - BArch, SED, ZK), IV 2/2039/312.

---

51 Am Rande der traditionellen Liebknecht-Luxemburg-Ehrung in Berlin wurden am 17. Januar 1988 durch Mitarbeiter des Ministeriums für Staatssicherheit (MfS) etwa 120 Personen festgenommen, die sich mit eigenen Spruchbändern (darunter dem bekannten Rosa-Luxemburg-Zitat „Freiheit ist auch immer die Freiheit des Andersdenkenden") dem offiziellen Demonstrationszug zur „Gedenkstätte der Sozialisten" auf dem Friedhof Friedrichsfelde anschließen wollten. Mehrere DDR-Oppositionelle werden einige Wochen später in die Bundesrepublik abgeschoben (u. a. Freya Klier, Stephan Krawczyk, Vera Wollenberger; vgl. auch Dokumente 2 und 3).

Dokument 2

Maßnahmen der SED-Bezirksleitung Berlin „zur Sicherung eines störungsfreien Verlaufs der Kampfdemonstration" am 17. Januar 1988[52]

1. Da es sich bei den Personen, die sich an der organisierten Provokation beteiligen wollen, überwiegend um namentlich bekannte Übersiedlungsersuchende (ca. 100 Personen) handelt, werden mit ihnen unter der Federführung des Bereiches Inneres der Hauptstadt vorbeugende Gespräche geführt.[53] Dabei wird ihnen deutlich gemacht, daß es sich bei ihrem Vorhaben um eine Provokation handelt, die mit rechtlichen Schritten geahndet werden wird.

2. Zur vorbeugenden Verhinderung von provokativen Handlungen in allen Marschblöcken werden durch die SED-Kreisleitungen Genossen aus den BPO und WPO über die beabsichtigten Störmanöver in Kenntnis gesetzt. Diese Genossen übernehmen es, in den Stellräumen oder im Demonstrationszug darauf zu achten, wo Einzelpersonen ein entsprechend auffälliges Verhalten zeigen. Sie werden aus dem Demonstrationszug gedrängt und erforderlichenfalls den eingesetzten Sicherheitskräften zugeführt. Die Genossen sind auch darauf eingestellt, mit Sichtelementen gegnerische Parolen und Losungen abzudecken.

3. 300 Genossen der Kreisparteiorganisation Berlin-Prenzlauer Berg werden am Sonntag 8.30 Uhr im Raum des Hauses der Freizeit als Einsatzreserve stationiert. Der von den Provokateuren in Aussicht genommene Sammelort wird durch die Kräfte des Ministeriums für Staatssicherheit und der Volkspolizei Berlin kontrolliert und gesichert. Die Genossen halten Verbindung zur Einsatzreserve im Haus der Freizeit.

4. Entlang der Marschstrecke werden fünf Filtrierpunkte eingerichtet mit dem Ziel, Personen mit provokatorischen Sichtelementen herauszulösen und zuzuführen.

5. Im Bereich der Gedenkstätte wird durch gesellschaftliche Kräfte im Demonstrationszug die Abdeckung bzw. Unterbindung von Provokationen gewährleistet. Hier stehen auch weitere Reserven, unauffällig plaziert, die dafür sorgen, daß die Provokateure nicht vor der Tribüne zum Zuge kommen.

6. Schließlich sind Genossen eingesetzt, um in den Stellräumen und auf der Marschstrecke das Fotografieren oder Filmen von möglichen provokatorischen Handlungen durch Westmedien nicht zuzulassen.

Quelle: SAPMO - BArch, SED, ZK, IV 2/2039/312.

---

52 Der Maßnahmekatalog wurde vom 1. Sekretär der SED-Bezirksleitung Berlin, Günter Schabowski, am 14. Januar 1988 mit einem kurzen Begleitschreiben an den zuständigen ZK-Sekretär Egon Krenz übermittelt.

53 Die sogenannten Abteilungen Inneres beim Rat des Bezirkes bzw. Rat des Kreises beschäftigten sich innerhalb der staatlichen Organe der DDR mit den Ausreiseanträgen.

Dokument 3

SED-Politbürovorlage „Zur Festnahme von Personen wegen des begründeten Verdachts landesverräterischer Beziehungen", 29. Januar 1988[54]

Wie aus Veröffentlichungen der Presse bekannt ist, wurden durch die zuständigen Organe der DDR mehrere Personen wegen des begründeten Verdachts auf landesverräterische Beziehungen festgenommen. Gegen sie wurden Ermittlungsverfahren eingeleitet. Es handelt sich dabei um Ralf Hirsch, Wolfgang und Regina Templin, Bärbel Bohley, Stefan Krawczyk, Freya Klier und Werner Fischer.[55]

Bei den Festgenommenen geht es um Personen mit einer feindlichen Einstellung zur sozialistischen Gesellschaftsordnung in der Deutschen Demokratischen Republik. Seit längerer Zeit traten sie mehrfach und zunehmend intensiver mit offenen Angriffen gegen die Staats- und Rechtsordnung der DDR in Erscheinung, begingen sie landesverräterische Tätigkeit. Ihr erklärtes Ziel bestand darin, die verfassungsmäßigen Grundlagen der DDR, insbesondere die führende Rolle der Partei, anzugreifen, unsere revolutionären Errungenschaften zu negieren, die Friedens- und Dialogpolitik der DDR international in Mißkredit zu bringen und zum Widerstand gegen die gesellschaftlichen Verhältnisse in der DDR aufzuwiegeln.

Grundlage für ihre Festnahme sind die im Strafgesetzbuch der DDR enthaltenen Landesverratsdelikte. Diese Tatbestände gehen von der verfassungsmäßigen Treuepflicht der Bürger der DDR aus, keine Verbindungen zu ausländischen Stellen oder Personen zum Schaden der DDR aufzunehmen. Zugleich richten sie sich gegen Versuche, Bürger unseres Landes in eine subversive Tätigkeit gegen die DDR oder ihre Verbündeten einzubeziehen. Gegen das Strafgesetz verstößt, wer solche Verbindungen aufnimmt, sich zur Mitarbeit anbietet oder den gegen die DDR handelnden Stellen bzw. Personen Unterstützung gewährt.

Die bisherigen Untersuchungen erbrachten den Nachweis über das enge, langfristig abgestimmte und koordinierte Zusammenwirken der Festgenommenen mit geheimdienstlich gesteuerten Kreisen und anderen antikommunistischen Kräften in der BRD und Berlin (West). Zu ihren Verbindungspersonen zählen Leute wie Roland Jahn und Jürgen Fuchs in Westberlin, die vor Jahren die DDR verrieten, ins Lager des Gegners überwechselten und seitdem versuchen, von außen eine sogenannte „innere Opposition in der DDR" zur organisieren.

---

54 Dieses Material, eingebracht von ZK-Sekretär Egon Krenz, wurde in der SED-Politbürositzung am 2. Februar 1988 zur Kenntnis genommen. Sie wurde danach in nahezu unveränderter Fassung in der internen Parteiinformation Nr. 243 (1988/2) an die Funktionäre der SED zur Information weitergegeben.

55 Vgl. die Pressemitteilung in: ND, 26. Januar 1988.

Unter Verleumdung des humanistischen Charakters unseres Staates und mit demagogischer Berufung auf die KSZE-Schlußakte unternahmen diese Kreise vielfältige Versuche, staatsfeindliche Gruppierungen im Innern der DDR zu bilden, zu steuern und ihnen materielle Unterstützung zu gewähren. Im Ergebnis dessen traten solche illegalen Gruppierungen wie die „Initiative Frieden und Menschenrechte" oder die „Arbeitsgruppe Staatsbürgerschaftsrecht der DDR" auf. Die Initiatoren dieser Gruppierungen in der DDR werden durch westliche Journalisten - unter Mißbrauch der ihnen bei uns gebotenen Arbeitsmöglichkeiten - vielfältige Gelegenheiten geschaffen, um über die westlichen Massenmedien zu antisozialistischen Aktivitäten aufzurufen und die DDR international zu verleumden. Dazu gehören ungenehmigte Interviews, z. B. auch die Anfertigung von Video-Aufzeichnungen, und die Veröffentlichung von provokativen Aufrufen, offenen Briefen und anderen Erklärungen. Zu diesem Zweck wird auch Druck- und Vervielfältigungstechnik illegal eingeschleust, um staatsfeindliche Schriften, wie die sogenannte Untergrundzeitschrift „Grenzfall" und die „Umweltblätter", herzustellen und zu verbreiten.[56]

Bei ihrer subversiven Tätigkeit scheuen diese Kräfte auch nicht davor zurück, die verfassungsmäßig gesicherte Religionsfreiheit in den Kirchen der DDR für antisozialistische Aktivitäten zu mißbrauchen. Dabei sollen die staatlichen Organe durch demonstrative und öffentlichkeitswirksame Aktionen unter Druck gesetzt und „Freiräume" für feindliche Handlungen geschaffen werden. Zwischen Staat und Kirche soll auf diese Weise eine Konfrontation herbeigeführt werden. Diese Bestrebungen werden von der überwiegenden Mehrheit der kirchlichen Amtsträger und religiös gebundenen Bürger zu Recht abgelehnt.

Wer Veranstaltungen in Kirchen durchführt, die nicht ausschließlich religiösen Charakter tragen, verstößt gegen die Verfassung der DDR. Artikel 39 Abs. 2 der Verfassung lautet: „Die Kirchen und anderen Religionsgemeinschaften ordnen ihre Angelegenheiten und üben ihre Tätigkeit aus in Übereinstimmung mit der Verfassung und den gesetzlichen Bestimmungen der Deutschen Demokratischen Republik."[57] Die sozialistische Gesellschaft und ihre Staats- und Rechtsordnung geben somit die Voraussetzungen für religiöse Freiheit, die nicht durch politischen Mißbrauch gefährdet werden darf.

Zu den feindlichen Aktivitäten gehörte auch die vom Gegner unter maßgeblicher Mitwirkung der jetzt Inhaftierten vorbereitete Provokation anläßlich der Kampfdemonstration der Berliner Werktätigen zu Ehren von Karl Liebknecht und Rosa Luxemburg am 17. Januar 1988. Mit ihr wurde das Ziel verfolgt, den

---

56 Das ND veröffentlichte in dieser Diktion am 3. Februar 1988 einen umfangreichen Leitartikel mit der Überschrift „Journalisten auf der Gehaltsliste der BRD-Geheimdienste".

57 Vgl. Verfassung der Deutschen Demokratischen Republik vom 6. April 1968 in der Fassung des Gesetzes zur Ergänzung und Änderung der Verfassung der Deutschen Demokratischen Republik vom 7. Oktober 1974. In: Verfassungen deutscher Länder und Staaten. Von 1816 bis zur Gegenwart. Berlin 1989, S. 519 ff.

Handlungsspielraum „oppositioneller" Kräfte auszuweiten und gesetzwidrige Forderungen öffentlichkeitswirksam zu erheben. Dabei sollte das revolutionäre Vermächtnis von Karl Liebknecht und Rosa Luxemburg entstellt und für feindliche Zwecke mißbraucht werden.

Obwohl diese Personen von den staatlichen Organen belehrt und ihnen - zur Verhinderung der geplanten Provokation - eindeutige Auflagen erteilt wurden, setzten sie ihr rechtswidriges Verhalten fort. Damit verstießen sie bewußt und in voller Absicht gegen die Verfassung unseres Landes. Da das Strafgesetz für jedermann bindend ist, müssen sie sich jetzt vor dem Gericht verantworten. Es geht dabei nicht um Einschränkungen des Rechts auf freie Meinungsäußerung, das - wie alle anderen Menschenrechte - bei uns garantiert ist, sondern es geht um ihre Verantwortlichkeit für Angriffe und Handlungen gegen die sozialistische Ordnung in unserem Land. Derartige Angriffe werden von den Bürgern der DDR, die aktiv an der Gestaltung unserer Gesellschaft teilnehmen, zurückgewiesen und von den Justiz- und Sicherheitsorganen konsequent unterbunden.

Bezeichnenderweise trafen am Tage der Kampfdemonstration bereits dreißig Minuten vor der Zusammenrottung einer Gruppe von Provokateuren westliche Kamerateams und andere Journalisten am zuvor vereinbarten Treffpunkt ein. Während sie über die eindrucksvolle Manifestation der 200.000 Berliner Werktätigen kaum berichteten, wandten sie ihr ganzes Interesse der kleinen Gruppe bestellter Provokateure zu, deren Vorhaben durch Genossen des Berliner Parteiaktivs und durch die Sicherheitsorgane verhindert wurde.

Diese Provokation wurde von den zuständigen staatlichen Organen gründlich untersucht. Wie der Generalstaatsanwalt der DDR mitgeteilt hat, wurden - entsprechend den individuellen Tatbeiträgen - die erforderlichen strafrechtlichen Sanktionen ausgesprochen. Wegen der Teilnahme an dieser Zusammenrottung wurden insgesamt 10 Personen zu Freiheitsstrafen zwischen 6 Monaten und 1 Jahr verurteilt.

Weitere 53 Beteiligte, die bereits in der Vergangenheit den Bruch mit unserem sozialistischen Vaterland vollzogen hatten, wurden - nach Klärung aller Umstände - aus der Staatsbürgerschaft der DDR entlassen.

Gegenwärtig entwickeln die westlichen Massenmedien eine Hetz- und Verleumdungskampagne, die darauf abzielt, die Dialogpolitik der DDR in der internationalen Öffentlichkeit in Frage zu stellen, uns angebliche Verletzungen der Schlußakte von Helsinki - insbesondere im Bereich der Menschenrechte - anzulasten und sich in die inneren Angelegenheiten unseres Staates einzumischen.

Auf der 5. Tagung des Zentralkomitees wurde eindeutig dargelegt, daß wir die staatliche und öffentliche Ordnung in unserer Republik jederzeit gewährleisten.[58] Dafür tragen alle Mitglieder und Kandidaten unserer Partei eine hohe Verantwortung.

---

58 Vgl. 5. Tagung des ZK der SED. 16. Dezember 1987. Aus dem Bericht des Politbüros an die 5. Tagung des ZK der SED. Berichterstatter: Genosse Werner Felfe. Alles zum

Vor allem gehört zu den Aufgaben jedes Parteikollektivs und jedes Kommunisten, stets und überall die politisch-ideologische Arbeit offensiv zu führen und Klassenwachsamkeit zu üben. Es geht darum, das überzeugende Gespräch mit *allen* Bürgern zu führen und das Vertrauensverhältnis zwischen Partei und Volk zu festigen. In keiner Weise lassen wir zu, das in gemeinsamer Arbeit Geschaffene in Mißkredit zu bringen. Die seit dem VIII. Parteitag erreichten Ergebnisse bei der Gestaltung der entwickelten sozialistischen Gesellschaft belegen die Richtigkeit der Politik unserer Partei. Die nunmehr fast 40jährige Geschichte der DDR ist zugleich die Geschichte des vertrauensvollen Miteinanders aller Klassen, Schichten und sozialen Gruppen unseres Volkes. Bei uns kommen die Früchte der gemeinsamen Arbeit allen zugute. Es bleibt bei dem, was Genosse Erich Honecker am 6. Februar 1987 vor den 1. Sekretären der Kreisleitungen der SED sagte: „Der Sozialismus braucht alle und hat Platz für alle. Die sozialen und kulturellen Rechte sind nicht nur 'kollektivistische Prinzipien', wie der Gegner oft behauptet, sondern reale Möglichkeiten für jeden einzelnen, ein sinnvolles Leben in sozialer Sicherheit und Geborgenheit zu gestalten."[59]

Quelle: SAPMO - BArch, SED, ZK, J IV 2/2A/3093.

Dokument 4

Information der ZK-Abteilung für Sicherheitsfragen an das SED-Politbüro zu den Übersiedlungsersuchen nach der BRD vom 14. April 1988[60]

Alle Bezirks- und Kreisleitungen der SED haben nach den Beratungen mit den 1. Kreissekretären am 06.02.1987 und am 12.02.1988 Maßnahmen beschlossen, um nichtgerechtfertigte Übersiedlungen zurückzudrängen.[61]

Wohle des Volkes der Deutschen Demokratischen Republik, für seine friedliche Zukunft. Aus dem Schlußwort des Genossen Erich Honecker. Berlin 1987; 5. Tagung des ZK der SED. 16. Dezember 1987. Aus den Diskussionsreden. Berlin 1987.

59   Vgl. Erich Honecker: Die Aufgaben der Parteiorganisationen bei der weiteren Verwirklichung der Beschlüsse des XI.Parteitages der SED. Aus dem Referat auf der Beratung des Sekretariats des Zentralkomitees der SED mit den 1. Sekretären der Kreisleitungen. 6. Februar 1987. In: Erich Honecker: Reden und Aufsätze. Bd. 12. Berlin 1988, S. 277 ff.

60   Die Information, eingebracht von ZK-Sekretär Egon Krenz, wurde am 19. April 1989 als „Geheime Verschlußsache" im SED-Politbüro zur Kenntnis genommen.

61   Zur Beratung im Februar 1987 vgl. Erich Honecker: Die Aufgaben der Parteiorganisationen bei der weiteren Verwirklichung der Beschlüsse des XI. Parteitages. A. a. O. -

Es ist erreicht worden, daß im Jahre 1987 gegenüber 1986 15 % weniger Bürger erstmalig Übersiedlungsersuchen stellten und die erreichten Rücknahmen von Übersiedlungsersuchen auf 29,5 % erhöht wurden. Ein Teil hat jedoch nicht ehrlich und dauerhaft von der Absicht Abstand genommen und tritt nach gewisser Zeit erneut als Antragsteller auf.

Im Jahre 1987 ist eine Verschärfung der Situation eingetreten. Gegenwärtig liegen den staatlichen Organen Ersuchen auf Übersiedlung von rd. 112.000 Bürgern vor (1986 waren es rd. 78.000). Die meisten Ersuchen gibt es in den Bezirken:

Dresden	rd. 30.000
Karl-Marx-Stadt	rd. 16.800
Berlin	rd. 15.300

Von den rd. 112.000 Bürgern sind 52.800 Facharbeiter und 11.500 Personen mit abgeschlossener Hoch- und Fachschulbildung, darunter 1.142 Ärzte und Zahnärzte, 2.675 Angehörige des mittleren medizinischen Personals und rd. 670 Lehrer. Bei den Ärzten und den Angehörigen des mittleren medizinischen Personals gibt es Konzentrationen in bestimmten Einrichtungen, z. B. im Krankenhaus Berlin-Friedrichshain, in medizinischen Einrichtungen im Bezirk Dresden und in der Medizinischen Akademie Erfurt.

Die Übersiedlungsersuchenden setzen sich altersmäßig wie folgt zusammen:

unter 14 Jahre	24,7 %
von 15 bis 24 Jahre	25,9 %
von 25 bis 40 Jahre	36,4 %
über 40 Jahre	13,0 %

33.371 Bürger sind unter 18 Jahre alt.

Die Genehmigungen von Übersiedlungsersuchen haben sich in den letzten Jahren wie folgt entwickelt:
1985 = 20.147
1986 = 16.902
1987 = 10.420

Die Erfahrungen zeigen, daß die Zahl der genehmigten Übersiedlungen und die Erweiterung von Reisemöglichkeiten nicht zur Reduzierung der Gesamtzahl der Übersiedlungsersuchenden führten. Vielmehr ist festzustellen, daß sie Rückwirkungen auf andere Bürger haben und zu neuen Anträgen führen.

Außerdem bewirkt die zunehmende Zahl des ungesetzlichen Verlassens der DDR, daß von den zurückgebliebenen Familienangehörigen Übersiedlungsersuchen gestellt werden. Im Jahre 1987 waren das 2.166 Ersuchen (1986: 830).

In schriftlichen Ersuchen von Bürgern, die die DDR verlassen wollen, oder in Aussprachen mit ihnen zeigt sich, daß die Mehrzahl illusionäre Vorstellun-

---

Zum Auftritt im Februar 1988 vgl. Erich Honecker: Mit dem Volk und für das Volk realisieren wir die Generallinie unserer Partei zum Wohle der Menschen. Aus dem Referat des Generalsekretärs des ZK der SED und Vorsitzenden des Staatsrates der DDR auf der Beratung des Zentralkomitees der SED mit den 1. Sekretären der Kreisleitungen am 12. Februar 1988. Berlin 1988.

gen über die Lebensverhältnisse in der BRD und in Berlin (West) hat, von der Menschenfeindlichkeit des imperialistischen Systems nicht überzeugt ist und mit der Übersiedlung bürgerliche Lebensideale verfolgt. Die gesellschaftlichen Verhältnisse in der DDR werden teilweise oder vollständig abgelehnt. Viele haben eine feindliche Einstellung zur DDR und lehnen den Sozialismus prinzipiell ab.

Die Übersiedlungsersuchenden werden zum Teil auch begünstigt durch bürokratisches Verhalten und Herzlosigkeit im Umgang mit Bürgern, Mängel in den Arbeitsbedingungen oder in der Versorgung mit Konsumgütern bzw. bei Dienstleistungen und durch Verärgerungen über ungelöste Wohnungsprobleme und staatliche Entscheidungen. Ein Teil der betreffenden Personen benutzt die angegebenen Gründe als Vorwand. Wenn z. B. ein Wohnungsproblem gelöst wurde, nehmen viele dennoch nicht von ihrem Ersuchen Abstand.

Eine zunehmende Zahl von arbeitsfähigen Übersiedlungsersuchenden kündigt von sich aus das Arbeitsrechtsverhältnis. Gegenwärtig betrifft das 3.881 Personen. Weitere 1.856 Bürger üben eine unter ihrem Qualifikationsniveau liegende Tätigkeit aus. Sie erhoffen sich damit eine schnellere Genehmigung ihrer Ersuchen und wollen einer politischen Einflußnahme durch Leiter und Arbeitskollektive ausweichen. Übersiedlungsersuchende vertreten teilweise Auffassungen wie z. B. „Für diesen Staat keinen Handschlag". Oftmals tragen sie zu mangelnder Arbeitsdisziplin und geringer Verantwortlichkeit in den jeweiligen Kollektiven bei.

Die Mehrzahl der Übersiedlungsersuchenden vertritt sehr hartnäckig ihre Absicht. Oft versuchen sie, durch Androhung von Gewalt und Begehung von Straftaten Druck auf staatliche Organe auszuüben.

Verschiedene Bürger bringen in ihren Ersuchen zum Ausdruck:
- Wir werden uns die Genehmigung zur Übersiedlung erkämpfen. Jedes Mittel ist uns recht.
- Durch die Ereignisse nach dem 17. Januar 1988 in Berlin wissen wir, wie wir unsere Übersiedlung erzwingen können.

Im verstärkten Maße führen in letzter Zeit Übersiedlungsersuchende Aktionen gegen den sozialistischen Staat durch. Insbesondere werden Zusammenrottungen, illegale Zusammenkünfte, Provokationen oder Schweigedemonstrationen und -spaziergänge durchgeführt. Sie verbreiten antisozialistische Schriften. Diese Aktionen lassen Organisationscharakter erkennen.

Verschiedene Kräfte sind auch bemüht, Organisationen von Übersiedlungsersuchenden bzw. Organisationen, die sich mit solchen Fragen befassen, zu schaffen, z. B. „Arbeitsgruppe für Staatsbürgerschaftsrecht".

Die im Zusammenhang mit den Ereignissen am 17. Januar 1988 erfolgten Übersiedlungen von Provokateuren haben zu verstärkten Aktivitäten eines großen Teils der Übersiedlungsersuchenden geführt. In Berlin erschienen z. B. an einem Tag (09.02.1988) 1.344 Bürger bei den Räten der Stadtbezirke. Eine sachliche Gesprächsführung mit diesen ist in der Regel nicht möglich. Ihr

Auftreten ist extrem aggressiv, höhnisch und arrogant. Verschiedene drohen mit demonstrativen Aktionen, insbesondere am 1. Mai.

Diese Entwicklung zeigt, daß die ideologische Einflußnahme des Gegners bei einem Teil unserer Bürger Wirkung hat. Im zunehmenden Maße versucht er, Bürger der DDR in Gegensatz zur Politik der Partei und des Staates zu bringen und sie zum Verlassen der DDR zu inspirieren. Übersiedlungsersuchende sollen in die feindlichen Bestrebungen zur Schaffung einer inneren Opposition mit konterrevolutionärer Zielstellung einbezogen werden. Demagogisch werden einige individuelle Rechte, wie Freizügigkeit und Reisefreiheit, als „erstrangige Menschenrechte" deklariert.

Unter Mißbrauch vor allem der evangelischen Kirche bzw. von reaktionären Kräften in den Kirchen wird versucht, die feindliche Beeinflussung sowie antisozialistische Handlungen von Übersiedlungsersuchenden und anderen Personen zu verstärken. Von einigen Kräften der evangelischen Kirche werden u. a.
- Räumlichkeiten und Organisationsformen für Übersiedlungsersuchende und subversive Kräfte zur Verfügung gestellt;
- Hinweise für ihr Vorgehen gegenüber staatlichen Organen gegeben;
- in Abstimmung mit westlichen Massenmedien bei notwendigen staatlichen Maßnahmen Protestaktionen und Sympathiebekundungen organisiert und Rechtsschutz gewährt.

Das „Kontaktbüro für seelsorgerische Betreuung" in der Generalsuperintendentur Berlin wurde z. B. vom 8. Februar 1988 bis 15. März 1988 von über 1.000 Übersiedlungsersuchenden aufgesucht. Die Zusammenarbeit dieser Stelle mit Vertretern westlicher Massenmedien wird auch dazu genutzt, Angaben über diese Personen westlichen Einrichtungen und Organisationen zur Verfügung zu stellen.

Die Massenmedien in der BRD und in Berlin (West), insbesondere die Hör[funk]- und Fernsehsender, nehmen einen wesentlichen Einfluß auf die Herausbildung von Übersiedlungsabsichten und die Durchführung von provokatorisch-demonstrativen Handlungen. Nahezu täglich werden Informationen und Meldungen über Absichten, Methoden und angebliche Motive des Verlassens der DDR veröffentlicht. Es ist bewiesen, daß provokatorische und demonstrative Aktivitäten durch Vertreter westlicher Massenmedien bzw. in Abstimmung mit ihnen organisiert worden sind.

Die DDR hat mit der Verordnung zur Regelung von Fragen der Familienzusammenführung und der Eheschließung von Bürgern der DDR und Ausländern am 15.09.1983, GBl. I, S. 154, der Schlußakte der KSZE von Helsinki und den Dokumenten von Madrid[62] voll Rechnung getragen. Ein generelles Recht zum

---

62 Das Abschließende Dokument des Madrider Treffens der Vertreter der Teilnehmerstaaten der Konferenz für Sicherheit und Zusammenarbeit in Europa mit seinen für die sozialistischen Länder nicht unproblematischen Passagen zur „Zusammenarbeit in humanitären und anderen Bereichen" war in der DDR im ND in der Ausgabe vom 17./18. (B-Ausgabe für Berlin und die Bezirke Frankfurt/Oder sowie Potsdam) bzw. 24./25. September 1983 (A-Ausgabe für die restlichen Bezirke) veröffentlicht worden.

Verlassen des eigenen Landes gibt es im Völkerrecht und auch in der internationalen Staatspraxis nicht.

Auf der KSZE-Nachfolgekonferenz in Wien sind die NATO-Staaten bestrebt, Vereinbarungen im Bereich der militärischen Sicherheit generell davon abhängig zu machen, daß die sozialistischen Staaten die westlichen Forderungen im Menschenrechts- und humanitären Bereich akzeptieren.

Von ausschlaggebender Bedeutung für die entschiedene Zurückdrängung von Übersiedlungsersuchen ist ihre Vorbeugung. Wenn ein Ersuchen zur Übersiedlung gestellt wurde, haben sich in der Regel bereits die negative Einstellung zur DDR sowie die Übersiedlungsabsicht sehr verfestigt.

Gegenwärtig ist in vielen Parteiorganisationen, Betrieben und Kollektiven und bei den Bürgern noch nicht die erforderliche Position zur Vorbeugung von Übersiedlungsersuchen vorhanden. Die geforderte breite gesellschaftliche Atmosphäre gegen diese Erscheinungen ist noch nicht geschaffen worden. Selbst Parteimitglieder, Gewerkschaftsfunktionäre oder Brigadiere erklären manchmal ihr Unverständnis, warum man die betreffenden Bürger nicht übersiedeln läßt. Noch zu wenig wird das vertrauensvolle Gespräch mit Bürgern geführt, die sich in Konfliktsituationen befinden oder eine Übersiedlung in Erwägung ziehen.

Von den Bereichen Inneres der örtlichen Räte wird in Zusammenarbeit mit den Sicherheitsorganen eine politisch verantwortungsvolle Arbeit geleistet. Zur Qualifizierung ihrer Tätigkeit wurden Weiterbildungsmaßnahmen durchgeführt, Argumentationsmaterialien herausgegeben, gute Erfahrungen verallgemeinert und qualifizierte Kader aus dem Partei- bzw. Staatsapparat eingesetzt. Bei den Mitarbeitern der Bereiche Inneres handelt es sich in der Mehrzahl um politisch verantwortungsbewußte und erfahrene Genossen.

In letzter Zeit ist festzustellen, daß die Wirksamkeit der Bereiche Inneres, insbesondere hinsichtlich der Unterstützung der Betriebe, zurückgegangen ist. In einigen Kreisen sind sowohl die Zahl als auch die Qualifikation der Mitarbeiter nicht ausreichend. Da sie einem ständigen Druck und zahlreichen Provokationen und Beleidigungen ausgesetzt sind, müssen sie besondere Unterstützung erhalten.

Schlußfolgerungen:

1. Die Bezirks- und Kreisleitungen befähigen die Grundorganisationen der SED in allen Bereichen, die politisch-ideologische Arbeit offensiver und überzeugender zu führen und dabei auf alle Fragen einzugehen, die die Bürger bewegen. Grundlage dafür sind die Argumente des Genossen Erich Honecker in seiner Rede vor den 1. Kreissekretären am 12.2.1988.

Besondere Aufmerksamkeit gilt allen Fragen des täglichen Lebens der Menschen, wie u. a. der Versorgung mit Konsumgütern und Dienstleistungen. Die Stellungnahme des Politbüros zum Bericht der Bezirksleitung Neubrandenburg vom 12.4.1988 ist dabei zugrunde zu legen.[63] In den betreffenden Parteiorganisationen ist in Mitgliederversammlungen zu Übersiedlungsabsichten Stellung zu nehmen.

Unter Führung der Partei ist zu gewährleisten, daß alle gesellschaftlichen Organisationen, insbesondere der FDGB und die FDJ, ihren Einfluß auf die Erziehung ihrer Mitglieder zur Verbundenheit mit der DDR verstärken und die Anstrengungen zur Vorbeugung bzw. Zurückdrängung von Übersiedlungsersuchen erhöhen.[64] Vor allem in den Arbeitskollektiven sind das sozialistische Bewußtsein, sozialistische Lebensauffassungen und Verhaltensweisen sowie klassenmäßige Positionen zu dieser Frage stärker auszuprägen.

2. Die staatlichen Organe gewährleisten die strikte Durchsetzung der sozialistischen Gesetzlichkeit. Sie behandeln alle Anliegen korrekt und verantwortungsbewußt. Übersiedlungsersuchen sind nach den Weisungen des Vorsitzenden des Ministerrates vom Februar 1988 zu bearbeiten. Ausnahmegenehmigungen sind auf die darin genannten Fälle zu beschränken. Zur wirksamen Verhinderung des ungesetzlichen Verlassens der DDR ist das Antrags-, Prüfungs- und Entscheidungsverfahren für Auslandsreisen zu qualifizieren.

3. Die Bezirks- und Kreisleitungen unterstützen die Räte der Kreise, die Arbeit der Abteilungen Inneres zu vervollkommnen. Bei nichtgerechtfertigten Übersiedlungsersuchen sind Maßnahmen einzuleiten, daß die Bürger ehrlich und dauerhaft von ihrem Ersuchen Abstand nehmen und wieder fest in unsere Gesellschaft eingegliedert werden. Bei der Arbeit zur Zurückdrängung des Ersuchens dürfen keine ungerechtfertigten arbeitsrechtlichen Maßnahmen und keine Diskriminierung der betreffenden Person eintreten. Es ist zu verhindern, daß Übersiedlungsersuchende keiner geregelten Arbeit nachgehen. Bedingungen, die zur Übersiedlungsabsicht geführt haben, sind gemeinsam mit den betreffenden Personen zu verändern. Die Abteilungen Inneres der örtlichen Räte sind durch weitere Zuführungen parteierfahrener Kader zu stärken.

4. Die Bezirks- und Kreisleitungen nehmen durch ihre zielgerichtete, politische Führungstätigkeit darauf Einfluß, Demonstrationen, Provokationen und andere gesetzwidrige Handlungen von Übersiedlungsersuchenden zu verhindern. Von den Sicherheitsorganen sind derartige beabsichtigte Handlungen rechtzeitig aufzuklären. Sie leiten Maßnahmen zu ihrer Unterbindung bzw. Einschränkung ein.

Die Anstrengungen zur Verhinderung des Mißbrauchs der evangelischen Kirche für Handlungen der Übersiedlungsersuchenden sind konsequent weiterzuführen. In der differenzierenden Arbeit mit kirchlichen Amtsträgern ist stärker an Auffassungen progressiver Kräfte anzuknüpfen.

---

63 Vgl. ND, 13. April 1988.

64 Der FDJ-Zentralrat und die 1. Kreissekretäre des Einheitsjugendverbandes waren bei einem Treffen mit SED-Generalsekretär Erich Honecker am 8. Februar 1988 in Berlin auf diese Linie orientiert worden. Vgl. ND, 9. Februar 1988.

5. Das Ministerium für Auswärtige Angelegenheiten nimmt darauf Einfluß, daß die Tätigkeit westlicher Korrespondenten korrekt auf der Grundlage der Verordnung über die Tätigkeit von Publikationsorganen anderer Staaten und deren Korrespondenten in der Deutschen Demokratischen Republik vom 21.2.1973 (GBl. I, Nr. 10) erfolgt und Aktivitäten zur Organisierung und Unterstützung provokatorischer Handlungen unterbunden werden.

6. Der Minister des Innern bereitet rechtzeitig die sich aus dem in Vorbereitung befindlichen Wiener KSZE-Schlußdokument hinsichtlich der Übersiedlungsproblematik ergebenden Aufgaben für die DDR vor.[65] Er prüft, inwieweit eine Neufassung der Verordnung vom 15.9.1983 notwendig ist.

Quelle: SAPMO - BArch, SED, ZK, J IV 2/2A/3114.

Dokument 5

Streng geheime interne Information des MfS „Hinweise über bedeutsame Aspekte der Reaktion der Bevölkerung" vom 25. August 1988

Vorliegenden Hinweisen aus allen Bezirken und der Hauptstadt der DDR zufolge haben die Diskussionen unter breitesten Bevölkerungskreisen zu innenpolitischen Fragen, insbesondere zu Problemen der Um- und Durchsetzung der Wirtschafts- und Sozialpolitik sowie zu Problemen des Handels, der Versorgung und der Dienstleistungen in erheblichem Maße an Umfang und Intensität zugenommen.

Diese vom Grundtenor her immer kritischer und unduldsamer werdenden Diskussionen prägen zunehmend das Stimmungsbild der Bevölkerung.

Im Mittelpunkt derartiger Meinungsäußerungen stehen - häufig unter Bezugnahme auf eigene Feststellungen und Wahrnehmungen im Arbeits- und Freizeitbereich - folgende Schwerpunkte:

- Diskontinuierlich ablaufende Produktionsprozesse, der hohe technische und moralische Verschleißgrad von Maschinen und Anlagen, fehlende Ersatzteile,

- anhaltende Probleme in der bedarfs-, sortiments- und qualitätsgerechten Versorgung der Bevölkerung mit hochwertigen Konsumgütern, Textilien, Schuhen/Lederwaren, Sortimenten 1.000 kleine Dinge,[66] Pkw und Ersatzteilen,

---

65 Das Abschließende Dokument des Wiener Treffens der Konferenz für Sicherheit und Zusammenarbeit in Europa wurde im Januar 1989 unterzeichnet. Den Wortlaut vgl. in: ND, 21./22. Januar 1989. Die DDR versuchte mehrfach, allerdings ziemlich erfolglos, innerhalb der Gruppe der sozialistischen Staaten eine harte Verhandlungsposition durchzusetzen.

66 Das „Sortiment 1.000 kleine Dinge" bezeichnete in der DDR Kleinbedarfsartikel.

immer häufiger auch mit Nahrungsmitteln, darunter Fleisch- und Wurstwaren, sowie Obst und Gemüse,
- anhaltende Probleme und teilweise absinkendes Versorgungsniveau im Dienstleistungs- und medizinischen Bereich,
- die als ständig ansteigend empfundenen Lebenshaltungskosten infolge Erhöhung der Verbraucherpreise, besonders für Konsumgüter, ohne erkennbare Gebrauchswerterhöhung,
- die als ungesund bewertete Entwicklung des Verhältnisses zwischen den Einkommen und den Preisen (sozialpolitische Maßnahmen zur Verbesserung der Einkommen werden in der Regel nur als finanzieller Ausgleich für gestiegene Lebenshaltungskosten angesehen).

Progressive Kräfte, darunter viele Mitglieder und Funktionäre der SED und befreundeter Parteien sowie Mitarbeiter staats- und wirtschaftsleitender Organe, äußern sich in Kenntnis dieser vorgenannten Diskussionsinhalte und Standpunkte von Werktätigen besorgt über die in diesem Zusammenhang festgestellte zunehmende Skepsis und Zweifel an der Verwirklichung der ökonomischen Strategie der SED, der Realisierbarkeit zentraler staatlicher Maßnahmen, über ein wachsendes Unverständnis und dabei zum Ausdruck kommender Unmut hinsichtlich der Nichtbewältigung seit Jahren auftretender und sich zuspitzender Probleme in der Volkswirtschaft. Ihren Feststellungen zufolge existiere unter den Werktätigen, insbesondere im Zusammenhang mit den Versorgungsproblemen, permanente Unzufriedenheit.

Festgestellte Unzulänglichkeiten und Mißstände in Betrieben und im Bereich Handel und Versorgung würden immer stärker als symptomatisch für die Situation und Entwicklung in der gesamten Volkswirtschaft beurteilt. Trotz Anerkennung bisher vollbrachter Leistungen der DDR wird von einer Stagnation in der ökonomischen Entwicklung gesprochen, haben Zweifel an der Effektivität der Wirtschaftsführung erheblich zugenommen und wird die gesamte Wirtschaftspolitik immer kritischer bewertet.

Mit zum Teil gewachsener Schärfe würden Fragen nach den Ursachen für diese Situation, für die vorhandenen Probleme, Mängel und Schwierigkeiten aufgeworfen und zugleich Forderungen erhoben, die Werktätigen darüber offen zu informieren. Vielfach äußern Mitglieder und Funktionäre der SED, die in der Rede des Generalsekretärs des ZK der SED vor den 1. Kreissekretären enthaltene gewesene realistische und kritische Wertung des Erreichten habe unter den Werktätigen viele Erwartungen geweckt, die jedoch in der Folgezeit nicht erfüllt worden seien.[67]

Vor allem Arbeiter in Großbetrieben und Werktätige aus den Bereichen Landwirtschaft und Verkehrswesen würden in diesem Zusammenhang verbreitet argumentieren, daß auch schon in der zurückliegenden Zeit viele gute Beschlüsse gefaßt worden sind, die jedoch in der Praxis nicht wirksam wurden. Dies habe Zweifel an deren Glaubwürdigkeit aufkommen lassen, was sowohl

---

67 Vgl. Anm. 61.

in Diskussionen in Arbeitskollektiven als auch auf Versammlungen deutlich werde.

Besonders von gesellschaftlich tätigen Personenkreisen wird häufig geäußert, sich immer weniger in der Lage zu fühlen, auf entsprechende Äußerungen und Fragen der Werktätigen überzeugend antworten zu können. Verbreitet werde argumentiert, daß es erforderlich sei, die Probleme, die die Menschen bewegen, auch in den Massenmedien der DDR offener und kritischer anzusprechen.

Zugleich wachsen aber auch die Befürchtungen, daß insbesondere aus dem umfassend praktizierten Meinungspluralismus in der Sowjetunion bestimmte Gefahren für die innere Stabilität des Sozialismus in der UdSSR erwachsen, die auch Auswirkungen auf andere sozialistische Staaten haben könnten.

Politisch engagierte Bürger machen nachdrücklich darauf aufmerksam, daß die Schwierigkeiten und Hemmnisse, mit denen die Werktätigen konfrontiert werden, sich immer spürbarer negativ auf ihre Leistungsbereitschaft, ihr berufliches und gesellschaftliches Engagement auswirken. In größer gewordenem Umfang seien solche Erscheinungen wie Nichteinhaltung und Nichtauslastung der Arbeitszeit, nachlassende Bereitschaft zum Erbringen zusätzlicher Leistungen, fehlendes Interesse an bis hin zur Ablehnung gesellschaftlicher Mitarbeit bzw. der Übernahme von Funktionen feststellbar.

Quelle: Der Bundesbeauftragte für die Unterlagen des Staatssicherheitsdienstes der ehemaligen DDR, Zentralarchiv (im folgenden BStU, ZA), Zentrale Auswertungs- und Informationsgruppe (ZAIG) 5353.

Dokument 6

Expertise des Direktors des Zentralinstituts für Jugendforschung (ZIJ) in Leipzig, Walter Friedrich, für Egon Krenz vom 21. November 1988 „Einige Reflexionen über geistig-kulturelle Prozesse in der DDR"[68]

1. Vorbemerkungen
Die menschliche Zivilisation befindet sich am Ende des 20. Jahrhunderts in einer Phase außergewöhnlich stürmischer Veränderungs- und Umbruchsprozesse.

Wie nie zuvor in der Geschichte verändern sich die Existenzbedingungen der Menschen (ihr ökonomisches, soziales, politisches, kulturelles Sein) im rasantem Tempo und zugleich in tiefgreifender struktureller Weise.

Wesentliche Grundlage und Triebkraft dafür ist - in letzter Instanz - die wissenschaftlich-technische Revolution, also die Entwicklung der Produktivkräfte.

Diese enormen gesellschaftlichen Veränderungsprozesse haben verständlicherweise starke Auswirkungen auf das geistig-kulturelle Leben der Menschen, auf ihr Bewußtsein und praktisches Verhalten, auf ihre gesamte Mentalität (Psyche).

Ich glaube, daß wir am Beginn einer kulturellen Umbruchsphase (vielleicht einer „geistig-kulturellen Umgestaltung", „Kulturrevolution") stehen, die weite Teile der Welt erfaßt. Vieles spricht dafür, daß die SU, ausgehend vom Perestroika-Kurs der KPdSU, zu einem wesentlichen, vielleicht sogar entscheidenden Faktor dieser globalen kulturellen Reformation wird (Neues Denken, Aufbruchsstimmung, Durchsetzung humanistischer Ideale, russisches Kulturerbe etc.).

Jedenfalls leben wir in einer gesellschaftlichen Umbruchsphase, die gerade auch im Bereich des kulturell-geistigen Lebens von großer Intensität und Tiefe geprägt ist.

Das wird auch bei uns zu einer Umwertung zentraler gesellschaftlicher Werte und Zielfunktionen führen, vor allem zu einer Neubewertung unserer Gesellschaft als eines „dynamischen Systems". Wir werden unsere sozialistische Gesellschaft viel stärker (und nicht bloß theoretisch-deklarativ) in ihrer tiefreichenden strukturellen Veränderung, Entwicklung, in ihren objektiven

---

68 Walter Friedrich übermittelte Egon Krenz seine Analyse mit folgendem Begleitschreiben: „Lieber Egon! Beiliegend übergebe ich Dir eine Expertise 'Einige Reflexionen über geistig-kulturelle Prozesse in der DDR'. Sie ist in ihrem Kern (Abschnitt 5) ziemlich theoretisch, vielleicht auch für Dich als den vielbeschäftigten Politiker etwas zu weitschweifig angelegt. Doch enthält sie m. E. eine Reihe sehr relevanter politischer Probleme und Folgerungen. Ihrer Brisanz bin ich mir wohl bewußt. Eben weil ich von der Richtigkeit dieser politisch hoch bedeutsamen geistig-kulturellen Prozesse überzeugt bin, mußte ich sie aufschreiben. Diese Expertise Dir zu übergeben, ist mir nur dank eines tiefen Vertrauensverhältnisses möglich. Ich meine aber, daß ich es unserer Partei, Dir persönlich - und meinem Gewissen schuldig bin. Die Zukunft wird, so glaube ich, uns recht bald zeigen, daß wir solche geistig-kulturellen Wandlungsprozesse viel ernster nehmen müssen."

Erfordernissen und Zwängen zur Neuanpassung an die veränderte Wirklichkeit bewerten müssen. Nur so können wir die auf verschiedenen Gebieten dringend notwendige Erhöhung ihrer sozialen Effektivität - und unser Überleben sichern.

2. Über einige Hintergründe der Unterschätzung geistig-kultureller Prozesse in unserem Lande

Ich habe den Eindruck, daß wir Umfang und Tiefgang der sich gegenwärtig vollziehenden Prozesse im Denken, Fühlen und Verhalten der Menschen, der Jugend wie der gesamten Bevölkerung, politisch nicht klar genug zur Kenntnis nehmen, nicht ernsthaft genug bewerten. Offensichtlich wird die große Bedeutung dieses Mentalitätswandels, dieses Wandels von Grundhaltungen der Persönlichkeit (dieses Charakterwandels) weithin unterschätzt.

Die Folge ist, daß selbst in der gesellschaftswissenschaftlichen Diskussion, in Publikationen sowieso, bei uns kaum etwas dazu gesagt wird. Die Anmerkungen der Philosophen sind höchst allgemein und weit entfernt von einer empirischen Begründung. Diese eigenartige Erscheinung, die unserer gesellschaftlichen Entwicklung nur schaden kann, hat m. E. viele Ursachen, die ich hier nur antippen kann. Das Problem wäre einer eigenen wissenschaftlichen Analyse wert (die ich mir zwar zutraue, aber aus Zeitgründen ersparen muß. Ich weiß auch nicht, ob sich heute jemand dafür interessiert).

Hauptgründe sehe ich in folgendem:
- Eine allgemeine Unterschätzung der geistig-kulturellen Dimension/Lebensprozesse der Menschen. Ihre zwar relative (historisch gesehen immer vom ökonomischen Sein abhängige), aber heute doch massive Eigenständigkeit wird schnell unterbewertet. Davon wird abgeleitet, daß man mit einer Verbesserung der ökonomischen Lage (Entwicklung der Produktion, Verringerung der Versorgungsprobleme) die geistig-kulturellen Entwicklungsprozesse in die gewünschten Bahnen lenken kann.

Doch: Der Mensch lebt nicht vom Brot allein!

Ich bin der Auffassung, daß die Eigenständigkeit der geistig-kulturellen Entwicklungsprozesse besonders im letzten Jahrzehnt zugenommen hat und weiter zunehmen wird. Das verlangt entschieden neue Formen, Methoden im Umgang (Informieren, Leiten, Agitieren, Regieren) der Menschen. Heute kommen wir eben oft mit den Formen und Inhalten (Worten, Formeln, Argumentationsmuster), mit denen wir vielleicht vor 20 Jahren erfolgreich waren, bei der großen Mehrheit der Bevölkerung bzw. der Jugend nicht mehr an.

Ja, nicht selten treten Kontereffekte auf. Der Glaube, bei bestimmten Problemsituationen werde das Volk besser instruiert, wenn man nicht 5, sondern 20 Minuten die Aktuelle Kamera beansprucht, nicht eine, sondern drei Seiten des ND füllt, ist ein gewaltiger Trugschluß.

Meist erreichen wir heute genau das Gegenteil dadurch.

Ich befürchte auch, daß uns in Zukunft geistig-kulturelle Faktoren/Prozesse, die Bewußtseinswandlungen in der Bevölkerung, mehr politische Schwierigkeiten bereiten können als etwa wirtschaftliche Probleme.

Also: Trotz der Verbesserung der ökonomischen Lage, des Versorgungsniveaus kann es doch zu einer Zunahme ideologischer Probleme, weiterer negativer Trends und politischen Protestverhaltens kommen. Die Eigenständigkeit dieser Dimension/Prozesse darf nicht gering geschätzt werden. Hier können nur neue, dem Bewußtsein/Selbstbewußtsein und gestiegenem Anspruchsniveau der Bevölkerung adäquate Formen und Inhalte des Umganges, der Propaganda, der wirklichen demokratischen Mitgestaltung, der Offenheit in der Gesellschaft diese Trendprozesse stoppen bzw. in unserem Sinne verändern.

- Wir brauchen ein ganz realistisches Verhältnis zur Wirklichkeit der geistig-kulturellen Erscheinungen und vor sich gehenden Prozesse.

Ich glaube, daß wir besonders auf hoher Leitungsebene unsere Wirklichkeit nicht genügend mit ihren Widersprüchen und neuen Erscheinungen sehen wollen.

Nach wie vor werden die Berichte „nach oben" hin schöngefärbt, Informationen werden selektiert weitergegeben.

Abgesehen vom Jugendbericht gibt es so gut wie keine repräsentativen Forschungen über das Denken der Bevölkerung.[69] Wir wissen also gar nicht, wie das Volk denkt, was es will, wie sich das Denken verändert.

Es wäre ein leichtes, Wissenschaftler zu beauftragen, diesen Zustand zu verändern.

Warum schirmen wir uns von diesen notwendigen Erkenntnissen ab?

In den anderen sozialistischen Ländern werden Meinungsforschungsinstitute gegründet, und es wird mit deren Ergebnissen politisch gearbeitet.

Wir zitieren Ergebnisse der Meinungsforschung aus der BRD und zweifeln ihren Aussagegehalt nicht an, aber im eigenen Lande bedienen wir uns nicht mehr dieser Methode.

Offenbar legen wir wenig Wert darauf, die kulturell-geistige Wirklichkeit so wie sie ist, ungeschminkt, zur Kenntnis zu nehmen. Gerade im Sozialismus muß sich die Politik aller verfügbaren sozialwissenschaftlichen Forschungsergebnisse bedienen, deren ständige Präzisierung, Verfeinerung und Überprüfung fordern. Ein anderer Standpunkt will mir nicht einleuchten, kann unserer Sache nicht dienlich sein.[...][70]

4. Über den Zukunftsoptimismus in unserer Gesellschaft

Ich wende mich hier einem politisch sehr bedeutungsvollen, zugleich aber wissenschaftlich schwer faßbaren Problem zu. Trotzdem will ich einige Hypothesen wagen.

---

69   Im August 1987 war festgelegt worden, daß das Leipziger Zentralinstitut für Jugendforschung jährlich ein „Komplexmaterial zur Lage unter der Jugend" anzufertigen hat. Im Juni 1988 wurde der erste Bericht als „Vertrauliche Verschlußsache" in fünf Exemplaren vorgelegt.

70   Hier folgt ein etwa fünfseitiges, theoretisch angelegtes Kapitel „Über das Menschenbild".

Zukunftsoptimismus einer Gesellschaft sei bestimmt als in einer bestimmtem Zeit vorherrschende Stimmung (Zeitgeist; Zukunftsbewußtsein). Diese Stimmung ergibt sich aus der Zuversicht der Menschen in die Fähigkeit ihrer Gesellschaft, die Zukunft, Ihre Anforderungen und Probleme zu meistern.

Der Zukunftsoptimismus gründet sich oft auf den Vergleich mit anderen Ländern/rivalisierenden Gesellschaften. Er bezieht sich auf die „offensichtlichen" Stärken und/oder Schwächen des eigenen Systems bzw. des anderen. Er wird durch viele unvorhersagbare Faktoren beeinflußt. Das Zukunftsbewußtsein kann sich kurz- oder langfristig ändern. Es wird bei verschiedenen Schichten, Klassen, Gruppen sehr unterschiedlich (sehr sicher bis wenig sicher) ausgeprägt und verbreitet sein. Wichtig sind bestimmte Kernschichten, die über ein hohes Sozialprestige und großen Einfluß verfügen, damit Meinungsmultiplikatoren sind.

Das Zukunftsbewußtsein korreliert natürlich eng mit der Gesellschaftsidentifikation.

Entscheidend und historisch vielfach bestätigt ist, daß vom Zukunftsoptimismus starke Motivationsenergien ausgehen. Die Menschen werden von einem hohen Zukunftsoptimismus stark aktiviert, zu großen Leistungen in allen Bereichen, besonders im Lernen und in der Arbeit, stimuliert, sind dann leichter zu engagieren, zu begeistern, sind stolz auf ihr Land, äußern eher Lebensfreude, Lebenszufriedenheit. Solche gesellschaftlichen Hochstimmungen, Aufbruchsstimmungen können (v. a. den aktiven Kern) enorm beflügeln, zu großen historischen Aufschwüngen, zu bedeutenden ökonomischen und kulturellen, künstlerischen Leistungen führen. Revolutionäre Zeiten, Gründerjahre beweisen das.

Obwohl ich mir der Problematik bewußt bin, glaube ich doch, daß man den Zukunftsoptimismus in der DDR wie folgt kennzeichnen kann:
- Zunehmender Zukunftsoptimismus nach 1945, wenn auch mit einigen labilen Phasen (Stalinismus, 17. Juni 1953, Ende der 50er Jahre).
- Weitere Festigung nach der Grenzsicherung 1961, mit der ökonomischen und politischen Stabilisierung in den 60er Jahren, besonders mit dem VIII. Parteitag, der Anerkennungswelle, Weltfestspiele[71] etc.
- Abschwächung des Zukunftsoptimismus seit Ende der 70er Jahre. Zunehmende Zweifel an der Überlegenheit des sozialistischen Systems, anfangs mehr bei Erwachsenen, Jahre später auch bei der Jugend.

Als Hauptgründe sehe ich:
- Stagnationsprozesse in der SU.

SU kann immer weniger als Vorbildland anerkannt werden. Spott über Lebensstandard, Wirtschaftsmisere, Weizeneinkauf, politische Dogmatik der alten Herren breitet sich aus. Die Jugendforschung beobachtete seit Ende der 70er Jahre ein Nachlassen der SU-Wertschätzung und SU-Identifikation.

---

71 Gemeint waren die X. Weltfestspiele der Jugend und Studenten, die vom 28. Juli bis 5. August 1973 in Berlin stattfanden.

Seit Gorbatschow (1985) kam nur eine partielle Wende. Sein Programm wird begrüßt. Sein Charisma, persönliches Auftreten lassen ihn in den Augen vieler junger Leute (v. a. junger Genossen) zum Prestige- und Hoffnungsträger, Vor-Macher werden.
- Ereignisse in Polen, Verschlechterung der ökonomischen und politischen Situation in anderen sozialistischen Ländern.
- Die globalen Energie-, Erdöl-, Rohstoffkrisen machen um uns keinen Bogen, treffen uns sogar härter als kapitalistische Länder.
- Drohende Kriegsgefahr. Ökonomische und militärische Stärke der imperialistischen Länder.
- Wachsender Einfluß der BRD: wirtschaftlich, kulturell, Mode, Information. Die BRD und andere westliche Länder werden immer mehr zum heimlichen Vorbild im Lebensstandard, aber auch in anderen attraktiven Dimensionen.
- Die Mängel und Schwächen im eigenen Lande (z. B. Versorgungs-, Ersatzteilprobleme, Informationspolitik, Schönfärberei, reale demokratische Mitgestaltung etc.) werden immer deutlicher wahrgenommen und immer kritischer bewertet. An der Überlegenheit des Sozialismus wird immer mehr gezweifelt. Die Nichtöffnung in Richtung der Perestroika-Strategie spitzt alles noch zu.

Diese und andere Faktoren haben den Zukunftsoptimismus in der DDR- Bevölkerung stark gedämpft. Dieser Abschwächungstrend wird sich vermutlich massiv weiter fortsetzen.

Das alles hat größte Auswirkungen auf Bewußtsein, Engagement, Leistungsmotivation und soziale Folgebereitschaft der Bevölkerung. Sie erklären die bekannten Prozesse des Mentalitätswandels der Jugend, der Bevölkerung insgesamt.

5. Über den Mentalitätswandel in der DDR

Seit längerer Zeit beschäftigen uns die Veränderungsprozesse im Bewußtsein und Verhalten unserer Jugend. Diese sind gewiß auch bei der erwachsenen Bevölkerung vorhanden, vielleicht sogar stärker ausgeprägt, aber uns nicht genau bekannt.

Ich habe gelegentlich diese Prozesse als Mentalitätswandel bezeichnet und will diesen Ausdruck interpretieren.

Mit „Mentalitätswandel" soll betont werden, daß es sich dabei nicht nur diese oder jene Oberflächenerscheinung im Denken und Verhalten der Menschen handelt (gewissermaßen nur um Indikatoren - Veränderungen), sondern um tiefreichende Veränderungen der Persönlichkeitsstruktur.

Mentalitätswandel meint v. a. Veränderungen grundlegender Persönlichkeitshaltungen, Veränderungen der Charakterstruktur der Menschen, schließt natürlich die konkreten Wertorientierungen, Einstellungen, Verhaltensweisen ein. Mentalitätswandel ist mehr als ein Wandel von Wertvorstellungen (Wertewandel), er bezeichnet grundlegende Veränderungsprozesse im Denken, Fühlen und Verhalten, das findet seinen Ausdruck in veränderten Interessen, Ansprüchen, Grundmotiven, Stimmungen sowie in dem entsprechenden Realverhalten im Alltag.

Ich gehe von der Hypothese aus, daß es ein Achsensyndrom des Mentalitätswandels gibt: das sind Veränderungen im Selbstbewußtsein der Menschen in Richtung eines höheren Selbstwerterlebens, einer stärkeren Selbstbestimmung und Selbstverwirklichung. Ein solcher (epochaler) Trendprozeß muß zwangsläufig zu folgenreichen Veränderungen in der Persönlichkeitsstruktur, im Gefüge der Wertorientierungen und Verhaltensweisen der Menschen führen.

Ich sehe (im 1. Hypothesen- Entwurf, die Sache muß empirisch weiter verifiziert werden) folgende Komponenten dieses Achsensyndroms „Selbstbewußtsein":

- Entwicklung des Selbstwerterlebens, des Selbstanspruchs. Die Menschen betonen heute stärker ihre Selbstachtung, ihren „Eigenwert", erwarten daher mehr Achtung, Respekt, Anerkennung ihrer Ansprüche und Persönlichkeit. Sie wollen als gleichberechtigter Partner „voll" genommen werden. Sie äußern eine größere Sensibilität, zeigen heftigere Reaktionen auf Verletzungen ihrer Selbstansprüche durch Mißachtung, Belächeln, sind sehr empfindlich gegen Überheblichkeit, Wichtigtun, Selbstüberschätzung bei Kommunikationspartnern. Eine stärkere Berücksichtigung der eigenen Persönlichkeit, der Individualität wird erwartet, verlangt.

- Entwicklung der Selbstbestimmung. Die Tendenz, über sich selbst zu verfügen (Selbstverfügung, Selbstbestimmung) nimmt zu. Das äußert sich in verstärktem Autonomiestreben, resp[ektive] Unabhängigkeitsstreben. Man will alle wichtigen Entscheidungen selbst treffen, mehr sein eigener Herr sein, mehr Eigenverantwortung tragen. Infolgedessen treten stärker hervor: Empfindlichkeit auf und Ablehnung von Gängelei, Bevormundung, Dirigismus, Vorschriftenmacherei, gegenüber der Übertragung nicht realer, sondern Scheinverantwortung.

Teilweise kommt es zu übertriebenen antiautoritären Verhaltensweisen. Die Folgen sind: Zusammenstöße mit Autoritäten aller Art (Eltern, Lehrer, selbstgerechte Funktionäre, unglaubwürdige, nicht realistisch, sondern plakativ informierende Medien/Medienakteure. Ablehnung der Beweihräucherung von Politikern, Künstlern, Sportlern (so leider auch Katharina Witt!) u. a. Personen. Man ist gegen alle Formen der Besserwisserei und des Personenkults.

Im Zusammenhang damit steht ein kritisches Verhältnis (das bis zur Ablehnung gehen kann) von formellen Institutionen und Verbänden (Schule, FDJ) bei Jugendlichen, wenn sie deren Selbstansprüche (d. h. spezielle Interessen, Bedürfnisse, Vorstellungen, Vorschläge) nicht berücksichtigen.

Umgekehrt erklärt sich daraus die Bevorzugung und Neigung zu informellen Gruppen, Cliquen, Bewegungen (Kirche, Umweltschutz, Freizeitgruppierungen aller Art).

Auch bestimmte Formen devianten Verhaltens, Jugendkrawalle, die Ablehnung der Polizei und anderer Ordnungshüter, autoritärer Erwachsener erklären sich wesentlich so. Zum Teil auch Aussteigeverhalten, Ausreisewillige u. a.
Hier ist wohl auch ein ganz anderes Gebiet einzuordnen. Der Freiheitsanspruch in der Partnerwahl, sicher auch das Phänomen der Lebensgemeinschaften, der hohen Scheidungsraten bei uns. Auch die höheren Ansprüche nach Selbstbestimmung der Frauen, besonders der jüngeren, sollten unter diesem Aspekt betrachtet werden, bis hin zu feministischen Postulaten. Ebenso der Anspruch, selbst bestimmen zu wollen, wohin man reist, was man sich gern ansehen möchte. Es ist vielversprechend, dies unter diesem Aspekt zu versuchen. Leider wird das auch unter Gesellschaftswissenschaftlern bei uns gar nicht diskutiert.

- Entwicklung der Selbstverwirklichung. Unter Selbstverwirklichung verstehe ich hier das Bemühen, selbst aktiv zu sein (Selbstaktivität), sich selbst darzustellen, sich selbst einzubringen, selbst Verantwortung zu tragen.

Das Streben nach Selbstverwirklichung, nach Selbstverantwortung nimmt zu (bei unserer Jugend). Das ist außerordentlich positiv zu bewerten, eine große Chance der Politik und Erziehung, stellt aber neue und hohe Anforderungen an sie.

Ein höheres Niveau der Selbstverantwortung tendiert, ja verlangt fast automatisch mehr Mitverantwortung! Das sind korrespondierende Glieder, ist eine Dialektik.

Das Streben nach Selbstverantwortung kann sich immer nur in Verantwortung für etwas realisieren.

Von daher versteht sich das Drängen nicht nur der jungen Menschen nach echter gesellschaftlicher Mitverantwortung, nach „selbstgewollter" Teilnahme an demokratischen Prozessen im großen wie besonders im kleinen. Nur diese wird positiv erlebt. Das Engagement in Umweltschützergruppen, kirchlichen Gruppierungen u. a. informellen Gruppen, die Ablehnung der formalen FDJ-Arbeit sollen hier nochmals erwähnt werden. Wäre der Austritt aus der FDJ folgenlos, würden die Jugendlichen heute gewiß massenhaft den Jugendverband verlassen. Er entspricht in seinen Organisationsformen, teilweise auch in den Inhalten und Sprache, zu wenig der veränderten Mentalität der gegenwärtigen Jugend. Sie fühlen sich hier zu sehr fremdbestimmt.

- Eine weitere Komponente/Symptom des Achsensyndroms „verändertes Selbstbewußtsein" ist das starke Verlangen/Bedürfnis nach Lebensverwirklichung. Das ist wohl nur als ein anderer Aspekt der Selbstverwirklichung zu interpretieren. Wahrscheinlich muß man dafür noch einen besseren Terminus finden.

Ich meine damit das zunehmende Streben/die Tendenz nach Lebensfreude, Lebensgenuß, nach mehr Sich-Ausleben.

Ich will hier nur Worte nennen wie Reisen, Abenteuer, spannende Erlebnisse, Geld, Besitz (Auto, Datsche), Sexualität, Partnerglück, Freundschaft, Kunst-, Kulturgenuß (Musik!). Aber auch Privatheit.

Die Tendenz zu Privatheit und Kollektivität (im wortfreien Sinne, also die Beziehung zu kleinen Gruppen, Schulklassen, Brigaden, auch zu Cliquen), ebenso die Tendenz zur Öffentlichkeit (Rockkonzerte!) schließen sich bei unserer Jugend nicht aus, sondern koexistieren.

Unsere Jugendliche wünschen in der Mehrheit Gruppenkontakte, sie wollen dann durchaus zusammensein, wenn ihre Interessen, ihr Selbstwerterleben beachtet werden. Diese Voraussetzung ist wichtig.

- Auch die Leistungsmotivation ist durch diesen Mentalitätswandel in charakteristischer Weise verändert. Ich-periphere Motive, d. h. auf die Gesellschaft oder auf abstrakte Werte gerichtete Wertorientierungen, treten weiter zurück, verlieren an Motivkraft, dagegen treten ich-zentrale Motive stärker hervor.

Die Arbeit wird mehr vom Sinn- und Nutzenmotiv bestimmt, sie soll sinnvoll, nützlich, interessant sein. Sie soll größere Freiheitsspielräume gewähren, der eigenen Selbstverwirklichung dienen. Eine zunehmende utilitaristische Einstellung bildet sich heraus. Das ist eine Feststellung, keine negative moralische Wertung.

Also: Eine Leistungsbereitschaft neuen Typs bildet sich heraus. Es steht zu erwarten, daß sich Leistung, Arbeit vielleicht auch Studium als Lebenswert verändern, in der Struktur der Wertorientierungen einen anderen, weniger zentralen Platz einnehmen werden. Der Leistungs-, Arbeitswert wird vermutlich an Priorität/Dominanz bei der Mehrheit der Jugend künftig weiter verlieren. Doch wird es hier ein sehr differenziertes Bild geben, in Abhängigkeit von unserer weiteren ökonomischen Entwicklung (Leistungsprinzip, Tarifsystem, Westgeld!, etc.).

- Nach wie vor gibt es eine Identifikation mit den großen allgemein-humanistischen Werten wie Frieden, Menschlichkeit, Solidarität, anderen Menschen helfen wollen (Hilfsbereitschaft), Gleichheit, Demokratie, soziale Sicherheit...

Sie werden von der großen Mehrheit der Jugend voll akzeptiert, weniger mit Einschränkungen. Doch muß bei den einzelnen Werten das Engagement, damit die Verhaltenseffiziens, empirisch geprüft werden.

Bei einigen dieser allgemeinen Werte besteht der Verdacht einer mehr verbalen, deklarativen, zu wenig reflektierten Zustimmung, nicht genügender emotionaler Verankerung im Bewußtsein jungen Leute.

Speziellere sozialistische Werte und Ziele verlieren jedoch gegenwärtig stark an Attraktion. Das Identifikationspotential nimmt ab. Z. B. Sozialismus als überlegenes Gesellschaftsmodell, Elemente des Klassenbewußtseins, kommunistische Überzeugungen und Ideale, Anerkennung des Marxismus-Leninismus als Lebensphilosophie, das Feindbild, die Verteidigungsbereitschaft etc.

Darauf wurde in unseren Berichten sehr ausführlich hingewiesen, viele Belege wurden erbracht.

Kritik wird an Institutionen (Partei, FDJ), an Gruppen, besonders an einzelnen Personen (Politikern, Kommentatoren, Journalisten, Funktionären, Genossen, Leitern, Erwachsenen) dann geübt, wenn sie sich nicht erwartungsgemäß, nicht normgerecht verhalten. Wenn sie autoritär, nicht-partnerschaftlich auftreten, sich privilegiert geben, Wasser predigen und Wein trinken, gegen sozialistische Normen verstoßen, als Obertanen kommen.

Ich bin davon überzeugt, daß es sehr wichtig ist, die Vielfalt dieser und anderer hier (noch) nicht genannter Oberflächenphänomene mit dem Achsensyndrom „verändertes" Selbstbewußtsein in Zusammenhang zu bringen. Das ist zwar kein Universalschlüssel zu ihrer Erklärung, aber doch ein fundamentaler Zugang. Dieser Zugang eröffnet für Politik, Leitung, Erziehung, Propaganda bedeutende Erkenntnisse, Möglichkeiten, Chancen und Perspektiven.

Wir sollten die Problematik weiter im Auge behalten und vertieft empirisch untersuchen.

Hinweise auf weiterführende Literatur kann ich nicht geben. Das Problem wird eben bei uns kaum bzw. in höchst allgemeinen Versionen (Individualität und WTR), empirisch jedoch nicht unterlegt, diskutiert.

6. Einige Bemerkungen zu den Ursachen des Mentalitätswandels
Der sich gegenwärtig in der DDR vollziehende Mentalitätswandel ist außerordentlich komplex und vielschichtig determiniert. Dieser Ursachenkomplex kann von mir nicht befriedigend aufgeklärt werden (Literatur, die nicht im Abstrakten stehen bleibt, gibt es nicht).

Also kann ich nur auf einige, mir wesentlich erscheinende Ursachenschichten/Determinationsstrukturen verweisen.

Man muß unbedingt zwischen globalen und DDR-spezifischen Determinanten unterscheiden.

Der Mentalitätswandel in der DDR ist sowohl durch allgemeine wie auch durch zahlreiche DDR-spezifische Faktoren determiniert, die miteinander strukturell verflochten sind. Weder das Allgemeine noch das DDR-Spezifische darf übersehen werden.

Der Mentalitätswandel hat seine unverwechselbare DDR-Charakteristik. Er kann nicht mit dem „postmaterialistischen Wertwandelschub" in den westlichen kapitalistischen Ländern einfach identifiziert werden, obwohl er einige dieser Merkmale, teilweise jedoch in anderen strukturellen Zusammenhängen, einschließt.

Er kann auch nicht mit Mentalitätswandlungen in der SU, in Polen, Ungarn oder anderen sozialistischen Ländern gleichgesetzt werden, die dort in den letzten Jahren ebenfalls verstärkt zu beobachten sind.

Globale Determinanten
Wir sind in der DDR durch die geographische Lage, besonders durch die Einflüsse der BRD, vielleicht auch noch durch einige traditionelle Faktoren, den geistig-kulturellen Strömungen der westlichen Länder besonders ausgesetzt.

Wir wissen, daß wir schon gar nicht im geistig-kulturellen Bereich autark sind. Im Gegenteil, wir befinden uns in einer zunehmenden Abhängigkeitsposition. Die Werte- und Modetrends schwappen immer mehr über die Grenzen, werden immer häufiger bewußt oder unbewußt/unreflektiert bei uns übernommen, angeeignet. Auch in der Ablehnung ist meist noch stille Bewunderung enthalten. Dieser Trend wird sich weiter verstärken.

Deshalb war und ist es unvermeidlich, daß bestimmte Elemente des sog[enannten] postmaterialistischen Wertewandels der 60er/70er Jahre in den kapitalistischen Ländern mit etwas Zeitverzögerung auch uns beeinflußt haben. Ich sehe das als einen - unter unseren Bedingungen - ganz normalen Informationsfluß an, nicht nur als Ergebnis eines beabsichtigten Imports/Infiltration des Klassengegners.

Hinzu kommt, daß die sozialen Ursachen, die man in den westlichen Ländern für den postmaterialistischen Wertwandel verantwortlich macht, teilweise auch bei uns existieren.

So wird dort behauptet, daß die postmaterialistischen Wertorientierungen (der Rückgang der Pflicht- und Akzeptanzmotive, der Disziplin, Leistungs- und Anpassungsbereitschaft wie andererseits der Verstärkung des Individualismus, Hedonismus, der Selbstverwirklichung, Alternativbewegungen ...) vor allem zurückgehen auf:
- die zunehmende Kriegsgefahr, Erlebnis der Existenzgefährdung,
- die zunehmende Zerstörung der natürlichen Umwelt,
- die zunehmende Bürokratisierung und Kommerzialisierung des sozialen Lebens; das Ausgeliefertsein an anonyme Herrschaftsstrukturen,
- die zunehmende Technisierung des Lebens. Leviathan-Technik. Immer mehr Arbeitslosigkeit, Ungewißheit der individuellen Zukunftsperspektive.

Es käme zu einer immer weitergehenden „Kolonialisierung der Lebenswelt" des Menschen (*Habermas*). Daher entstände ein Aufbäumen gegen die Fremdbestimmung, die Betonung der Subjektivität, des Hedonismus/„Renaissance der Gefühle", der Ästhetik, der neuen Lebensqualität.

Ob das alles und in welchem Grade es dort zutrifft, kann von uns aus nicht entschieden werden, es ist auch drüben teilweise umstritten.

Für uns hat die Verifikation der einzelnen Ursachen und Erscheinungen des dort stattgefundenen Wertwandels auch keine entscheidende Bedeutung.

Wichtig bleibt nur die wohl sichere Annahme, daß diese geistig-kulturellen Trendprozesse (des Zeitgeistes) eine globale Dimension haben, durchaus teilweise globale Ursachen (der industriellen Gesellschaft) aufweisen und außerdem aus kapitalistischen Ländern, besonders der BRD, transmittiert, von uns rezipiert und assimiliert worden sind.

DDR-spezifische Determinanten

Die DDR-spezifischen Einflußfaktoren sind nicht von nebensächlicher Bedeutung für den Mentalitätswandel. Sie haben ein starkes Eigengewicht, spielen keine sekundäre Rolle.

Natürlich ist es sehr schwierig, sie konkret und zuverlässig zu bestimmen, gar nach ihrem Einflußgrad zu ordnen.

DDR-spezifisch bedeutet nicht, daß dieser oder jener Faktor in anderen Ländern nicht existiert, sondern, daß er eben bei uns ein sehr spezielles Kolorit hat, aus einem speziellen Kontext heraus wirksam wird.

- Eine sehr wesentliche Faktorengruppe ergibt sich aus den Bedingungen der Persönlichkeitsentwicklung in der sozialistischen Gesellschaft. Das sind gewissermaßen systemimmanente Determinanten/sozialismusspezifische Triebkräfte.

Unser Ideal/Menschenbild/Erziehungsziel ist ja die allseitig entwickelte (hochgebildete, kulturell vielseitige, reife, verantwortungsbewußt und selbständig handelnde, selbstbewußte) Persönlichkeit.

Zur Verwirklichung dieses Ideals/Erziehungsziels sind bedeutende, oft beispielhafte Entwicklungsprogramme und -bedingungen geschaffen worden, die vom Kindergarten an, in Schule, Berufsausbildung, Studium, Betrieb wirken. Unsere Bildungs-, Jugend-, Kultur-, Sozialpolitik sind vom Anspruch her auf die Herausbildung der sozialistischen Persönlichkeit mit diesen Zieleigenschaften gerichtet.

Die Jugend soll ja zum schöpferischen Denken/Kreativität, kritischem Urteil, zu „aktiver Lebensposition" erzogen, befähigt werden.

So kann nicht überraschen, wenn sie (und nicht nur die heutige Jugend) von diesen Fähigkeiten/Kompetenzen aktiv, allerdings auch auf ihre Weise Gebrauch macht.

Das Achsensyndrom „betontes Selbstbewußtsein" entspricht also voll unserem Persönlichkeitsideal/Erziehungsziel und den von unserer Gesellschaft seit Jahrzehnten geschaffenen günstigen Entwicklungsbedingungen.

- Allerdings sind der Selbständigkeit im Urteilen und Verhalten, dem Selbstbestimmungsanspruch der Bevölkerung oft enge Grenzen gesetzt. Etwas zugespitzt: In der Politik war das schöpferische/selbständige Denken und Verhalten der Bürger nur dann gut und gefragt, wenn es konform zu den vorgegebenen Linien und organisierten Aktionen verlief. Der Spielraum ist hier zu gering. Nicht den Normen entsprechendes Urteilen und Verhalten wurde in der Vergangenheit noch mehr als heute schnell abgeblockt, negativ sanktioniert (also nonkonformistisch, als vom Gegner inspiriert hingestellt).

Beispiel: die gutgebildeten Schüler sollen schöpferisch, originell, innovativ sein - aber vor allem nur im Bereich der Technik, der fachlich-beruflichen Bereiche. Kreative Fragen und Aktivitäten im gesellschaftlich-politischen Bereich sind weniger erwünscht, werden vielfach als verdächtigt bewertet.

Wir sollten erkennen, daß die vorhandenen sozialen Institutionen in den sozialistischen Ländern ein besonders zentralistisches und bürokratisches Gepräge haben, das in der DDR noch eine Zuspitzung durch den „preußisch-deutschen Wurzelboden" erfahren hat.

Wir sollten nicht übersehen, daß auch unsere Schule, auch Berufsbildung, Fach- und Hochschulen davon geprägt sind. Bei allem lobenswerten Einsatz zahlreicher Vertreter dieser Institutionen hat doch seit langem hier ein preußisch-zentralistischer Geist seine tiefen Wurzeln geschlagen. Viel zu viel ist von oben vorgegeben, wird „orientiert", „koordiniert", nach unten an den

Mann vermittelt. Es erscheint uns oft schon so selbstverständlich, daß wir gar nicht mehr darüber reflektieren. Ich meine nicht so sehr die fachlichen Inhalte, sondern vor allem den Umgang mit Ideologie, Moral, mit den „Zöglingen" selbst.

Unsere Lehrer und Erzieher gehören heute gewiß nicht zu den aufgeschlossenen, auf partnerschaftliche Kommunikation eingestellten, sondern mehr zu denen der autoritären Fraktion, für die Disziplin die erste Bürgerpflicht ist.

Die Konsequenzen sind u.a.:
- zunehmende Disziplinlosigkeiten in älteren Klassen;
- zunehmende Schulverdrossenheit. Demotivationsprozesse;
- immer geringerer Einfluß der Schule, der Lehrer auf die Ideologie und Moral der Schüler; Rückgang des politisch-ideologischen Engagements und der gesellschaftlichen Aktivität der Schüler; unsere Trends belegen das alles deutlich;
- zunehmende Unzufriedenheit vieler Lehrer. Sie möchten ihren Beruf aufgeben, sind mit sich und der Schulsituation nicht glücklich. Trotz respektabler Gehaltsaufbesserung wollen 1988 - im Vergleich zu den Vorjahren - viel mehr Lehrer ihren Dienst quittieren.

Interessant ist nun die Frage, ob sich dieser, das selbständige Urteil und die politische Aktivität hemmende Mechanismus nur restriktiv auswirkt, also nur Demotivation, Disengagement, soziale Passivität begünstigt.

Oder hat diese Situation vielleicht auch einen verstärkenden Einfluß auf das Achsensyndrom „Selbstbewußtsein"? Fördert dieser Direktionismus in unserer Zeit sogar gerade - ungewollt - die fortschreitenden Prozesse des Selbstanspruchs/der Selbstbestimmung/Selbstverwirklichung im Sinne einer Re-Aktion?

Ich halte das durchaus für möglich, obwohl es nicht zu beweisen ist.

Es wird so evtl. nach außen Anpassung, Passivität, nach innen aber das Gegenteil: Widerstand, Verstärkung des Selbstbewußtseins (Selbstbestimmung/ Selbstverwirklichung) erzeugt.

Vielleicht ist die Schnelligkeit und die strukturelle Tiefe des Mentalitätswandels heute in der DDR durch diesen Kontereffekt des Direktionismus wesentlich mitbedingt.

- Sicher gehen auch (direkte) Wirkungen von der WTR, von den höheren Anforderungen des Arbeitsprozesses (höhere Verantwortung am Arbeitsplatz, höhere Exaktheit in der Arbeit mit EDV aus, wie Erich *Hahn* in bezug auf die wachsende Rolle der Individualität und der persönlichen Verantwortung oft hervorgehoben hat.

Doch ich bin im Zweifel, ob dieser direkte Einfluß gegenwärtig als schon sehr groß bezeichnet werden kann.

Der Mentalitätswandel vollzieht sich nach meiner Auffassung bei jeder Generation hauptsächlich schon vor dem 20. Lebensjahr, er kann später durch die Anforderungen und Spezifik der Arbeitstätigkeit verstärkt bzw. abgeschwächt werden.

Natürlich beeinflußt die WTR in vermittelter/indirekter Form. Ich denke an die modernen Massenmedien. Besonders das Fernsehen und der Rundfunk spielen eine große Rolle in der Verbreitung von sozialen Informationen, Wertorientierungen, Einstellungen, sind wichtige Transformatoren des Mentalitätswandels.

Die zunehmende Fülle der Sendeangebote (Sender, Kanäle, neuen Medien, die weitere Internationalisierung der Angebote) erzeugt zwangsläufig einen immer höheren Entscheidungsdruck. Der zunehmende Zwang zur Selektion, zur Entscheidung für dieses oder jenes Sendeangebot muß sich auf die Selbstbestimmung/Selbstentscheidung des Individuums erheblich auswirken.

Da dieser Entscheidungszwang von kleinauf wirkt, dürfte es sich hier wohl um einen gravierenden Faktor für die Entwicklung des Achsensyndroms (bzw. einer partiellen Komponente, der Selbstbestimmung) handeln.

Mit der auch bei uns zu erwartenden raschen Ausbreitung der EDV im Alltag (Homecomputer, Computerspiele, Informatikunterricht, Computer in der Schule...) sowie der weiteren Vereinzelung am Arbeitsplatz, evtl. Hausarbeitsplätze, wird in den nächsten Jahren auch der direkte Einfluß der WTR an Bedeutung gewinnen. Die Technisierung, Rationalisierung, Normierung des Arbeitsprozesses stellt höhere Anforderungen an den Menschen. Aber man wird wohl auch hier mit restriktiven wie produktiven Wirkungen auf die Entwicklung des Achsensyndroms rechnen müssen.

Monotone, anstrengende Fließbandarbeit oder in modernen Labors der Elektroindustrie kann evtl. zu einer Stimulierung, zur Entwicklung des Selbstbewußtseins, also der Selbstbestimmung/Selbstverwirklichung führen. Gewissermaßen als Selbst-Befreiung in der Freizeit, nach massiver Fremdsteuerung im modernen Arbeitsprozeß - bei bestimmten Personen. Andere Menschen dagegen geben sich vielleicht der Monotonie hin, unterwerfen sich der „Knechtschaft" am Fließband, lassen sich auch außerhalb der Arbeit treiben.

Selbstverständlich betrifft der historische (säkulare) Mentalitätswandel alle Altersklassen, Kinder, Jugendliche ebenso wie Erwachsene bis ins hohe Alter.

Die objektiven Determinanten können die Persönlichkeit auf allen Lebensetappen beeinflussen, beeindrucken.

Doch besteht kein Zweifel daran, daß das Kinder- und Jugendalter besonders sensible Etappen sind.

Unsere Ergebnisse der historischen Vergleichsstudien weisen ja überzeugend nach, daß die Basisstruktur des Mentalitätswandels (der Persönlichkeitsstruktur) bei älteren Schülern und Lehrlingen bereits deutlich ausgeprägt sind, ja, dieses Profil schon vor dem 10. Lebensjahr klar erkennbar ist. Entscheidende Determinations-, Prägeprozesse laufen also im 1. Lebensjahrzehnt ab. Das ist in der Entwicklungspsychologie gut bekannt.

So muß man annehmen, daß der Mentalitätswandel/die Persönlichkeitsentwicklung überhaupt, ein Ergebnis von zwei Erfahrungsschichten ist:

a) der Übernahme/Aneignung von Fremderfahrungen in den ersten Lebensjahren, vor allem durch die Erziehung der Eltern, Erzieher, anderen Kontaktpartnern. Die Basisstrukturen des Mentalitätswandels werden über Eltern und andere Kontaktpersonen (die vom Mentalitätswandel bereits Betroffene sind) vermittelt. Die Erfahrungen/Persönlichkeitswandlungen älterer Generationen werden so angeeignet, „interiorisiert". Dieser Weg der Herausbildung neuer Mentalitäten darf keineswegs unterschätzt werden.

Die Eigenerfahrungen des sozial reiferen Individuums, des älteren Kindes/ Jugendlichen/Erwachsenen gehen stets auf solche präformierten Basisstrukturen zurück.

b) Die Verarbeitung der Eigenerfahrungen.

Die selbständige, kritische, reflektierende Auseinandersetzung mit der sozialen Wirklichkeit setzt erst später ein. Ich datiere diese Stufe der sozialen Reife hypothetisch in das 10. - 12. Lebensjahr.

Erst dann kommt es zur Erkenntnis und kritischen Wertung bestimmter Restriktionen, Grenzen, Widersprüche, Unvollkommenheiten, Mängel, Scheinwahrheiten (Widerspruch zwischen Schein und Sein, zwischen Soll und Ist) in der Lebenswelt sowie den daraus entstehenden Problemen für das eigene Denken und Handeln.

Diese Eigenerfahrungen haben natürlich einen hohen Erlebniswert und wirken sich sehr verstärkend oder modifizierend auf den Mentalitätswandel der Individuen aus. Aber es soll nochmals mit Nachdruck betont werden, daß nicht allein diese Eigenerfahrungen den Wertewandel formieren/„verursachen". Die Prä-Formation durch die Fremderfahrungen im 1. Lebensjahrzehnt sind außerordentlich relevant. Sie filtern und brechen die spätere reflektierende Auseinandersetzung/Eigenerfahrung ganz wesentlich.

Ob und wie man sich später kritisch mit den Erscheinungen der eigenen Umwelt auseinandersetzt, sich mit ihnen identifiziert, für sie aktiv eintritt oder sich an ihnen verletzt, an ihnen leidet, sich als Problem eigener Handlungen bewertet oder ob sie einen gleichgültig lassen - das ist von den sehr unterschiedlichen präformierten Basisstrukturen der Individuen abhängig.

Jedenfalls: Früh erworbene Strukturen/Grundhaltungen sind in späteren Jahren bestimmende Vor-Orientierungen. Es sind Kristallisationskerne, die spätere Erfahrungen selektieren, vorbewerten, an denen sie sich anlagern (damit auch durchaus zu deren Modifikation führen).

Abschließend soll noch betont werden: Wir brauchen ein anderes Verhältnis zum selbständigen, zum schöpferischen (das impliziert auch zum nonkonformistischen) Denken.

Wir dürfen Gesellschaft und Politik nicht so stark das selbständige Denken immunisieren. Dabei plädiere ich nicht für die Grenzenlosigkeit, sondern nur für eine bedeutende Erweiterung der Toleranzgrenzen.

Inhumanes, menschengefährdendes, fortschrittfeindliches Denken (z. B. faschistisches) ist nicht erlaubt, muß bekämpft werden. Ich bin jedoch mehr für die schöpferische Diskussion verschiedener politischer Thesen, Hypothesen im Sinne der Suche nach immer besseren Wegen der sozialistischen Gesellschaft - unter den sich stets wandelnden Existenzbedingungen unserer Gesellschaft.

Wir sollten unsere sozialistische Gesellschaft mehr „auf dem Wege", mehr in ihrer ständigen Entwicklung, mehr in ihrer Unvollkommenheit, damit in ihrer notwendigen Veränderung und Optimierung sehen. Wir sollten den Status quo unserer Gesellschaft mehr relativieren. Das ist aus verschiedenen Gründen notwendig. Einer davon ist der gravierende Mentalitätswandel unserer Bevölkerung, besonders der Jugend.

Die Identifizierung der Bevölkerung mit unseren Zielen und Werten, mit der Politik unserer Partei, kann nur erhöht werden, wenn wir zu bedeutenden neuen Formen im Umgang (Information, Offenheit, demokratische Mitgestaltung) mit den Menschen finden. Anderenfalls werden sich die Menschen in den nächsten 1 - 3 Jahren weiter, und zwar in einem bedrohlichen Ausmaß von uns entfernen. Wenn wir in unserer Leitung, Erziehung, Propaganda, ja in unserer Politik nicht erkennen und berücksichtigen, daß die DDR-Bürger (nicht nur der jüngere!) heute eine ganz andere Mentalität, ein ganz anderes Bewußtsein besitzt als vor 10/20 Jahren, dann können unsere reden, Appelle, politischen Informationen in den Medien keineswegs die erwartete Wirkung erzielen. Die Menschen nehmen sie dann gar nicht erst zur Kenntnis, immunisieren sich ihnen gegenüber immer mehr (haben viele Gegenargumente, Alltagsbeobachtungen parat), reagieren immer mehr aus einer Position der Konfrontation, Enttäuschung, Opposition - oder resignieren.

Quelle: SAPMO - BArch, SED, ZK, IV 2/2039/246.

Dokument 7

„Hinweise zu einigen bedeutsamen Aspekten der Reaktion der Bevölkerung im Zusammenhang mit der Mitteilung über die Streichung der Zeitschrift *'Sputnik'* von der Postzeitungsvertriebsliste der DDR", vorgelegt von der Zentralen Auswertungs- und Informationsgruppe (ZAIG) des MfS am 30. November 1988

Vorliegenden umfangreichen Hinweisen aus allen Bezirken und der Hauptstadt der DDR, Berlin, zufolge löste die Mitteilung des Ministeriums für Post- und Fernmeldewesen über die Streichung der Zeitschrift *„Sputnik"* von der Postzeitungsvertriebsliste der DDR bereits unmittelbar nach Veröffentlichung in breiten, weit über den Abonnenten- bzw. Leserkreis der Zeitschrift hinausgehenden Schichten der Bevölkerung massive, sehr kritisch gehaltene Meinungsäußerungen aus, die trotz der zwischenzeitlich erfolgten Veröffentlichung des Kommentars „Gegen die Entstellung der historischen Wahrheit" in den Medien der DDR weiter anhalten.[72] Beachtenswert dabei ist, daß es kaum Meinungs- bzw. Argumentationsunterschiede bei den sich äußernden Personen zwischen Mitgliedern der SED und Parteilosen gibt.

In der Mehrzahl der Meinungsäußerungen widerspiegelt sich nach wie vor Unverständnis bis hin zu prinzipieller Ablehnung mit dem Grundtenor, daß diese Entscheidung politisch falsch sei.

In diesem Sinne äußern sich besonders heftig, teilweise außerordentlich aggressiv, Angehörige der wissenschaftlich-technischen, medizinischen, künstlerischen und pädagogischen Intelligenz sowie Studenten an allen Universitäten und Hochschulen der DDR. Von einer Vielzahl z. T. langjähriger Mitglieder und Funktionäre der SED sowie befreundeter Parteien u. a. progressiv und gesellschaftlich engagierter Bürger, wird diese Entscheidung zum Anlaß genommen, sich erneut kritisch zur Informationspolitik insgesamt zu äußern.

Personen, die die Entscheidung bezüglich des „*Sputnik*" als eine „längst fällige Maßnahme" bezeichnen, sind in der Minderheit, wobei aber auch sie heftig kritisieren, daß dieser Schritt ohne die erforderliche politisch-ideologische Vorbereitung der Bevölkerung getan wurde. Die Mitteilung darüber allein wäre keine Grundlage für die offensive Argumentation in den Gesprächen mit den Werktätigen gewesen. Der in den Massenmedien der DDR veröffentlichte Kommentar „Gegen die Entstellung der historischen Wahrheit" und die darin vorgenommene Auseinandersetzung mit der verzerrenden Darstellung der Geschichte der KPdSU und der KPD in der Zeitschrift „*Sputnik*" werden zwar als hilfreich angesehen für die politisch-ideologische Arbeit, jedoch hätte dieser Kommentar vor oder zeitgleich mit der Mitteilung des Ministeriums für Post- und Fernmeldewesen veröffentlicht werden müssen. Die Partei habe sich damit erneut in die Defensive begeben. Aus diesem Grunde hätten Darstellungen und Kommentare aus Sendebeiträgen westlicher Medien spürbaren Einfluß auf die Meinungsbildung der Bevölkerung. Es sei unverständlich, warum dem Gegner erneut das Feld für seine ideologischen Angriffe überlassen worden sei.

Nach vorliegenden Hinweisen dominiert in Meinungsäußerungen auch nach Veröffentlichung des Kommentars die ablehnende Haltung zu dieser Entscheidung.

Hauptargument der sich mit Unverständnis und Ablehnung äußernden Personen ist, damit werde die Bevölkerung der DDR politisch entmündigt. Eine solche Maßnahme sei Ausdruck mangelnden Vertrauens der Partei- und Staatsführung in die politische Reife und das Staatsbewußtsein der Bürger der DDR. Progressive Kräfte, besonders im wissenschaftlichen Bereich Tätige, vertreten

---

72 Die ADN-Mitteilung hatte folgenden Wortlaut: „Wie die Pressestelle des Ministeriums für Post- und Fernmeldewesen mitteilt, ist die Zeitschrift ′Sputnik′ von der Postzeitungsliste gestrichen worden. Sie bringt keinen Beitrag, der der Festigung der deutsch-sowjetischen Freundschaft dient, statt dessen verzerrende Beiträge zur Geschichte." Vgl. ND, 19. November 1988. Den weiterhin genannten Kommentar vgl. in: ND, 25. November 1988. Das ND veröffentlichte ein Jahr später unter dem Titel „Wie war es wirklich mit dem ′Sputnik′-Verbot?" eine Darstellung zum Verbotsvorgang. Vgl. ND, 16. November 1989.

die Auffassung, daß damit der denkbar ungeeignetste Weg der Auseinandersetzung mit falschen Geschichtsauffassungen gewählt worden sei. Eine solche Entscheidung sei nicht mehr zeitgemäß. Es gäbe in der DDR eine Vielzahl befähigter Historiker, die eine überzeugende Auseinandersetzung mit falschen Auffassungen hätten führen können.

Auch aus der Sicht der immer komplizierter werdenden Bedingungen für die weitere Gestaltung der internationalen Beziehungen zwischen den sozialistischen Staaten wird die Entscheidung als politisch unklug bewertet. Wiederholt wird in diesem Zusammenhang geäußert, daß die Partei- und Staatsführung der DDR erstmals eine Entscheidung getroffen habe, die in offener Konfrontation zur Politik der UdSSR stehe.

Das diene nicht der Festigung der deutsch-sowjetischen Freundschaft und den brüderlichen Beziehungen zwischen beiden Staaten.

Diese Entscheidung habe nach Meinung der sich in diesem Sinne äußernden Personen auch weitergehende negative Auswirkungen auf die Wirksamkeit der gesamten politisch-ideologischen Arbeit bis hin zur Hemmung von Initiative und Schöpferkraft in der täglichen fachlichen Arbeit. Mehrfach sehen die sich äußernden Personen auch einen Widerspruch zwischen dieser „Politik der Verbote" und der Forderung im Statut der SED nach offensiver ideologischer Auseinandersetzung.[73]

Ältere Mitglieder der Partei verweisen auf eigene Lebenserfahrungen der ersten Nachkriegsjahrzehnte, in denen man sich angesichts der offenen Grenzen und vieler ungelöster gesellschaftlicher Probleme in weitaus stärkerem Maße als heute mit feindlichen oder falschen Positionen auseinandersetzen mußte und stellen in diesem Zusammenhang die Frage, ob unsere Position so schwach sei, daß wir eine öffentliche Polemik über diese Probleme nicht führen können.

In Sendebeiträgen westlicher Medien würden täglich Informationen verbreitet, die sich gegen die Entwicklung in der DDR richten, so daß man einzelne Artikel im „Sputnik" verkraften könne. Derartige Entscheidungen würde, ihren eigenen Lebenserfahrungen zufolge, der Gegner immer zum Anlaß für verstärkte Hetze gegen uns nehmen.

„Erreicht" worden sei mit dieser Maßnahme eine enorm gestiegene Popularität sowjetischer Presse- und Filmerzeugnisse überhaupt. Es könne nicht ausgeschlossen werden, daß DDR-Bürger ihre Kontakte in das NSW ausnutzen werden, um in den Besitz dieser Zeitschrift zu kommen (vorliegenden internen Hinweise zufolge entwickeln DDR-Bürger bereits erste diesbezügliche Aktivitäten).

Eine häufig wiederkehrende Auffassung ist, daß die DDR kein Recht habe, die Prozesse der Umgestaltung in der Sowjetunion zu bewerten. Die Darstel-

---

73 Vgl. Statut der SED. In: Protokoll der Verhandlungen des IX. Parteitages der Sozialistischen Einheitspartei Deutschlands im Palast der Republik in Berlin. 18. bis 22. Mai 1976. Bd. 2. Berlin 1976, S. 276 ff.

lung und Beurteilung der sowjetischen Geschichte sei ausschließlich eine innere Angelegenheit der Sowjetunion. Die Maßnahme der DDR sei vielmehr Ausdruck der grundsätzlichen zwiespältigen bzw. ablehnenden Haltung der Partei- und Staatsführung der DDR zur Politik der Umgestaltung in der UdSSR überhaupt. Offenbar würden ideologische Wirkungen auf die DDR-Bevölkerung befürchtet. Die zeitgleiche Überreichung der höchsten Auszeichnung der DDR, des Karl-Marx-Ordens, an den als „Reformgegner" bekannten *N. Ceausescu* bekräftige diese Einschätzung.[74]

Dazu wird von dem genannten Personenkreis argumentiert, auch heute noch habe die Thälmannsche Lehre von der Haltung zur Sowjetunion als Prüfstein eines jeden Kommunisten Gültigkeit. Die in der DDR propagierte deutsch-sowjetische Freundschaft beziehe sich aber offenbar auf ein selbst entworfenes und veraltetes Bild von der Sowjetunion.

Funktionäre und engagierte Mitglieder der DSF beklagen in diesem Zusammenhang, es werde immer komplizierter, den Beschluß des 13. Kongresses der Gesellschaft für deutsch-sowjetische Freundschaft nach der anschaulichen Vermittlung eines lebendigen Bildes des Lebens in der Sowjetunion umzusetzen.[75] Es fehle an propagandistischen Zeitungen und Filmmaterial.

Vorliegenden Hinweisen zufolge münden die ablehnenden Haltungen und damit verbundenen Erwartungen hinsichtlich einer Korrektur dieser Entscheidung in erheblichem Umfang in folgende beachtenswerte Verhaltensweisen und Aktivitäten:

- Anbringen ablehnender Stellungnahmen an Wandzeitungen bzw. Aushängen selbstgefertigter Plakate und Handzettel an öffentlichkeitswirksamen Stellen (nach vorliegenden Hinweisen schwerpunktmäßig in Einrichtungen von Universitäten und Hochschulen, besonders in Studentenwohnheimen, aber auch in wissenschaftlichen Einrichtungen und Betrieben; durch den Minister für Hoch- und Fachschulwesen wurde der Vorsitzende des Ministerrates der DDR über Erscheinungen in diesen Bildungseinrichtungen informiert);
- Einzel- und Kollektiveingaben an zentrale Partei- und Staatsorgane sowie an den Zentralvorstand der Gesellschaft für deutsch-sowjetische Freundschaft, Briefe an Redaktionen;
- Sammlung von Unterschriften unter Protestschreiben bzw. ablehnende Stellungnahmen;
- zahlreiche angekündigte, z. T. bereits vollzogene Austritte aus der Gesellschaft für deutsch-sowjetische Freundschaft (in Einzelfällen Brigaden in Betrieben);
- Einzelbeispiele von Austritten aus der SED unter ausdrücklicher Bezugnahme auf die Entscheidung.

---

74 Der rumänische Partei- und Staatschef Nicolae Ceausescu besuchte die DDR im November 1988, führte Gespräche mit Erich Honecker und erhielt den Karl-Marx-Orden.

75 Die DSF (Gesellschaft für Deutsch-Sowjetische Freundschaft) zählte über sechs Millionen Mitglieder. Ihr 13. Kongreß fand am 14. und 15. Mai 1988 in Berlin statt.

Hervorzuheben sind auch die wiederholten Bestrebungen einzelner Delegierter des X. Kongresses des Verbandes Bildender Künstler der DDR, die Verabschiedung einer Resolution durch den Kongreß zu initiieren, in der gegen diese Entscheidung protestiert und ihre Rücknahme gefordert wird.[76]

Während einer Aufführung der Oper „Der Babier von Sevilla" an der Semperoper Dresden am 26. November 1988 wurde von dem Darsteller des Figaro (Jürgen *Hartfiel* - Schwiegersohn von Prof. Dr. Theo *Adam*) in einer Spielszene in Abweichung vom Operntext geäußert, den Grafen Almavia rasieren zu wollen. Dieser habe jetzt Zeit, da „er immer den Sputnik gelesen" habe.

Offensichtlich beeinflußt durch die seitens westlicher Massenmedien inszenierte Hetz- und Verleumdungskampagne gegen die DDR kam es darüber hinaus in der Hauptstadt der DDR, Berlin, sowie in Nordhausen/Erfurt zu
- einer provokatorischen Handlung eines kirchlichen Mitarbeiters, der am 22. November 1988 am Fußgängertunnel Berlin-Alexanderplatz kurzfristig ein Plakat mit gegen diese Maßnahmen gerichtetem Inhalt entrollte,
- 3 Vorkommnissen des Anbringens von Losungen mit den Texten: „Sputnik - Pressefreiheit jetzt" (26. November 1988, Berlin-Mitte), „Der Sputnik lebt" (29. November 1988, S-Bahnzug Strecke Berlin-Friedrichstraße - Strausberg) sowie „Honey rück den Sputnik raus" (21. November 1988, Nordhausen/ Erfurt),
- einem Vorkommnis des Verbreitens von Hetzblättern mit gegen diese Maßnahmen gerichteten Aussagen (insgesamt 39 Exemplare, aufgefunden am 21. November 1988 in Hausbriefkästen in Berlin-Marzahn bzw. in der Druckerei *Neues Deutschland* in Berlin-Friedrichshain).

Quelle: BStU, ZA, ZAIG 4244.

---

76 Der X. Kongreß des Verbandes der Bildenden Künstler der DDR fand vom 22. bis 24. November 1988 in Berlin statt.

Kapitel 2

Gegen alle Widerstände: Durchhalteparolen und Repression im ersten Halbjahr 1989

Dokument 8

Vorlage der Staatlichen Plankommission und des DDR-Finanzministeriums für das SED-Politbüro „Konzeption des Ansatzes für den Fünfjahrplan 1991 - 1995 und für die staatlichen Aufgaben 1990" vom 24. Februar 1989 (Auszug)[77]

1. *Zu den Ausgangsbedingungen für den Fünfjahrplan 1991 - 1995*
- Die Deutsche Demokratische Republik hat auf der Grundlage der Beschlüsse des VIII. bis XI. Parteitages *bedeutende Erfolge erreicht*, die auch international anerkannt werden.

Es wurde ein dynamisches Wachstum des Nationaleinkommens über einen Zeitraum von 17 Jahren in Höhe von 4 - 5 % durchschnittlich jährlich realisiert.

Von besonderer Bedeutung ist die zunehmende Produktion und Anwendung von Schlüsseltechnologien, vor allem der Mikroelektronik. Mit der Entwicklung und Produktion von 64-k-bit-Speicherschaltkreisen und 256-k-bit-Speicherschaltkreisen sowie des 1-Mega-bit-Speicherschaltkreises wird Höchsttechnologie produziert und zunehmend angewendet.

Die intensiv erweiterte Reproduktion wurde auf der Grundlage der Entwicklung der Kombinate als Rückrat der sozialistischen Planwirtschaft zur bestimmenden Reproduktionsform.

Das Realeinkommen der Bevölkerung verbesserte sich allein im Zeitraum 1980 bis 1988, wo sich in vielen Ländern die Lebenslage der Werktätigen verschlechterte, um 4,4 % durchschnittlich jährlich. Die Nettogeldeinnahmen der Bevölkerung stiegen in diesen Jahren um ein Drittel, der Einzelhandelsumsatz um 27 %.

Seit dem VIII. Parteitag wurden mehr als 3 Millionen Wohnungen neugebaut bzw. rekonstruiert und damit für 9 Millionen Menschen qualitativ neue Wohnbedingungen geschaffen.

---

77 Das Material, von Gerhard Schürer und Ernst Höfner gemeinsam eingereicht, wurde am 28. Februar 1989 auf der Sitzung des SED-Politbüros als „Grundlage für die weitere Arbeit" verabschiedet. Es war als „Geheime Verschlußsache" eingestuft.

Gleichzeitig werden die seit Jahren geltenden niedrigen Mietpreise gewährleistet, die etwa 3 - 4% des Einkommens eines durchschnittlichen Arbeiter- und Angestelltenhaushaltes ausmachen. Das ist einmalig in der Welt.

Die DDR verfügt über ein hochentwickeltes Bildungssystem mit einer stabilen materiellen Basis. Die zehnklassige polytechnische Oberschule ist für alle Kinder gewährleistet. 21,6 % der Werktätigen haben im Jahre 1987 Hoch- und Fachschulausbildung, 64,7 % sind Facharbeiter oder Meister.

In Kultur, Sport und Erholung hat die DDR ein hohes Niveau erreicht, wofür eine stabile materielle Basis geschaffen wurde.

Die von den Parteitagen beschlossenen sozialpolitischen Maßnahmen wurden planmäßig verwirklicht.

- Auf dem Wege der *Intensivierung* wurden volkswirtschaftlich qualitative Aufgaben gelöst. Die volkswirtschaftliche Arbeitsproduktivität wurde seit 1970 mehr als verdoppelt, vor allem durch tiefgreifende Veränderungen der Technologien und beschleunigte sozialistische Rationalisierung. Das Leistungswachstum wurde in entscheidenden Zweigen der Volkswirtschaft mit einer gleichbleibenden bzw. sinkenden Anzahl von Arbeitskräften erreicht.

Die wachsende Produktion wurde im wesentlichen mit gleichbleibendem und sinkendem Rohstoffeinsatz gewährleistet, vor allem durch eine hohe Veredlung der zu Verfügung stehenden Energieträger, Rohstoffe und Materialien. Beim Einsatz von Roh- und Werkstoffen verminderte sich der spezifische Verbrauch gegenüber 1980 auf 74 %, wobei die Zielstellung des Fünfjahrplanes 1986 - 1990 zur Senkung des spezifischen Materialverbrauches um 4% bisher nicht erreicht wurde. Der Energieaufwand je Einheit Produktion wurde gegenüber 1980 auf 69 % gesenkt; vor allem durch Heizölablösung konnte der Inlandeinsatz von 7,6 Mio. t im Jahre 1979 auf 1,1 Mio. t im Jahre 1985 gesenkt und ein NSW-Export von Erdölprodukten durchgeführt werden.

Durch steigende Leistungen in der pflanzlichen und tierischen Produktion wurde der wachsende Verbrauch der Bevölkerung an Nahrungsmitteln sowie die Versorgung der Industrie mit Agrarrohstoffen zuverlässig bei einer bedeutenden Ablösung von NSW-Importen, insbesondere von Getreide, gewährleistet.

Das Bauwesen wurde entsprechend den Anforderungen der Investitionen sowie der Verwirklichung des Wohnungsbauprogramms entwickelt. Die Vorfertigung wurde als selbständiger Zweig des Bauwesens in Form von Platten- und Betonwerken ausgebaut.

Das Verkehrswesen wurde mit dem Schwerpunkt der Verlagerung der Transporte von der Straße auf die Eisenbahn entwickelt; die Elektrifizierung der Eisenbahn von 20 % im Jahre 1980 auf 40 % erhöht und der spezifische Transportaufwand jährlich um 4 - 4,5 % verringert.

In der Industrie, der Landwirtschaft, dem Bauwesen, Verkehrswesen und anderen Bereichen der Volkswirtschaft wurden damit bedeutende Ergebnisse in den Jahren 1986-1988 erzielt; dennoch reichen die eigenen Leistungen zur Erhöhung der Produktivität und Effektivität nicht aus, um die Ziele des Fünfjahrplanes in vollem Umfang zu erfüllen. Eine Übersicht über die Einschätzung der Erfüllung des Fünfjahrplanes 1986 - 1990 befindet sich in den Anlagen.

- Im Zeitraum seit 1970 wurde die DDR zugleich mit *bedeutenden außenwirtschaftlichen Problemen* konfrontiert. Ab 1971/1972 traf eine Preisexplosion bei Rohstoffen, insbesondere Erdöl, ein. Gegenüber der Sowjetunion entwickelte sich der Erdölpreis je Tonne von 13,28 Rubel 1970 auf 168,18 Rubel 1985 sowie auf 112,34 Rubel 1989. Aufgrund dieser Entwicklung hat sich der Wert des Importes der DDR aus der UdSSR bis 1985 auf 245 % erhöht, das materielle Produkt zu vergleichbaren Preisen aber nur auf 107 %. Das erforderte, hohe Exportüberschüsse zu realisieren; auf dieser Grundlage konnten mit der UdSSR im wesentlichen ausgeglichene Zahlungsbilanzen gewährleistet werden.

Gleichzeitig konnten mit den langfristigen Handelsabkommen 1986 - 1990 gegenüber dem Lieferniveau des Jahres 1985 bestimmte Rohstoffe nicht mehr vereinbart werden, wie Blei, Zink, Apatitkonzentrat, Ammoniumphosphat, Phosphor gelb, Phenol, Ruß, Schnittholz, Faserholz, Furnierplatten und Zellstoff mit einem Valutawert von etwa 1 Mrd. VM im Zeitraum des Fünfjahrplanes 1986 - 1990. Zugleich muß beachtet werden, daß die UdSSR jährlich für ca. 5 Mrd. Rubel (24 Mrd. M) Rohstoffe in die DDR liefert, was für die stabile und dynamische Entwicklung der Volkswirtschaft der DDR von großer Bedeutung ist.

Gegenüber kapitalistischen Ländern ist die DDR ständig mit komplizierten Problemen konfrontiert, wie Hochzinspolitik, Zollschranken, Embargo, wechselnde Kurse und Protektionismus. Durch die Hochzinspolitik mit Zinssätzen bis über 20 % entstanden hohe Verluste, die zusätzliche Maßnahmen der Bargeldbeschaffung zu ungünstigen Bedingungen erforderten.

In den 70er Jahren wurden in zunehmenden Maße Kredite aufgenommen; im Zeitraum 1971 - 1980 war insgesamt ein NSW-Importüberschuß im Umfang von 21 Mrd. VM zu verzeichnen. In den Jahren ab 1981 wurden Exportüberschüsse in das NSW realisiert, die bis 1985 anstiegen und insgesamt 14,4 Mrd. VM betrugen.

Insbesondere durch den Rückgang der Erlöse für Erdölprodukte, die rückläufige Entwicklung des mvI-Exports[78] sowie den wieder angestiegenen NSW-Import konnte der im Jahre 1985 erreichte hohe Exportüberschuß nicht gehalten werden (1985 4,0 Mrd. VM, 1987 0,1 Mrd. VM, 1988 0,4 Mrd. VM). Der Versuch, den Anstieg des „Sockels" zu stoppen und einen Abbau einzuleiten, gelang nicht, weil die erforderlichen Exportüberschüsse in Höhe von 4 - 6 Mrd. VM jährlich in den Jahren 1981 - 1988 zur Bezahlung der Kosten und Zinsen für die Zwischenfinanzierung materiell nicht gewährleistet werden konnten.

Durch diese Entwicklung wuchs das Saldo aus Forderungen und Verbindlichkeiten von 2 Mrd. VM im Jahre 1970 bis auf 35,7 Mrd. VM 1988 an.

---

78   mvI: metallverarbeitende Industrie.

Dabei wächst dieser Saldo durch wachsende Finanzierungskosten und Zinsen von Jahr zu Jahr schneller.
Seit den 60er Jahren wurde in der DDR mehr Nationaleinkommen im Inland verwendet als produziert wurde. Die Folge war ein Anstieg des „Sockels". Diese Entwicklung widerspiegelt sich auch im Staatshaushalt. Im Verlauf der letzten 10 Jahre wurde es zur Bilanzierung des Staatshaushalts erforderlich, Ausgaben in einer Größenordnung von rund 65 Mrd. M in das Kreditsystem zu verlagern.

Die Inlandverwendung des Nationaleinkommens erfolgte so, daß die Akkumulation in den produzierenden Bereichen im Zeitraum 1970 - 1988 auf 117 % stieg, während sich die Investitionen im nichtproduzierenden Bereich auf 200 % erhöhten. In diesem geringen Wachstum der Akkumulation in den produzierenden Bereichen liegt auch die Ursache für den Rückgang des Zuwachses des Nationaleinkommens seit 1986. Zugleich war mit dem ungenügenden Einsatz von Nationaleinkommen für die Akkumulation in den produzierenden Bereichen verbunden, daß eine Reihe wissenschaftlich-technischer Ergebnisse nicht in die Produktion überführt werden konnten und der Anteil des Zuwachses an Nationaleinkommen aus der Senkung des Produktionsverbrauchs zurückging.

2. Ausgehend von den konkreten Bedingungen und Erfordernissen ist es notwendig, bei der Erarbeitung des Ansatzes für die Grundlinie des Fünfjahrplanes 1991 - 1995 sowie der staatlichen Aufgaben 1990 von folgenden Grundprinzipien auszugehen:
- Es muß ständig die Zahlungsfähigkeit der DDR gegenüber dem NSW durch hohe, jährlich wachsende Exportüberschüsse gewährleistet werden.
- Es kann im Inland nur das verbraucht werden, was nach Abzug des erforderlichen Exportüberschusses für die innere Verwendung von Nationaleinkommen zur Verfügung steht.

Entsprechend einer Beratung der vom Politbüro des ZK für die NSW-Zahlungsbilanz verantwortlich gemachten Genossen muß eingeschätzt werden, daß es notwendig ist,
- 1989 unbedingt den geplanten NSW-Exportüberschuß von 1 Mrd. VM zu erreichen. In Durchführung der Beschlüsse des Politbüros des ZK vom 28.11.1988 und 14.2.1989 sind dazu noch Exportfonds von 850 Mio. VM zu protokollieren. Für NSW-Exporte im Umfang von 216 Mio. VM ist für die Bereiche Erzbergbau, Metallurgie, Kali und Chemische Industrie festgelegt, daß die volle materielle Spezifizierung in beschlossenen Arbeitsschritten bis zum 30.9. und für die Landwirtschaft nach Abschluß der Ernte erfolgt. Die getroffenen Bilanzentscheidungen und festgelegten Maßnahmen zur Durcharbeitung der Bestände und Zusatzverpflichtungen der Kombinate im sozialistischen Wettbewerb im Umfang von 300 - 350 Mio. VM sind zu protokollieren. Zur vollen Sicherung des geplanten NSW-Exports von 12,8 Mrd. VM müssen weitere erzeugniskonkrete Entscheidungen im Umfang von 300 Mio. VM getroffen werden, die Eingriffe in die bisher geplante Verwendung des National-

einkommens erfordern. Dazu sind vor der Leipziger Frühjahrsmesse 1989 weitere Vorschläge auch unter Berücksichtigung der in der Anlage 1 enthaltenen Aufgaben zu unterbreiten. Die Einhaltung des geplanten NSW-Imports von 11,8 Mrd. VM erfordert noch die Einsparung von Importen in Höhe von 240 Mio. VM, die in den Bilanzen enthalten, aber nicht finanzierbar sind.

- im Jahre 1990 einen NSW-Exportüberschuß von 4 Mrd. VM und 1991 von 7 Mrd. VM zu erreichen, der bis 1995 auf 9,5 Mrd. VM anwachsen muß. Im Interesse der materiell-technischen Sicherung der vorgesehenen dynamischen Entwicklung der Leistungen bei hohen Zielstellungen für die Energie- und Materialökonomie, wie sie bisher noch nicht erreicht wurden, vertritt die Staatliche Plankommission einen Exportüberschuß im Jahre 1990 von 3,5 Mrd. VM und 1991 von 5,5 Mrd. VM. Dafür ist in den Jahren 1993 - 1995 ein Ausgleich durch noch höhere Exporte, insbesondere der metallverarbeitenden Industrie, vorgesehen. Der NSW-Exportüberschuß soll sich wie folgt entwickeln:

	1989	*1990*	*1991*	*1992*	*1993*	*1994*	*1995*
- Mrd. VM -	1,0	3,5	5,5	7,6	8,1	9,1	10,3

Auf dieser Grundlage ergibt sich folgende Entwicklung des „Sockels" und der notwendigen Zwischenfinanzierung:

- Mrd. VM -	*1989*	*1990*	*1991*	*1992*	*1993*	*1994*	*1995*
„Sockel"	41,1	45,6	51,6	51,9	51,8	50,9	48,7
Zwischenfinanzierung	22,0	28,8	35,7	38,7	41,1	42,7	43,3

Um diesen NSW-Exportüberschuß zu ermöglichen, muß 1990 mehr als der gesamte Zuwachs des produzierten Nationaleinkommens und 1991 - 1995 rd. 40 % des Nationaleinkommenszuwachses für die Außenwirtschaft zur Verfügung gestellt werden. Der Gesamtexportüberschuß zu Inlandspreisen muß 1991 - 1995 163 Mrd. M betragen (1986 - 1990 = 24 Mrd. M, 1981 - 1985 = 28 Mrd. M). Das bedeutet, weniger für die gesellschaftliche Konsumtion und für die Akkumulation einzusetzen und, wenn sich das nicht vermeiden läßt, auch weniger für die individuelle Konsumtion zu verwenden.

Mit den als Anlage 1 beigefügten „Aufgaben zur weiteren volkswirtschaftlichen Bilanzierung des Planes 1989, des Fünfjahrplanes 1991 - 1995 und des Volkswirtschaftsplanes 1990" sind Arbeitsaufträge festgelegt, die dazu beitragen, den erforderlichen NSW-Exportüberschuß von 1 Mrd. VM im Jahre 1989 zu sichern und den gegenwärtig von der Staatlichen Plankommission vertretenen NSW-Exportüberschuß in den Jahren 1990 und 1991 - 1995 zu verbessern.

Mit den erforderlichen NSW-Exportüberschüssen sind grundlegende Änderungen in der Produktion und der Verteilung des Nationaleinkommens im Jahre 1990 und 1991 - 1995 notwendig, die von Anfang an bei der Ausarbeitung des Plansatzes 1990 und für den Zeitraum 1991 - 1995 berücksichtigt werden müssen.

Eine Vorausberechnung der Entwicklung der NSW-Zahlungsbilanz führt zu der Einschätzung, daß *nach 1995* für einen Zeitraum von 10 - 12 Jahren weiter

NSW-Exportüberschüsse in Höhe von jährlich 10 Mrd. VM erforderlich sind, um den Sockel auf eine Größenordnung von 10 - 15 Mrd. VM abzubauen.
Die in Übereinstimmung mit der Konzeption zum Volkswirtschaftsplan durchgeführten Berechnungen zum *Staatshaushaltsplan 1990 - 1995* zeigen, daß in den Jahren 1990 und 1991 der Staatshaushalt bisher noch nicht bilanziert [ist]; darunter im Jahre 1990 um 6,3 Mrd. M und 1991 um 1,8 Mrd. M. Außerdem sind bis zum Jahre 1992 keine Kredittilgungen gegenüber der Staatsbank möglich. [...]

Quelle: SAPMO - BArch, SED, ZK, J IV 2/2A/3199.

Dokument 9

Aufzeichnungen des 1. Sekretärs der SED-Stadtleitung Dresden, Werner Moke, über eine Rede von Erich Honecker auf der SED-Politbürositzung am 28. Februar 1989[79]

Genosse Erich Honecker führte aus:
Was sehr alarmierend wirkt, wenn man das Material durchliest, ist, daß auf einigen Gebieten des Bezirkes Dresden unter „Perestroika" und „Glasnost" so manches geschieht, zum Beispiel was den Karneval betrifft, das ist ein Skandal; obwohl die Bezirkszeitung unterrichtet war, wurde nichts unternommen.[80]
Es hat sich bei allen Erfolgen gezeigt, in Bezug auf die Grundstimmung zeigt sich, daß der Feind offen auftreten kann. Es geht nicht um „Perestroika" und „Glasnost", es ging um die Untergrabung der sozialistischen Grundlagen in der Deutschen Demokratischen Republik. Alarmierend war das für die Bezirkslei-

---

79 Die 1. Bezirkssekretäre der SED hatten monatlich Erich Honecker schriftlich über grundlegende Entwicklungen und Probleme in ihrem Verantwortungsbereich zu informieren. Am 23. Januar 1989 berichtete Hans Modrow über einige politische und ökonomische Schwierigkeiten im Bezirk Dresden. Für größere Probleme in der Industrie machte er fehlende Zulieferungen, ungenügende Planvorgaben und Anlagenverschleiß verantwortlich. ZK-Sekretär Günter Mittag brachte diesen Monatsbericht am 7. Februar 1989 dem SED-Politbüro zur Kenntnis. Das ZK-Sekretariat hatte auf Weisung Honeckers eine Untersuchungskommission unter Leitung von Mittag eingesetzt, deren Bericht in Anwesenheit der Sekretariatsmitglieder der SED-Bezirksleitung Dresden am 28. Februar 1989 wiederum im Politbüro diskutiert wurde. Die Dresdener Bezirksleitung erhielt eine scharfe Kritik, allerdings wurde Modrow als deren 1. Sekretär nicht abgelöst. Die hier vorliegende Mitschrift des Tagungsverlaufs von Moke wurde offensichtlich für den internen Gebrauch in Dresden angefertigt. Sie enthält über die Wiedergabe der Rede Honeckers hinaus die Auftritte von Mittag, Sindermann, Werner Krolikowski, Mückenberger und Kleiber.

80 Während der Faschingszeit kam es an Dresdener Hochschulen zu Äußerungen, welche die Ablehnung von „Perestroika" und „Glasnost" durch die SED-Führung kritisierten.

tung und Kreisleitung nicht, das ist eigentlich das Problem. Da kann man von Klassenkampf reden, aber die Konsequenzen müssen auch gezogen werden.

Zum Bauwesen im Bezirk Dresden ist zu sagen: Ich habe ganz offen schon mehrfach darauf hingewiesen, man kann Schlösser bauen soviel man will, aber Wohnungen, sanitäre Ausstattungen dürfen nicht vernachlässigt werden.

Die Arbeitsgruppe des Politbüros hat den Auftrag realisiert, Hilfe der Bezirksleitung zu geben bei der Durchführung der Beschlüsse der 7. Tagung des Zentralkomitees. Es ist viel geleistet worden, aber es sind auch die ernsten Versäumnisse, große Versäumnisse, in Dresden sichtbar gemacht worden. Die Bezirksleitung Dresden war nicht in der Lage, umfassend die gemeinsamen Aufgaben einer Lösung zuzuführen, die die Beschlüsse der 7. Tagung des Zentralkomitees fordert, um den Beschlüssen des XI. Parteitages zu entsprechen.

Der Bericht zeigt, daß die Beschlüsse des Politbüros richtig waren, daraus ergeben sich außerordentliche Aufgaben in Vorbereitung auf den XII. Parteitag im 40. Jahr der Deutschen Demokratischen Republik.

Wenn es an der Hochschule für Bildende Künste Kunststudenten gibt, die nicht nach Berlin fahren wollen, und sogar die FDJ-Leitung [es] ablehnt, nach Berlin zum Pfingsttreffen der FDJ reisen zu wollen, so etwas gab es in der Geschichte der Freien Deutschen Jugend noch nie.[81]

Wenn es um die Aufgaben geht, die auf dem Gebiet der Wirtschafts- und Sozialpolitik zu lösen sind, ist es notwendig, zielstrebig und energisch für die Hebung des Volkswohlstandes zu arbeiten.

Dabei müssen die Leitungen der Partei Klarheit über die Probleme schaffen. Wir bleiben bei unserem bewährten Grundsatz: Nicht das Volk ist für die Partei, sondern die Partei ist für das Volk da. Weit stärker als bisher sind die Werktätigen für die Ausarbeitung und Durchführung der Aufgaben zur Durchführung der Beschlüsse des XI. Parteitages einzubeziehen.

Die politisch-ideologische Arbeit, das habe ich schon mehrfach betont, ist und bleibt das Herzstück der Parteiarbeit, fordert aber heute eine neue Qualität, um den Anforderungen in den Klassenkämpfen unserer Zeit gerecht zu werden.

Die Verbundenheit der Werktätigen, die Verbundenheit zum sozialistischen Vaterland ist unbedingt zu festigen!

Wir müssen immer davon ausgehen, daß der Sozialismus die einzige Alternative zum Kapitalismus ist. Der Sozialismus ist für uns zu keiner Zeit etwas Fertiges. Der Aufbau des Sozialismus ist für uns ein revolutionärer Prozeß, so wie wir es auf dem XI. Parteitag der SED formuliert haben, und heute gilt genauso wie früher die Losung von Frieda Hockauf „So wie wir heute arbeiten,

---

81 Das Pfingsttreffen der FDJ fand vom 12. bis 15. Mai 1989 in Berlin statt. Im Vorfeld gab es große Probleme, die Teilnehmer unter den DDR-Jugendlichen zu mobilisieren. Studenten der Dresdener Hochschule für Bildende Künste hatten es z. B. kategorisch abgelehnt, am Pfingsttreffen teilzunehmen.

werden wir morgen leben", und das gilt nach wie vor, das muß in der politischen Führungsarbeit die gebührende Rolle spielen.[82]

Wir sind nicht in der Lage, in Dresden alle Schlösser aufzubauen, aber das Wohnungsbauprogramm ist zu realisieren, diese Aufgaben sind zu lösen. Unsere Gesellschaft ist ein lebendiger Prozeß, den wir zu gestalten haben. Inhalt unserer Arbeit bleibt, daß wir mit Entschlossenheit den Aufbau der neuen Gesellschaft, einer Gesellschaft auf der Grundlage des Marxismus-Leninismus, einer Gesellschaft frei von Ausbeutung und Unterdrückung, gestalten. Hier leitet sich auch der altbewährte Grundsatz mit neuen Inhalten ab „Wo ein Genosse ist, da ist die Partei".

Das erfordert, daß unsere Partei, ein Kampfbund von Gleichgesinnten und nicht von Nörglern, seiner Verantwortung immer gerecht wird.

Wo von der Linie abgegangen wird, erzielt die Führung Verwirrung bei den Massen. Wir haben Beschlüsse, die durchzuführen sind. Wir brauchen Kampfentschlossenheit, gute Leistungen, die überall zum Durchbruch zu bringen sind.

Die kritischen Fragen sind nicht neu, die heute hier zur Sprache kommen, wir haben sie mehrfach behandelt, entschieden muß an der Veränderung der Lage gearbeitet werden.

Die Gesellschaftsstrategie muß für jeden Bürger nacherlebbar gemacht werden. Ungenügendes Auftreten der Bezirksleitungsmitglieder in den Betrieben, in den wissenschaftlichen Einrichtungen, in den Arbeitskollektiven hilft uns nicht, Kampfpositionen für die Durchführung der Beschlüsse des Zentralkomitees zu entfalten.

Unsere sozialistische Demokratie muß für die Bürger, mit den Bürgern und durch die Bürger erlebbar gestaltet werden. Die Einbeziehung aller Menschen in die Lösung der Aufgaben ist unsere entscheidende Aufgabe. Diesen großen Vorzug müssen wir immer nutzen, es gibt einen grundsätzlichen Unterschied unter den Gesichtspunkten zur bürgerlichen Demokratie. Hier handelt es sich um Machtfragen in jedem Fall. Machtfragen sind und bleiben Klassenfragen. Die Geschichte ist doch eine Geschichte von Klassenkämpfen. Wer das erkannt hat, wird mit anderen Dingen zurechtkommen. Auf dem Treffen mit dem Sekretariat des Zentralrates der FDJ ist nicht ohne Grund vom Kommunistischen Manifest oder von Friedrich Engels' Werk „Ursprung der Familie" ausgegangen [worden], wir müssen uns bei den Klassikern des Marxismus-Leninismus immer wieder neu Rat holen für die Erfüllung unserer Aufgaben.[83] Man kann doch nicht die BRD nach den Reden ihrer führenden Politiker beurteilen, sondern danach, welches Kapital herrscht.

---

82 Frieda Hockauf erfüllte im Dezember 1953 als Weberin in Zittau eine Selbstverpflichtung, 45 m Stoff bester Qualität über den Quartalsplan hinaus herzustellen, und gab mit der genannten Losung der Wettbewerbsbewegung in der DDR-Industrie einen neuen Anstoß.

83 Ein Treffen Honeckers mit dem Sekretariat des FDJ-Zentralrats fand am 8. Februar 1988 in Berlin statt. Die Rede Honeckers publizierte das ND am 9. Februar 1989 unter dem Titel „Die DDR - mit dem Volk und für das Volk geschaffen".

Es folgen einige aktuelle polemische Aussagen zur Lage in und mit Westberlin.

In Westberlin zeigt sich doch, daß die gesellschaftlichen Kräfte an die Grenzen der herrschenden Produktionsverhältnisse stoßen.

Die CDU will in Westberlin das Ergebnis der Wahlen zunichte machen.[84] Sie wollen nicht zurücktreten, aber die Entwicklung zeigt eine andere Lage. Wir haben ausreichend Argumente. Es wird zuviel administriert, wenig mit den Menschen besprochen und mit den Menschen verändert. Wir sind alle dafür, daß Dresden die Perle der Kultur bleibt.

Die internationalen Gäste sind von Dresden stark beeindruckt, aber wenn wir uns die Planerfüllung im Wohnungsbau ansehen, so gibt es ernste Rückstände.

Es folgt jetzt die Aussage zur Bestandsentwicklung, was die Wohnungen betrifft (Ausgliederung, Zweckentfremdung, sanitäre Einrichtungen und und und), und es ist der Nachweis damit geführt worden, daß der Bezirk Dresden am Ende im Leistungsvergleich mit allen Bezirken steht.

Es ist wichtiger, sich um die Katen zu sorgen und nicht um die Schlösser. Wir verlangen im Politbüro, daß das verändert wird. Wir haben es doch immer wieder mit Schwanken in Dresden zu tun, das muß verändert werden. Auch was „Perestroika" und „Glasnost" betrifft, Genosse Gorbatschow, der Generalsekretär des ZK der KPdSU und Vorsitzender des Obersten Sowjets, hat doch in Kiew klare Aussagen zum Sozialismus getroffen, das können wir heute im „Neuen Deutschland" nachlesen, und es folgen jetzt längere Ausführungen zu der Aussage, was den Sozialismus und seine Perspektiven sowie die Verantwortung jedes einzelnen sozialistischen Landes betrifft.[85] Und es folgt die Aussage, wir äffen keine Losungen nach, wir führen die Beschlüsse des XI. Parteitages durch!

Was wollen wir für einen Sozialismus? Wir sind in die Partei eingetreten, um eine für die Arbeiterklasse, entsprechend ihren Grundinteressen, neue Gesellschaftsordnung zu erkämpfen, ein neues Leben zu erkämpfen, den Sozialismus zu stärken, das ist unser Ziel, warum wir als Kommunisten in unserer Partei der Gleichgesinnten kämpfen.

Wir gestalten die sozialistische Gegenwart und Zukunft entsprechend der Lehren der Geschichte und unseres eigenen Programms. Die neuen Fragen, die in der Sowjetunion durchgeführt werden, sind Aufgaben der KPdSU, und sie

---

84 Bei den Wahlen zum (West-) Berliner Abgeordnetenhaus am 29. Januar 1989 hatten die CDU 37,8 Prozent, die SPD 37, 3 Prozent, die Alternative Liste (AL) 11,8 Prozent, die Republikaner 7,5 Prozent und die FDP 3,9 Prozent der Stimmen erhalten. Die DDR-Medien polemisierten heftig gegen den Einzug der Republikaner in das Abgeordnetenhaus. SPD und AL bildeten eine Koalition unter dem Regierenden Bürgermeister Walter Momper.

85 Die Rede Gorbatschows in Kiew wurde im ND vom 28. Februar 1989 stark gekürzt und unter Schwerpunktsetzung auf die Außenpolitik der UdSSR wiedergegeben. Die vollständige, deutschsprachige Fassung vgl. in: Freundschaft, Alma-Ata, 28. Februar 1989.

stellt sich dieser Verantwortung. Wir sind doch nicht daran interessiert, daß wir Rückstände wieder, wie sie in anderen sozialistischen Ländern vorhanden sind, als Ziel angehen, wir haben unser erreichtes Niveau weiter auszubauen.

Mit der 3. Parteikonferenz der SED haben wir mit dem Personenkult abgerechnet.[86] Wir haben nicht die Absicht, alle 10 Jahre neu den 20. Parteitag der KPdSU zu behandeln.[87] Wir haben mehrere Arbeiten im „Neuen Deutschland" und anderswo veröffentlicht, zum Beispiel was Wilhelm Pieck und Walter Ulbricht als Repräsentanten unserer Kommunistischen Partei gegenüber führenden Funktionären der Kommunistischen Internationale zum Ausdruck brachten, wenn es sich um Repressalien gegenüber deutschen Kommunisten handelte, das wurde entsprechend auch in Auswertung des 20. Parteitages der KPdSU durch unsere Partei gründlich geklärt.[88]

Es ergibt sich doch die Frage, wer ist denn daran interessiert, daß unsere Partei Zurückhaltung in diesen Fragen üben würde. Wieso kann man nicht vom Sozialismus sprechen, wie ihn der Marxismus-Leninismus begründet hat und wie wir ihn dementsprechend aufbauen.

Es braucht doch keiner Angst zu haben vor dem deutschen Weg zum Sozialismus. Bei uns ist der Sozialismus die entscheidende Alternative zum Kapitalismus der BRD. Wir müssen immer unter Beweis stellen, daß die Arbeiter die Gesellschaft besser leiten als die Kapitalisten.

Auch die soziale Komponente müssen wir dabei immer in Betracht ziehen. Warum müssen wir die Subventionen abschaffen, wie das einige von uns verlangen? In der Bundesrepublik werden die Subventionen gegenüber dem Kapital nicht abgeschafft. Wir haben Subventionen gerichtet auf die Arbeiterklasse, auf das werktätige Volk.

Die Sowjetunion heute ist in einigen Fragen die DDR von 1948. Wollt ihr dorthin zurück? Wir sind die Regierung des Volkes, mit dem Volk, für das Volk bleibt unsere Devise. Überall politische Klarheit schaffen, um vorwärts zu gehen, ist unsere Aufgabe.

Leistungsentwicklung ist das entscheidende. Karl Marx hat in der Kritik am „Gothaer Programm" doch herausgearbeitet, daß im Sozialismus die Entlohnung nach der Leistung zu erfolgen hat. Entlohnung nach der Leistung, das ist doch nichts Neues. Das ist auch im Programm unserer Partei enthalten.

---

86 Die 3. Parteikonferenz der SED fand vom 24. bis 30. März 1956 in Berlin statt.

87 Der 20. Parteitag der KPdSU, auf dem der Erste Sekretär Nikita S. Chruschtschow seine Geheimrede „Über den Personenkult und seine Folgen" hielt, fand vom 14. bis 25. Februar 1956 in Moskau statt.

88 Das ND hatte z. B. am 12. Januar 1989 einen Brief Wilhelm Piecks an den Vertreter der Kommunistischen Internationale (KI) D. S. Manuilski vom 28. Mai 1939 veröffentlicht, der im Moskauer KI-Archiv aufgefunden worden war. Darin setzte sich Pieck für deutsche Kommunisten ein, die unter Stalin verhaftet und verurteilt worden waren. Einen weiteren diesbezüglichen Brief Piecks, diesmal an den KI-Vertreter Georgi Dimitroff, vom 19. November 1940 veröffentlichte das ND am 27. Juli 1989.

Wir haben immer die soziale Komponente stark zu beachten. Unser Zeitalter ist das Zeitalter der Mikroelektronik. Aber das heißt, es darf der Bauarbeiter nicht vernachlässigt werden. Der Mensch ist in unserer Gesellschaft das wichtigste.

Selbst der beste Kommunist wird nicht in der Lage sein, den Klassenkampf abzuschaffen.

Mit dem Bericht wurde erstmalig eine so kritische Lage unter der Jugend, was die Durchführung der Jugendpolitik unserer Partei, die Rolle der FDJ betrifft, behandelt. Vor allen Dingen, was den Organisationsgrad der Landjugend in der FDJ betrifft, so ist er mit 48 % unter allem Niveau. Das muß doch eine Bezirksleitung sehen. Das ist doch Aufgabe der Partei, solche Fragen zu ändern. Die FDJ widerspiegelt doch die Arbeit der Partei.

Das Politbüro schätzt die erreichten Ergebnisse im Bezirk Dresden hoch ein, aber wie der Bericht zeigt, sind große Unterlassungssünden zu verantworten.

Die Bereitschaft des Sekretariats muß in Industrie, Bauwesen, Landwirtschaft und anderen Bereichen für Veränderungen wirksam werden. Die Bezirksleitung hat ernsthafte Schlußfolgerungen zu ziehen. Das ist verbunden mit einer gründlichen Änderung der Arbeit.

Eine wesentlich größere Hilfe gilt es gegenüber den Grundorganisationen zu sichern. Hier liegen auch die entscheidenden Ursachen für bestimmte Erscheinungen.

Es gilt, die Ursachen bestimmter Erscheinungen noch viel gründlicher herauszuarbeiten. Vom Bezirk Dresden ist hier auch bekannt, daß der größte Anteil der Antragsteller zu verantworten ist.

Jetzt ist überall klar zu machen, was ist die Gegenwart und was ist unsere Perspektive. Wie sieht die Stadt Dresden in 10 Jahren aus? Das gilt es gründlich auszuarbeiten. Ernsthafte Schlußfolgerungen sind aus der heute mit dem Bericht charakterisierten Lage zu ziehen. Wir sollten einen neuen Aufschwung mit der Klarheit über unsere sozialistische Entwicklung in Vorbereitung auf den XII. Parteitag der SED sichern, die Perspektive unserer sozialistischen Entwicklung ist im Programm der Partei enthalten.

Die Einsatzbereitschaft jetzt organisieren, wie nach dem Kriege die Trümmer beseitigt wurden, ist in Dresden eine große Herausforderung zur Entfaltung der Masseninitiative in Vorbereitung auf den XII. Parteitag der SED. Nicht allein die Selbstkritik ist gefragt - es geht um den Kampf für Veränderung und Erfolg. Der Sozialismus ist doch in jeder Frage dem Kapitalismus überlegen. Die Sicherung des Volkswohlstandes steht an der Spitze all unserer Arbeit.

Quelle: Sächsisches Hauptstaatsarchiv Dresden, Bezirksleitung der SED Dresden (SHStA, SED), 12827.

Dokument 10

Grundlinie der Staatlichen Plankommission zur DDR-Zahlungsbilanz für das SED-Politbüro vom 7. April 1989 (Auszug)[89]

[...]
II. *Nichtsozialistisches Wirtschaftsgebiet*

1. Die Zahlungsbilanz gegenüber dem nichtsozialistischen Wirtschaftsgebiet geht aus dem vorgeschlagenen Entwurf der STAG[90] 1990 und der Grundlinie der Ausarbeitung des Fünfjahrplanes 1991 - 1995 [hervor].

Sie berücksichtigen die im Ergebnis der Beratungen mit den Ministern vorgeschlagenen Maßnahmen zur materiell-technischen Sicherung des Leistungswachstums in der Industrie und Landwirtschaft sowie zur Versorgung der Bevölkerung ausgehend von dem 1989 erzielten Niveau. Auf dieser Grundlage ergibt sich folgende Entwicklung der Hauptkennziffern der Zahlungsbilanz für das nichtsozialistische Wirtschaftsgebiet:

- Mrd. VM -

	1989	1990	1991	1992	1993	1994	1995
Export	12,9	13,9	15,9	17,7	18,5	19,6	20,8
Import	12,0	11,9	11,9	12,3	12,3	12,2	12,0
Exportüberschuß	0,9	2,0	4,0	5,4	6,2	7,4	8,8
„Sockel"	-41,1	-47,0	-54,6	-57,7	-60,6	-62,8	-64,0
Zwischenfinanzierung	21,5	28,3	36,2	41,8	46,7	51,1	54,9

Die Berechnungen der Zahlungsbilanz gehen davon aus, daß 1989 der geplante Exportüberschuß von 0,9 Mrd. VM realisiert wird. Diese Zielstellung ist ernsthaft gefährdet.

Per Ende März sind unter Berücksichtigung der Ergebnisse der Leipziger Frühjahrsmesse bis zur Höhe des Planes von 12,9 Mrd. VM noch absatzfähige materielle Fonds in einem Umfang von 0,5 Mrd. VM bereitzustellen und Exportverträge von 1,9 Mrd. VM abzuschließen.

Im NSW-Import konnten Aufgaben zur Senkung des Imports sowie zur Beseitigung der Überspezifizierung in Höhe von 236 Mio. VM noch nicht realisiert werden.

2. Die Konzeption sieht vor, daß im NSW-Export die seit 1986 eingetretene Stagnation überwunden und bis 1995 gegenüber 1988 eine Steigerung des Exports um rd. 80 % durchgesetzt wird.

---

89 Diese Vorlage der Staatlichen Plankommission, eingebracht von Gerhard Schürer, wurde am 11. April 1989 vom SED-Politbüro bestätigt. Sie beschäftigte sich im ersten, hier nicht wiedergegebenen Teil mit dem sogenannten „Sozialistischen Wirtschaftsgebiet". Im Schlußteil waren zahlreiche Tabellen und Statistiken angefügt. Das Papier war als „Geheime Verschlußsache" deklariert.

90 STAG: „Staatliche Aufgaben".

Es ist vorgesehen:
- im Jahr 1990 eine Steigerung des Exports um 7,6 % gegenüber dem Plan 1989 und damit die Erhöhung des Exportüberschusses auf 2,0 Mrd. VM zu gewährleisten,
- einen weiteren hohen Exportzuwachs vor allem in den Jahren 1991 und 1992 von jährlich 11 bis 14 % zu erreichen.

Die Durchsetzung der Exportkonzeption erfordert vor allem, kurzfristig die wissenschaftlich-technischen sowie produktions- und absatzseitigen Voraussetzungen für die vorrangige Entwicklung der Bereiche der metallverarbeitenden Industrie und zur Erhöhung ihres Anteils am Gesamtexport von 23 % 1988 auf 40 % im Jahr 1995 zu schaffen.

Der *NSW-Import* ist 1990 auf das geplante Niveau des Jahres 1989 zu begrenzen. Im Zeitraum bis 1995 wird bei steigenden Leistungszielen für die Produktion und den Export ein im wesentlichen gleichbleibender Import zugrunde gelegt.

Innerhalb dieses Importvolumens ist eine bedeutende Veränderung der Struktur notwendig mit dem Ziel, Ausrüstungen gegen langfristige Kredite zu importieren, Parallelimporte abzulösen und die Importe vor allem auf Erzeugnisse zu konzentrieren, die in der DDR nicht produziert werden können.

3. Die Entwicklung des „Sockels" im Jahr 1990 und bis 1995 ist auf folgende Hauptfaktoren zurückzuführen:

	- Mrd. VM -			
	1989	1990	1991	1995
Entwicklung des „Sockels" insgesamt	-41,1	-47,0	-54,6	-64,0
Exportüberschuß	0,9	2,0	4,0	8,8
Kosten und Zinsen für Zwischenfinanzierung und warengebundene Kredite	-6,7	-8,2	-7,9	-10,0
Einschüsse des Staates	1,9	1,9	2,0	2,0
Dienstleistungen	0,2	0,2	0,2	0
Absatzkosten	-0,5	-0,5	-0,6	-0,7

[...] Der weitere Anstieg des Sockels bis 1995 ergibt sich daraus, daß der geplante wachsende Exportüberschuß nicht ausreicht, um die ansteigenden Zinsen und Kosten auszugleichen.

Hinzu kommt, daß die vom Politbüro des ZK der SED beschlossenen außerplanmäßigen Importe von Anlagen und Ausrüstungen zur Leistungssteigerung der Volkswirtschaft in Höhe von 4,3 Mrd. VM ab 1991 für die Planverschuldung wirksam werden.

4. Der weitere Anstieg der notwendigen *Zwischenfinanzierung* in konvertierbaren Devisen ergibt sich aus folgendem:

Die aus Exporten und den zugrunde gelegten Einschüssen des Staates zu realisierenden Valutaeinnahmen reichen nicht aus, um die Valutaausgaben, ins-

besondere für die Tilgung von Krediten sowie die Zinsen und Kosten, auszugleichen. Damit entsteht ein jährlich wachsendes Bargelddefizit.
Es wird mit Zinsen und Kosten für die Zwischenfinanzierung von 20 % im Jahre 1990 und von 15 % ab 1991 gerechnet.
Die Hauptkennziffern der Bargeldbilanz konvertierbare Devisen entwickeln sich damit wie folgt:

- Mrd. VM -	1989	1990	1991	1995
Valutaeinnahmen	11,4	12,0	13,4	18,1
davon aus				
Export	6,4	7,3	8,5	12,9
Einschüssen	1,8	1,8	1,9	1,9
Dienstleistungen	2,5	2,6	2,6	2,9
Valutaausgaben	32,9	40,3	49,6	73,0
davon für				
Kredittilgungen und Zwischenfinanzierung	23,7	29,4	36,9	58,4
Zinsen und Kosten	5,3	6,8	8,1	9,6
Barzahlungen für Importe	0,4	0,4	0,4	0,6
Dienstleistungen	2,3	2,4	2,5	2,8
notwendige Zwischenfinanzierung	21,5	28,3	36,2	54,9

[...] Damit müssen vom geplanten Export in das NSW für Zinszahlungen im Jahr 1990 50 % und 1995 45 % verwandt werden.

Ein bedeutender Teil des Zuwachses des Nationaleinkommens muß somit zur Bezahlung der Zinsen und Kosten für die Kredite, die in der Vergangenheit aufgenommen wurden und das im Inland verwendete Nationaleinkommen erhöhten, eingesetzt werden und kann nicht für die Akkumulation und Konsumtion wirksam werden.

Den Berechnungen liegen ferner zugrunde, daß
- vom Export 1990 bei konvertierbaren Devisen 66,5 % und der BRD/Westberlin 82 % im gleichen Jahr bargeldwirksam werden. Im Jahr 1995 soll unter Berücksichtigung des wachsenden Anteils der metallverarbeitenden Industrie dieser Anteil 62 % bzw. 78 % betragen. Das erfordert eine Konzentration des Exports auf die kapitalistischen Industrieländer, in denen günstigere Zahlungsbedingungen und ein sicherer Zahlungseingang erreicht werden kann, was hohe Anforderungen an die Struktur des Exports und die Absatzorganisation stellt.
- vom Import 1990 bei konvertierbaren Devisen 94 % und der BRD/Westberlin 87 % durch warengebundene Kredite finanziert werden und diese Finanzierungsmöglichkeiten bis 1995 genutzt werden können. Den Berechnungen liegt eine Aufnahme von Valutabankkrediten für Planimporte im Jahr 1990 von 5 Mrd. VM zugrunde.
- Einschüsse des Staates in einer Größenordnung von 1,9 Mrd. VM im Jahre 1990 und jährlich 2 Mrd. VM 1991 - 1995 entschieden werden.

- alle Anstrengungen darauf zu richten sind, durch effektivsten Einsatz der Kapazitäten unter Berücksichtigung der begrenzten Möglichkeiten ihrer Erneuerung sowie durch Rationalisierung der Transportprozesse einen Aktivsaldo aus Dienstleistungen des Verkehrswesens von 0,7 Mrd. VM 1990 und 0,6 Mrd. VM 1995 im NSW zu sichern.

Gegenüber der *BRD und Westberlin* wird für das Jahr 1990 davon ausgegangen, daß ein Währungssaldo aus planmäßigem Außenhandel erzielt wird, der unter Berücksichtigung zeitweiliger Guthaben des Bereiches Kommerzielle Koordinierung eine Inanspruchnahme des Swings durch die DDR von etwa 200 Mio. VM sichert.

Der Passivsaldo aus Forderungen und Verbindlichkeiten soll sich 1990 gegenüber der für 1989 eingeschätzten Höhe von rd. 5 Mrd. VM nicht weiter erhöhen.

Die weitere Entwicklung der Zahlungsbilanz muß in Abhängigkeit von der tatsächlichen Entwicklung im Jahr 1990 und den Ergebnissen der Verhandlungen mit der BRD zum Swing für den Zeitraum nach 1990 zur Entscheidung vorgelegt werden. [...]

Quelle: SAPMO - BArch, SED, ZK, J IV 2/2A/3208.

Dokument 11

Schreiben von Egon Krenz an die Leiter der Wahlkommissionen vom 2. Mai 1989[91]

Werter Genosse Vorsitzender!

Beigefügt übersende ich Ihnen die verbindlichen Grundsätze für die Auszählung der Stimmzettel am 7. Mai 1989. Dazu ist festgelegt worden, daß die Vorsitzenden der Kreiswahlkommissionen sowie die von Ihnen beauftragten 1. Stellvertreter der Vorsitzenden der Räte der Kreise und die Leiter der Kreiswahlbüros diese Grundsätze allen Vorsitzenden der Wahlvorstände in internen differenzierten Beratungen einheitlich am Freitag, dem 5. Mai 1989, nachmittags mündlich erläutern. Ich bitte Sie, die entsprechenden Maßnahmen zur Vorbereitung und Durchführung dieser differenzierten Beratungen in Ihrem

---

91   Das Schreiben wurde am 2. Mai 1989 an die Leiter der zur Kommunalwahl am 7. Mai 1989 eingesetzten Kommissionen in den Kreisen der DDR gesandt. - Das am 10. Mai 1989 veröffentlichte Endergebnis der „Wahlen zu den Stadtbezirksversammlungen von Berlin, Hauptstadt der DDR, zu den Kreistagen und den Stadtverordnetenversammlungen der Stadtkreise" wies bei einer Wahlbeteiligung von 98,78 Prozent einen Anteil von 98,85 Prozent Ja-Stimmen. Diese Resultate kamen nur durch massive Wahlfälschungen zustande.

Verantwortungsbereich zu veranlassen sowie für die strikte Einhaltung des genannten Vernichtungstermines der Anlage Sorge zu tragen.

Die Zusammenkünfte mit den Vorsitzenden der Wahlvorstände sollten zugleich genutzt werden, um nochmals die Aufgabe der Wahlvorstände am Wahltag gründlich zu beraten, auftretende Fragen zu klären und notwendige Festlegungen für das einheitliche und besonnene Handeln aller Beteiligten zu treffen. Insbesondere sollte darauf orientiert werden, daß die wahlrechtlichen Bestimmungen über die Einrichtung der Wahllokale, den Verlauf der Wahlhandlung und die Ergebnisermittlung strikt einzuhalten sind. Dazu sollte das in den „Hinweisen für die Tätigkeit der Wahlvorstände" erläuterte Verfahren für einen korrekten Wahlablauf überall angewendet und die Einrichtung der Wahllokale sowie die Aufgabenverteilung zwischen den Mitgliedern der Wahlvorstände dementsprechend organisiert werden. In enger Zusammenarbeit mit den zuständigen Staatsorganen ist die Sicherheit des Transportes und der Verwahrung der Stimmzettel und anderen Wahlunterlagen sowie die Sicherung der Wahllokale vom Zeitpunkt ihrer Einrichtung bis zum Abschluß der Tätigkeit des Wahlvorstandes zu gewährleisten.

Die Vorsitzenden der Wahlvorstände sollten auch nochmals auf die Notwendigkeit der termingerechten Durchgabe der festgelegten Meldungen zum jeweiligen Stand der Wahlbeteiligung sowie darauf hingewiesen werden, bei der öffentlichen Auszählung der Stimmen sofort nach 18.00 Uhr gemäß Ziffer 20 der Wahldirektive Nr. 2 der Wahlkommission der Republik zu sichern, daß in jedem Fall zuerst die geforderten Angaben über das Ergebnis der Wahl zum Kreistag bzw. des Stadtkreises ermittelt und unverzüglich telefonisch weitergeleitet werden. Erst danach erfolgt die Feststellung und unverzügliche Weiterleitung der Ergebnisse der Wahl zur Stadtbezirksversammlung des Stadtkreises, zur Stadtverordnetenversammlung der kreisangehörigen Stadt bzw. Gemeindevertretung sowie der für die einzelnen Kandidaten abgegebenen Stimmen.

Im Interesse der schnellen und zuverlässigen Durchgabe von Meldungen empfehle ich weiterhin, die Stabilität der Nachrichtenverbindungen von den Wahllokalen zu den Räten der Städte bzw. Gemeinden, von dort zu den Kreiswahlbüros und von hier zu den Bezirkswahlbüros noch vor dem Wahltag mehrfach prüfen zu lassen. Die für die Übermittlung der zentral festgelegten Meldungen vorgesehenen Nachrichtenleitungen sind zu den Tagesmeldezeiten und insbesondere in der Zeit ab 18.00 Uhr unbedingt von allen Gesprächen freizuhalten.

Ich bitte Sie weiterhin, für eine den zentralen Festlegungen entsprechende ordnungsgemäße Veröffentlichung der Wahlergebnisse am 8. bzw. 10. Mai 1989 in der Bezirkspresse Sorge zu tragen. Über die erforderlichen Einzelheiten sind die Sekretäre der Bezirkswahlkommissionen unterrichtet worden.

Für die Tätigkeit in den nächsten Tagen, insbesondere am Wahltag, wünsche ich Ihnen und allen Mitgliedern und Mitarbeitern Ihrer Wahlkommission viel Erfolg.

Mit sozialistischem Gruß
gez. Egon Krenz

Grundsätze für die Auszählung der Stimmzettel am 7. Mai 1989[92]

1. *Für den Wahlvorschlag der Nationalen Front der DDR abgegebene gültige Stimmen sind:*
 a) Stimmzettel, die keinerlei Veränderungen oder Zusätze enthalten;
 b) Stimmzettel, auf denen einzelne oder mehrere Kandidaten gestrichen, unterstrichen oder angekreuzt oder weitere Namen hinzugesetzt sind;
 c) Stimmzettel, die zustimmende Äußerungen zur Wahl oder zu bestimmten Kandidaten usw. oder anderweitige Zustimmende Kennzeichnungen enthalten.

2. *Ungültige Stimmen zum Wahlvorschlag der Nationalen Front der DDR sind:*
 a) Stimmzettel, auf denen das Wort „ungültig" eingetragen ist;
 b) Stimmzettel, die nicht amtlich im Wahllokal ausgegeben sind (Fälschungen);
 c) Stimmzettel, die zerrissen sind, so daß die Absicht des Wählers, ihn ungültig zu machen, klar zu erkennen ist;
 d) Stimmzettel, die staatsfeindliche Äußerungen über unseren Arbeiter-und-Bauern-Staat und über die Wahl enthalten.

3. *Gegenstimmen zum Wahlvorschlag der Nationalen Front der DDR sind:*
 a) Stimmzettel, auf denen die Namen sämtlicher Kandidaten durchgestrichen sind;
 b) Stimmzettel, die über das ganze Blatt durchgekreuzt bzw. durchgestrichen sind.

4. *Als für den einzelnen Kandidaten abgegebene Stimmen gelten:*
 a) Stimmzettel, auf denen bei den aufgeführten Einzelkandidaten keine Veränderungen und Zusätze enthalten sind;
 b) Stimmzettel, auf denen Einzelkandidaten angekreuzt oder unterstrichen sind bzw. die zustimmende Äußerungen enthalten.

5. *Als gegen die einzelnen Kandidaten abgegebene Stimmen gelten:*
 a) Alle Stimmen, die als Gegenstimmen zum Wahlvorschlag der Nationalen Front der DDR festgestellt wurden (gemäß Ziffer 3a und b);
 b) Streichungen des betreffenden Einzelkandidaten auf dem Stimmzettel;
 c) Eindeutige Äußerungen gegen aufgeführte Einzelkandidaten auf dem Stimmzettel.

---

92 Diese Anlage zum Schreiben war als „Vertrauliche Verschlußsache" ausgewiesen.

Die den Vorsitzenden der Bezirks- und Kreiswahlkommissionen übermittelte VVS ist bis zum 6. Mai 1989 zu vernichten.

Die Protokolle über die Vernichtung der VVS sind von den Sekretären der Bezirkswahlkommission bis zum 10. Mai 1989 dem Sekretär der Wahlkommission der Republik zu übermitteln.

Quelle: SAPMO - BArch, SED, ZK, IV 2/2039/230.

Dokument 12

Niederschrift über das Gespräch des Generalsekretärs des Zentralkomitees der SED und Vorsitzenden des Staatsrates der DDR, Erich Honecker, mit dem Mitglied des Politbüros des Zentralkomitees der KPdSU und Minister für Auswärtige Angelegenheiten der UdSSR, Eduard A. Schewardnadse, am 9. Juni 1989 in Berlin

Genosse Erich Honecker begrüßte den sowjetischen Außenminister im Namen der Partei- und Staatsführung der DDR sehr herzlich. Er habe seinen Aufenthalt auf der „agra 89" in Leipzig-Markkleeberg gern unterbrochen, um Genossen. E. Schewardnadse als guten Freund der DDR zu treffen.[93] Er wisse, daß Genosse Schewardnadse eine sehr angespannte Arbeit leiste und gegenwärtig den Besuch des Genossen Michail Gorbatschow in der BRD intensiv vorbereitet habe.

Genosse Eduard Schewardnadse dankte in herzlichen Worten für die Möglichkeit der Begegnung mit Genossen Erich Honecker. Er wisse es zu schätzen, daß Genosse Erich Honecker sein Programm auf der Landwirtschaftsausstellung unterbrochen hat, und sehe darin ein Zeichen der Hochachtung gegenüber der Führung und dem Volk der Sowjetunion.

Er habe den Auftrag, herzlichste Grüße des Genossen Michail Gorbatschow und der gesamten Führung der UdSSR zu übermitteln. Genosse Michail Gorbatschow erwarte mit Freude Genossen Erich Honecker Ende Juni. Das werde ein Besuch mit großer symbolischer Wirkung sein, da mit dem Aufenthalt in Magnitogorsk an wertvollste historische Traditionen angeknüpft wird. Zugleich werde die Begegnung mit Genossen Michail Gorbatschow von hohem Gewicht für die Weiterentwicklung der Beziehungen sein.[94]

---

93 Erich Honecker eröffnete am Vormittag des 9. Juli 1989 die DDR-Landwirtschaftsausstellung „agra 89".

94 Der Besuch Erich Honeckers in der UdSSR fand vom 27. Juni bis 1. Juli 1990 statt. Am 28. Juni traf der SED-Chef mit Michail Gorbatschow zusammen. Vgl. Daniel Küchenmeister (Hrsg.): Honecker - Gorbatschow. Vieraugengespräche. Berlin 1993, S. 208 ff.

Genosse Eduard Schewardnadse schätzte die Gespräche mit Genossen Oskar Fischer als sehr nützlich, offen, vertrauensvoll und freundschaftlich ein. Die persönlichen Beziehungen seien ausgezeichnet, so wie das auch zwischen Genossen Erich Honecker und Genossen Michail Gorbatschow ist. Die sowjetische Führung messe seinem Besuch in Berlin große Bedeutung bei. Ihm sei gestattet worden, den Kongreß der Volksdeputierten zu verlassen, obwohl heftige Diskussionen vor allem über die Innenpolitik der UdSSR im Gange sind.[95] Genosse Michail Gorbatschow ist der Auffassung, daß es vor seinem Besuch in der BRD notwendig ist, Genossen Erich Honecker ausführlich zu informieren. Es gäbe echte Fragen zu beraten, der Aufenthalt in Berlin sei aber auch ein demonstrativer Schritt.

Auf die innere Entwicklung in der UdSSR eingehend, bewertete Genosse Eduard Schewardnadse den Kongreß der Volksdeputierten als ein ungewöhnliches Ereignis im Leben der sowjetischen Gesellschaft. Mit den Wahlen der Deputierten und dem Kongreß sei eine Etappe der politischen Reform und Demokratisierung abgeschlossen worden. Die sowjetische Führung habe sich im Verlauf des Kongresses, ungeachtet emotionaler Belastungen in der Diskussion, erneut von der Richtigkeit des eingeschlagenen Weges überzeugt. Es habe keinen anderen Ausweg gegeben. Man habe die Lage in allen Bereichen sorgfältig analysiert und sei zu der Schlußfolgerung gekommen, daß sich die Gesellschaft in einer Krise befindet. Ursprünglich hatte die Partei von einer vorkrisenhaften Situation gesprochen. Die kühne Entscheidung, die sowjetische Gesellschaft umzugestalten, sei im Interesse der Rettung des Sozialismus getroffen worden. Man spüre, daß die Ideen der Umgestaltung und Erneuerung die Massen allmählich ergreifen. besonders erfreue die Tatsache, daß die Partei ihr Ansehen bewahrt hat und die Unterstützung des Volkes genießt. Sehr wesentlich sei, daß die Prozesse von der Partei eingeleitet und geführt werden. Selbst als die zahlenmäßige Zusammensetzung der obersten Machtorgane der UdSSR genau geplant war, sei ein so hoher Anteil der Kommunisten, nämlich 87 Prozent, an der Gesamtzahl der Deputierten nicht erreicht worden. Leider hätten nicht alle Kommunisten in den Wahlen bestanden. Viele bewährter Kampfgenossen hätten die notwendige Stimmenzahl nicht erhalten. Die Ursachen lägen darin, daß diese politischen Funktionäre mit den Massen nicht ins Gespräch gekommen sind, es ihnen an politischer Kultur mangelte.

Die Freunde in der DDR bräuchten sich keine Sorgen zu machen. Die Partei bleibe die führende Kraft der Gesellschaft. Sie übe ungeachtet der großen Schwierigkeiten die Kontrolle über alle wichtigen Prozesse aus. Die wichtigsten Beschlüsse, die das Politbüro oder das Zentralkomitee vor dem Kongreß gefaßt haben, fänden die Zustimmung des Kongresses. Sehr aufmerksam sei verfolgt worden, wie sich die Lage auf dem Kongreß entwickelt. In den ersten Tagen hätten demagogische und ambitiöse Auftritte Unterstützung erhal-

---

95   Der erstmals zusammentretende Kongreß der Volksdeputierten der UdSSR, gewählt am 26. März 1990, tagte vom 25. Mai bis 9. Juni 1989 in Moskau.

ten. Im weiteren Verlauf habe die Fähigkeit der Deputierten, zu unterscheiden, wo die Wahrheit liegt und was Demagogie ist, zugenommen. Der gleiche Erkenntnisprozeß vollziehe sich auch im Volk. Zu Beginn habe es noch Streikandrohungen gegeben für den Fall, daß bestimmte Abgeordnete nicht in den Obersten Sowjet gewählt werden. Es habe sich als richtig erwiesen, alles vom Kongreß zu veröffentlichen. Die KPdSU werde sich in ihrem Arbeitsstil auf die neuen Bedingungen einstellen müssen.

Insgesamt könne man mit den Ergebnissen des Volkskongresses zufrieden sein. Die Partei habe eine schwere Prüfung abgelegt. Nunmehr stehe die Aufgabe, unaufschiebbare Fragen auf sozialpolitischem Gebiet zu lösen. Hier könne die Sowjetunion viel von der DDR lernen. Eine überzeugende Demonstration dafür war die jüngste Ausstellung in Moskau im Rahmen der "Berliner Tage", auf der auch die Meisterung sozialer Probleme anschaulich dargestellt wurde.

Millionen sowjetischer Bürger leben in Armut. 20 Mio. Rentner erhalten monatlich weniger als 70 Rubel. Trotz großer finanzieller Schwierigkeiten habe der Kongreß beschlossen, die Mindestrenten auf 80 Rubel zu erhöhen, wofür der Staat insgesamt 4 bis 5 Mrd. Rubel jährlich aufwenden muß. Dies geschehe in Kenntnis der Tatsache, daß die Kaufkraft ohnehin das Warenangebot schon wesentlich übersteigt. Eine weitere Aufgabe von größter politischer Wichtigkeit sei die Erhöhung der Produktion der Konsumgüter. Hinzu komme die Notwendigkeit, die Wohnungsfrage zu lösen. Die DDR habe richtigerweise diese Aufgabe rechtzeitig in den Mittelpunkt gestellt. Ein dritter Schwerpunkt sei die äußerst komplizierte nationale Frage. Die früher getroffene Einschätzung, daß die nationale Frage für immer gelöst sei, war ein großer Fehler. Die Probleme existieren seit langem und haben sich im Laufe der Jahre angehäuft. Unter den Bedingungen der Demokratisierung seien sie offen zutage getreten. Besondere Schwierigkeiten bestünden in Transkaukasien, in den baltischen Republiken und neuerdings auch in Usbekistan. Man könne nicht sicher sein, ob nicht morgen in anderen Gebieten neue Konflikte aufbrechen. Die Partei brauche eine neue Nationalitätenpolitik. In diesem Sinne bereite sich die KPdSU auf ein entsprechendes Plenum vor.[96] Akut sei auch die Erarbeitung einer neuen Verfassung.

Man wisse, daß die Freunde in der DDR gut über die Entwicklung in der UdSSR informiert sind und spüre das Verständnis. Die gewährte Unterstützung werde in der Sowjetunion hoch geschätzt.

In seinen Darlegungen zur gegenwärtigen sowjetischen Außenpolitik stellte Genosse E. Schewardnadse fest, daß diese auf dem Kongreß der Volksdeputierten die volle und einmütige Unterstützung erhalten habe. Dies sei vor allem auch den kollektiven Anstrengungen der sozialistischen Bruderländer zu danken, die zu konkreten Ergebnissen geführt haben. Genosse Schewardnadse

---

96 Das angesprochene Plenum des ZK der KPdSU fand am 19./20. September 1989 statt. Vgl. Presse der Sowjetunion, Berlin, Heft 12/1989.

sprach in diesem Zusammenhang Genossen Erich Honecker und den anderen Genossen der Partei- und Staatsführung der DDR den Dank für die ständige und wirksame Unterstützung des außenpolitischen Vorgehens der Sowjetunion aus.

Im Gespräch mit Genossen Erich Honecker habe eine erfolgreiche Bilanz der Entwicklung der bilateralen Beziehungen seit dem Treffen des Genossen Erich Honecker mit Genossen Michail Gorbatschow gezogen werden können.[97] Im Zusammenhang mit der Umgestaltung der Wirtschaftsmechanismen sei es erforderlich, nach neuen Formen der Zusammenarbeit zu suchen und diese einzuführen. Ausgehend von der fortschreitenden Dezentralisierung in der Sowjetunion bestehe die Gefahr, daß bewährte Verbindungen zwischen zentralen staatlichen Organen beider Länder verlorengehen. Deshalb müsse diese Entwicklung aufmerksam verfolgt werden, um unerwünschte Nebenwirkungen auszuschließen.

Einigkeit sei mit Genossen Oskar Fischer auch darüber erzielt worden, daß dem Zusammenwirken im Überbau wachsende Bedeutung zukommt. Es gelte, alles Positive aus der Vergangenheit zu untersuchen und entsprechende Schlußfolgerungen zu ziehen.

Zum bevorstehenden Besuch des Genossen Michail Gorbatschow in der BRD erklärte Genosse Eduard Schewardnadse, daß das gesamte Herangehen an diese Aktivität den Interessen der sozialistischen Bruderländer entspricht.[98] Die Politik gegenüber der BRD müsse deren politisches, ökonomisches, militärisches und geistiges Potential berücksichtigen. Gegenwärtig sei ein Kampf um die BRD im Gange. Ausdruck dessen seien der Besuch Bushs in der BRD und seine Mainzer Rede.[99] Vieles von dem, was Bush sage, unterscheide sich kaum von Reagans Rhetorik, wenn auch manches etwas verschleierter klingt.

Auch Bush habe die Fragen der Grenzen zwischen beiden deutschen Staaten, der Mauer und der Wiedervereinigung angesprochen. All das erfordere eine flexible Politik gegenüber der BRD unter Beachtung der Kräfteverhältnisse in diesem Land. Unterstützt werden müßten jene Kräfte der BRD, die für eine realistische Ostpolitik eintreten.

Im Ergebnis des Besuches des Genossen Michail Gorbatschow in der BRD sei die Annahme einer gemeinsamen Erklärung vorgesehen, in der die Grundsätze des Verhältnisses zwischen der UdSSR und der BRD verankert sind. Ge-

---

97 Angesprochen wurde hier das Treffen Erich Honeckers mit Michail Gorbatschow am 28. September 1988 in Moskau. Vgl. dazu Daniel Küchenmeister (Hrsg.): Honecker - Gorbatschow. A. a. O., S. 186 ff.

98 Michail Gorbatschow absolvierte seinen offiziellen Staatsbesuch in der Bundesrepublik Deutschland vom 12. bis 15. Juni 1989.

99 Im Rahmen eines Besuchs in der Bundesrepublik referierte US-Präsident George Bush am 31. Mai 1989 in Mainz zum Thema „Für ein ungeteiltes freies Europa". Vgl. Bulletin, Presse- und Informationsamt der Bundesregierung, Nr. 54, 2. Juni 1989, S. 484 ff.

nosse Eduard Schewardnadse informierte über den Inhalt des bereits abgestimmten Dokuments wie folgt:

„Die UdSSR und die BRD stimmen darin überein, daß die Lösung lebenswichtiger Probleme neues politisches Denken erfordert. Es müssen jeder beliebige Krieg verhindert und die Konflikte in den verschiedenen Regionen der Erde geregelt werden. Das Primat des Völkerrechts in der Innen- und Außenpolitik ist zu gewährleisten. Unterschiede in den politischen Ordnungen stellen kein Hindernis für die Durchführung einer gemeinsamen Politik dar.

Es wird die besondere Rolle des europäischen Kontinents bei der Errichtung einer friedlichen Zukunft unterstrichen. Die Überwindung der Trennung Europas wird zur erstrangigen Aufgabe erklärt. In diesem Zusammenhang wird die Entschlossenheit zur Schaffung einer europäischen Friedensordnung und eines gemeinsamen europäischen Hauses, in dem auch Platz für die USA und Kanada ist, zum Ausdruck gebracht.

Elemente für die Schaffung eines Europas des Friedens und der Zusammenarbeit sind insbesondere: die Achtung der Integrität und Sicherheit jedes Staates; das Recht jedes Staates auf freie Wahl seines sozial-politischen Systems; die Einhaltung der Prinzipien und Normen des Völkerrechts, insbesondere die Achtung des Rechts auf Selbstbestimmung der Völker; die Verwirklichung der Menschenrechte, der Austausch zwischen den Menschen; die Entwicklung der direkten Kontakte der Jugend; die ökonomische, ökologische und kulturelle Zusammenarbeit u.a.

Die Seiten verurteilten das Streben nach militärischer Überlegenheit und treten ein für: die 50 %ige Reduzierung der strategischen nuklearen Offensivwaffen der USA und der UdSSR; abgestimmte sowjetisch-amerikanische Lösungen in den Verhandlungen zu den nuklearen und Weltraumwaffen, Einhaltung des ABM-Vertrages;[100] ein globales, allumfassendes und effektiv kontrollierbares Verbot der chemischen Waffen in kürzester Frist; eine Vereinbarung über die Einstellung der Kernwaffentests im Rahmen der Genfer Abrüstungskonferenz.

Die UdSSR und die BRD sind sich bewußt, daß der positiven Entwicklung ihrer gegenseitigen Beziehungen zentrale Bedeutung für die Lage in Europa und die Ost-West-Beziehungen zukommt. Es wird die Bereitschaft unterstrichen, die Möglichkeiten des Moskauer Vertrages zwischen der UdSSR und der BRD vom 12. August 1970 voll zu nutzen.

Es wird der Entschlossenheit Ausdruck verliehen, eine partnerschaftliche Zusammenarbeit auf allen Gebieten auf der Basis des Vertrauens, der Gleichberechtigung und des gegenseitigen Vorteils anzustreben.

Es wird darauf verwiesen, daß Berlin (West) an der Entwicklung der Zusammenarbeit bei strikter Einhaltung und voller Anwendung der Bestimmungen

---

100 ABM (engl.): Anti Ballistic Missiles. Der ABM-Vertrag („Vertrag zwischen der UdSSR und den USA über eine Begrenzung der Raketenabwehrsysteme") wurde am 26. Mai 1972 von Leonid I. Breshnew und Richard Nixon in Moskau unterzeichnet.

des Vierseitigen Abkommens vom 3. September 1971 teilnimmt. Diese Politik berücksichtigt die Vertrags- und Bündnisverpflichtungen der Seiten, sie ist gegen niemanden gerichtet."[101]

Die Erarbeitung dieses Dokuments gehe auf eine Initiative Genschers zurück. Die Abstimmung ist im wesentlichen auch mit Genscher erfolgt. Kohl habe versucht, Genscher von der Abstimmungsarbeit zu verdrängen und Teltschik ins Spiel zu bringen, aber Genscher habe sich durchgesetzt.

Des weiteren sei der Abschluß einer Reihe weiterer Abkommen und Vereinbarungen vorgesehen. Bereits paraphiert habe man vertragliche Dokumente über Investitionsschutz und -förderung, über die Zusammenarbeit bei der Aus- und Weiterbildung von Fachkräften und leitenden Kadern auf dem Gebiet der Wirtschaft, über die Errichtung und Tätigkeit von Kultur- und Informationszentren, über die Erweiterung der Zusammenarbeit auf dem Gebiet von Wissenschaft und Hochschulbildung, über den Jugendaustausch, über den Austausch von Schülern und Lehrern sowie über die Errichtung von Wirtschaftszentren. Vorbereitet sei darüber hinaus ein Briefwechsel zur Rückführung von Hanse-Archiven. Es bestehe die Aussicht, Vereinbarungen über den Kampf gegen den Drogenmißbrauch, über die operative Information bei nuklearen Havarien sowie über die Zusammenarbeit in der Weltraumforschung und über die wirtschaftlichen, technischen und finanziellen Bedingungen des ersten Weltraumfluges eines BRD-Kosmonauten in einem sowjetischen Raumschiff abzuschließen. Noch offen seien die Abkommen über Seeschiffahrt und Binnenschiffahrt auf Grund der Flaggenfrage. Unverändert bestehe die BRD auf dem Führen von Flaggen der BRD auf Schiffen, die in Westberlin registriert sind. Die Sowjetunion lasse sich darauf nicht ein. Eine Beilegung dieses Konflikts ist denkbar.

Genosse Erich Honecker warf ein, daß die Westberliner Schiffe die Wasserwege der DDR passieren müßten.

Genosse Eduard Schewardnadse teilte mit, daß er den Auftrag des Genossen Michail Gorbatschow habe, mit Genossen Erich Honecker das Ersuchen der BRD zu beraten, in offiziellen Dokumenten der UdSSR nicht mehr den Begriff „Bundesrepublik Deutschlands" (in russisch Genitiv), sondern „Bundesrepublik Deutschland" zu verwenden.

Genosse Erich Honecker erklärte unter Hinweis auf die offizielle Bezeichnung der BRD in unserem Sprachgebrauch, daß er darin kein Problem sehen wird.

Genosse Eduard Schewardnadse sagte zu, daß Genosse Erich Honecker nach dem Besuch des Genossen Michail Gorbatschow in der BRD über Verlauf und Ergebnisse informiert werde.

---

101 Der Text der „Gemeinsamen Erklärung" wurde im ND am 14. Juni 1986 vollständig abgedruckt. Vgl. auch Ekkehard Kuhn: Gorbatschow und die deutsche Einheit. Aussagen der wichtigsten russischen und deutschen Beteiligten. Bonn 1993, S. 32 ff.

Der sowjetische Außenminister führte weiter aus, daß hinsichtlich der Bewertung der jüngsten Vorschläge Bushs volle Übereinstimmung besteht. Sie enthielten auch rationelle Elemente. Genosse Michail Gorbatschow werde in der BRD entsprechend reagieren. Eine Annäherung der Standpunkte sei bei Panzern, gepanzerten Gefechtsfahrzeugen und Artillerie zu verzeichnen. Wichtig seien das Einverständnis mit einer Reduzierung der Truppenstärke und der Einbeziehung der Luftstreitkräfte. Allerdings gäbe es in den Details viele Widersprüche. Als unrealistisch müsse der Vorschlag hinsichtlich des Abschlusses der Verhandlungen über die Reduzierung der konventionellen Rüstungen innerhalb von 6 Monaten angesehen werden, zumal die konkreten Vorschläge erst in vier Monaten vorgelegt werden sollen. Es wäre jedoch nicht zweckmäßig, diese Zeitvorstellungen von vornherein abzulehnen. Was die taktischen Nuklearwaffen anbelange, so hätten die Warschauer Vertragsstaaten eine richtige kollektive Position. Die Fortführung der gemeinsamen Friedenspolitik müsse den gesamten Komplex der strategischen Rüstungen, der konventionellen Waffen, der Kernwaffentests, der chemischen Waffen und der taktischen Nuklearwaffen erfassen. Genosse Eduard Schewardnadse würdigte die von Genossen Erich Honecker verkündeten Initiativen der DDR zur Schaffung eines kernwaffenfreien Korridors und einer chemiewaffenfreien Zone sowie einer Zone der Sicherheit und des Vertrauens in Mitteleuropa als bedeutsam für das Voranbringen der gemeinsamen Abrüstungspolitik.

Er brachte seine Genugtuung darüber zum Ausdruck, daß die DDR die Normalisierung der Beziehungen zwischen der UdSSR und der VR China aufrichtig begrüßt. Genosse Erich Honecker habe dazu einen unschätzbaren persönlichen Beitrag geleistet. Sein Besuch habe am Anfang des Prozesses der Normalisierung der Beziehungen zwischen der VR China und den anderen sozialistischen Ländern gestanden.[102] Das sei ein großes Verdienst. Vor dem Hintergrund der Entwicklung in der VR Polen und in der Ungarischen VR gewinne die Normalisierung der Beziehungen mit China noch an Gewicht. Überrascht seien die sowjetischen Genossen beim Besuch des Genossen Michail Gorbatschow in China von der guten Einstellung unter der Bevölkerung gegenüber dem sowjetischen Volk gewesen.[103] Man hatte den Eindruck gehabt, als habe es die 30jährige Entfremdung nicht gegeben. Genosse Eduard Schewardnadse verwies auf den prinzipiellen Gleichklang der Erklärungen des Kongresses der Volksdeputierten und der Volkskammer der DDR zu den jüngsten Ereignissen in China.[104] Das werde von den chinesischen Genossen sicher aufmerksam

---

102 Erich Honecker hielt sich vom 21. bis 26. Oktober 1986 zu einem Staatsbesuch in der Volksrepublik China auf.

103 Der Besuch von Michail Gorbatschow in China fand vom 15. bis 18. Mai 1989 statt.

104 Nach der Niederschlagung der Demokratie-Bewegung auf dem Platz des Himmlischen Friedens in Peking am 4. Juni 1989 verabschiedete die Volkskammer der DDR am 8. Juni eine Erklärung, in der Verständnis für die „Wiederherstellung von Ordnung und Sicherheit

registriert. Andererseits spüre China die Schadenfreude der USA über die Schwierigkeiten in sozialistischen Ländern und die Versuche der Druckausübung.

Was die Beziehungen der UdSSR zu den USA anbelange, so gäbe es bei den Genfer Verhandlungen über die strategischen Rüstungen keine spürbaren Fortschritte. Die USA hätten noch keine klaren Vorstellungen zu den Fragen der Weltraumrüstung und zum ABM-Regime. Bei Baker sei ein Treffen im September vereinbart, auf dem der gesamte Komplex der sowjetisch-amerikanischen Beziehungen behandelt werden soll.[105] Anfang nächsten Jahres sei ein Gipfeltreffen zwischen der UdSSR und den USA denkbar.[106] Bisher bestehe der Eindruck, daß die neue US-Administration am Prinzip der Kontinuität festhalten wird, was auch der Stimmung in der amerikanischen Gesellschaft entspräche.

Genosse Erich Honecker dankte dem sowjetischen Außenminister für die ausführlichen Darlegungen zur Innen- und Außenpolitik der UdSSR. Er bat, die Grüße des Genossen Michail Gorbatschow und der sowjetischen Führung herzlich zu erwidern.

Die Bürger der DDR verfolgten die Entwicklung in der Sowjetunion sehr aufmerksam. Es überwiege der Eindruck, daß in der Entwicklung des Sozialismus in der UdSSR eine neue Etappe begonnen hat. In der Anfangsphase des Kongresses der Volksdeputierten habe es eine Reihe antisozialistischer Auftritte gegeben, im weiteren Verlauf konnte man jedoch in zunehmendem Maße die Überzeugung gewinnen, daß seine Ergebnisse den Sozialismus stärken werden. Unsere Bürger seien von der Fülle der genannten Probleme in der Sowjetunion überrascht. Das betreffe z. B. auch die Veröffentlichung darüber, wie viele sowjetische Menschen ein niedriges Lebensniveau haben. Ermutigend sei die wachsende Zurückweisung von antisozialistischen Ausfällen auf dem Kongreß, wie z. B. die Forderung, W. I. Lenin aus dem Mausoleum zu nehmen oder sich vom Marxismus-Leninismus loszusagen. Genosse Michail Gorbatschow ge-

---

unter Einsatz bewaffneter Kräfte" zum Ausdruck gebracht wurde. Der Kongreß der Volksdeputierten der UdSSR äußerte sich dagegen nicht direkt zu den Ereignissen in Peking. Der Beschluß des Volksdeputiertenkongresses vom 9. Juni 1989 „Über die Hauptrichtungen der Innen- und Außenpolitik" enthielt lediglich die Zustimmung zur „Normalisierung der sowjetisch-chinesischen Beziehungen als Ereignis von weltweiter Bedeutung". Vgl. Freundschaft, Alma-Ata, 29. Juni 1989.

105 Die Außenminister der USA und der UdSSR, James Baker und Eduard Schewardnadse, trafen am 22./23. September 1989 in Jackson Hale (Wyoming) zusammen.

106 Tatsächlich kam es unter dem Eindruck der Umbruchprozesse in Osteuropa bereits am 2./3. Dezember 1989 auf Malta zum Gipfeltreffen zwischen George Bush und Michail Gorbatschow. Vgl. Michael R. Beschloss/Strobe Talbott: Auf höchster Ebene. Das Ende des Kalten Krieges und die Geheimdiplomatie der Supermächte. Düsseldorf/Wien/New York/Moskau 1993, S. 166 ff.

bühre Anerkennung, wie er mit der schwierigen Aufgabe der Leitung des Kongresses fertig wird.

In der DDR sind der Wortlaut der Rede des Genossen Michail Gorbatschow und ein Teil der Diskussionsbeiträge veröffentlicht worden.[107] Dadurch konnten sich die Bürger der DDR mit dem Verlauf des Kongresses vertraut machen. Dank dem sei ihr Verständnis für die Probleme der Umgestaltung gewachsen. Wir seien überzeugt, daß die Umgestaltung in der UdSSR zur Stärkung des Sozialismus führen und größte Auswirkungen auf die ganze Welt haben werde.

Die westlichen Länder führten gegenwärtig eine starke Kampagne gegen den Sozialismus. Sie erklärten den Sozialismus für bankrott und behaupteten, daß sich Marx geirrt habe. Die Entwicklung in der DDR beweise das Gegenteil. Das zeige sich in der beeindruckenden Breite der Volkswahlen und ganz besonders auch im großartigen Treffen der Jugend zu Pfingsten in Berlin.[108] An diesem Treffen hätten 750.000 Jugendliche teilgenommen, und es habe eine ausgezeichnete Stimmung geherrscht. Selbst der westlichen Propaganda habe es die Sprache verschlagen. Genosse Erich Honecker bemerkte dazu, daß er und die anderen Genossen der Partei- und Staatsführung zahlreiche Foren und Aussprachen hatten und sich unter den Jugendlichen sehr wohlgefühlt haben.

In der DDR werde am Kurs der Kontinuität und Erneuerung festgehalten. Das öffentliche Leben aktiviere sich weiter, die Aufgaben der wissenschaftlich-technischen Revolution würden gemeistert, und in allen ökonomischen und sozialen Bereichen gäbe es eine stabile Aufwärtsentwicklung.

Die Beschlüsse des XI. Parteitages würden erfolgreich verwirklicht. Die DDR bereite sich auf den 40. Jahrestag ihrer Gründung und zugleich auf den XII. Parteitag der SED vor. Auf der nächsten Plenartagung Ende Juni werde sich das Zentralkomitee mit den Fragen befassen, die auf dem XII. Parteitag auf der Tagesordnung stehen.[109] Es arbeiteten bereits viele Kommissionen für die einzelnen Bereiche des gesellschaftlichen Lebens.[110] Es gehe um die Erarbeitung der Konzeption des Sozialismus von morgen.

Dabei, so fuhr Genosse Erich Honecker fort, nehme die UdSSR einen wichtigen Platz ein. Die Vereinbarungen mit Genossen Michail Gorbatschow vom September 1988 hätten große Wirkungen. An ihrer Umsetzung werde zielstre-

---

107 Die Rede Gorbatschows wurde am 31. Mai 1989 im Wortlaut im ND wiedergegeben.

108 Vgl. Anm. 81.

109 Die 8. Tagung des ZK der SED fand am 22./23. Juni 1989 in Berlin statt. Bereits auf der 7. ZK-Tagung am 1./2. Dezember 1988 war der XII. Parteitag der SED für den 15. bis 19. Mai 1990 nach Berlin einberufen worden.

110 Die Themenkomplexe der sieben einberufenen Kommissionen lauteten: Zur weiteren Gestaltung der entwickelten sozialistischen Gesellschaft; Fragen der Wirtschafts- und Sozialpolitik; Fragen der Sozialstruktur und der Lebensweise; Fragen der politischen Organisation; Fragen der Bildung und Kultur; Fragen der führenden Rolle der Partei; Fragen der Geschichte, des Geschichtsbewußtseins und des historischen Erbes.

big weiter gearbeitet. Davon zeugten der Besuch des Genossen Sljunkow in der DDR und die Gespräche der verantwortlichen Genossen der DDR in Moskau.[111] So erreiche die wirtschaftliche und wissenschaftlich-technische Zusammenarbeit ein ständig höheres Niveau, und es kämen neue Formen des Zusammenwirkens zur Anwendung.

Genosse Erich Honecker verwies auf die bedeutenden Leistungen der DDR in Wissenschaft und Technik, insbesondere auf dem Gebiet der Mikroelektronik. Zugleich machte er auf die große Abhängigkeit Westeuropas von Japan in diesem Bereich und auf die steigenden Preise für mikroelektronische Bauelemente auf dem Weltmarkt aufmerksam. In der DDR sei der 1-Megabit-Chip in Serienproduktion gegangen, die Erarbeitung des 4-Megabit-Chips stehe vor dem Abschluß, der 4-Megabit-Hybrid-Chip werde in den Keramischen Werken Hermsdorf bereits hergestellt und Computer im Bereich von 8 bis 32 bit würden am Fließband produziert. Damit verfüge die DDR über eine solide mikroelektronische Basis, für die insgesamt 14 Mrd. Mark aufgewandt wurden. Die DDR lege großen Wert auf eine enge Zusammenarbeit mit der UdSSR auf diesem und anderen Gebieten der Schlüsseltechnologien, für die gute Voraussetzungen beständen.

Genosse Erich Honecker teilte die von Genossen Eduard Schewardnadse geäußerte Meinung, daß bei weiterer Dezentralisierung der wirtschaftlichen Zusammenarbeit die gegenwärtig übernommenen Verpflichtungen exakt eingehalten werden müßten. Das beziehe sich auch auf die Zusammenarbeit bei der Errichtung und Rekonstruktion von Kernkraftwerken, bei der es vor allem um die Vervollkommnung der Sicherheitssysteme geht.

Genosse Erich Honecker schätzte die Zusammenarbeit mit der UdSSR im Rahmen der Paritätischen Regierungskommission für wirtschaftliche und wissenschaftlich-technische Zusammenarbeit, auf dem Gebiet der Gesellschaftswissenschaften und im Bereich der Kultur hoch ein.

Genosse Erich Honecker legte dar, daß die DDR beim weiteren Voranschreiten den sozialen Fragen unverändert größte Aufmerksamkeit schenkt. Der Kurs der Einheit von Wirtschafts- und Sozialpolitik werde beibehalten. Über viele Jahre liege der Zuwachs des Nationaleinkommens bei 4 %, der Nettoproduktion und der Arbeitsproduktivität bei 6 bis 8 %. Das Wirtschaftswachstum werde von der Steigerung der Arbeitsproduktivität getragen, was einer ständigen Erneuerung der Produktionsbasis gleichkomme. Was die Entwicklung der Einkommen anbelange, so waren 4 % Zuwachs geplant, erreicht wurden jedoch 3 %. Im Einzelhandel sei der Umsatz bei industriellen Konsumgütern um 6 % und bei Nahrungsgütern um 1,5 % gestiegen. Früher sei die Tendenz umgekehrt gewesen. Nunmehr bestehe ein ausgeglichener Markt.

---

111 Der Wirtschaftssekretär des ZK der KPdSU, Nikolai Sljunkow, traf am 26. Januar 1989 in Berlin mit Erich Honecker zusammen. Er und Günter Mittag unterzeichneten außerdem ein Protokoll über wirtschaftliche Zusammenarbeit zwischen der UdSSR und der DDR.

In seinem kürzlich gegebenen Interview für die Zeitungen "Washington Post" und "Newsweek" habe er auf entsprechende Fragen erklärt, daß sich die DDR stets an die Marx'sche Feststellung in der "Kritik des Gothaer Programms" gehalten habe, daß die Leute nach der Leistung bezahlt werden müssen und erst im Kommunismus nach den Bedürfnissen, was jedoch noch in weiter Ferne liege.[112]

Genosse Erich Honecker dankte Genossen Eduard Schewardnadse für die Informationen über die bevorstehende Visite des Genossen Michail Gorbatschow in der BRD und brachte die volle Unterstützung für den Besuch zum Ausdruck. Er wünsche für den Besuch viel Erfolg. Die Visite werde große internationale Wirkung haben. Er gehe davon aus, daß im Ergebnis der Sozialismus gestärkt und die Chancen zur Durchsetzung der gemeinsamen Friedenspolitik verbessert werden. Mit den im gemeinsamen Dokument mit der BRD fixierten Grundsätzen stimme man überein. Es wäre gut, bei den Prinzipien der Zusammenarbeit noch den Begriff „Souveränität" zu verankern.

Auf dem Weg von Markkleeberg nach Berlin habe er das Interview des Genossen Eduard Schewardnadse für die „Moskowskije nowosti" gelesen. Darin sei alles deutlich gesagt. Wir hätten eine analoge Einschätzung zur BRD. Wie der Ausgang der Auseinandersetzungen in der Frage der taktischen Nuklearwaffen zeige, überschätze sich die BRD manchmal jedoch. Klar sei, daß mit den Vorschlägen der NATO zur Abrüstung im konventionellen Bereich das Problem der taktischen Nuklearwaffen verdrängt werden soll. Sehr offensichtlich seien die Vorstellungen der westlichen Seite, wie die Teilung Europas überwunden werden soll. Aufschluß gäbe dazu u. a. die Anmaßung Bushs vor seiner Europareise hinsichtlich der Bereitschaft, die UdSSR bei weiteren Veränderungen im Lande in die Weltgemeinschaft aufzunehmen. In der Brüsseler Erklärung der NATO werde besonders deutlich, daß mit Überwindung der Spaltung der Übernahme westlicher Wertvorstellungen durch die sozialistischen Länder, also letztlich das Ende des Sozialismus, gemeint ist.[113] Zu diesen Fragen spreche die DDR eine sehr offene Sprache. Dies werde so ausgelegt, als sei sie gegen Umgestaltung und Erneuerung.

Die DDR übersehe nicht, daß die BRD unverändert die Existenz des "Deutschen Reiches" in den Grenzen von 1937 propagiert, was auch die UdSSR, die VR Polen und die CSSR betrifft, und ständig versucht, der DDR die VR Polen und die Ungarische VR vorzuhalten. Die herrschenden Kreise in der BRD störe, daß das Leben in der DDR normal verlaufe, daß es große Manifestationen gäbe, die das Vertrauensverhältnis zwischen Partei und Volk belegen. Vor kurzem habe in Berlin ein Pressefest unter Mitwirkung auch der "Prawda" und

---

112 Das genannte Interview wurde am 13. Juni 1989 im ND abgedruckt.

113 Die Erklärung der Staats- und Regierungschefs zum Abschluß der NATO-Gipfelkonferenz in Brüssel wurde am 30. Mai 1989 verabschiedet. Vgl. Blätter für deutsche und internationale Politik, Köln, 1989, Heft 7, S. 892 ff.

der "Renmin Ribao" stattgefunden, an dem 400.000 Bürger teilnahmen.[114] Das wäre ein neuerliches Bekenntnis zu unserer Politik und Entwicklung gewesen. Die DDR lasse sich davon leiten, daß die Gestaltung der entwickelten sozialistischen Gesellschaft ein historischer Prozeß tiefgreifender Wandlungen auf politischem, ökonomischem und geistig-kulturellem Gebiet ist. Dieser Erkenntnis entspreche die Linie der Kontinuität und Erneuerung.

Am Dienstag werde der IX. Pädagogische Kongreß eröffnet, an dem 4.000 Pädagogen teilnehmen werden.[115] Es sei beabsichtigt, Prozesse im Bildungswesen zu erörtern, die in das Jahr 2000 hineinreichen. Beraten würden alle Fragen, die mit neuen Lehrplänen, Lehrbüchern und der gesamten Lehrtätigkeit zusammenhängen. Dies sei für das Heranwachsen der neuen Generation von größter Bedeutung.

Genosse Erich Honecker kam nochmals auf die Entwicklung in der BRD zurück und stellte fest, daß im Ergebnis des Auftretens Reagans und Bushs die rechten Kräfte Auftrieb erhalten haben. Alle drei Parteien der Regierungskoalition würden von der Einverleibung der DDR sprechen. Die Prozesse in der BRD verliefen sehr widersprüchlich. Die BRD habe geglaubt, durch Abstriche an den sozialen Ausgaben mehr Mittel für die Rüstung freizubekommen. Dies habe aber zu wachsender Unzufriedenheit geführt, was den Nährboden für die Stärkung linker Kräfte und der Neonazis schuf. Niemand habe erwartet, daß die Neonazis in die Parlamente einziehen. Die Versuche, die neonazistischen Parteien zu verbieten, seien mißlungen. Es sei ein Skandal, daß der Chef der Republikaner als ehemaliger Angehöriger der Leibstandarte "Adolf Hitler" so auftreten kann.[116]

In den letzten Wahlen habe die CDU Stimmen verloren. Die SPD und die Grünen hätten hinzugewonnen, aber die stärksten Gewinne hätten die Republikaner zu verzeichnen. Bei der jüngsten Begegnung mit Vogel habe dieser erklärt, daß die SPD Wahlen zum jetzigen Zeitpunkt gewänne, oder zumindest daraus als stärkste Partei hervorginge.[117] Genscher befürchte, daß die SPD die notwendigen 5 % für den Bundestag bei den nächsten Wahlen nicht schafft.

---

114 Es handelte sich um das Pressefest des Organs des ZK der SED „Neues Deutschland", welches am 3./4. Juni 1989 in Berlin-Friedrichshain durchgeführt wurde. Am gleichen Wochenende, an dem in Peking die Demokratie-Bewegung blutig niedergeschlagen wurde, waren in Berlin Vertreter des Zentralorgans der KP Chinas, „Remnin Ribao", zum Pressefest eingeladen worden. Ihre Anwesenheit wurde propagandistisch verwertet.

115 Der IX. Pädagogische Kongreß der DDR fand vom 13. bis 15. Juni 1989 in Berlin statt. Vgl. auch Anm. 130.

116 Gemeint ist die Person des Franz Schönhuber.

117 Mit Hans-Jochen Vogel traf Erich Honecker am 25. Mai 1989 in Hubertusstock zusammen. Das von der SED angefertigte Gesprächsprotokoll vgl. in: SAPMO - BArch, SED, ZK, IV 2/1/695.

Genosse Eduard Schewardnadse warf ein, Genscher habe gebeten, daß Genosse Michail Gorbatschow bei seinem Besuch in der BRD Lambsdorff empfängt. Begegnungen mit Parteivorsitzenden seien jedoch nicht vorgesehen.

Genosse Erich Honecker fuhr fort, daß in Westberlin plötzlich eine rot-grüne Koalition regiere. Das sei für die herrschenden Kreise überraschend gekommen. Am 19. Juni plane er eine Begegnung mit Momper. Dabei soll über das von der DDR übergebene Papier zu den Beziehungen mit Westberlin gesprochen werden.[118]

Ungeachtet aller Irritationen sei ein großes Interesse der Ministerpräsidenten der CDU-regierten Länder zu Gesprächen mit der DDR zu verspüren. So waren in letzter Zeit Albrecht und Späth zu Gesprächen in der DDR.[119] Hauptmotor sei wohl die Befürchtung, die nächste Wahl zu verlieren. Albrecht und Späth hätten sich auch für den Abbau der taktischen Nuklearwaffen ausgesprochen.

70 % der Jugendlichen in der BRD träten für normale Beziehungen mit der DDR ein. Auch Genosse Egon Krenz, der nach seinen Begegnungen mit Lafontaine heute aus Saarbrücken zurückgekehrt ist, habe festgestellt, daß die Menschen dort eine gute Einstellung zur DDR haben und die Friedensinitiativen der sozialistischen Länder unterstützen.[120] Wichtig für uns sei, daß der Druck der Öffentlichkeit in der BRD in dieser Richtung zunimmt.

Genosse Erich Honecker bekräftigte die Einschätzung der DDR, daß die Normalisierung der Beziehungen zwischen der UdSSR und der VR China ein historisches Ereignis von großer Tragweite ist. Er informierte Genossen Eduard Schewardnadse über neueste Entwicklungen in China, die auf eine Entspannung und Konsolidierung der Lage hinausliefen.

Genosse Eduard Schewardnadse informierte, daß Genosse Jakowlew am Sonnabend Genossen Czyrek auf Bitte des Genossen Jaruzelski empfangen wird, um eine Information über die innere Entwicklung in Polen entgegenzunehmen. Im Moment sei es noch schwer einzuschätzen, wie die Entwicklung in Polen weitergehe. Die jüngsten Ereignisse hätten schwerwiegende Folgen.[121]

---

118 Das Treffen von Erich Honecker mit Walter Momper fand auch am 19. Juni 1989 statt. Bei dem erwähnten „Papier" handelte es sich um eine kommunalpolitische Angebotsliste an den rot-grünen Senat in Westberlin. Die Gesprächsaufzeichnung vgl. in: Ebenda.

119 Die Begegnungen von Honecker mit Ernst Albrecht und Lothar Späth fanden am 27. April bzw. 23. Februar 1989 statt. Vgl. Ebenda, IV 2/1/694 und IV 2/1/695.

120 Egon Krenz nahm als Leiter einer Delegation des ZK der SED am 7./8. Juni 1989 an den „Saarbrücker Gesprächen" teil. Dabei traf er mit Oskar Lafontaine zu einem Gespräch zusammen. Seinen Bericht für das SED-Politbüro vgl. in: Ebenda, J IV 2/2A/3225.

121 Bei den Wahlen zum Sejm in Polen am 4. und 18. Juni 1989 hatten die Kandidaten der oppositionellen „Solidarnosc" einen überwältigenden Sieg errungen. Im Senat erhielten sie 99 von 100 Mandaten, im Abgeordnetenhaus alle 161 freien Mandate (hier waren 65 Prozent der Sitze der alten Regierungskoalition vorbehalten).

Notwendig sei eine tiefgründige Analyse. Zu beachten sei, daß "Solidarnosc" eine reale Kraft darstellt. Die PVAP mußte eine echte Niederlage hinnehmen und befinde sich in einer sehr schweren Lage. Auch in Ungarn vollziehe sich eine beunruhigende Entwicklung.

Genosse Erich Honecker unterstrich, daß er die getroffene Einschätzung zu Polen voll teilt. Beim Treffen mit Genossen Jaruzelski habe dieser noch eine optimistische Einschätzung der zu erwartenden Wahlergebnisse gegeben, obwohl sich die Niederlage bereits abzeichnete.[122]

Bekanntlich liege Polen zwischen der DDR und der UdSSR. Polen dürfe für den Sozialismus nicht verloren gehen.

In Ungarn seien die Prozesse wohl schon nicht mehr aufzuhalten. Viele ungarische Genossen befürchten, daß im Zusammenhang mit der geplanten Veranstaltung zur Beerdigung des Ministerpräsidenten von 1956, Nagy, die Konterrevolution wiedererstehe.[123] Das, was Pozsgay proklamiert, habe mit Sozialismus nichts mehr zu tun.[124] Die Frage sei, ob es gelingt, die Spaltung der ungarischen Arbeiterklasse zu verhindern. Wenn nicht, werde Ungarn weiter ins bürgerliche Lager abgleiten. Genosse Erich Honecker bemerkte, daß er sich der Ereignisse von 1956 und der Rolle Imre Nagy's sehr gut erinnere.

Genosse Erich Honecker teilte Genossen Eduard Schewardnadse abschließend mit, daß er über Genossen Kotschemassow die Bitte übermittelt habe, daß Genosse Michail Gorbatschow die Delegation der UdSSR zum 40. Jahrestag der DDR leitet. Die Partei- und Staatsführung, das Volk der DDR würden sich sehr freuen, Genossen Michail Gorbatschow zu diesem Anlaß in der DDR begrüßen zu können. Genosse Erich Honecker bat nochmals, herzliche Grüße an Genossen Michail Gorbatschow auszurichten.

Genosse Eduard Schewardnadse dankte für die tiefgründigen Ausführungen und Einschätzungen des Genossen Erich Honecker. Beim Besuch in der BRD werde man das Gesagte berücksichtigen. Die Grüße und die Bitte an Genossen Michail Gorbatschow werde er übermitteln. Die sowjetischen Genossen sähen dem bevorstehenden Besuch des Genossen Erich Honeckers in Moskau und Magnitogorsk mit großen Erwartungen entgegen.

Quelle: SAPMO - BArch, SED, ZK, J IV 2/2A/3225.

---

122 Das Gespräch Erich Honeckers mit Wojciech Jaruzelski fand am 22. Mai 1989 in Berlin statt.

123 Am 18. Juni 1989 wurde der 1958 hingerichtete ehemalige ungarische Ministerpräsident Imre Nagy zusammen mit vier weiteren, ebenfalls hingerichteten Mitarbeitern in Budapest feierlich beigesetzt. An den Feierlichkeiten nahmen ca. 250.000 Menschen teil.

124 Der im März 1988 zum USAP-Politbüromitglied gewählte Imre Pozsgay hatte z. B. in der ZDF-Sendung „Was nun, Herr Pozsgay?" am 3. Juni 1989 den Prager Frühling von 1968 als einen Reformversuch bezeichnet, dessen Ende man hätte abwarten müssen.

Dokument 13

BRD-Bericht über die „innere Lage der DDR nach dem 8. ZK-Plenum", Juli 1989[125]

Zusammenfassung

Die DDR-Führung steht weiterhin unter Druck von drei Seiten, nämlich dem Reformdruck aus den sozialistischen Bruderländern, der drängenden Erwartungshaltung der eigenen Bevölkerung, aber auch weiter Schichten in der Partei und schließlich den Menschenrechts- und Veränderungsforderungen aus dem Westen.

Die DDR-Führung vertraut auf eine offensive Rundumverteidigung, indem den sozialistischen Brüdern vorgehalten wird, Erfolge ihrer Reformbemühungen seien bisher ausgeblieben, während die [sich] konsequent haltende DDR ihrer Bevölkerung den höchsten Lebensstandard garantiere. Gegenüber der eigenen Bevölkerung beruft man sich die sozialen Vorteile fehlender Arbeitslosigkeit, ausreichenden Wohnraums und garantierter Ausbildungsmöglichkeiten. Westliche Forderungen werden als Einmischung in innere Angelegenheiten mit der Aufforderung zurückgewiesen, sich um die eigenen sozialen Mißstände zu kümmern.

Die Devise, daß Angriff die beste Verteidigung ist, beherrscht die öffentlichen Verlautbarungen der DDR-Führung. Honeckers Politik seit 1971 (8. Parteitag) wird im Blick auf den 12. Parteitag im Mai 1990 als eine ungebrochene Erfolgsserie ausgegeben. Alles was andere sozialistische Länder an Reformen jetzt erst beginnen, ist nach dieser Lesart ständige Praxis der DDR-Politik gewesen, die sich von der Dialektik von Kontinuität und Fortschritt leiten lasse. Wegen dieser Erfolge besteht nach offizieller Lesart auch keine Veranlassung zur Kursänderung. Die Erfolgsbilanz wurde bereits mit Honeckers Rede vor dem 7. ZK-Plenum im Dezember 1988 gezogen, dem das 8. Plenum im Juni 1989 nichts Neues hinzufügte. Die offiziellen Erwartungen gehen dahin, daß der „erfolgreiche" Kurs durch den 12. Parteitag 1990 bestätigt und in sachlicher und personeller Kontinuität fortgeführt werden wird.

Dieses Erfolgsbild entspricht nicht der tatsächlichen und psychologischen Lage im Lande. Sie ist weiter gekennzeichnet durch Versorgungsschwierigkeiten bei den Dienstleistungen des täglichen Lebens, bei der Obst- und Gemüseversorgung, durch übermäßig lange Wartezeiten auf langlebige Gebrauchsgüter wie Wohnung, Auto, Telefon. Eine durchgreifende Verbesserung ist angesichts der über Jahrzehnte ausgefallenen oder nur unzureichenden Infrastrukturinvestitionen zur Erneuerung der Fabriken, Verkehrs- und Kommunikationswege,

---

125 Dieses Material sandte Generaloberst Fritz Streletz, NVA-Hauptstabschef, am 31. Juli 1989 mit dem Vermerk „Nur zur persönlichen Information!" an den Minister für Staatssicherheit, Erich Mielke. Offenbar handelte es sich um eine Einschätzung, die über bestimmte militärische bzw. geheimdienstliche Kanäle aus der Bundesrepublik in die DDR gelangt war. Der eigentliche Verfasser war nicht zu ermitteln.

der Stadtsanierung nicht zu erwarten. Die Führung nimmt in ihren offiziellen Verlautbarungen von diesen Mängeln nicht grundsätzlich Kenntnis, sondern gesteht allenfalls temporäre Rückstände zu. Die allenthalben fühlbaren Versorgungsmängel, das weitverbreitete Gefühl, gegängelt und bevormundet zu werden, die Allgegenwart des staatlichen Überwachungs- und Repressionsapparates und das Ausbleiben jeglicher Reformansätze bei der Gewährung demokratischer Rechte in Staat und Gesellschaft wie auch bei der Reform der Kommandowirtschaft haben eine weitverbreitete deprimierte Grundstimmung im Lande erzeugt.

Das Gefühl der Ausweglosigkeit und Frustration erfaßt nicht nur breite Schichten der Bevölkerung, sondern auch die aktiven Teile der Parteimitglieder, die sich durch die Stagnation an der Führungsspitze gehindert sehen, neue Ansätze zu versuchen. Im Parteikreisen herrscht die Erwartung, daß auch über den 12. Parteitag hinaus sich zunächst nichts ändern wird.

1. Die Reformbewegungen in Osteuropa, insbesondere in Ungarn, Polen und in der Sowjetunion haben die DDR-Führung unter erheblichen Druck gebracht. Selbst wenn dort wirtschaftliche Erfolge immer noch ausgeblieben sind, worauf die DDR-Führung mit Selbstgerechtigkeit zur Abschreckung der eigenen Bevölkerung immer wieder verweist, bleiben die Geschehnisse dort für die Menschen in der DDR noch von großer Attraktion. Über die Einzelheiten sind sie durch das westliche Fernsehen bestens unterrichtet. Die DDR-Führung weiß, daß sie ein Mindestmaß an guten Beziehungen in erster Linie zur Sowjetunion, aber auch zu Polen aufrechterhalten muß. Für letzteres zeugt das Abkommen über die Oder-Bucht, wo ein erhebliches Irritationselement in den bilateralen Beziehungen ausgeräumt wurde.[126] Mangels einer unmittelbaren Grenze und weil Ungarn nicht in gleicher Weise wie Polen historisch begründet Mitspracherechte bei der Gestaltung der DDR-Politik vor allem gegenüber der Bundesrepublik Deutschland geltend machen kann, zeigt die DDR wenig Rücksicht in der Kritik an den Zuständen in Ungarn. Die Sorge, daß dort die führende Rolle der kommunistischen Partei ernstlich in Frage gestellt ist, schreckt die SED sichtbar. Aus gleichen Überlegungen unterstützte sie vorbehaltlos den Unterdrückungskurs der chinesischen Regierung und Parteiführung.

Die SED versucht durch die Formel der Gestaltung des Sozialismus in den jeweiligen Nationalfarben, zum einen die notwendige sozialistische Solidarität aufrechtzuerhalten und zum anderen ihre eigene doktrinäre Linie gegen die Übernahme aufgeweichter Sozialismusmodelle aus den Bruderländern abzu-

---

126 Anläßlich des Treffens Erich Honeckers mit Wojciech Jaruzelski am 22. Mai 1989 (vgl. Anm.46II) unterzeichneten die Außenminister der DDR und Polens, Oskar Fischer und Tadeusz Olechowski, einen Vertrag zwischen beiden Staaten über die Abgrenzung der Seegebiete in der Oderbucht. Der Vertragstext wurde am 23. Mai 1989 im ND veröffentlicht. Bereits am 13. Juni 1989 wurden in Warschau die Ratifikationsurkunden ausgetauscht. Mit dem Abkommen wurde ein mehrjähriger Streit über die Grenzziehung beigelegt.

schotten.[127] Die umfangreiche Behandlung des Themas „Wer ist schuld an der deutschen Teilung?" im 40. Jahr des Bestehens der DDR zeigt, was auch ideologisch immer wieder betont wird, daß das einzig qualifizierende Merkmal für die Nation der DDR der Sozialismus ist. Fällt er weg oder wird er in Frage gestellt, so entfällt auch die Rechtfertigung für die Selbständigkeit der DDR. Diese Sorge treibt die DDR-Führung wie nichts anderes um. Hierauf gründet sich auch die Ablehnung der Diskussion der Fehler Stalins, weil eine solche Erörterung vor der Deutschlandpolitik Stalins nicht haltmachen kann.

Der Reformdruck aus dem Osten wirkt immer noch ausschließlich über die Erwartungen der eigenen Bevölkerung, nicht aber als Druck der sowjetischen Regierung auf die DDR. Dies gilt solange, wie die relative Stabilität der Sowjetunion militärische Ruhe in Mitteleuropa und den Zufluß der dringend benötigten Waren für die eigene Bevölkerung aus der DDR gewährleistet. Die dennoch verbleibenden Koordinationsschwierigkeiten, mehr im RGW als im Warschauer Pakt, werden von der DDR wie ihren sozialistischen Partnerländern hingenommen.

2. Indikator für die enttäuschten Hoffnungen auf Veränderungen in der DDR ist der anhaltend große Ausreisedruck in der DDR. Die Hochrechnung der gegenwärtigen Übersiedlerzahlen läßt für 1989 nach dem bisherigen Stand eine Zahl von 60.000 erwarten. Diejenigen, die fortgehen, sind entweder so entmutigt, daß sie nicht mehr an einen Wandel in der DDR glauben, oder solche, die voller Skepsis nach 40 Jahren sozialistischer Herrschaft meinen, die jetzt sich bietende Chance müsse auf jeden Fall ergriffen werden. Die DDR-Führung ihrerseits erhöht die Zahl der Übersiedler dadurch, daß sie in beträchtlichem Umfang erkannte Oppositionelle zwangsweise zur Übersiedlung nötigt. Urteilt man nach der Stimmung im Lande, so ist das Ausreisepotential mit möglichen 60.000 am Ende dieses Jahres keineswegs ausgeschöpft. Die erweiterten Besuchsreisemöglichkeiten haben hier keine wirkliche Entlastung geschaffen, weil die DDR-Behörden die anfänglich gezeigte Großzügigkeit später durch kleinliche, nicht vorhersehbare Einschränkungen zurückgenommen und damit ihre eigene Glaubwürdigkeit zerstört hat. Hier könnte nur allmählich Wandel geschaffen werden, wenn sich die DDR-Führung bald zu einer konsequent durchgehaltenen großzügigen Besuchsreisepraxis entschlösse. Hierzu wäre erforderlich, daß die Verwandtschaftsbeschränkungen entfielen und beispielsweise eine Besuchsreise auf Einladung gestattet wird. Für Menschen ohne Beziehungen zu Bundesbürgern müßten darüber hinaus touristische Reisemög-

---

127 In seiner Rede auf der 7. ZK-Tagung hatte Erich Honecker am 1. Dezember 1989 geäußert: „Stets lassen wir uns davon leiten, daß das Antlitz des Sozialismus, man kann es heute so sagen, in den Farben der DDR vor allem in dem Maße zunimmt, wie wissenschaftlich-technischer Fortschritt mit sozialem Fortschritt verbunden ist." Vgl. Mit dem Blick auf den XII. Parteitag die Aufgaben der Gegenwart lösen. Aus dem Bericht des Politbüros an die 7. Tagung des ZK der SED. Berichterstatter: Genosse Erich Honecker. Berlin 1988, S. 91. Die theoretische Zeitschrift des ZK der SED „Einheit" titelte das Juniheft 1989 dann mit der neuen Losung „Sozialismus in den Farben der DDR".

lichkeiten eröffnet werden. Schließlich müßten auch die Wiedereinreisebeschränkungen für ehemalige DDR-Bürger entfallen. Zu solch weitreichender Politik mag sich die DDR-Führung nicht entschließen, weil sie befürchtet, daß hierdurch das Element der für notwendig befundenen Abgrenzung gegenüber dem Westen aufgeweicht wird. Sie meint vielmehr, mit der gegen die Bundesrepublik gerichteten Verelendungspropaganda könne sie genügend Loyalität bei der eigenen Bevölkerung gewinnen. Dieser Propaganda wird aber nicht wirklich Glauben geschenkt, wenn auch eine gewisse Verunsicherung in der DDR-Bevölkerung über die Lage der Arbeitslosen in der Bundesrepublik nicht zu übersehen ist. Die DDR-Führung hat mit einer Folge von Festveranstaltungen im 40. Jahr des Bestehens der DDR sich den Anschein zu geben versucht, als werde der Staat von der überwältigenden Zustimmung seiner Bevölkerung getragen: Zeugnis hierfür sind:
- 98 Prozent Ja-Stimmen bei der Kommunalwahl am 7. Mai, wobei der ganz offensichtlich zutreffende Vorwurf der Wahlfälschung mit den üblichen Mitteln des Staatssicherheitsdienstes vom Tisch gewischt wird,[128]
- das Jubelfest von 750.000 FDJ-Angehörigen zu Pfingsten dieses Jahres, bei dem die jugendliche Freude an reichhaltigen und jugendgerechten Veranstaltungen in der Großstadt Berlin in Zustimmung zum DDR-Staat umgedeutet wird,[129]
- der 9. Pädagogische Kongreß der DDR, der die Sorge von Staat und Partei um das „kostbarste Gut der DDR", ihre Jugend, in einer Situation dokumentieren soll, in der der Lehrerberuf denkbar unattraktiv ist und die Jugend in beträchtlichen Teilen durch das System Ablehnung des Staates erzogen wird. Die dem ideologischen Standard der 50er Jahre entsprechende Grundsatzrede der Bildungsministerin, die beim 8. ZK-Plenum als richtungsweisend für die gesamte ideologische Arbeit ausgegeben wurde, hat die auf Wandel hoffenden Menschen zusätzlich verschreckt.[130]
3. In der SED hat es nach dem Besuch Honeckers in der Bundesrepublik, markiert durch Hagers Rede in Frankfurt an der Oder im Oktober 1987 und die nachfolgenden Ereignisse Zionskirche und Luxemburg-Liebknecht-Demonstration, einen immer deutlicheren erkennbaren Wandel zur Verhärtung und Stagnation gegeben.[131]

---

128 Vgl. Dokument 11 sowie Anm. [15/Kap. 2].

129 Vgl. Anm. 91.

130 Vgl. Anm. 115. Das erwähnte Rede vgl. in: Margot Honecker: Unser sozialistisches Bildungssystem - Wandlungen, Erfolge, neue Horizonte. IX. Pädagogischer Kongreß der DDR. 13. bis 15. Juni 1989. Berlin 1989.

131 Der Besuch Honeckers in der Bundesrepublik fand vom 7. bis 11. September 1987 statt, im Oktober 1987 referierte Kurt Hager auf einer SED-Parteiaktivtagung in Frankfurt/Oder zum Thema „Friedenssicherung und ideologischer Streit" (Wortlaut vgl. in: ND, 28. Oktober 1987), im November/Dezember 1987 kam es zu Auseinandersetzungen um die

Hager hat im Oktober 1987 die auf Wandel angelegten Aussagen des SED/SPD-Papieres kassiert, was zunächst von Otto Reinhold, aber auch Eppler noch bestritten wurde. Mittlerweile neigt Eppler der Auffassung zu, daß der SED/SPD-Dialog eigentlich nicht mehr lohne und die Diktion Reinholds befleißigt sich nur noch der Apologetik für die SED-Politik. Gesprächspartner im Parteiapparat, die früher noch die Überzeugung vertraten, Reformen in der DDR seien nur noch eine Frage der Zeit, sind heute skeptischer geworden und warten auf die Zeit nach Honecker. Dabei besteht Übereinstimmung, daß Honecker nicht geneigt ist, dieses Amt freiwillig abzugeben. Daß der Wind gegen jede Hoffnung auf Veränderung weht, hat das 8. Plenum mit der unüberhörbaren Kritik an dem bekanntesten Andersdenkenden in der oberen Parteiführung, dem 1. Sekretär der Bezirksleitung Dresden, Modrow, deutlich gemacht, dessen Arbeit in beispielloser Weise gerügt wurde.[132] Es würde nicht überraschen, wenn er als Folge davon bald sein Amt aufgeben müßte. Weniger deutlich, aber gleichwohl sichtbar ist ein anderer Parteiführer, der 1. Sekretär von Berlin, Schabowski, in den vergangenen Monaten deutlich weniger in Erscheinung getreten. Das Feld der vermutlichen Nachfolger beherrscht gegenwärtig unbestritten Krenz, der für die Sicherheitsorgane, den Sport, die Jugend und die kommunalen Dinge verantwortliche ZK-Sekretär. Durch das Bekanntwerden der Wahlfälschung hat sein Bild einige Schrammen bekommen, worüber er sich jedoch resolut hinwegsetzt. Seine durch nichts gemilderte Verteidigung der Massaker in Peking bei seinem Besuch in Saarbrücken zeigen seine Entschlossenheit, im Ernstfall alle staatlichen Mittel einzusetzen.[133]

4. Das Verhältnis des Staates zur evangelischen Kirche, das sich durch die Einstellung des Zensurkrieges Anfang 1989 vorübergehend leicht entspannt hat, ist durch die von kirchlichen Gruppen unterstützte Überprüfung der Wahlauszählung und den auch in Kirchen verbreiteten Vorwurf der Wahlfälschung erneut belastet worden. Dies wurde beim Besuch Honeckers bei der Einweihung des Greifswalder Domes sichtbar, als er darauf bestand, daß der mit dem Wahlfälschungsvorwurf assoziierte Bischof Forck von dem offiziellen Gespräch zwischen Staat und Kirche ausgeschlossen wurde.[134] Auch ist bekannt,

---

Berliner Zionskirchengemeinde und am 17. Januar 1988 ereigneten sich die Festnahmen am Rande der Liebknecht-Luxemburg-Demonstration (vgl. Dokumente 1 - 3).

132 Vgl. Dokument 9, insbesondere Anm. 79. Vgl. auch: Aus dem Bericht des Politbüros an die 8. Tagung des ZK der SED. Berichterstatter: Genosse Joachim Herrmann. Berlin 1988, S. 86 ff.

133 Vgl. Anm. 120. In Saarbrücken hatte Egon Krenz vor den Medien geäußert, „daß die friedlichen Demonstrationen der Studenten zu einem konterrevolutionären Umsturz in der Volksrepublik China ausgenutzt werden sollten". Vgl. ND, 9. Juni 1989.

134 Erich Honecker nahm am 11. Juni 1989 auf Einladung der Evangelischen Landeskirche Greifswald unter Bischof Dr. Horst Gienke an der Wiedereinweihung des Doms St. Nikolai in Greifswald teil.

daß Honecker ein Gespräch mit dem Vorsitzenden des evangelischen Kirchenbundes, Landesbischof Leich, wegen dessen Kritik an Zuständen in der DDR ablehnt.[135]

5. Der Stand der Beziehungen zur Bundesrepublik Deutschland bleibt ein wichtiger Indikator für die innere Lage in der DDR. Die Attraktivität der Bundesrepublik wird nicht nur aus der unbegrenzten Zahl der Besuchswünsche und der großen Zahl der Übersiedlungswünsche ersichtlich, sondern auch an der intensivierten Gegenpropaganda der DDR-Führung. Zur Verelendungskampagne ist durch die Wahlerfolge der Republikaner jetzt das zusätzliche, nur allzu begierig aufgegriffene Argument neonazistischer Erscheinung getreten. Zugleich bleibt die DDR-Führung wie das Kaninchen auf die Schlange fixiert, wenn die wirtschaftliche Leistungsfähigkeit der Wirtschaften der beiden deutschen Staaten miteinander verglichen wird. Die DDR weiß, daß sie auf die Zusammenarbeit mit der Bundesrepublik angewiesen bleibt, was Politbüromitglied Axen auf die Formel brachte, was die DDR in Europa erreichen könne, könne sie nur im Zusammenwirken mit der Bundesrepublik Deutschland tun.[136]

Das Dilemma, eine intensivierte Zusammenarbeit bei gleichzeitiger möglichst hoher Abgrenzungsschwelle zu erreichen, bleibt für die DDR-Führung angesichts der Unnatürlichkeit der deutschen Teilung ein unlösbares Problem. Die Vorwürfe der Einmischung seitens der Bundesrepublik oder ihrer Medien in die inneren Angelegenheiten der DDR sind dabei nur Schuldvorwürfe an die falsche Adresse. Das Nicht-zur-Kenntnisnehmen-wollen oder zumindest Nichtdiskutieren-wollen der internen Probleme der DDR ist der eigentliche Grund der Schwierigkeiten, nicht der Umstand, daß bundesdeutsche Medien oder Politiker sich zu diesen Fragen kritisch äußern.

Quelle: BStU, ZA, Sekretariat des Ministers (SdM) 89.

---

135 Am 19. Oktober 1989 traf der am Vortag neugewählte SED-Generalsekretär Egon Krenz schließlich mit dem Vorsitzenden der Konferenz der Evangelischen Kirchenleitungen in der DDR, Landesbischof Dr. Werner Leich, in Hubertusstock zusammen.

136 Diese, dem ZK-Sekretär Hermann Axen hier zugeschriebene Aussage konnte nicht mit einer Quelle belegt werden.

Kapitel 3

Der Massenexodus:
Botschaftsbesetzer und Ausreisewelle im Sommer 1989

Dokument 14

Schreiben von Bundeskanzler Helmut Kohl an SED-Generalsekretär Erich Honecker, 14. August 1989[137]

Sehr geehrter Herr Generalsekretär,
in den letzten Wochen hat sich eine ständig wachsende Zahl von Menschen aus der Deutschen Demokratischen Republik an die Ständige Vertretung sowie an einige Botschaften der Bundesrepublik Deutschland mit der Bitte gewandt, ihren Wunsch auf Ausreise aus der Deutschen Demokratischen Republik zu unterstützen. Obwohl die Mitarbeiter in den Vertretungen jedem einzelnen in intensiven und langwierigen Gesprächen klargemacht haben, daß die Entscheidung über eine Ausreisegenehmigung ausschließlich bei den zuständigen Stellen der Deutschen Demokratischen Republik liegt und daß gerade in diesem Jahr sehr viele Genehmigungen erteilt worden sind, ist es in vielen Fällen nicht gelungen, die Hilfesuchenden zum Verlassen der Missionsgebäude zu bewegen. Ohne Hoffnung hinsichtlich ihres Ausreiseanliegens, wie sie bisher in den von Rechtsanwalt Professor Dr. Vogel übermittelten Zusicherungen enthalten waren, haben sich diese Menschen nicht bereit gefunden, freiwillig zu gehen.[138]

Die Bundesregierung hat oft erklärt, es sei nicht ihr Ziel, daß möglichst viele Menschen aus der Deutschen Demokratischen Republik in die Bundesrepublik Deutschland übersiedeln. Wir werden jedoch auch niemanden, der sich an uns mit der Bitte um Hilfe wendet, zurückweisen und gewaltsam zum Verlassen unserer Vertretungen nötigen. Unser Wunsch ist freilich, daß die Menschen in ihrer angestammten Heimat ein für sie lebenswertes Leben führen können.

---

137 Das Schreiben wurde am 14. August 1989 in Berlin von Franz Bertele an Franz Jashnowski übergeben. Das Politbüro nahm es am 15. August 1989 zur Kenntnis. Erich Honecker bestimmte außerdem Günter Mittag zu seiner Vertretung während der nachfolgenden „Abwesenheit". Am 22. August wurde mitgeteilt, daß sich Honecker einer Galleoperation unterzogen hat und sich bereits „auf dem Wege der Genesung" befindet.

138 Am 8. August 1989 war die Ständige Vertretung der Bundesrepublik in der DDR in Berlin bis auf weiteres für den Publikumsverkehr geschlossen worden, da dort inzwischen 130 Menschen Zuflucht gesucht hatten, um ihre Ausreise zu erzwingen.

Nach meinem Eindruck sehen derzeit nicht nur einzelne, sondern eine größere Zahl, insbesondere auch viele jüngere Menschen, dafür unter den gegebenen Umständen keine Perspektive. Dies zu ändern, liegt ausschließlich in der Verantwortung der Führung der Deutschen Demokratischen Republik. Ziel meiner Politik ist es, und das wissen Sie aus unseren persönlichen Gesprächen, einen Beitrag für eine konstruktive und den Menschen dienende Entwicklung der Beziehungen zwischen unseren beiden Staaten zu leisten.

Die gegenwärtige Lage erschwert diese Bemühungen. Auf die Dauer sind Belastungen unserer Beziehungen mit negativen Auswirkungen in allen Bereichen nicht auszuschließen. Ich möchte Ihnen noch einmal versichern, daß es das Interesse der Bundesregierung und mein ganz persönliches Interesse bleibt, die Beziehungen in einer vernünftigen Weise weiterzuentwickeln, wie wir es bei Ihrem Besuch vor zwei Jahren besprochen haben. Dies erfordert Beiträge von beiden Seiten.

Mein Mitarbeiter, Herr Dr. Duisberg, hat das bereits am 11. August in meinem Auftrag im Außenministerium der Deutschen Demokratischen Republik vorgetragen. Ich möchte an Sie auch persönlich appellieren, zu konstruktiven Lösungen beizutragen, und wiederhole meine Anregung, durch vertrauliche Gespräche zwischen Vertretern der Führungen beider Seiten dafür Möglichkeiten zu suchen.

Mit freundlichen Grüßen
gez. Helmut Kohl

Quelle: SAPMO - BArch, SED, ZK, J IV 2/2A/3234.

Dokument 15

Verlauf der Sitzung des SED-Politbüros am 29. August 1989[139]

Genosse Mittag:
Ungarn schlägt vor, daß Außenminister Horn mit Genossen Fischer spricht. Dafür müssen wir einen Termin finden.

Genosse Fischer:
Wir haben eine Note überreicht. Sie ist in freundlichem Ton gehalten, drückt aber aus, daß wir mit ungarischen Vorhaben nicht einverstanden sind. Wir be-

---

139 Die Sitzung des SED-Politbüros wurde von Günter Mittag geleitet. In Vertretung von Egon Krenz, der sich im Urlaub befand, nahm der ZK-Abteilungsleiter für Sicherheitsfragen, Wolfgang Herger, an der Beratung teil, der auch die Mitschrift anfertigte.

ziehen uns auf die gemeinsamen Dokumente DDR - UVR im Reiseverkehr. Ungarn solle Maßnahmen ergreifen, daß DDR-Bürger nicht in Drittstaaten ausreisen.[140] Wir haben zum Ausdruck gebracht, daß wir die Beziehungen zu Ungarn auf der Grundlage der Verträge weiterentwickeln wollen. Horn hat angekündigt, daß Ungarn Verträge über den Reiseverkehr mit der DDR zum Teil kündigen wolle. Das betrifft vor allem den Paragraphen, daß ohne Genehmigung des Entsenderstaates eine Ausreise in Drittstaaten (in diesem Fall DDR) Bürger nicht in Drittstaaten ausreisen dürfen. Ich werde Horn schon in den nächsten Stunden empfangen.[141]

Genosse Mittag:
An Ungarn werden große Angebote gemacht (3 Mrd. [DM]). Sie drängen darauf, daß Kohl Ungarn besucht.
Genosse Mittag sprach über Informationen unserer Botschafter aus Moskau und aus Bonn. [...]
Zur Mitteilung unseres Botschafters aus Bonn kommentierte er: Es ist richtig, daß wir in den Massenmedien unseren klaren Kurs fahren (Artikel zur Vorbereitung des XII. Parteitages, Brief Erich Honeckers zur Landwirtschaft usw.). In dieser Richtung wollen wir unsere Arbeit fortsetzen.

Genosse Keßler:
Es ist richtig, mit Ungarn zu reden. Aber ich habe hier die Information der Abt[eilung] Parteiorgane zum Dokumentenumtausch.[142] Hier wird die Frage aufgeworfen, warum so viele Bürger, besonders junge Menschen, aus der DDR weggehen. (Er zitierte weitere Passagen aus dieser Information.) Diese Feststellungen nähern sich dem Kern der Diskussion. Es gibt hier und da gewisse Unsicherheiten. Wir haben schon einiges gemacht, aber wir müssen den hinterhältigen Angriffen der Feinde der DDR mehr entgegensetzen. Wo jemand wegbleibt, ist man empört und geht zur täglichen Ordnung über. Wir müssen mehr tun, um die Genossen in den Parteigruppen, Grundorganisationen und Kreisleitungen, in der FDJ, in den Gewerkschaften zu befähigen, dem Angriff des Feindes standzuhalten und im Sinne der Vorbereitung des XII. Parteitages optimistisch an die Dinge heranzugehen. Dem ND sind gewisse Grenzen gesetzt.

---

140 Am 25. August 1989 hatte Ungarn die Ausreise von mehr als 100 DDR-Bürgern, die sich in der Botschaft der BRD in Budapest aufhielten, mit provisorischen Ausweisen des IRK über Österreich in die Bundesrepublik gestattet.

141 Ein Treffen von Oskar Fischer mit Gyula Horn fand am 31. August 1989 in Berlin statt. Danach traf Horn auch noch mit Günter Mittag zusammen. Vgl. Dokument 17.

142 Auf der 7. Tagung des ZK der SED am 1./2. Dezember 1988 war beschlossen worden, in der Zeit vom 1. September bis 31. Dezember 1989 in Vorbereitung des für Mai 1990 einberufenen XII. Parteitages einen Umtausch der SED-Mitgliedsdokumente, verbunden mit sogenannten persönlichen Gesprächen, durchzuführen.

Schnitzler war gestern offensiv und entlarvend.[143] Die Artikel in der Jungen Welt von gestern und heute sind sehr gut.[144] Wieso übernimmt die BZ[145] von der Jungen Welt? Das können die doch selber. Der Feind erfindet täglich Neues. Wir müssen noch stärker in die Offensive gehen.

Genossin Lange:
Das ist sehr nötig. Der Artikel in der Jungen Welt war sehr wohltuend. Solche Standpunkte brauchen wir nicht nur in der Presse, sondern auch in der Partei. Viele Genossen erwarten noch mehr Argumente. Die Stimmung ist zum Teil gedrückt. Wir müssen die Partei stärker in die Offensive bringen. Die 1. Sekretäre hier sollten etwas dazu sagen.

Genosse Dohlus:
Ich stimme dem Genossen Keßler zu. In den Betrieben gibt es große Aktivitäten zur Auswertung der 7. und 8. ZK-Tagung. Es geht um die Sicherung der Planerfüllung in Vorbereitung des 40. Jahrestages und mit dem Blick auf den XII. Parteitag. Die Ereignisse in Ungarn und das Verlassen der DDR beeinträchtigen die Stimmung in den Grundorganisationen. Wir müssen darauf achten, daß das nicht von der Hauptsache ablenkt. Bis in die Kreisleitungen gehen die Fragen:
- Wie sollen wir argumentieren?
- Was sind die Hauptursachen, daß welche weggehen?

Das Hauptargument ist, daß die Partei einen prinzipiellen Standpunkt erwartet. Das geht bis in die Bezirksleitungen. Wir sollten kurze Kommentare veröffentlichen, denn es ist die Meinung, daß wir prinzipiell antworten müssen.

Man fragt: Wieso lassen wir auf uns herumtrampeln?

Wir müssen aufpassen, daß es keine Resignation gibt - auch wegen der Entwicklungen in der Sowjetunion, Polen und Ungarn.

Immer mehr wird die Frage gestellt: Wie geht es mit dem Sozialismus überhaupt weiter?

Wir sollten uns mit der Abt[eilung] Agitation zusammensetzen und Vorschläge unterbreiten.

Genosse Schabowski:
Das trifft so zu. Diese Dinge führen jetzt die Diskussion an. Aber wir müssen überlegen, wie wir darauf reagieren. Wir dürfen uns von den westlichen

---

143 Angesprochen wurde hier die Propagandasendung „Der schwarze Kanal" mit Karl-Eduard von Schnitzler im DDR-Fernsehen (jeweils am Montagabend gesendet), in der vor allem politische Sendungen des BRD-Fernsehens kritisiert wurden.

144 Am 28. und 29. August 1989 erschienen umfangreiche redaktionelle Artikel im Organ des Zentralrats der FDJ, „Junge Welt", welche die Position der DDR-Führung verteidigten.

145 BZ: „Berliner Zeitung" (inoffizielles Organ der Berliner Bezirksleitung der SED).

Medien nicht hypnotisieren lassen. Die Bezirksparteiorganisationen warten *nicht*, daß eine gültige Argumentation kommt. Wir jedenfalls nutzen jede Gelegenheit zur offensiven Argumentation, z. B. die Volksbildungsaktive dürfen die Agitation nicht nur auf die Presse beschränken. Der Gegner hat doch ein großes Konzept, er will bei uns alles zerschlagen. Sie wollen doch, daß wir den harten Rundumschlag führen. Auch das muß man den Genossen erklären. Wir müssen den Feind angreifen. Das ist der Imperialismus in der BRD. Das sind die eigentlichen Schuldigen. Nicht zuerst auf den Verleiteten herumhacken, aber den Verrat müssen wir auch als solchen brandmarken. Das ist auch ein Reflex der Selbstauflösungstendenzen im Sozialismus, den Menschen wird die Perspektive genommen. Deshalb kommen Parolen des Gegners zum Teil an.

Was die sozialistischen Länder betrifft, müssen wir an allem anknüpfen, was sich noch bietet. Helmut Müller wird nach Ungarn fahren.[146] Wir müssen von der Suggestion des Westfernsehens abkommen. Wünschenswert wäre es dennoch, mehr Material zur Argumentation zu geben. Wir sollten auch die Versorgungsfragen beachten. Nicht lamentieren, sondern vor der eigenen Tür kehren. Es gibt also eine große Parteibewegung. In der Partei gibt es die Diskussion nicht, aber sie wird täglich vom Gegner gespeist. Die Korrespondenz aus Bonn (Olaf Dietze) war gut, auch die Junge Welt. Eine Parteiinformation wäre zweckmäßig. Es ist aber nicht so, daß die Partei nicht kämpft. Für die Parteilosen ist natürlich die Presse wichtig.

Genosse Sindermann:
Diese Diskussion ist sehr notwendig, denn in uns allen gärt es doch. In erster Linie müssen wir den Stoß gegen den Feind führen:
- Grenzen von 1937,
- Obhutspflicht für alle Deutschen,
- Aufrüstung,
- Neonazismus,
- Antikommunismus,
- Druck auf sozialistische Staaten.
Sie haben doch Probleme, als CDU die Mehrheit zu gewinnen.
Das zweite: Den Sozialismus in der DDR zu stärken. Es gibt viele Diskussionen über andere sozialistische Länder. Wir müssen mit ihnen weiterarbeiten. Die guten Kommunisten brauchen unsere Unterstützung. Es gibt verschiedene sozialistische Konzeptionen. Wir haben die unsere, und sie ist erfolgreich. Wir halten daran fest. Manchmal gibt es bei uns eine regelrechte Versorgungspsychose. Warum Menschen abhauen, diese Frage wage ich hier nicht so schnell zu beantworten. Auch hier gibt es eine Psychose, das sind doch verwirrte Leute. Sie gehen dem Gegner ins Netz und dienen dem Rechtsruck in der BRD, sogar dem Neonazismus. Das müssen wir angreifen. Man sollte eine Parteiinformation herausgeben.

---

146 Helmut Müller besuchte Ungarn als 2. Sekretär der SED-Bezirksleitung Berlin.

Genosse Axen:
Diese Diskussion ist gut. Wir sollten davon ausgehen, was Genosse Honecker immer wieder gesagt hat: Bei aller Einschätzung des Positiven in der internationalen Entwicklung darf es keine Euphorie geben. Seine Rede in Bukarest kennen alle Genossen.[147] Die Gegenattacke des Gegners richtet sich besonders gegen die DDR. Zum ersten Mal in der Geschichte gibt es aber auch große Schwankungen in der KPdSU, auch darauf setzt der Gegner im Kampf gegen die DDR.

Das erste ist, die DDR weiter zu stärken und den XII. Parteitag vorzubereiten.

Zweitens müssen wir sagen, daß die Attacke des Gegners - mit seinem stärkstem Medium, dem Fernsehen - Wirkung hat. Wir müssen den Feind angreifen und entlarven: Aufrüstungspolitik - Ausbeutung - Neonazismus.

Wir brauchen auch einen Artikel über unseren Rechtsstandpunkt zur Staatsbürgerschaft der DDR; wir brauchen Meinungsäußerungen von Werktätigen nicht nur im ND, sondern auch in anderen Presseorganen. Aber wir sollten uns nicht abbringen lassen von der Politik des Dialogs und der Zusammenarbeit. Wir sollten uns nicht zu den Methoden des Kalten Krieges zurückzerren lassen.

Genosse Eberlein:
Alles das wird auch bei uns diskutiert. Zuerst geht es um die Plandiskussion, aber dann auch um Ungarn und die Ausreisen. Verrat wird als Verrat bezeichnet. Aber aus Magdeburg sitzen auch welche in der Bonner Vertretung in Berlin.[148] Sollen wir sie am Werktor als Verräter empfangen? Wir müssen sie doch integrieren.

Es wäre falsch, das Thema Ungarn auszuklammern. Wir argumentieren auch, aber die Genossen sagen: Wir erwarten eine Bestätigung unserer Position auch durch unser Zentralorgan. Die zentralen Parteiinformationen beschäftigen sich mit zweit- und drittrangigen Fragen.

---

147 Am 7./8. Juli 1989 tagte der Politisch Beratende Ausschuß der Warschauer Vertragsstaaten in Bukarest. Auf dieser Tagung sagte sich Ungarn, vertreten durch den im Juni 1989 neugewählten Vorsitzenden der USAP, Rezsö Nyers, von der bisherigen Praxis des Realsozialismus in seinem Land los. Erich Honecker mußte in den Morgenstunden des 8. Juli Bukarest wegen einer „akuten Gallenblasenentzündung" mit dem Flugzeug verlassen. Die von der Beratung verabschiedeten Dokumente (vgl. ND, 10. Juli 1989) unterzeichnete im Namen der DDR Ministerpräsident Willi Stoph. Am 7. Juli hatte Honecker noch eine 24-seitige Rede vorgetragen. Ihr Wortlaut wurde nicht veröffentlicht. Alle Reden auf der Tagung waren im einen Bericht enthalten, den Außenminister Oskar Fischer am 11. Juli 1989 in das SED-Politbüro einbrachte. Vgl. SAPMO - BArch., SED, ZK, J IV 2/2A/3229.

148 Werner Eberlein war Mitglied des SED-Politbüros und 1. Sekretär der SED-Bezirksleitung Magdeburg. Er nahm darauf Bezug, daß einige Personen, die sich in der Ständigen Vertretung der Bundesrepublik in Berlin aufhielten, aus dem Bezirk Magdeburg stammten.

Genosse Krolikowski:
Die politische Situation hat sich für uns kompliziert. Wir haben das auf der 7. ZK-Tagung doch schon gesagt. Die Angriffe des Feindes nehmen zu. Er will uns so eine zerstörerische Diskussion aufzwingen. Wir müssen souverän reagieren und die Angriffe zurückweisen. Wir müssen den Bruderbund mit der Sowjetunion festigen und auch die Verbindungen mit Polen, Ungarn usw. halten. In souveräner Weise sollten wir die Auseinandersetzung mit dem BRD-Imperialismus führen.

Die Volkskammertagung am Freitag ist geeignet, um die Richtigkeit der Politik der DDR darzustellen - gegen Obhutspflicht und anderes mehr.[149]

Nutzen müssen wir auch die Kundgebung an der Oder-Neiße-Friedensgrenze.[150]

Wir dürfen uns nicht davon abbringen lassen, daß die Stärkung der DDR das wichtigste ist, aber die Auseinandersetzung müssen wir dennoch führen.

Die Zeitungen, Schnitzler usw. zeigen Flagge. Es gibt aber nicht das öffentliche Auftreten von Politbüro-Mitgliedern. Das irritiert die Parteimitglieder. Die Genossen Sindermann und Fischer müssen auf der Volkskammertagung Flagge zeigen. Unsere Genossen wollen das Wort der führenden Genossen hören. Das ist auch ein psychologischer Faktor. Das Sekretariat des ZK sollte sich mit den 1. Bezirkssekretären treffen und analysieren, was die Ursachen für die Ausreisen sind. Der Haupteinfluß geht vom Gegner aus. Mit dem Stempel Verrat ist jedoch nicht alles zu erklären. Wir müssen unsere Werte stärker darstellen, wie sie Erich Honecker in den sechs Schwerpunkten der ideologischen Arbeit formuliert hat.[151] Es geht um den 40. Jahrestag der DDR und den XII. Parteitag. Dabei müssen wir die Sache mit dem Gegner miterledigen. Unsere Medien sollten die DDR-Problematik weiter behandeln. Wir haben doch bei uns die absolute Mehrheit.

Genosse Tisch:
Diese Diskussion ist gut, es ist nur schade, daß unser Generalsekretär nicht dabei ist. Unsere Strategie ist klar - 7./8. ZK-Tagung.

Der japanische Gewerkschaftsvorsitzende fragte mich gestern (er war vorher in Moskau): Wo sind die Grenzen der Perestroika? In der Strategie des Geg-

---

149 Am 1. September 1989 führte die DDR-Volkskammer eine Außerordentliche Plenartagung anläßlich der 50. Wiederkehr des Beginns des zweiten Weltkrieges durch. Vgl. ND, 2./3. September 1989.

150 Am 1. September nahmen nach offiziellen Angaben 10.000 Deutsche und Polen an einer Kundgebung an der „Brücke der Freundschaft" in Frankfurt/Oder teil, auf der ebenfalls des 50. Jahrestages des Beginns des zweiten Weltkrieges gedacht wurde.

151 Die sogenannten sechs Schwerpunkte der ideologischen Arbeit der SED hatte Erich Honecker in seinem Referat vor den 1. Sekretären der SED-Kreisleitungen am 12. Februar 1988 dargelegt. Vgl. Erich Honecker: Mit dem Volk und für das Volk realisieren wir die Generallinie unserer Partei zum Wohle der Menschen. A. a. O., S. 93 ff.

ners gibt es ja nichts Neues. Sein Ziel besteht doch darin, in der DDR eine Psychose zu entwickeln, eine Reformbewegung zu schaffen. Seine Wut ist es, daß das bei uns nicht zieht, daß wir festbleiben, daß wir Betonköpfe sind, wie er meint.

Was sich in der Sowjetunion entwickelt, wirkt auf unsere Menschen, Früher hatten wir nur den Frontalangriff in deutscher Sprache von vorn, jetzt entwickelt er sich im Rücken an allen Ecken und Kanten.

Unsere Veröffentlichungen sind sehr ausgewogen, aber ob Politbüro-Mitglieder dazu öffentlich auftreten sollen - ich weiß nicht, ob das richtig ist. Der Artikel in der Jungen Welt ist richtig. Auf einen Schlagabtausch sollten wir uns nicht einlassen. Das will der Gegner. Wir müssen auch unser Geschichtsbild besser vermitteln, besonders den jungen Leuten. Dem Frontalangriff begegnen wir am besten, wenn wir die DDR stärken. Die Wachsamkeit wird unterschätzt, und es gibt auch Sabotage, z. B. in der Versorgung. Die Versorgungsdiskussion wird z. T. bis zur Psychose geführt. 3,5 Millionen DDR-Bürger waren im Westen. Sie kommen mit dem Bild von der BRD als Überflußgesellschaft zurück. Sie sehen die Arbeitslosen und Obdachlosen usw. nicht. Wir müssen mit Ihnen darüber reden. Das Vertrauen zur Parteiführung muß gestärkt werden.

Genosse Herrmann:
Ich verstehe die Diskussion gut. Wir haben ja geantwortet. Wenn ich hier herausgehe, brauche ich eine Linie, mit der ich arbeiten kann. Erich Honecker hat mir am Morgen der 8. ZK-Tagung noch die Passage mit Ungarn und Polen in den Bericht diktiert.[152] Für den Gegner ist der Schwerpunkt die DDR, denn hier gibt es noch keine Reformbewegung. Woher kommt die Unsicherheit? Es ist doch klar: Wir haben den Rücken nicht mehr frei. Wir sollten überlegen, wie wir den Genossen unten helfen, aber der Gegner darf nichts in die Hand bekommen.

Genosse Dohlus:
Also nichts machen?

Genosse Herrmann:
Wir haben doch einiges veröffentlicht, z. B. die ADN-Meldung zum 1.9. (Meldung der „Welt", die DDR werde Ungarn-Reisen sperren), um Torschlußpanik zu verhindern.[153] Wir sollten nicht jeden Tag auf Meldungen des

---

152 Vgl. Aus dem Bericht des Politbüros an die 8. Tagung des ZK der SED. A. a. O., S. 11 ff.

153 Am 24. August 1989 hatte die staatliche Nachrichtenagentur ADN im Auftrag des DDR-Außenministeriums eine Meldung der Tageszeitung „Die Welt" als „von A bis Z erfunden" bezeichnet, wonach ab dem 1. September 1989 die DDR gegenüber Ungarn und anderen Staaten Reisebeschränkungen in Kraft setzen würde.

Gegners reagieren. Wir werden nach Prof. Wolfgang Schneider weitere sechs Artikel veröffentlichen.[154] Wir überlegen, wie den Genossen unten geholfen werden kann, z. B. mit der Abt[eilung] Parteiorgane eine Argumentation ausarbeiten.

Genosse Stoph:
Die Diskussion ist sehr zeitgemäß. Solche Situationen sind ja für uns nicht neu. Als erstes hat sich immer bewährt, unsere Beschlüsse noch besser durchzuführen und den Sozialismus in der DDR zu stärken. Wir müssen die Versorgung in Ordnung bringen. Das ist keine einmalige Aktion. Wir müssen dem Gegner die Argumente nehmen, indem wir z. B. die Versorgung in Ordnung bringen. Der Gegner wird jeden Mangel bei uns ausnutzen. Deshalb dürfen wir ihm keine Handhabe geben. Wir sind keine Betonköpfe, sondern lebendige Menschen. Der Gegner hat einen Großangriff gestartet, begonnen mit Bush (Genosse Mielke: einschließlich der SPD).

Die Öffentlichkeitsarbeit muß vielseitiger werden. Wir haben keinen Grund, aus der Verteidigung heraus zu operieren. Wenn Leute weglaufen, müssen wir das untersuchen - Mangel in der Erziehung, Mangel im Staatsapparat, mit denen wir Leute verärgern. Wir dürfen es nicht erst zu Antragsstellung kommen lassen.

Wir brauchen eine konstruktive Vorbereitung des 40. Jahrestages und des XII. Parteitages in allen Bereichen des gesellschaftlichen Lebens. Die Menschen müssen wieder argumentieren lernen. Die Genossen dürfen nicht schweigen, und die Massenmedien müssen noch mehr machen. Der Rundfunk macht gute Arbeit, das Fernsehen müßte wirksamer werden. Der Feind macht seine Attacke auch, um von seinen eigenen Schwächen abzulenken. Diese werden bei uns noch zu formal abgehandelt. Wir müssen unseren Menschen besser begreiflich machen, was Kapitalismus ist.

Wir haben mit Polen, Ungarn usw. Verträge über Zusammenarbeit und gegenseitigen Beistand, und es gibt keinen Grund, davon abzuweichen. Im Gegenteil: Wir müssen Einfluß nehmen. Mein Glückwunschtelegramm nach Polen war völlig richtig. Auch das müssen wir den Menschen erklären. Wir können uns die führenden Leute in diesen Ländern doch nicht aussuchen. Wir müssen die Zusammenarbeit maximal stärken. Ich will die Grundfrage stellen: Wie will die DDR sich weiterentwickeln, wenn nicht in Zusammenarbeit mit den sozialistischen Ländern? Doch nicht mit der BRD! Wir haben keinen Grund, pessimistisch zu sein. Das Ziel des Gegners ist, das der Sozialismus

---

154 Das ND publizierte den ganzseitigen Artikel „Zur Wissenschaft und Praxis des Sozialismus" von Wolfgang Schneider (SED-Parteihochschule „Karl Marx") in der Ausgabe vom 26./27. August 1989. Die Reihe „Zur Diskussion in Vorbereitung des XII. Parteitages der SED" im ND wurde am 1. September 1989 lediglich mit einem Beitrag von Gerhard Schulz „Sozialistisches Eigentum - eine Grundfrage der Gesellschaftskonzeption der SED" fortgesetzt.

weltweit von seinem Kurs abgeht. Wir müssen weiter in der Offensive sein und so den XII. Parteitag vorbereiten.

Genosse Müller:
Die Frage ist, wie wir das alles an die Menschen heranbringen. Das wichtigste ist, die Partei zu mobilisieren und dafür zu sorgen, daß sie bei den Massen ist. Ich habe vorige Woche die 1. Kreissekretäre und die Ratsvorsitzenden zusammengenommen.[155] Die persönlichen Gespräche mit den Genossen sind gerade jetzt sehr wichtig. Die Partei ist gesund und auch die Masse der Bürger. Es gibt vermehrt Austritte aus der Partei, das beunruhigt mich nicht so sehr. Die Anforderungen sind einfach höher geworden. Die Bürger wollen uns Parteifunktionäre hören, was wir zu sagen haben. Zur Versorgung ist unsere Argumentation zuerst: Wir leben in der DDR gut. Es sollte auch keine allgemeine Versorgungsdiskussion geben. Sie bezieht sich auch weniger auf den eigenen Bedarf. Am meisten geht es um Ersatzteile, beispielsweise für Pkw, Baumaterialien und Dienstleistungen.

Die Entwicklung in den sozialistischen Ländern beunruhigt die Menschen. Wir müssen mehr sagen, wie es in Polen und Ungarn zur heutigen Lage gekommen ist. Wenn der 1. Sekretär von Litauen sagt, daß Litauen 1940 okkupiert wurde, hat das doch mit Umgestaltung nichts zu tun. Das ist Konterrevolution.

Die DDR ist der Turm in der Schlacht. Ich habe die Partnerschaft Arnstadt - Kassel lahmgelegt, da der Oberbürgermeister von Kassel den Leiter der Wachsenburg (ist drüben geblieben) empfangen hat und ihm gesagt hat, er wolle auch anderen DDR-Bürgern helfen, schnell hier Arbeit zu finden. Welchen Standpunkt haben wir zu denen, die zurückkehren wollen.

Genosse Mittag:
Es ist gut, daß es eine umfassende Aussprache gegeben hat. Das Bedürfnis ist da, sich zu verständigen. Ich möchte auch manchmal den Fernseher zerschlagen, aber das nützt ja nichts.

Die Stärkung der DDR gehört auf allen Gebieten an die 1. Stelle - und das aus ganz prinzipiellen Gründen. Wir haben trotz Hetze und aller Angriffe bewußt die Leistungen der Werktätigen der DDR veröffentlicht. Die Information zur Plandiskussion aus der letzten Politbürositzung muß man einfach zur Kenntnis nehmen und weiter auswerten. Deswegen auch der Leitartikel im ND dazu. Wir werden weitere Leistungen veröffentlichen, um zu zeigen, daß es vorangeht. Wir müssen die Beschlüsse durchführen, z. B. zur Versorgung. Ausgangspunkt ist immer der Sozialismus in der DDR. Von dieser Position müssen wir den Stoß gegen die Feinde führen, die den Sozialismus angreifen. Die DDR ist Bollwerk des Sozialismus und des Friedens. So haben wir es immer gesagt. Darauf müssen wir die Wachsamkeit, die Sicherheit und alles

---

155 Gerhard Müller war Politbürokandidat und 1. Sekretär der Bezirksleitung Erfurt.

andere konzentrieren. Das ist doch eine weitsichtige Einschätzung unserer Partei gewesen.

Die Sache mit Ungarn ist doch nicht zufällig vorbereitet worden. Das ist ein Angriff an der schwächsten Stelle, um auch die DDR in Mißkredit zu bringen. Genosse Mielke könnte eine Stunde und länger erzählen, welche Mittel dafür eingesetzt wurden. Dazu kommt die Frontberichterstattung des Gegners, wie wir das völlig richtig bezeichnet haben. Wir müssen in den Hauptpunkten die Gebrechen des Imperialismus zeigen. Wir müssen entlarven, wo er den Sozialismus unterwühlen will. Aber die Grundlinie ist: Wir tun das souverän und führen keinen Schlagabtausch. Das hat sich bewährt. Wir müssen überlegen, wie wir die Argumentation weiterführen. Dazu werden wir morgen im Sekretariat Vorschläge unterbreiten.

Vor uns steht die Messe.[156] Dort wird es die Hauptabschlüsse geben. Wenn wir ökonomisch stark sind, dann ist die Versorgung in Ordnung und wir kommen weiter voran.

In der BRD ist der Rechtsruck da. Das ist nicht mehr die BRD von vor zwei Jahren. Ich sehe keine Unterschiede zwischen den Parteien in bezug auf die DDR. Es wäre grundfalsch, gegen alle zu donnern. Der Hauptstoß gilt Kohl. Kohl ist bereit zum Telefonat mit Genossen Honecker, wenn ... wir Reformen machen. In diesem Zusammenhang stehen auch die Schüsse auf das Grenzdorf in der DDR.[157] Das ist nicht zufällig. Der Gegner will Psychose verbreiten. Wir hatten schon Anfang August mitgeteilt, daß wir die Reisen nach Ungarn nicht unterbinden. Daher hat der Gegner seinen ganzen Apparat erneut mobilisiert. Er wollte bei einigen Bürgern der DDR Torschlußpanik erzeugen. Deshalb haben wir die neue Meldung vorige Woche veröffentlicht.

Zu den sozialistischen Ländern: Zur Messe werden wir die Freundschaft mit der Sowjetunion besonders demonstrieren. Ohne ökonomische Zusammenarbeit mit der Sowjetunion wird die DDR nicht sein. Andererseits sind gute wissenschaftlich-technische Leistungen der DDR für die Sowjetunion eine große Hilfe. Das haben die Genossen Gorbatschow, Ryshkow und andere bestätigt. Was sollen wir über die Sowjetunion veröffentlichen: Doch nur das, was sie selbst veröffentlichen. Die Dinge sind doch nicht so einfach, als das man sagen müßte: Die Sowjetarmee muß in den baltischen Republiken einmarschieren.

Mit der CSSR haben wir gute Beziehungen. Der Artikel zum 21. August wurde gut aufgenommen.[158]

---

156 Die Leipziger Herbstmesse fand vom 3. bis 9. September 1989 statt.

157 In der Nacht vom 17. zum 18. August 1989 wurden in Wahlhausen (Kreis Heiligenstadt) an der Grenze zwischen der DDR und der BRD, angeblich von westlicher Seite aus, Schüsse auf Gebäude abgegeben. Vgl. ND, 19./20. und 21. August 1989.

158 Am 23. August 1989 druckte das ND einen umfangreichen Artikel aus dem Organ des ZK der KPTsch, „Rudé Právo", unter dem Titel „Verteidigung und Entwicklung des Sozialismus - unteilbare Aufgabe der Partei und des Staates" ab.

Was Polen betrifft: Sollen wir eine Kriegserklärung machen? Der gesamte Erdöltransport geht durch Polen, ohne ihn könnten wir nicht eine Woche leben. Auch mit Ungarn sollten wir nicht öffentlich polemisieren. Im Oktober sind Neuwahlen. Wie wird die Leitung dann aussehen?

Wenn sich die ökonomische Basis kapitalistisch gestaltet, kann sich der sozialistische Überbau nicht halten. Walesa hat das verkündet, in Ungarn geht das vor sich. Aber wir können nicht nach dem Motto handeln: Viel Feind - viel Ehr. Wir müssen jeden Schritt überlegen. Wir brauchen gezielte Kommentare und müssen in die Versammlungen gehen. Wir müssen die Themen bestimmen, auch durch Stimmen der Arbeiter in der Presse. Wenn wir als Politbüromitglieder öffentlich auftreten, so wäre das Wasser auf die Mühlen des Gegners. Wir dürfen nicht von der Position der Verteidigung ausgehen, sondern müssen offensiv unsere Position darlegen, z. B. wenn wir durch Betriebe gehen, um die Ehrenbanner zu übergeben.[159]

Schnitzler war gut und offensiv. Wir sollten auch im Fernsehen einiges weitermachen. Jede Zeitung hat ihre Aufgabe. Auch den Bezirksleitungen sollten wir mit noch mehr Material noch besser helfen. Die Abteilung Parteiorgane hat nach der letzten Sitzung die Orientierung für die Partei gegeben. Die Versorgung ist nach wie vor der größte Angriffspunkt. Wir müssen alle staatlichen Organe zu ihrer Verantwortung bringen.

Gestern wurde in der Wirtschaftskommission gesagt: In Leipzig waren Anfang August 1/3 aller Fleischerläden geschlossen. Leipzig hat das Fleischkontingent nur zu 96 Prozent ausgelastet, aber es gibt dort Diskussionen. Eine Hauptreserve ist bei uns also, Ordnung in den Bezirken und Kreisen zu schaffen. Ersatzteile sind Dauerbrenner in der Diskussion. Wir müssen einige Positionen erledigen, so daß sichtbar wird, es ändert sich einiges. Hier geht es um die persönliche Verantwortung, und einige muß man auch zur Rechenschaft ziehen. Wir werden weitere Artikel zum 40. Jahrestag bringen.

Die Erklärung von Weizsäcker zu Polen behauptet, daß der Streit mit Polen beendet sei. In Wirklichkeit will er die Konterrevolution in Polen beschleunigen.[160]

Was den Umtausch der Parteidokumente betrifft, müssen wir zu jeder Stunde wissen, wie die Lage in der Partei ist. Wenn einige rausgehen, brauchen wir

---

159 Ende September und Anfang Oktober 1989 wurden an zahlreiche Betriebe und Einrichtungen in Anerkennung ihrer Leistungen im sogenannten sozialistischen Wettbewerb im Vorfeld des 40. Jahrestages der Gründung der DDR „Ehrenbanner des ZK der SED" übergeben. Dabei traten führende Partei- und Staatsfunktionäre mit Ansprachen auf. Vgl. insbesondere ND, 20. September 1989.

160 Vgl. Botschaft des Bundespräsidenten Richard von Weizsäcker an den Staatspräsidenten der Volksrepublik Polen, Wojciech Jaruzelski, vom 28. August 1989 (Wortlaut) in: Blätter für deutsche und internationale Politik, Köln, 1989, Heft 10, S. 1276 ff.

nicht zu jammern, wie Hans Modrow in seinem letzten Monatsbericht.[161] Die Partei ist stark genug.
Wir werden morgen überlegen, wie wir die Bezirkssekretäre informieren. Die Partei muß spüren, daß wir unseren Kurs beibehalten. Wir lassen uns die Diskussion nicht aufzwingen. Die theoretischen Artikel im ND sind wichtig für die Arbeit und die m[arxistisch]/l[eninistische] Bildung. Von dieser Position aus werden wir unsere Arbeit weiterführen.

Quelle: SAPMO - BArch, SED, ZK, IV 2/2039/76.

Dokument 16

Schreiben Erich Honeckers an Helmut Kohl vom 30. August 1989[162]

Sehr geehrter Herr Bundeskanzler!
Der Leiter der Ständigen Vertretung der Bundesrepublik Deutschland hat mir am 14. August 1989 den Text Ihres Briefes übermittelt.[163]
Ich stimme völlig mit der von Ihnen getroffenen Feststellung überein, daß die Entscheidung über die Ausreise von Bürgern der Deutschen Demokratischen Republik ausschließlich bei den dafür zuständigen Organen der Deutschen Demokratischen Republik liegt. Diesbezügliche Entscheidungen beruhen auf den für alle Bürger gleichermaßen gültigen gesetzlichen Regelungen, die - wie Sie wissen - von der Deutschen Demokratischen Republik sehr großzügig gehandhabt werden.
Angesichts des derzeitigen Aufenthaltes von Bürgern der Deutschen Demokratischen Republik in der Ständigen Vertretung sowie in einigen Botschaften der Bundesrepublik Deutschland ist jedoch der Hinweis berechtigt, daß alle Versuche einzelner, unter Umgehung der Rechtslage für sich Sonderregelungen durch die Verweigerung des Verlassens ausländischer Vertretungen zu erpressen, von der Deutschen Demokratischen Republik nicht gebilligt werden können.

---

161 Der 1. Sekretär der SED-Bezirksleitung Dresden, Hans Modrow, kritisierte, nachdem sein Monatsbericht an Erich Honecker im Januar 1989 bereits für die Einsetzung einer ZK-Untersuchungskommission gesorgt hatte (vgl. Dokument 9), in seiner Einschätzung vom 20. September 1989 erneut insbesondere die Informationspolitik sowie die Versorgung der Bevölkerung. Vgl. SHStA, SED, 13199.

162 Der Brief wurde im SED-Politbüro erst nachträglich am 5. September 1989 zur Kenntnis genommen.

163 Vgl. Dokument 14.

Offizielle Vertreter der Bundesrepublik Deutschland haben wiederholt öffentlich zum Ausdruck gebracht, daß der Weg über diplomatische Missionen der Bundesrepublik Deutschland kein Weg zur ständigen Ausreise aus der Deutschen Demokratischen Republik sein kann. Dem wäre nichts hinzuzufügen, wenn nicht auf der anderen Seite von den Vertretungen Ihres Landes Bürgern der Deutschen Demokratischen Republik Aufenthalt in diesen Vertretungen gewährt würde. Eine solche Praxis negiert die sich aus dem Völkerrecht ergebende Tatsache, daß die Bundesrepublik Deutschland für Bürger der Deutschen Demokratischen Republik keinerlei Zuständigkeiten wahrnehmen kann. Darüber hinaus muß sie bei den Betreffenden Erwartungen hervorrufen, die durch nichts gerechtfertigt sind. Bei einer Beibehaltung dieser Praxis sind in der Tat Belastungen unserer Beziehungen nicht auszuschließen.

Die Lösung des entstandenen Problems kann deshalb nur darin bestehen, von seiten der Bundesrepublik Deutschland dafür Sorge zu tragen, daß die Bürger der Deutschen Demokratischen Republik unverzüglich die Vertretungen der Bundesrepublik Deutschland verlassen. Aus der Tatsache des Aufenthaltes in den Missionen werden ihnen - wie schon mehrfach von Vertretern der Deutschen Demokratischen Republik zum Ausdruck gebracht - keine Nachteile entstehen. Darüber hinausgehende Zusagen sind jedoch nicht möglich.

Zu Ihrer Anregung, vertrauliche Gespräche zwischen Vertretern beider Seiten zu führen, habe ich keine Einwände.

Ihr Brief, Herr Bundeskanzler, veranlaßt mich jedoch noch zu einer weiteren Bemerkung: Es sollte vermieden werden, der anderen Seite Vorhaltungen bezüglich ihrer Verantwortung für die Perspektiven der Entwicklung zu machen. Das kann nicht anders als eine Einmischung in souveräne Angelegenheiten eines anderen Staates betrachtet werden und ist der Gestaltung gutnachbarlicher Beziehungen zwischen beiden Staaten nicht dienlich.

Abschließend bekräftige ich meinerseits, daß die Deutsche Demokratische Republik unverändert an der Entwicklung normaler und sachlicher Beziehungen zur Bundesrepublik Deutschland interessiert ist, wie es im September 1987 anläßlich meines Besuches in der Bundesrepublik Deutschland zwischen uns vereinbart wurde.

Mit vorzüglicher Hochachtung
gez. E. Honecker

Quelle: SAPMO - BArch., SED, ZK, J IV 2/2A/3238.

Dokument 17

Vermerk über das Gespräch des Mitglieds des Politbüros und Sekretärs des ZK der SED, Genossen Günter Mittag, mit dem Minister für Auswärtige Angelegenheiten der Ungarischen Volksrepublik, Genossen Gyula Horn, am 31. August 1989

Genosse Günter Mittag begrüßte die Möglichkeit eines direkten Gesprächs mit dem Außenminister der UVR. Er verwies auf die Darlegungen des Genossen Oskar Fischer im vorangegangenen Gespräch zwischen beiden Außenministern und forderte Genossen Horn auf, seine Vorstellungen zur Lösung des Problems der DDR-Bürger, die in der UVR ihre Ausreise aus der DDR erzwingen möchten, darzulegen.[164]

Genosse Gyula Horn legte dar, daß durch den Aufenthalt mehrerer tausend DDR-Bürger in der UVR, die nicht bereit sind, in die DDR zurückzukehren, für die UVR eine unhaltbare Situation entstanden sei. Die UVR sei bestrebt, eine Lösung zu finden, durch die die Beziehungen zur DDR nicht gestört werden. Sie müsse jedoch berücksichtigen, daß durch gültige internationale Verträge und die öffentliche Meinung für die UVR inhumane Lösungen ausgeschlossen seien. Man respektiere, daß die Lage auch für die DDR nicht einfach sei, um so mehr sollte die Regierung der DDR darüber nachdenken, ob sie nicht wie früher erklären kann, daß die Ausreiseanträge der betroffenen Bürger einer positiven Entscheidung zugeführt werden. Ansonsten sehe sich die UVR veranlaßt, das Protokoll zur Vereinbarung über den Reiseverkehr vom Juni 1969 auszusetzen und das Visum von Drittländern auf den Reisedokumenten der DDR-Bürger zu akzeptieren. Das bedeute, daß sie alle DDR-Bürger nach Österreich ausreisen lassen würde, die durch ein Einreisevisum auf ihrem Reisedokument nachweisen können, daß sie in Österreich aufgenommen werden. Da alle anderen Wege, die DDR-Bürger zur Rückkehr in die DDR zu bewegen, kein Ergebnis gebracht hätten, wäre die UVR gezwungen, in wenigen Tagen so zu handeln.

Genosse Günter Mittag ging in seiner Erwiderung zunächst auf die erfolgreiche Zusammenarbeit zwischen der DDR und der UVR ein. Er betonte, daß sich die DDR stets davon leiten lasse, daß alle Probleme zwischen unseren Staaten auf der Grundlage der bewährten Prinzipien zum Nutzen beider Staaten und Völker unter Berücksichtigung der gegenseitigen Interessen gelöst werden müssen. Die freundschaftlichen Beziehungen zwischen der DDR und der UVR haben sich auf der Grundlage des Vertrages über Freundschaft, Zusammenarbeit und gegenseitigen Beistand erfolgreich entwickelt, und die DDR sei davon

---

164 Nur über das Gespräch der Außenminister der DDR und Ungarns, Oskar Fischer und Gyula Horn, am 31. August 1989 in Berlin erschien eine Pressemitteilung. Über die Zusammenkunft Günter Mittags mit Gyula Horn wurde nichts mitgeteilt. Vgl. ND, 1. September 1989.

überzeugt, daß das auch in Zukunft das Handeln beider Seiten bestimmen wird.[165]

Genosse Günter Mittag betonte, daß zwischen beiden Staaten und Völkern ein eigenes Netz von Beziehungen der Partei- und Staatsorgane, der gesellschaftlichen Organisationen und Institutionen besteht. Die DDR betrachte weiterhin die Pflege dieser engen freundschaftlichen Beziehungen und der vielfältigen Direktkontakte sowie den Meinungs- und Erfahrungsaustausch als besonders wichtig.

Genosse Günter Mittag verwies auf die gemeinsame Verantwortung für die Fortsetzung des Entspannungsprozesses in Europa auf der Grundlage der im Rahmen des Warschauer Vertrages beschlossenen außenpolitischen Linie. Er forderte dazu auf, hierbei auch künftig alle Versuche des Gegners abzuwehren, die darauf gerichtet sind, diesen Prozeß zu stören und aufzuhalten sowie dem Bündnis, der Freundschaft und Zusammenarbeit zu schaden.

Genosse Günter Mittag äußerte seine Befriedigung über die Entwicklung der beiderseitigen bilateralen Wirtschaftsbeziehungen. Die DDR gehöre bekanntlich neben der UdSSR und der BRD zu den drei größten ökonomischen Partnern der UVR. Beide Seiten würden die volle Erfüllung der gestellten Ziele anstreben und damit die Tragfähigkeit der getroffenen Vereinbarungen unter Beweis stellen. Für die künftige ökonomische und wissenschaftlich-technische Zusammenarbeit bildet das langfristige Programm bis zum Jahre 2000 die solide Grundlage. Darauf aufbauend, sollten mit der Koordinierung der Volkswirtschaftspläne Voraussetzungen geschaffen werden, um das erreichte hohe Niveau der Zusammenarbeit auf diesem Gebiet für 1991 bis 1995 zu sichern.

Im weiteren Verlauf seiner Darlegungen enthüllte Genosse Günter Mittag die zügellose Hetz- und Verleumdungskampagne, die seit einigen Wochen von der BRD aus gegen die DDR betrieben wird. Er unterstrich, daß die DDR ungeachtet dessen ihren Kurs des politischen Dialogs auch gegenüber der BRD fortsetzen wird.

Genosse Günter Mittag erklärte nachdrücklich, daß die jetzt bestehenden Probleme mit einigen DDR-Bürgern keinesfalls für den Charakter der Beziehungen zwischen der DDR und der UVR bestimmend seien. Beide Staaten sollten sich von dem bisherigen Weg nicht abbringen lassen. Die gegenwärtig aufgetretenen Probleme seien dadurch verursacht worden, daß diplomatische Vertretungen der BRD unter Berufung auf ihre völkerrechtswidrige Obhutspflicht für alle Deutschen und unter Mißachtung der Staatsbürgerschaft der DDR einigen DDR-Bürgern den Aufenthalt in ihren Vertretungen gestattet und widerrechtlich an Bürger der DDR Pässe der BRD ausgegeben habe. Dadurch wurden - wie es sich in Budapest gezeigt hat - weitere DDR-Bürger zur Mißachtung der Gesetze der DDR und zur Erpressung von Sonderregelungen er-

---

165 Der Vertrag über Freundschaft, Zusammenarbeit und gegenseitigen Beistand zwischen der DDR und der Volksrepublik Ungarn wurde am 24. März 1977 in Berlin unterzeichnet.

muntert, auch verführt. Die BRD versucht dabei, für ihre eigennützigen politischen Interessen die Fragen auszunutzen, die - entgegen dem Willen der DDR - in den Beziehungen zwischen der DDR und der BRD bisher nicht geregelt werden konnten.

Genosse Günter Mittag betonte, daß die DDR in den letzten Wochen wiederholt gegenüber der BRD zum Ausdruck gebracht habe, daß Fragen der ständigen Ausreise in die alleinige Zuständigkeit der DDR fallen. Er verwies auf die inzwischen mit der BRD erreichte Übereinstimmung, daß die Zuflucht in diplomatische Vertretungen der BRD nicht geeignet ist, um die Ausreise aus der DDR zu erreichen. Die BRD werde die betroffenen DDR-Bürger auf die Zuständigkeit der DDR verweisen und ihnen raten, die Vertretungen zu verlassen. Die mit der BRD getroffene Übereinstimmung, die in den nächsten Tagen wirksam werden wird, sei auch hinsichtlich der DDR-Bürger in der UVR anwendbar. Die UVR sollte dafür Unterstützung geben, daß die DDR-Bürger in der UVR von den von Genossen Oskar Fischer gegenüber Genossen Horn dargelegten Zusicherungen der DDR Kenntnis erhalten.

Genosse Günter Mittag erklärte, daß man selbstverständlich weiter darüber nachdenken werde, wie es mit den betreffenden DDR-Bürgern in der UVR weitergehen soll, aber das Einreisevisum eines Drittstaates auf der dafür nicht gültigen Reiseanlage zum Personalausweis sei kein gangbarer Weg und verstoße gegen die Gesetze der DDR. Genosse Günter Mittag wandte sich entschieden gegen die Absicht der UVR, abgeschlossene Vereinbarungen mit der DDR auszusetzen. Eine solche Praxis widerspreche dem erklärten Willen beider Seiten, die Beziehungen unter Berücksichtigung der beiderseitigen Interessen weiterzuentwickeln. Er forderte Genossen Horn auf, die von ihm geäußerte Position nochmals zu überdenken.

Genosse Gyula Horn dankte für die grundsätzlichen Darlegungen zum Stand und zur weiteren Entwicklung der Beziehungen zwischen der DDR und der UVR. Die UVR habe kein Interesse, daß DDR-Bürger ihr Land über die UVR verlassen, aber sie müsse sich von humanitären Elementen leiten lassen. Seiner Meinung nach könnten einige von Genossen Oskar Fischer geäußerten Anregungen wie z. B. mobile Konsularstationen der Botschaft schon morgen verwirklicht werden. Er müsse jedoch darauf aufmerksam machen, daß die Gespräche der DDR mit ihren Bürgern auf eigene Verantwortung der DDR geführt werden müßten, da die Stimmung in den Lagern sehr schlecht sei. Er forderte nochmals dazu auf zu prüfen, ob eine positive Bearbeitung der Ausreiseanträge gegenüber den DDR-Bürgern in Aussicht gestellt werden könnte.

Wenn die DDR keine andere Lösung sehen würde, müßte die UVR am 11.9.1989 mit der von ihm vorgetragenen Praxis beginnen. Ursprünglich sei - wie gegenüber Genossen Oskar Fischer erklärt - der 4.9.1989 als Termin vorgesehen gewesen. Durch die Verschiebung auf den 11.9. wäre genügend Zeit gegeben, um andere konstruktive Lösungen zu erörtern.

Genosse Gyula Horn erklärte, daß die Akzeptierung von Einreisevisa auf den Reisedokumenten der DDR-Bürger nicht die Hoheit der DDR gegenüber ihren Bürgern verletzen würde. Eine solche Verletzung sei nur gegeben, wenn die UVR bei den DDR-Bürgern die BRD-Pässe akzeptiere.

Genosse Gyula Horn erklärte, daß in der UVR auch darüber nachgedacht werde, ob das Internationale Rote Kreuz einbezogen werden sollte, wenn in 11 Tagen keine Lösung gefunden wird. Das Internationale Rote Kreuz würde Reisedokumente ausgeben, die völlig neutral wären. Damit würde die Souveränität keiner Seite verletzt.

Dieser Vorschlag wurde von Genossen Günter Mittag sofort abgelehnt, da er die Interessen der DDR verletzt und im Widerspruch zu den beiderseitigen vertraglichen Beziehungen steht.

Genosse Günter Mittag wies darauf hin, daß in dem Gespräch die grundsätzlichen Positionen beider Seiten dargelegt wurden. Er bekräftigte ausdrücklich, daß alle von der DDR gegebenen Zusagen auch auf diejenigen DDR-Bürger in der UVR Anwendung finden, die sich außerhalb der Botschaft der BRD befinden, jedoch von ihr betreut werden und bisher nicht in die DDR zurückgekehrt sind. Er unterstrich die Bereitschaft, gemeinsam mit der UVR den entstandenen unbefriedigenden Zustand im konstruktiven Sinne zu lösen.

Genosse Günter Mittag bat Genossen Gyula Horn um die Übermittlung der besten Grüße an die Partei- und Staatsführung der UVR.

An dem Gespräch nahmen teil von seiten der DDR: Genosse Oskar Fischer, Minister für Auswärtige Angelegenheiten, Genosse Gerd Vehres, Botschafter der DDR in der UVR, und Genosse Hans Schindler, amtierender Leiter der Abteilung BRD.

Von seiten der UVR: Genosse Ferenc Pallagi, Stellvertreter des Ministers des Innern, und Genosse Erik Baktai, Mitarbeiter im M[inisterium] f[ür] A[uswärtige] A[ngelegenheiten] der UVR.

gez. Schindler

Quelle: SAPMO - BArch, SED, ZK, J IV 2/2A/3238.

Dokument 18

Schreiben Eduard Schewardnadses an Oskar Fischer vom 1. September 1989[166]

Verehrter Genosse Fischer!
Ich wende mich an Sie höchst persönlich in einer Frage, die, obwohl sie nicht direkt die Beziehungen UdSSR - DDR berührt, meiner Auffassung nach dennoch nicht geringer Bedeutung vom Standpunkt der langfristigen Interessen unserer beiden Länder und der Positionen des Sozialismus in Europa ist. Es handelt sich um die Exzesse der letzten Zeit, die durch Versuche einer nicht geringen Zahl von DDR-Bürgern, illegal in die BRD zu gelangen, hervorgerufen wurden.

Unsere Einschätzungen des Charakters und der Ursachen dieser Erscheinungen stimmen mit dem überein, was darüber in der DDR gesagt und geschrieben wird. In Berlin hat man, wie wir wissen, die Aufmerksamkeit auf die entsprechenden Äußerungen des Pressesprechers des Außenministeriums der UdSSR gerichtet, in denen die Quelle der entstandenen Schwierigkeiten - die Ansprüche der BRD auf das „Obhutsrecht" für alle Deutschen - direkt genannt wird. Dem kann man hinzufügen, daß das gesamte in der BRD geltende politisch-rechtliche und soziale System darauf berechnet ist, die Immigration aus der DDR maximal zu stimulieren. Es kann zu jedem Zeitpunkt, abhängig von den politischen Interessen der Machthaber, voll in Gang gesetzt werden, erneut Spannungen und Konflikte in den zwischenstaatlichen Beziehungen zu erzeugen beginnen.

Überlegt man, wie man dieses System der Kraft berauben kann und die Dinge nicht denen überläßt, die es auch weiter für die Aushöhlung der inneren Stabilität des sozialistischen deutschen Staates ausnutzen können, kommt man unweigerlich zu dem Schluß, daß vieles auf die Frage der Staatsbürgerschaft der DDR und auf die Anerkennung dieser Staatsbürgerschaft seitens Bonns stößt. Wie die westdeutschen Vertreter selbst bezeugen, würden sich die Bewohner der DDR in einem solchen Falle in der Lage der üblichen Ausländer befinden, die um politisches Asyl oder Arbeit in der BRD ersuchen, und das würde sofort den Hang zum Ortswechsel bei denjenigen verringern, die darauf bedacht sind, einen hohen Wohlstand nicht durch viel Arbeit, sondern mittels der Ausreise zu erlangen.

Unsere gemeinsamen langjährigen Erfahrungen des Kampfes um die Anerkennung der Staatsbürgerschaft der DDR zeigen, daß es sehr sehr schwer sein wird, die BRD von den von ihr eingenommenen Positionen abzubringen. Man sollte hier nicht auf einen schnellen Erfolg hoffen. Aber, wie es uns scheint, ist das dennoch eine nicht allzu hoffnungslose Sache. In erster Linie deshalb, weil

---

166 Das Schreiben wurde im SED-Politbüro am 5. September 1989 zur Kenntnis genommen.

das Vorgehen der BRD offenkundig anrüchig ist und der Übereinstimmung mit den allgemein anerkannten Normen des zwischenstaatlichen Verkehrs nicht standhält.

Wie meinen Sie, Genosse Minister, sollten wir nicht in diesem Zusammenhang die Möglichkeit abwägen, die Aufmerksamkeit der internationalen Öffentlichkeit aktiver auf das Problem der Nichtanerkennung der Staatsbürgerschaft der DDR seitens der BRD und auf die Folgen dieser Nichtanerkennung zu lenken und vielleicht auch dieses Problem in die internationalen Foren zu tragen? Das würde es ermöglichen zu zeigen, daß die Überläufer aus der DDR keine politischen Emigranten sind, darunter auch vom Standpunkt der eigenen Gesetzgebung der BRD, und daß ihnen gegenüber folglich die entsprechenden internationalen Konventionen und Pakte nicht Anwendung finden können. Man könnte sicher auch darauf verweisen, daß die Beschlüsse der KSZE über Freizügigkeit kaum auf die Beziehungen zwischen der DDR und der BRD anwendbar sind, da wegen der Haltung letzterer zur Staatsbürgerschaft die völkerrechtlichen Voraussetzungen für die Zusammenarbeit beider Länder in dieser Frage fehlen.

Eine solche Position würde, wie es scheint, den Weg sowohl für eine Propagandakampagne als auch für administrative Maßnahmen zur Regelung von Ausreisen aus der DDR bahnen.

Offenbar lohnt es auch, darüber nachzudenken, welche praktischen Schritte zum Einwirken auf die gegenwärtige Bundesregierung zweckmäßigerweise ergriffen werden sollten, unter Berücksichtigung dessen, daß ihre Lage nicht allzu unverwundbar ist. Wenn man, sagen wir, dem Kanzler vertraulich mitteilen würde, daß im Falle der Fortsetzung der entfachten Anti-DDR-Kampagne und der Aufnahme von Flüchtlingen durch die Botschaften der BRD die Behörden der DDR gezwungen sein würden, die Zahl der Übersiedler in diesem und im nächsten Jahr spürbar zu verringern, würde eine solche Warnung vor den Bundestagswahlen, wie es scheint, Bonn zumindest zum Überlegen zwingen.

Man könnte die Kontakte mit der BRD zur Flüchtlingsproblematik fortsetzen, ohne jedoch zu gestatten, diese auf die Erörterung der Frage zu reduzieren, wie und wann die nächste Gruppe von Personen, die das Gesetz übertreten haben, in den Westen gelassen wird, sondern, im Gegenteil, in den Mittelpunkt der Aufmerksamkeit das Problem der Staatsbürgerschaft zu stellen.

Ich stelle mir die Sache so vor, Genosse Minister, daß das von mir berührte Problem die Führung des Außenministeriums der DDR beunruhigt und daß die Suche nach einem Ausweg aus der entstandenen Situation intensiv geführt wird. Ich wäre erfreut, wenn die in meinem Brief geäußerten Überlegungen für Sie nützlich wären.

Mit kameradschaftlichem Gruß
gez. E. Schewardnadse

Quelle: SAPMO - BArch, SED, ZK, J IV 2/2A/3238.

Dokument 19

Erklärung des DDR-Außenmisteriums an das Außenministerium Ungarns vom 4. September 1989[167]

Das Ministerium für Auswärtige Angelegenheiten der Deutschen Demokratischen Republik bezeugt dem Ministerium für Auswärtige Angelegenheiten der Ungarischen Volksrepublik seine Hochachtung und beehrt sich, folgendes zu erklären:

Die Deutsche Demokratische Republik läßt sich davon leiten, die langjährige freundschaftliche Verbundenheit und enge Zusammenarbeit mit der Ungarischen Volksrepublik auf der Grundlage der bewährten Prinzipien und Festlegungen, wie sie im Vertrag über Freundschaft, Zusammenarbeit und gegenseitigen Beistand verankert sind, weiter zu entwickeln.

Dies entspricht den grundlegenden Interessen beider Staaten und dient der Stärkung des Sozialismus und der Sicherung des Friedens. Damit wird zugleich der gemeinsamen Verantwortung der Deutschen Demokratischen Republik und der Ungarischen Volksrepublik für die Fortsetzung des Entspannungsprozesses in Europa auf der Grundlage der im Rahmen des Warschauer Vertrages vereinbarten außenpolitischen Linie Rechnung getragen.

Die Wahrnehmung dieser Verantwortung schließt ein, auch künftig alle Versuche abzuwehren, die darauf gerichtet sind, diesen Prozeß zu stören und aufzuhalten sowie dem Bündnis, der Freundschaft und Zusammenarbeit zu schaden.

Die Deutsche Demokratische Republik verfügt über umfangreiche Erkenntnisse, daß die gegenwärtige Situation in der Ungarischen Volksrepublik von der Bundesrepublik Deutschland langfristig vorbereitet und organisiert wurde.

Die Bundesrepublik Deutschland setzt ihre massive Verleumdungskampagne gegen die Deutsche Demokratische Republik intensiv fort. Dabei wird durch gezielte Aktivitäten, Ausübung von Druck auf andere Staaten sowie die Einschaltung nationaler und internationaler Organisationen und Hilfsdienste versucht, in noch größerem Umfang Bürger der Deutschen Demokratischen Republik zum Verlassen ihres Staates zu bewegen. Mit dem Versuch, die entstandene Situation zu internationalisieren, soll von den Ursachen und der Verantwortung der Bundesrepublik Deutschland abgelenkt werden.

In diesem Zusammenhang muß darauf hingewiesen werden, daß die Bundesrepublik Deutschland unter Berufung auf ihre völkerrechtswidrige Obhutspflicht für alle Deutschen und unter Mißachtung der Staatsbürgerschaft der Deutschen Demokratischen Republik sich zügellos in innere Angelegenheiten der Deutschen Demokratischen Republik einmischt, den Aufenthalt von DDR-Bürgern in diplomatischen Vertretungen der Bundesrepublik Deutschland ge-

---

167 Die Note, die am 4. September 1989 übermittelt wurde, nahm das SED-Politbüro am 5. September 1989 zur Kenntnis.

stattet und widerrechtliche Personal- und Reisedokumente der Bundesrepublik Deutschland für Bürger der Deutschen Demokratischen Republik ausgibt. Dies alles führte dazu, daß Bürger der Deutschen Demokratischen Republik zur Mißachtung der Gesetze der Deutschen Demokratischen Republik und zur Erpressung von Sonderregelungen ermuntert wurden. Nicht zu übersehen ist dabei, daß die Erfassung solcher Bürger der Deutschen Demokratischen Republik in Lagern in der Ungarischen Volksrepublik zur weiteren konzentrierten Beeinflussung ausgenutzt und diese als zusätzliches Druckmittel gegen die Deutsche Demokratische Republik und die Ungarische Volksrepublik mißbraucht wird.

Zu den vom Minister für Auswärtige Angelegenheiten der Ungarischen Volksrepublik, Genossen Gyula Horn, dem Minister für Auswärtige Angelegenheiten der Deutschen Demokratischen Republik, Genossen Oskar Fischer, am 31.8.1989 in Berlin unterbreiteten Fragen ist schriftlich zu bekräftigen:[168]

1. Zusätzlich zu der von der Deutschen Demokratischen Republik bereits zugesicherten Straffreiheit ist die Deutsche Demokratische Republik bereit, den betroffenen Bürgern der Deutschen Demokratischen Republik nach Rückkehr in ihre Heimatorte die gleichen Rechte wie anderen Bürgern der Deutschen Demokratischen Republik hinsichtlich der Verordnung über Reisen von Bürgern der Deutschen Demokratischen Republik nach dem Ausland vom 30.11.1988 einschließlich der Inanspruchnahme von Rechtsmitteln, der gerichtlichen Nachprüfung und der anwaltlichen Vertretung vor den staatlichen Organen und Gerichten zu gewähren.

Diese Bürger können nach Verlassen der BRD-Einrichtungen bzw. nach Rückkehr in die Deutsche Demokratische Republik bei den für ihre Heimatorte zuständigen Abteilungen Innere Angelegenheiten vorsprechen. Die Vorsprachen werden als Wiederholung der Antragstellung auf ständige Ausreise gewertet. Die betreffenden Bürger können in ihrem Beruf und an ihre Arbeitsstelle zurückkehren.

Die anwaltliche Mitwirkung wird gewährleistet. Darüber wurde die Bundesrepublik Deutschland informiert. In diesem Zusammenhang wurde zwischen der Deutschen Demokratischen Republik und der Bundesrepublik Deutschland dahingehend Übereinstimmung erzielt, daß die Zuflucht in Vertretungen der Bundesrepublik Deutschland nicht geeignet ist, eine Genehmigung zur ständigen Ausreise aus der Deutschen Demokratischen Republik zu erreichen. Die Bundesrepublik Deutschland wird alle Zufluchtssuchenden auf die Zuständigkeit der Deutschen Demokratischen Republik verweisen und ihnen raten, die Vertretungen der Bundesrepublik Deutschland zu verlassen. Diese Übereinstimmung ist auch hinsichtlich der DDR-Bürger in der Ungarischen Volksrepublik anwendbar.

2. Fragen der ständigen Ausreise von DDR-Bürgern fallen in die alleinige Zuständigkeit der Deutschen Demokratischen Republik. Die gesetzlichen Bestimmungen der Deutschen Demokratischen Republik regeln eindeutig, daß

---

168 Vgl. Dokument 17, insbesondere Anm. 164.

Bürger der Deutschen Demokratischen Republik nicht nach dritten Staaten, für die die Reisedokumente keine Gültigkeit haben, ausreisen können. Die Erteilung eines Einreisevisums eines Drittstaates auf dafür nicht gültigen Reisedokumenten würde gegen die Gesetze der Deutschen Demokratischen Republik verstoßen.

Gleichermaßen kann die Ausreise von Bürgern der DDR aus der UVR auf der Grundlage von Dokumenten des Internationalen Komitees des Roten Kreuzes nicht akzeptiert werden. Dies kann kein gangbarer Weg zur Lösung des Problems sein. Damit würden die Interessen der Deutschen Demokratischen Republik verletzt, der von der Bundesrepublik Deutschland entfachten Kampagne Vorschub geleistet und der Grundstein für ständig neue Probleme gelegt.

3. Es besteht keinerlei Veranlassung, rechtsgültige Verträge und Vereinbarungen zwischen der Deutschen Demokratischen Republik und der Ungarischen Volksrepublik zu kündigen oder außer Kraft zu setzen. Eine solche Praxis würde dem erklärten Willen der Deutschen Demokratischen Republik und der Ungarischen Volksrepublik, die Beziehungen unter Berücksichtigung der beiderseitigen Interessen weiterzuentwickeln, widersprechen.

Die Deutsche Demokratische Republik unterstreicht ihre Bereitschaft, auf der Grundlage der bisherigen erfolgreichen Zusammenarbeit zwischen der Deutschen Demokratischen Republik und der Ungarischen Volksrepublik alle Probleme zwischen beiden Staaten auf der Basis der bewährten Prinzipien zum Nutzen beider Staaten und Völker unter Berücksichtigung der gegenseitigen Interessen zu lösen.

Dazu gehört auch die beiderseitige Einhaltung bestehender völkerrechtlicher Vereinbarungen und Verpflichtungen als Grundlage für die Berechenbarkeit in den internationalen Beziehungen.

Die Deutsche Demokratische Republik geht davon aus, daß das Abkommen zwischen der Regierung der Deutschen Demokratischen Republik und der Regierung der Ungarischen Volksrepublik über den visafreien grenzüberschreitenden Verkehr vom 20. Juni 1969 und das als Bestandteil dieses Abkommens unterzeichnete Protokoll weiterhin das bewährte Fundament für den Reiseverkehr zwischen beiden Staaten ist.

Für die Lösung der gegenwärtigen Situation ersucht die Deutsche Demokratische Republik die Ungarische Volksrepublik in Übereinstimmung mit dem genannten Abkommen darum

- Bürger der Deutschen Demokratischen Republik nicht nach dritten Staaten, für die die Reisedokumente keine Gültigkeit haben, ausreisen zu lassen;
- Bürger der Deutschen Demokratischen Republik, die sich in der Ungarischen Volksrepublik aufhalten und beabsichtigen, nach Drittstaaten auszureisen, mit aller Konsequenz zur Rückreise in die Deutsche Demokratische Republik aufzufordern und diese organisatorisch abzusichern;
- alle Maßnahmen der Deutschen Demokratischen Republik zu unterstützen, die sie gegenüber Bürgern der Deutschen Demokratischen Republik auf dem

Territorium der Ungarischen Volksrepublik unternimmt, um diese zur Rückkehr in die Deutsche Demokratische Republik zu bewegen.

Die Deutsche Demokratische Republik erneuert ihre Bereitschaft, alle Fragen, die sich in diesem Zusammenhang ergeben, in konstruktiver Zusammenarbeit und auf der Grundlage der bewährten Prinzipien der zwischenstaatlichen Zusammenarbeit mit der Ungarischen Volksrepublik zu erörtern und zu lösen.

Das Ministerium für Auswärtige Angelegenheiten der Deutschen Demokratischen Republik benutzt auch diese Gelegenheit, gegenüber dem Ministerium für Auswärtige Angelegenheiten der Ungarischen Volksrepublik den Ausdruck seiner ausgezeichneten Hochachtung zu erneuern.

Quelle: SAPMO - BArch, SED, ZK, J IV 2/2A/3238.

Dokument 20

Verlauf der SED-Politbürositzung am 5. September 1989[169]

- Zu Beginn gratulierte das Politbüro Genossen Horst Sindermann zu seinem Geburtstag
- Zu einigen außenpolitischen Fragen (in Anwesenheit der Genossen Fischer und Sieber)

Genosse Fischer:
Der Brief des Genossen Schewardnadse wurde von Genossen Gorinowitsch übergeben.[170] Er drückte Sorge der Sowjetunion um die weitere Eskalation der Kampagne gegen die DDR aus. Kwizinzkij wird mit dem Vertreter Genschers sprechen, um die Gemüter in der BRD zu dämpfen bzw. zu ernüchtern. Fischer habe Gorinowitsch gesagt, daß der Artikel in der „Prawda" zwar gut war, aber die sowjetische Seite sicher weitaus mehr Möglichkeiten habe.[171] Den Vorschlag O. Fischers, das Außenministerkomitee des Warschauer Vertrages einzuberufen, hat Gorinowitsch mit Bedenken quittiert. Das käme nicht so schnell zustande. Außerdem müsse man die abweichenden Standpunkte Polens und Ungarns bedenken. Fischer ist bei dem Vorschlag geblieben, aber auch der

---

169 In Vertretung von Egon Krenz nahm wiederum Wolfgang Herger an der Sitzung teil, der die Mitschrift anfertigte (vgl. Anm. 139).

170 Vgl. Dokument 18.

171 In der „Prawda" war unter der Überschrift „Stunde der Heuchler" ein Artikel, gezeichnet von M. Podkljutschnikow, erschienen. Für die Situation in Ungarn wurden vor allem die bundesdeutschen Medien verantwortlich gemacht. Vgl. ND, 1. September 1989.

Schewardnadse-Stellvertreter Aboimow habe noch Bedenken. Es sei klar, daß Ungarn dem Druck der BRD unterliegen wird. Nemeth, Pozgay und Horn spielen nicht mit offenen Karten. Der Innenminister Horvath sehe die Lage besser. Eine Veränderung der ungarischen Position, ab 11. 9. mit der Ausreise von DDR-Bürgern zu beginnen, sei nicht zu erwarten.

Außenpolitisch sind folgende Maßnahmen möglich:
- Unsere Botschafter bitten alle Verbündeten um Unterstützung.
- Unser Vertreter in Bonn spricht noch einmal mit Seiters. (Besonders zur Alleinvertretungsanmaßung, zur Aufforderung, die Kampagne gegen die DDR einzustellen, zur Respektierung des Völkerrechts durch Bonn. Das soll deutlich machen, daß die Weiterführung der Kampagne gegen die DDR bisher Erreichtes in den Beziehungen BRD/DDR gefährdet, auch wenn wir bereit sind, die Beziehungen weiter zu entwickeln. Es wird gefordert, daß Gespräche in Ständiger Vertretung Bonns in Berlin endlich beginnen.)
- Mit allen geeigneten Politikern in der BRD sollte gesprochen werden. Auch die Städtepartnerschaften könnten genutzt werden, denn sie nutzen sie ja auch.
- Auch die Botschafter in den Staaten West- und Nordeuropas sollen dort unseren Standpunkt darlegen.
- Besonders wichtig ist ein schnelles Gespräch mit Österreich, da Mock unser bisheriges Stillschweigen als Einverständnis betrachten könnte. Man muß deutlich sagen, daß Österreich alles unterlassen sollte, was die Spannungen verschärft.
- Überhaupt müßten die Geraer Forderungen mehr ins Zentrum gerückt werden.[172]

Genosse Stoph:
Es ist gut, daß wir Materialien bekommen haben. Die Vorschläge Fischers sind geeignet. Wir müssen aktiver werden, als wir es bisher waren. Es handelt sich um eine lang angelegte Kampagne der BRD, um die DDR in die Knie zu zwingen. Es wäre besser gewesen, die Sprechererklärung erst im Politbüro zu behandeln, obwohl ich sie unterstütze.[173] Der Westen will die Situation ständig anheizen. Ungarn unterstützt das, besonders mit der faktisch offenen Grenze. Das widerspricht allen Verträgen. Auch die Kampagne der BRD widerspricht den Vereinbarungen zwischen Erich Honecker und Kohl. Wir müssen unsere Position stärker den Verbündeten und anderen Ländern darstellen. Wir sollten eine Dokumentation machen, wer von offizieller BRD-Seite wie auftritt und die

---

172 Vgl. dazu Erich Honecker: Zu aktuellen Fragen der Innen- und Außenpolitik der DDR. Aus der Rede auf der Aktivtagung zur Eröffnung des Parteilehrjahres 1980/1981 in Gera, 13. Oktober 1980. In: Reden und Aufsätze. Bd. 7. Berlin 1982, S. 415 ff.

173 Eine Erklärung des Sprechers des DDR-Außenministeriums, Wolfgang Meyer, in der die Bundesrepublik für eine „zügellose Hetzkampagne" gegen die DDR verantwortlich gemacht wurde, war am 4. September herausgegeben worden. Vgl. ND, 5. September 1989.

Situation anheizt. Das Auftreten Berteles zur Messe war unverschämt.[174] Wenn ich das heutige Material eher gehabt hätte, hätte ich ihm noch ein/zwei Sätze gesagt. Unsere Partei muß die Öffentlichkeit informieren und sie mit Argumenten versorgen. Ich denke auch an die Kampagne gegen Erich Honecker, das Politbüro und die alten Männer. Das darf man nicht unterstützen. Wir dürfen hier nicht zusehen. Die Maßnahmen von Fischer müssen durch innere Maßnahmen ergänzt werden. Wir müssen die Probleme im inneren noch besser lösen - besonders die Versorgung. Wir müssen viele kleine Dinge besorgen, die die Leute ärgern. Ich will das nächste Woche mit den Ratsvorsitzenden besprechen. Wir dürfen die Dinge nicht einfach laufen lassen. Wir brauchen eine starke Aktivierung der Partei, der Gewerkschaft, der Jugend, der Frauen. Die langen Artikel, die wir in letzter Zeit veröffentlicht haben, sind gut, werden aber nicht von allen gelesen. Wir brauchen mehr kurze Artikel oder auch Leserbriefe, wo gezeigt wird, wie unsere Werktätigen konstruktiv unsere Aufgaben erfüllen. Wir müssen die Kampagne des Gegners noch entschlossener entlarven. Es muß auch analysiert werden, wo die Gründe liegen, daß Leute weg wollen. Viele sind keine Feinde. Sie sind bei uns erzogen und aufgewachsen. Es gibt vielfältige Ursachen. Ich bin sehr beunruhigt, mit welcher Frechheit, Anmaßung und Massivität alle Bonner Parteien gegen die DDR auftreten.

Genosse Axen:
Wir müssen vor allem mündlich über die Partei Positionen schaffen. Die Sekretäre des ZK haben das getan und führen das weiter. Es war richtig, die Sprechererklärung schon gestern Abend herauszugeben. Sie enthält unsere klare Position. Ich bin für die Vorschläge Fischers und unterbreite weitere folgende Vorschläge, vor allem für Veröffentlichungen:
1. In klarer Form ist darzulegen, daß wir die Obhutspflicht entschieden zurückweisen. Dabei muß nachgewiesen werden, daß das gegen das Völkerrecht und gegen die Genfer Konvention über die diplomatischen Vertretungen verstößt.
2. Wir sollten eine Dokumentation machen, in der wir die ganze Hetzkampagne gegen die DDR entlarven - bis hin zum paneuropäischen Picknick.[175]

---

174 Willi Stoph war beim Eröffnungsrundgang der Leipziger Herbstmesse am 3. September 1989 mit Franz Bertele am Stand der Hoechst AG zusammengetroffen. In der DDR-Presse wurde die Passage wie folgt wiedergegeben: „Nachdem Dr. Bertele Probleme angesprochen hatte, die nach seiner Auffassung zur Zeit für eine Belastung in den Beziehungen zwischen beiden deutschen Staaten sorgen, sagte er abschließend, daß er für die Bundesregierung unterstreichen möchte, daß ihr auch in Zukunft an einer gedeihlichen Entwicklung der Beziehungen gelegen ist, und sie ihren Beitrag zur Lösung der entstandenen Probleme leisten will." (ND, 4. September 1989.)

175 Bei einem „Paneuropäischen Picknick" bei Sopron flüchten 661 DDR-Bürger spektakulär über die ungarische Grenze nach Österreich. Vgl. Thomas Kleine-Brockhoff/Michael Schwelien: Wie das Tor aufging. In: Die Zeit, Hamburg, Nr. 34, 19. August 1994, S. 11 ff.

(Man riecht förmlich, daß der neue USA-Botschafter Walters in Bonn nach dem Auftreten Bushs in der BRD hier seine Finger im Spiel hat.)

3. Wir müssen eine starke Darlegung der Beziehungen DDR/BRD bringen, auch um zu zeigen, wie oft schon Aufweichung versucht und wie das immer geschürt wurde.

Genosse Hager:
Ich unterstütze die Vorschläge Fischers. Es war höchste Zeit, die Sprechererklärung herauszugeben. Die verschiedenen Einzelartikel, vor allem auch in der Jungen Welt, haben nicht ausgereicht, um den Gesamtzusammenhang der Kampagne gegen uns zu erläutern. Wir brauchen weitere Artikel, vor allem eine Expertise unserer Völkerrechtler, wie die BRD das Völkerrecht verletzt und wie den KSZE-Prozeß stört.

Mit Österreich muß schnell gesprochen werden.

Wie steht es mit dem Roten Kreuz? Es handelt sich doch nicht um anerkannte Flüchtlinge, sondern um Gesetzesverletzer. Die Leitung unseres DRK muß sofort intervenieren. Die Ungarn betrieben ein doppeltes Spiel. Ihre Beratung in Bonn wird weiter geheim gehalten.[176] Das Tor Ungarn bleibt offen. Folglich ist es notwendig, daß die Staaten des Warschauer Vertrages gegenüber Ungarn unseren Standpunkt vertreten. Auf die Dauer ist eine solche negative Position Ungarns nicht dazu angetan, daß wir mit ihnen freundschaftliche Gespräche führen. Was sie tun, ist der Bruch der bisherigen normalen Beziehungen. Wir stehen also vor der Frage, wie wir uns weiter zu Ungarn verhalten sollen. Das ist für mich noch eine offene Frage. Aber die ungarische Position gegenüber uns verschlechtert sich - zugunsten Bonns. Sie werden die Befehle aus Bonn befolgen.

Wir brauchen auch gegenüber der SPD eine klare Position. Sie hat einen Stellungswechsel zur CDU vollzogen. Ich sehe keinen Unterschied zwischen ihr und der Kampagne der CDU. Das müssen wir der SPD mitteilen. Vogel hat deutlich erklärt, daß er die DDR-Staatsbürgerschaft nicht anerkennt.

Zur ideologischen Arbeit: Der Gegner verbreitet, die DDR sei am Ende, die Leute stimmen mit den Füßen ab usw. Man muß klar sagen: Sie wollen - wie die FAZ mitteilt - von der Nachkriegsordnung in Europa abgehen und den Status quo beseitigen. Das ist der springende Punkt, das ist ihre Einschätzung der Lage. Die Friedensfrage ist weit in den Hintergrund getreten.

---

176 Am 25. August 1989 kamen überraschend der ungarische Ministerpräsident Miklos Nemeth und Außenminister Gyula Horn zu Gesprächen mit Bundeskanzler Helmut Kohl und Außenminister Hans-Dietrich Genscher nach Bonn. Dabei wurde vereinbart, im September die ungarische Grenze in den Westen für die fluchtwilligen DDR-Bürger zu öffnen. Vgl. Gyula Horn: Freiheit, die ich meine. Erinnerungen des ungarischen Außenministers, der den Eisernen Vorhang öffnete. Hamburg 1991, S. 314 ff. Nach der Grenzöffnung am 11. September reagierten die DDR-Medien mit dem Vorwurf, daß Ungarn dafür Zahlungen aus der Bundesrepublik erhalten habe („Silberlinge für Ungarn"; vgl. ND, 12. September 1989).

Es genügt nicht, nur mündlich zu informieren. Wir müssen das ND nutzen und andere schriftliche Quellen - und das mit kurzen prägnanten Argumenten. Hervorragend war der Artikel in der Jungen Welt, in dem das Schicksal der Verführten dargestellt wurde, in dem gezeigt wurde, wie der Kapitalismus mit ihnen Schindluder treibt.[177] Wir haben doch genügend Fakten, z. B. sind in Stuttgart die Mehrheit der Arbeitslosen ehemalige DDR-Bürger, in Hamburg sind 40 Prozent der Obdachlosen ehemalige DDR-Bürger.

Genosse Keßler:
Obwohl ich das letzte Mal schon gesprochen habe, möchte ich noch einmal drei Dinge unterstreichen:
1. Kurt Hager hat recht, daß der Kampf um den Frieden als Hauptproblem in den Hintergrund gerückt wird. Das ist auch letztlich die Absicht dieser konzertierten Aktion. Wir müssen das wieder in den Vordergrund rücken. Es ist doch eine Schande für die BRD, daß der Bundestag den Haushalt vor fast leeren Bänken berät. Die Verteidigungsausgaben stehen an 2. Stelle. Das geht jetzt alles unter. Wir müssen sie regelrecht auseinandernehmen, um unseren Menschen inhaltlich zu zeigen, was Kapitalismus ist.
2. Nicht alle, die gehen, sind Feinde. Das mag subjektiv so sein, objektiv wirkt es für unsere Politik feindlich. Das Gros derer, die zum Feind gehen, sind junge Leute zwischen 17 und 27 Jahren. Davor dürfen wir die Augen nicht verschließen. Was fasziniert sie? Vor allem das äußere Bild, auch in Ungarn. Die Läden sind voll. Auch wenn es teuer ist, die Läden sind voll. Man hat das Gefühl, daß es alles gibt. Das wirkt auf die Leute. Wir müssen unter die Menschen gehen. Ich halte nichts von dem Begriff der Sogwirkung, wir müssen dem entgegentreten.
3. Und das gehört eigentlich an die Spitze: Unsere Anstrengungen zur Versorgung reichen - vor allem in den Kreisen - nicht aus. Wenn der Gegner uns eine andere Kampfart aufzwingt, können wir nicht mit den Methoden von gestern arbeiten. Ich nehme nur das Beispiel Frankfurt. Der Bezirk hat jetzt eine moderne Brauerei. Früher hatte er Verträge mit anderen Bezirken, und es gab ausreichend Getränke. Wieso funktioniert das jetzt nicht? Man muß einfach sagen: Die weglaufen, sind mit uns unzufrieden.

Genosse Sindermann:
Wir dürfen uns nicht aufdrängen lassen, daß es sich um Flüchtlinge aus der DDR handelt. Es geht um das Anwachsen des Revanchismus, des Neonazismus, des Faschismus. Es geht um einen Generalangriff gegen den Sozialismus. Wir sind das erste Ziel. Wieso schweigen unsere Verbündeten? Ich bin für die

---

177 Am 31. August 1989 hatte die „Junge Welt" ein Interview mit einem gewissen Jürgen Hermann publiziert, der angeblich Ende 1988 aus der DDR in die Bundesrepublik ausgereist war und inzwischen in die DDR zurückkehren wollte.

Vorschläge Fischers. Man muß mit Vranitzky sprechen: Fallen Sie schon wieder auf den deutschen Chauvinismus herein?
Wir müssen auch das Bündnis des Warschauer Vertrages gegen den deutschen Imperialismus mobilisieren. Es wird uns alle überrennen, wenn wir nicht gemeinsam gegen ihn Front machen. Wenn Leute uns verlassen, dann ist das nicht nur Unzufriedenheit. Es ist auch die Wirkung der chauvinistischen Propaganda über Deutschland und gegen die DDR. Wir müssen gegen diese Ideologie Front machen, so wie Hermann Axen das in seiner Rede für Sonntag tut.[178] Wenn Leute bei uns gehen, ist das schade, aber in erster Linie für sie selbst.

Genosse Krolikowski:
Ich bin mit dem Brief Erich Honeckers an Kohl einverstanden,[179] mit der Sprechererklärung und den anderen Materialien. Wir müssen unbeirrt fortsetzen:
1. die Stärkung der DDR,
2. die Stärkung des Bündnissystems, besonders mit der Sowjetunion,
3. die Entlarvung der BRD-Kampagne.
Man muß die gesamte Aktion des Gegners gründlich einschätzen und dem Politbüro vorlegen. Wir sollten den Brief Schewardnadses zum Anlaß nehmen, um erste Vorschläge zu machen. Auch mit Ungarn müssen wir weiterarbeiten, damit das Geplante nicht stattfindet.
Der heutige Artikel Erich Honeckers ist für die massenpolitische Arbeit sehr wichtig.[180] Dennoch sollten wir eine Erklärung abgeben gegenüber unseren Werktätigen - auch mit einer Dokumentation der Kampagne gegen uns.

Genosse Dohlus:
Es darf nicht der Eindruck erweckt werden, als sei nichts gemacht worden. Wir hatten die Volksbildungstagungen, in dieser Woche die Aktivtagungen zur Eröffnung des Parteilehrjahres, danach finden die Kreisparteiaktivtagungen statt und die Gespräche zum Umtausch der Parteidokumente.

Genosse Walde:
In dieser Woche haben wir die Bezirksaktivtagung, im Anschluß daran nehme ich die 1. Kreissekretäre zusammen. (Genosse Böhme: ich auch)

---

178 Anläßlich des jährlichen Gedenktages für die Opfer des faschistischen Terrors hielt ZK-Sekretär Hermann Axen am 10. September 1989 auf dem Berliner Bebelplatz eine mit konservativen Losungen und Angriffen auf die Bundesrepublik gespickte Rede vor angeblich 200.000 Kundgebungsteilnehmern. Vgl. ND, 11. September 1989.

179 Vgl. Dokument 16.

180 Am 5. September veröffentlichte das ND vorab den Artikel Erich Honeckers „40 Jahre Deutsche Demokratische Republik", der für die theoretische Zeitschrift des ZK der SED „Einheit" geschrieben worden war. Vgl. auch Einheit, 1989, Heft 9/10, S. 788 ff.

Die Lage im Bezirk ist so, daß 95 bis 98 Prozent normal arbeiten. Ein Teil ist verunsichert. Wir müssen das Selbstbewußtsein unserer Genossen festigen. Für die zentrale Führung der Massenmedien ist das Proportionieren wichtig:
- 75 Prozent sollte den Sozialismus in der DDR darstellen,
- 15 Prozent die Entlarvung des Imperialismus überhaupt,
- in dem verbleibenden Platz informieren [wir] über die aktuelle Lage, was diese Kampagne betrifft.

Ich will als Frage aufwerfen: Wäre es nicht zweckmäßig, im Vorgriff auf den XII. Parteitag in der Partei bestimmte Fragen zu diskutieren. Die Mitglieder des Politbüros haben doch umfangreiches Material bekommen.[181] Wir müssen deutlich machen, wie sich der Sozialismus bei uns auch in den 90er Jahren entwickeln wird, daß der Sozialismus nicht am Ende ist. Wir müssen noch mehr in die Offensive kommen und noch mehr Selbstbewußtsein schaffen.

Genossin Lange:
Ich bin einverstanden mit dem, was gesagt wurde. Wir haben auf der Messe gesehen, was für die Versorgung gemacht wird. Das ist großartig. Es wird gekämpft. Wie Werner Walde sagte, müssen wir das Gefühl unserer Kraft vermitteln. Bei der Versorgung müssen wir überlegen, was zu unserer Bevölkerung geht. Vieles geht in den Export. Wir müssen die Versorgung sichtbarer, spürbarer verbessern. Das gilt besonders für einige Gebiete, z. B. die Konfektion.

Genosse Mielke:
Ungarn verrät den Sozialismus. Der Vorschlag Fischers zu einer Außenministerkonferenz ist sehr wichtig. Es geht um die Machtverhältnisse im Sozialismus generell. Wenn das mit Ungarn so weitergeht, riskieren wir für uns Ungarn als Transitland. Wir müssen aber auch unsere Genossen in Ungarn unterstützen. Wir versorgen unsere Genossen mit theoretischen Artikeln, sie werden gelesen und studiert. Es kommt aber darauf an, die praktischen Fragen im Sinne dieser guten theoretischen Artikel zu klären.

Wo sind also einige der Wurzeln bei uns? Die Leute, die wegwollen, kann man nicht nur mit ideologischen Argumenten aufhalten. Wir müssen mehr produzieren und Valuta erarbeiten. Es sind nicht nur Jugendliche, sondern auch viele Spezialisten, Ärzte, Techniker usw. Ich werde die Ursachen in einigen Tagen auf den Tisch legen.

---

181 Bereits im Juni 1989 hatte Erich Honecker anläßlich einer Beratung der ZK-Wirtschaftssekretäre der sozialistischen Staaten in Berlin diese über zahlreiche, namentlich 53 Studien informiert, die in Vorbereitung des XII. Parteitages von DDR-Wissenschaftlern ausgearbeitet worden seien. Die SED-Politbüromitglieder hatten diese Materialien von der ZK-Abteilung Wissenschaft (Kurt Hager) erhalten.

Genosse Mittag:
Die rege Aussprache zeigt, wie wichtig alle diese Grundfragen sind. Der Stoß des Gegners ist nicht nur gegen die DDR gerichtet, sondern gegen den Sozialismus - von der Sowjetunion bis China.

Der Zusammenarbeit zwischen SED und KPTsch ist sehr stark. Wir müssen uns auf die weitere Entwicklung in Ungarn einstellen. Wir brauchen eine Konzeption, wie wir dann reagieren. Wir dürfen keine Materialien veröffentlichen, die uns schaden.

Genosse Czyrek war sehr dankbar dafür, wie wir uns jetzt zu ihnen verhalten.[182] Wir müssen etwas fertig machen, um Bulgarien zu helfen.

Als erstes steht die Stärkung der DDR. Im Monatsbericht August wird wieder stehen, was da geleistet wurde. Wo gibt es denn das noch? Wir müssen unsere Errungenschaften besser darlegen, dabei auch die Broschüre „40 Jahre DDR" mehr nutzen.[183] Wir haben im August, obwohl er ein Urlaubsmonat ist, höchste Leistungen erreicht. Genosse Beil meldete eine Milliarde SW-Export.

Wir haben heute im ND links die Messe[184] und rechts die Sprechererklärung aufgemacht. Nach den Gesprächen Mittag und Fischer mit Horn hat Ungarn gemerkt, daß hier Bündnisfragen stehen. Genosse Mielke hat seine Genossen nach Ungarn geschickt. Unsere Botschaft ist auch aktiv. Aber in den Lagern in Ungarn regiert die BRD.

Am Freitag haben wir die sowjetischen Genossen über die Gespräche mit Horn informiert. Die sowjetischen Genossen haben am Sonntag abend reagiert. Deshalb haben wir gestern sofort die Sprechererklärung veröffentlicht. Die Dokumente von heute geben wir auch den Botschaften der befreundeten Staaten.

In den nächsten Tagen sollten wir besonders drei Fragen behandeln: Obhutspflicht - Grenze von 1937 - Neonazismus.

Aus dem Brief Schewardnadses sind weitere Schlußfolgerungen zu ziehen und dem Politbüro vorzulegen.

Das Seminar und die Messe in Leipzig zeigen, daß die Stimmung bei unseren Genossen gut ist. Kampfposition ist vorhanden.

Genosse Keßler hat recht: Jeder Genosse muß seine eigene Verantwortung wahrnehmen, jeder muß seine eigene Leistung erhöhen. Wir dürfen uns nicht selbst in diese Hysterie treiben lassen.

Alle Sekretäre des ZK haben ihre Beratungen durchgeführt. In den Abteilungen des ZK wurde die Linie ausgewertet. Das Auftreten von Willi Stoph am

---

182 Jozef Czyrek, Staatsminister beim polnischen Präsidenten und ZK-Mitglied der PVAP, hatte am 1. September als offizieller Gast an der Sondersitzung der DDR-Volkskammer zum 50. Jahrestag des Beginns des zweiten Weltkrieges teilgenommen und war am gleichen Tag zu einem offiziellen Gespräch von ZK-Sekretär Hermann Axen empfangen worden.

183 Vgl. 40 Jahre DDR. Hrsg. von der Abteilung Agitation des ZK der SED. Berlin 1989.

184 Vgl. Anm. 156.

BRD-Stand war richtig. Sie wollten doch die Atmosphäre vergiften. Dazu gehört auch die Sache mit der Leipziger Kirche. Wir brauchen uns nicht nachträglich zu korrigieren.

Die Messe ist eine große Leistung der DDR. Unsere Genossen sind doch keine Dummköpfe. Ich habe die Linie auch mit den Wirtschaftssekretären besprochen. Wir müssen energisch die Versorgungsfragen klären - nicht global, sondern konkret.

Wir brauchen grundsätzliche Artikel. Wir müssen den Marxismus-Leninismus hineintragen. Wir brauchen auch kurze Artikel und Stellungnahmen. Die heutige Aussprache gibt dazu genügend Anregungen.

Wir müssen eine Analyse machen - nicht heute und morgen. Jetzt müssen wir den Angriff abwehren.

Dokumentiertes Material, z. B. zur SPD, ist sehr wichtig. Aus dem heutigen Material ist eine Dokumentation zu machen, die man veröffentlichen kann.

Zur Hetze gegen Erich Honecker und andere Genossen: In Veröffentlichungen sollten wir darauf nicht reagieren. Kohl ist ja jetzt auch krank geworden. Wir sollten uns nicht abbringen lassen von unserem Kurs. Es muß ein Ruck durch die Partei gehen. Wir haben damit begonnen. Einige meckern mit. Die Genossen des Politbüros gehen in Betriebe bei der Übergabe der Parteitagsobjekte und der Ehrenbanner.[185] Selbstverständlich werden wir die Parteileitungen dabei zusammennehmen.

Unseren Standpunkt zum Roten Kreuz sollten wir sofort veröffentlichen.

Den Vorschlag, eine offizielle Erklärung der Parteiführung herauszugeben, werde ich mit Genossen E. Honecker besprechen. Die Sprechererklärung wird als offizielle Stellungnahme empfunden.

Quelle: SAPMO - BArch, SED, ZK, IV 2/2039/77.

Dokument 21

Vermerk über das Gespräch des Ministers für Auswärtige Angelegenheiten der DDR, Oskar Fischer, mit dem Außerordentlichen und Bevollmächtigten Botschafter der UdSSR in der DDR, Wjatscheslaw I. Kotschemassow, am 5. September 1989

Bezug nehmend auf die heutige Tagung des Politbüros des ZK der SED teilte Genosse Oskar Fischer Genossen Kotschemassow mit, daß die Genossen des Politbüros sowohl den Brief des Genossen Schewardnadse als auch die Mission von Genossen Gorinowitsch als ein nachdrückliches Zeichen der solidari-

---

185 Vgl. Anm. 159; ND, 21. September - 3. Oktober 1989.

schen Verbundenheit der UdSSR mit der DDR, als Ausdruck des engen Verhältnisses zwischen beiden Staaten, wie es seit eh und je bestand, betrachten.[186] Nach ihrer Auffassung wäre das Zustandekommen einer Sondertagung des Außenministerkomitees der Warschauer Vertragsstaaten, wie dies gestern mit Genossen Gorinowitsch besprochen wurde, zweckmäßig und notwendig. In der Sitzung des Politbüros wurde auch der Zusammenhang, auf den Genosse Oskar Fischer während des gestrigen Gesprächs hinwies, daß es sich gegenwärtig um einen Angriff gegen den Sozialismus von Berlin bis Peking handele, bestätigt. Bei dieser Einschätzung stelle sich für die DDR die Frage, wozu unser Bündnis bestehe, wenn nicht dann - wenn sich eine derartige Situation ergeben habe - eine gemeinsame Erörterung der Probleme erfolge.

Genosse Oskar Fischer informierte Genossen Kotschemassow über die Übergabe der Note der DDR an den Staatssekretär im ungarischen Außenministerium, Genossen Deszil, am gestrigen Abend.[187] Als weitere Aktivitäten der DDR nannte er die Übermittlung des Inhalts der Note an die Botschafter der DDR in den sozialistischen Ländern, den ihnen gegebenen Auftrag, in den Außenministerien und Zentralkomitees vorzusprechen und dort den Standpunkt der DDR darzulegen. Auch den Botschaftern der DDR in west- und nordeuropäischen Ländern sei der Text der Note als persönliche Orientierung für ihr Auftreten zugestellt worden. Alle Botschafter hätten auch die heutige Sprechererklärung als Sprachregelung erhalten. Die Abteilung Internationale Verbindungen des ZK werde auch eine Anweisung erteilen, mit wem und wann mit den Bruderparteien West- und Nordeuropas Gespräche geführt werden, um den Standpunkt der DDR auch dort bekanntzumachen.

Ferner wies Genosse Oskar Fischer darauf hin, daß in nächster Zeit die Arbeit in den Medien verstärkt wird und angesichts der gegnerischen Propagandakampagne insbesondere auch Grundfragen und die Perspektiven des Sozialismus zur Diskussion gestellt werden. Es werden Artikel zur Auseinandersetzung mit der von der BRD sich angemaßten sog[enannten] Obhutspflicht für alle Deutschen erscheinen. Die Medien der DDR werden auch auf die Tatsache aufmerksam machen, daß mit der zügellosen Hetze gegen den Sozialismus versucht wird, die Fragen des Friedenskampfes und der Abrüstung in den Hintergrund zu drängen.

Genossen Kotschemassow wurde zur Kenntnis gegeben, daß das Politbüro die Unterstützung der DDR durch die sowjetische Außenpolitik und sowjetische Medien dankbar zur Kenntnis genommen hat und Aktivitäten des sowjetischen Botschafters in Budapest begrüßen würde. Die DDR werde auch die anderen sozialistischen Staaten solidarisch unterstützen, die, wie gegenwärtig Bulgarien, Angriffen des Gegners ausgesetzt sind.

---

186 Vgl. Dokumente 18 und 20.

187 Vgl. Dokument 19.

Genosse Kotschemassow teilte mit, daß die gestern unterbreiteten Vorschläge der DDR und die übergebenen Materialien bereits in russischer Sprache in Moskau vorliegen. Er habe Nachricht erhalten, daß der sowjetische Botschafter in Bonn um ein dringendes Gespräch mit dem Außenminister der BRD bemüht ist. Falls Genscher aber nicht erreichbar sei, solle er mit Kanzleramtsminister Seiters sprechen. Dabei werde er in harter Form die Einstellung der von der BRD entfalteten Kampagne gegen die DDR fordern, die Dinge offen und direkt ansprechen und die Besorgnis der UdSSR darüber zum Ausdruck bringen, daß es zu Konsequenzen für die Stabilität in Europa führen könne, wenn die BRD die Souveränität und Interessen der DDR weiterhin mißachte. Er solle auch erklären, daß die UdSSR die gegenwärtige Politik der BRD gegenüber der DDR nicht als Außenseiter betrachten könne, denn durch die Verletzung der Interessen der DDR seien auch ihre Interessen betroffen, was Auswirkungen für die Politik der Sowjetunion gegenüber der BRD haben könne. Neben der stärkeren Einschaltung der sowjetischen Massenmedien habe auch der sowjetische Botschafter in Budapest bereits den Auftrag erhalten, Kontakte aufzunehmen und die Besorgnis der sowjetischen Seite über die Geschehnisse im Zusammenhang mit den in der UVR befindlichen DDR-Bürgern zum Ausdruck zu bringen, sowie die ungarischen Genossen aufzufordern, nach Alternativen zu suchen, die sowohl für die DDR als auch für die BRD annehmbar seien.

Genosse Kotschemassow hob erneut die Notwendigkeit eines offensiven Auftretens in bilateralen Gesprächen und auf internationalen Foren hervor. Die Frage der Einberufung einer Sondertagung des Außenministerkomitees der Warschauer Vertragsstaaten liege der sowjetischen Führung zur Entscheidung vor. Sobald er Nachricht habe, werde er sich mit Genossen Oskar Fischer in Verbindung setzen. Gleichzeitig bat er, ihn ständig auf dem laufenden zu halten. Er betrachte diese Aufgabe als die für ihn gegenwärtig wichtigste Arbeit und werde mit allen ihm zur Verfügung stehenden Mitteln die DDR unterstützen.

Quelle: SAPMO - BArch., ZPA, J IV 2/2A/3239.

Dokument 22

Vermerk über das Gespräch des Ministers für Auswärtige Angelegenheiten der DDR, Oskar Fischer, mit dem Außerordentlichen und Bevollmächtigten Botschafter der UdSSR in der DDR, Wjatscheslaw I. Kotschemassow, am 7. September 1989

Genosse Kotschemassow nahm einleitend Bezug auf die in den letzten Tagen geführten Gespräche und trug den Inhalt eines an Genossen Oskar Fischer gerichteten Briefes vor, den er anschließend übergab (Anlage).[188]

Genosse Kotschemassow informierte zuerst über die Aktivitäten des Botschafters der UdSSR in der UVR, um Einfluß auf die zuständigen ungarischen Genossen auszuüben, und danach ausführlich über Verlauf und Ergebnisse des am 5.9.1989 geführten Gesprächs des Botschafters der UdSSR in Bonn, Genossen Kwizinskij, mit Kanzleramtsminister Seiters. Demzufolge habe Genosse Kwizinskij im Auftrage des sowjetischen Außenministeriums die ernsthafte Besorgnis über die von westdeutschen Behörden und Massenmedien verfolgte Linie in bezug auf die Versuche zur illegalen Ausreise von Bürgern der DDR nach der BRD zum Ausdruck gebracht. Er habe erklärt, daß das Fortbestehen dieser Situation zur Einschränkung der menschlichen Kontakte zwischen Bürgern beider deutschen Staaten führen könnte, zumal die DDR über entsprechende Möglichkeiten verfüge.

Seiters habe erwidert, daß die BRD eine konstruktive Entwicklung der Beziehungen mit der DDR und der UdSSR wünsche und die günstige Entwicklung des Verhältnisses zwischen der BRD und der DDR wie auch die Zunahme der Reisen in beiden Richtungen und die Praxis der Erteilung von Ausreisegenehmigungen durch die DDR hoch zu schätzen wisse. Er habe darüber bereits zweimal mit dem Vorsitzenden des Staatsrates der DDR gesprochen. Die DDR habe aber ein Defizit bei der Verwirklichung des Helsinki-Prozesses. Nach Gesprächen mit Personen, die aus der DDR ausgereist seien, habe er den Eindruck erhalten, daß der Schlüssel zur Lösung des Ausreiseproblems in der DDR liege. Es müßte mehr Hoffnung auf eine Veränderung der Lebensverhältnisse in der DDR geben. Er verstehe auch nicht, warum die DDR einige hundert Personen in den Botschaften der BRD nicht ausreisen läßt, wenn sie andererseits Zehntausenden die Genehmigung erteilt.

Genosse Kwizinskij wies darauf hin, daß die DDR entsprechend ihren Interessen und Gesetzen handeln müsse, was für die Führung jedes Landes zutreffe. Die Botschaften könnten keinesfalls Zufluchtsorte für Personen, die ausreisen wollen, sein. Anderenfalls müßten die Botschaften der BRD durch einen Polizeikordon abgeriegelt werden, was wohl die BRD nicht wünsche.

---

188 In diesem kurzen Schreiben sprach sich das UdSSR-Außenministerium gegen eine Sondertagung des Komitees der Außenminister des Warschauer Vertrages aus (vgl. Dokument 21).

Seiters unterstrich, daß die BRD mit der DDR zu einer Übereinstimmung kommen möchte, aber Rechtsanwalt Vogel habe zu beschränkte Instruktionen. Die Zusicherung der DDR, Straffreiheit zu gewähren, sei zu wenig. Wenn die DDR erklären würde, daß Anträge in überschaubaren Fristen positiv entschieden werden, könnten Maßnahmen zum Verlassen der Botschaft der dort befindlichen Personen eingeleitet werden.

Genosse Kwizinskij wies die Forderung der BRD zurück, da eine solche Praxis des Kommens und Gehens bis in alle Ewigkeit fortgesetzt würde. Es sei notwendig und technisch möglich, eine strenge Kontrolle einzuführen und die Übersicht zu behalten, wer in die Botschaften hereingelassen wird. Auf jeden Fall müsse eine ständige Wiederholung der Situation ausgeschlossen werden.

Daraufhin nickte Seiters, ohne eine Äußerung von sich zu geben. Offensichtlich hatte er keine Vollmacht, einen Standpunkt darzulegen.

Bezugnehmend auf wiederholte Äußerungen von Bonner Politikern, die Tage der DDR seien gezählt und die Wiedervereinigung Deutschlands stehe auf der Tagesordnung der Politik, verurteilte Genosse Kwizinskij einen solchen Kurs und forderte angesichts der Bedeutung, die die Existenz der DDR in Europa besitzt, Realismus an den Tag zu legen. Wenn die BRD bestrebt wäre, den Zustrom von Flüchtlingen einzuschränken und nicht die DDR zu untergraben, müßte sie die Staatsbürgerschaft der DDR anerkennen und durch wirtschaftliche Förderung die Immigration aus der DDR stoppen. Sie aber mache die sog[enannten] Übersiedler zu Kämpfern gegen den Sozialismus und zu Märtyrern.

Während Seiters mit den Schultern zuckte, warf der ebenfalls anwesende leitende Mitarbeiter im Bundeskanzleramt Teltschik ein, die DDR-Bürger würden aus politischen Gründen die DDR verlassen.

Am Ende des Gesprächs mit Genossen Kwizinskij gab Seiters zu verstehen, daß er dessen Ausführungen als Standpunkt des Außenministeriums der UdSSR verstanden habe und entsprechend weiterleiten werde.

Genosse Oskar Fischer nahm die Information und die darin zum Ausdruck kommende wirksame Unterstützung der UdSSR dankend entgegen. Er stellte fest, daß Seiters den Argumenten des Genossen Kwizinskij nichts Stichhaltiges entgegensetzen konnte. Es sei das alte Lied von der Bindung an das Bonner Grundgesetz und das Karlsruher Urteil, womit Bürger der DDR oder Deutsche in anderen Staaten nichts zu tun haben, da für sie die Gesetze ihrer Staaten gelten. Während Botschaftsbesetzer in aller Welt als Terroristen bezeichnet werden, mache sie die BRD, wenn es sich um DDR-Bürger handele, zu Helden.

Er informierte Genossen Kotschemassow über die Pressekonferenz des Botschafters der DDR in Budapest und die Gespräche des Botschafters der DDR in Bonn mit Seiters sowie des Genossen Schindler mit Bertele.[189] Seiters der

---

189 Vertrauliche Gespräche hatte es zwischen dem amtierenden Leiter der Abteilung BRD im DDR-Außenministerium, Hans Schindler, und dem Leiter der Ständigen Vertretung der Bundesrepublik in der DDR, Franz Bertele, seit dem 16. August 1989 fortlaufend gegeben.

BRD sei man bereit, ab morgen Gespräche mit den in der Vertretung befindlichen DDR-Bürgern zu führen und sie zum Verlassen der Botschaft anzuhalten.

Es wurde vereinbart, daß Genosse Oskar Fischer und Genosse Kotschemassow in ständigem Kontakt bleiben und sich, sofern erforderlich, umgehend informieren.

Quelle: SAPMO - BArch, SED, ZK, J IV 2/2A/3239.

Dokument 23

Information über das Gespräch des Leiters der Ständigen Vertretung der DDR in der BRD, Horst Neubauer, mit dem Bundesminister für besondere Aufgaben und Bundeskanzleramtschef, Rudolf Seiters, am 7. September 1989

Das Gespräch fand auf Ersuchen der DDR statt.

Genosse Neubauer bekräftigte den Standpunkt der DDR in der Frage des Aufenthaltes von DDR-Bürgern in Vertretungen der BRD sowie zur widerrechtlichen Wahrnehmung der „Obhutspflicht" gegenüber Bürgern der DDR durch die BRD. Er forderte die unverzügliche Einstellung der Verleumdungskampagne sowie der völkerrechtswidrigen Praktiken der BRD gegenüber der DDR. Er forderte die Bundesregierung auf, endlich die Staatsbürgerschaft der DDR zu respektieren. Genosse Neubauer brachte zum Ausdruck, daß die gegenwärtige Politik und Praxis der BRD gegenüber der DDR das in den beiderseitigen Beziehungen Erreichte ernsthaft gefährdet und die Lage in Europa negativ beeinflußt. Er betonte, daß auch die BRD der Verantwortung beider deutscher Staaten für Frieden und Sicherheit in Europa Rechnung tragen muß.

Genosse Neubauer bekräftigte die Bereitschaft der DDR zur Entwicklung normaler Beziehungen mit der BRD. Da die Ursachen und die Verantwortung für die entstandene Situation bei der BRD liegen, muß sie ihre Politik mit den Verträgen und dem Völkerrecht in Übereinstimmung bringen. Er brachte die Erwartung zum Ausdruck, daß die BRD zu einer Politik des Realismus und der Respektierung der gegenseitigen Interessen zurückkehrt.

Genosse Neubauer brachte gleichzeitig das Befremden der DDR darüber zum Ausdruck, daß entgegen den getroffenen Absprachen mit dem Leiter der BRD-Vertretung in Berlin, Bertele, die Gespräche mit den in den BRD-Vertretungen befindlichen DDR-Bürgern noch nicht begonnen haben.

Seiters nahm die Darlegungen des Genossen Horst Neubauer zur Kenntnis.

Er äußerte sein „Befremden" über den ADN-Kommentar vom 6.9.1989.[190] Der Kommentar verfälsche seiner Meinung nach die tatsächliche Lage. Seiters bestritt, daß mit der BRD am 31.8.1989 eine Übereinstimmung erzielt worden sei. Er wiederholte den bekannten BRD-Standpunkt, daß DDR-Bürger nicht gewaltsam aus den BRD-Vertretungen verwiesen werden könnten, die Bundesregierung jedoch eine Lösung anstrebe.

Nachdem Genosse Horst Neubauer nochmals nachdrücklich die Position der DDR bekräftigt hatte, beendete Seiters das Gespräch mit der Feststellung, daß beide Seiten die bekannten Standpunkte vorgetragen hätten und „ein weiteres hin und her" nicht erforderlich sei.

Quelle: SAPMO - BArch, SED, ZK, J IV 2/2A/3239.

Dokument 24

Information über die Aktivitäten der DDR gegenüber der BRD zur Frage des widerrechtlichen Aufenthaltes von DDR-Bürgern in BRD-Vertretungen vom 31. August bis 7. September 1989[191]

1. Gespräch des amt[ierenden] Leiters der Abteilung BRD, Gen[ossen] Hans Schindler, mit dem Leiter der Ständigen Vertretung der BRD in der DDR, Dr. Franz Bertele, am 31. August 1989:

In dem Gespräch wurde Übereinstimmung erzielt, daß die „Zuflucht" in Vertretungen der BRD nicht geeignet ist, eine Genehmigung zur ständigen Ausreise aus der DDR zu erreichen, und die BRD alle „Zufluchtssuchenden" auf die Zuständigkeit der DDR verweist und ihnen rät, die Vertretungen zu verlassen.

Von DDR-Seite wurden die gegebenen Zusicherungen auf Wunsch von Bertele weiter präzisiert.

Bertele erklärte, daß er davon ausgehe, daß die Bundesregierung zustimmt, daß auf dieser Grundlage umgehend Gespräche mit den DDR-Bürgern in Anwesenheit von Rechtsanwalt Vogel geführt werden.

Bertele bestätigte, daß das vereinbarte Verfahren auch für andere diplomatische Vertretungen der BRD (Prag, Warschau) gilt.

---

190 Eine ADN-Korrespondenz hatte Äußerungen von BRD-Politikern als „massive Einmischung in innere Angelegenheiten der DDR" zurückgewiesen. Vgl. ND, 7. September 1989.

191 Bereits für den Zeitraum vom 11. bis 31. August 1989 war dem SED-Politbüro am 5. September eine Übersicht der Aktivitäten des DDR-Außenministeriums vorgelegt worden. In der Politbürositzung am 12. September folgte die vorliegende Übersicht.

2. Da von BRD-Seite keinerlei Aktivitäten zur Realisierung der Vereinbarung erfolgten, hat das Ministerium für Auswärtige Angelegenheiten die BRD-Vertretung bis zum 5.9.1989 nahezu täglich gemahnt. Von der BRD-Vertretung wurde mitgeteilt, daß sie keine Genehmigung hat, die Gespräche mit den DDR-Bürgern zu beginnen. Am 6.9.1989 meldete sich Bertele für den folgenden Tag zu einem Gespräch im Außenministerium an.

3. Gespräch des amt[ierenden] Leiters der Abteilung BRD, Gen[ossen] Hans Schindler, mit dem Leiter der Ständigen Vertretung der BRD in der DDR, Dr. Franz Bertele, am 7.9.1989:

Bertele teilte mit, daß die BRD grundsätzlich bereit sei, die von der DDR in den Gesprächen gegebenen Zusicherungen den „Zufluchtssuchenden" in Anwesenheit von Rechtsanwalt Vogel mitzuteilen. Die dazu notwendigen Gespräche mit den DDR-Bürgern seien kurzfristig möglich.

Bertele erklärte weiter, daß seine Seite davon ausgehe, daß sich die in den Gesprächen erreichte Übereinstimmung ausschließlich auf die „Zufluchtssuchenden" in den Vertretungen beziehe und keine darüber hinausreichende Bedeutung habe. Er müsse weiter darauf aufmerksam machen, daß eine Lösung des Problems nur möglich sei, wenn die DDR-Bürger die Vertretungen freiwillig verlassen. Die Vertretungen würden wie bisher diesen dazu raten. Die von der DDR gegebenen Zusicherungen würden seiner Meinung nach in diesem Prozeß hilfreich sein. Trotzdem sei er persönlich skeptisch, ob es möglich sei, eine größere Zahl von DDR-Bürgern zum Verlassen der Vertretungen zu bewegen.

4. Der Leiter der Ständigen Vertretung der BRD in der DDR, Bertele, teilte am 7.9.1989 telefonisch mit, daß er mit Rechtsanwalt Vogel vereinbart habe, die Gespräche mit den DDR-Bürgern am 8.9.1989 zu beginnen.[192]

Quelle: SAPMO - BArch, SED, ZK, J IV 2/2A/3239.

---

192 Im Ergebnis von Gesprächen in der Ständigen Vertretung der BRD in der DDR verließen die ausreisewilligen DDR-Bürger am 8. September 1989 ihre Zufluchtsstätte.

Dokument 25

Erstes Fernschreiben vom DDR-Botschafter in Ungarn, Gerd Vehres, am 8. September 1989[193]

Staatssekretär Kovacz übergab 8.9., 15.00 Uhr, Note MfAA an DDR-MfAA. Darin nach Höflichkeitsformel folgendes:
UVR konsequent tätig, damit Zusammenarbeit mit DDR entsprechend Freundschaftsvertrag erweitert und verstärkt. In ihrer Außenpolitik UVR entsprechend abgestimmter Linie W[arschauer] V[ertrag] besondere Aufmerksamkeit widmet Erhaltung Frieden, Verstärkung gesamteuropäischer Zusammenarbeit.

In Angelegenheit DDR-Bürger, die sich in Ungarn aufhalten und in BRD ausreisen wollen, ungarische Seite mehrfach festhielt, daß für eingetretene Situation UVR keinerlei Verantwortung trägt und Einschätzung Gründe nicht Aufgabe ungarischer Regierung. Ungarische Seite mehrfach unterstrich, daß Lösung Problems von Vereinbarung zwischen beiden deutschen Staaten erwartet. Ungarische Seite hat keinerlei Kenntnis, daß Verhandlungen über genannte Frage zwischen DDR und BRD zu Ergebnissen geführt hätten. Entgegen ungarischem Vorschlag Regierung DDR im Interesse Stimulierung Heimkehr nicht anbot Wiederherstellung früherer Praxis, die garantierte positive Prüfung Übersiedlungsanträge.

Entsprechend Bitte DDR zuständige Organe UVR gewährleisten alle Bedingungen, damit DDR ihren Standpunkt unter Nicht-Rückkehrwilligen bekanntmachen konnte. Ungarische Organe forderten ständig zur Heimreise auf. All dies blieb wirkungslos.

Ungarische Seite mehrfach signalisiert, daß außerordentliche Situation im Reiseverkehr UVR - DDR, was nicht außer acht gelassen werden könne bei Anwendung diesbezüglicher bilateraler Vereinbarungen. UVR bekräftigte weiterhin, daß nur solche Lösungsmöglichkeiten annehmbar, die in Übereinstimmung mit internationalen Verpflichtungen UVR und ihrer Praxis in humanitären Fragen.

Ständiger Zuwachs Zahl DDR-Bürger bereitete immer ernsthaftere Schwierigkeiten für Regierung UVR. Die unhaltbar gewordene Situation machte jene Schritte notwendig, die von ungarischer Seite früher in Aussicht gestellt. In diesem Sinne und unter Beachtung der entstandenen Lage setzt Regierung UVR zeitweilig außer Kraft Artikel 6 und 8 des Abkommens über visafreien Verkehr von 1969 sowie beigefügtes nicht veröffentlichtes Protokoll. Regierung UVR wird dementsprechend keine Hindernisse dem entgegensetzen, wenn in UVR befindliche und nicht rückkehrwillige Staatsbürger DDR begin-

---

193 Die von der DDR-Botschaft in Budapest abgesandten Fernschreiben wurden in Berlin jeweils Günter Mittag, Hermann Axen, Oskar Fischer, Günter Sieber und Harry Ott zugestellt. Sie werden hier in der Originalsprache, lediglich um die Groß- und Kleinschreibung verbessert, wiedergegeben.

nend am 11. September, 00.00 Uhr, mit Reisedokumenten der DDR Territorium Ungarn verlassen in Richtung dritter Länder, die bereit, sie durchzulassen oder aufzunehmen. Ungarische Seite bekräftigt erneut, daß UVR nicht anerkennt „Obhutspflicht gegenüber allen Deutschen" BRD und nicht als gültig betrachtet Pässe, die von Budapester BRD-Botschaft für DDR-Staatsbürger ausgestellt.

Dazu gab Staatssekretär Kovacs folgende Erklärungen: Diese Entscheidung wird 10.9., 19.00 Uhr Öffentlichkeit bekanntgegeben. Vorher soll auf keinen Fall etwas in Presse durchsickern. Als Erläuterungen gab Kovacs folgendes:

1. Bedauerlich, daß DDR-Seite Gründe für entstandene Lage ausschließlich außerhalb eigenen Landes suchte und prüfte. Bedauerlich, daß seitens DDR keine echte Lösungsmöglichkeit gefunden und angeboten. Bedauerlich, daß damit DDR UVR in unmögliche Situation brachte. UVR habe maßvoll reagiert, niemals protestiert.

2. UVR sei in außerordentliche Lage geraten, die zu Zwangsentscheidungen führte. UVR überzeugt, daß es keine andere realistische bzw. reale Möglichkeit Wahl gab.

Abschließend Kovacs hervorhob, daß erster Absatz Note über Bereitschaft und Wunsch Weiterentwicklung Beziehungen mit DDR bei Beachtung beiderseitigen Interessen aufrichtig sei. Brachte persönlich Hoffnung zum Ausdruck, daß dieser „Zwangsfall" dies nicht nachhaltig stören werde.

Ich stellte fest

1. Sehr bedauerlich, daß UVR einseitigen Schritt geht, der nicht souveräne Interessen aller beteiligten Staaten berücksichtigt.

2. Machte aufmerksam, daß künftige Entwicklung, falls „zeitweilige Lösung" zu Dauerzustand wird, nicht vorhersehbare Folgen haben kann.

3. Seitens Partei- und Staatsführung DDR stets bekräftigt, daß volle Bereitschaft Ausbau Zusammenarbeit mit UVR.

4. Bedauerte, daß ungarische Seite rasch und ungeduldig handelte. Bezugnehmend auf Formulierung Note, daß DDR keine echte Lösung angeboten habe, stellte ich fest, daß dies nicht Tatsachen entspräche. Leben zeige, daß DDR realistischen Weg ohne weitere Zugeständnisse empfahl. Angesichts Tatsache, daß Ständige Vertretung BRD Berlin heute von DDR-Bürgern verlassen, sei solche Feststellung berechtigt.

Auf meine Fragen von Kovacs erfahren:

- Veröffentlichung ungarischer Entscheidung erfolgt in Form TV-Interview A[ußen]m[inister] Horn mit Erläuterungen 10.9., 19.00 Uhr.

- Über technische Seite Angelegenheit habe UVR-Regierung keine Entscheidungen getroffen.

Auf meine Frage, wann denn BRD-Botschaft tausende Visa austeilen wolle, ausweichend reagiert. Mir scheint, daß folgender Weg angestrebt: Österreichisches Außenministerium bekräftigt Bereitschaft für Transit DDR-Bürger ohne Visum, falls BRD Aufnahme gewährleistet. In diesem Falle BRD-Regierung nicht einmal zu öffentlicher Erklärung gezwungen. Ausreichen würde interne Mitteilung BRD an Österreich, daß Aufnahme DDR-Bürger garantiert.

Vehres
8.9., 19.30 [Uhr]

Quelle: SAPMO - BArch, SED, ZK, J IV 2/2A/3239.

Dokument 26

Zweites Fernschreiben vom DDR-Botschafter in Ungarn, Gerd Vehres, am 8. September 1989[194]

Habe 8.9., 19.00 Uhr, Staatssekretär Kovacz Telegramm von Oskar Fischer an Gyula Horn übergeben. Kovacz erklärte, daß Horn z[ur] Z[eit] in politischer Veranstaltung außerhalb von Budapest. Sagte umgehende Information an Minister und amtierenden Ministerpräsidenten Medgyessy zu (M[inister]p[räsident] Nemeth an fiebriger Grippe erkrankt, hat an gestriger M[inister]r[ats]-Tagung nicht teilgenommen).

Ich erläuterte anschließend anhand ADN-Meldungen Vorgänge in Berliner Ständigen Vertretung. Frage Kovacs, ob gleiches Vorgehen für DDR-Bürger in Prager Botschaft BRD vereinbart, bejahte ich.[195] Kovacs stellte anschließend Frage, inwiefern gleiches Vorgehen in Ungarn anwendbar. Er verwies auf Unterschiede in Zahl Betroffener sowie Tatsache, daß Aufenthalt nicht in diplomatischer Vertretung. Kovacs zeigte sich nicht informiert, worin Wesen unserer Vorschläge vom 31.8. an UVR.[196] Habe ihm anhand meiner Notizen Darlegungen O. Fischers gegenüber Horn wiederholt und erläutert, daß nunmehr bewiesen, DDR-Vorschläge bei Zurückweisung Erpressungsversuche realisierbar.

Kovacs verwies auf in Note genannte Maßnahmen UVR und DDR, die ohne Wirkung blieben. Darauf erklärte ich: Mir scheint, hier sei Wesen unserer Vorschläge von Berlin nicht voll zur Kenntnis genommen. Genosse Mittag und Fischer haben gleiches Vorgehen, wie mit BRD vereinbart, vorgeschlagen. Bisher habe keine offizielle Erklärung im Sinne Berliner Formel abgegeben. Alle meine Bitten in dieser Richtung seien mit dem Hinweis beantwortet worden, offizielle Stellen hätten mit den Lagern nichts zu tun. Auf Kovacs'

---

194 Vgl. Anm. 193.

195 Vgl. Anm. 192.

196 Vgl. Dokument 17.

Einwurf, daß aber der DDR alle Möglichkeiten gewährt worden seien, habe ich geantwortet: Genosse Fischer habe vorgeschlagen, daß ungarische offizielle Persönlichkeiten Berliner Formel verbreiten und dabei von Konsularabteilung unterstützt werden durch ergänzende Maßnahmen. Flugblätter und Merkzettel allein könnten nicht überzeugen. Als persönliche Meinung brachte ich zum Ausdruck, daß mit der heutigen Entwicklung in Berlin eine neue Situation entstanden. Wenn UVR Aussetzung bereits beschlossener Schritte entscheidet, halte ich folgendes Vorgehen für vorstellbar: Offizielle Persönlichkeiten der UVR begeben sich in die Flüchtlingslager und erläutern Situation so, wie das nunmehr in Berlin geschehen ist. Dabei müßte klar zum Ausdruck kommen, daß UVR Aufenthalt in Missionen und Lagern nicht als Weg zur Ausreise betrachtet und von DDR-Regierung Zusicherung erhalten hat, daß bei freiwilliger Rückreise DDR-Bürger Straffreiheit, Arbeitsplatz, Beruf, wiederholte Antragstellung, umfassende amtliche Betreuung. Für den Fall, daß UVR entscheidet, so vorzugehen, halte ich persönlich Anwesenheit offizieller Personen DDR, seien es Konsul, Botschafter oder Anwälte aus DDR, für möglich. Diese könnten Wahrheitsgehalt ungarischer Erklärungen bekräftigen. Ich verwies zugleich auf Tatsache, daß heute Delegation DRK in UVR eintrifft. DRK könnte in Lagern Unterstützung geben.

Kovacs notierte ausführlich, ließ aber keine Reaktion zu meinen Darlegungen erkennen.

Zusatz: Habe von unseren Schritten Gen[ossen] Thuermer, außenpolitischer Berater von G[eneral]s[ekretär] Grosz, in persönlichem Gespräch informiert. Er stellte mir die Frage, welchen Charakter meine Information habe und ob Antwort USAP durch uns erwartet. Ich erklärte, daß es sich um eine inoffizielle Information handle, auf die keine Antwort erwartet werde.

Ich hatte diesen Schritt getan, weil heute nachmittag auf einem Empfang mir ein guter Bekannter berichtet hatte, daß G[eneral]s[ekretär] Grosz nicht über Inhalt Entscheidung Ministerrates informiert sei. Gegen 20.30 Uhr suchte Thuermer Kontakt zu mir und erklärte, daß er zufällig anwesenden Generalsekretär unterrichtet habe und inzwischen auch die Information über mein Gespräch mit Kovacs zum Telegramm von Minister Fischer eingegangen sei.

Vehres
8.9., 23.30 [Uhr]

Quelle: SAPMO - BArch, SED, ZK, J IV 2/2A/3239.

# Kapitel 4

Der offene Krisenausbruch:
Von der Grenzöffnung in Ungarn bis zur Abwahl Honeckers

Dokument 27

Erstes Fernschreiben vom DDR-Botschafter in Ungarn, Gerd Vehres, am 10. September 1989[197]

10.9. empfing mich 09.00 Uhr Berater Parteivorsitzenden USAP Nyers, Imre Degen. Er trug mündliche Botschaft des Genossen Nyers an Genossen Erich Honecker vor:
„Lieber Genosse Honecker,
am Sonnabend, 9. September, erhielt ich über den Budapester DDR-Botschafter mündliche Mitteilung Führung SED in bezug auf in unserem Land befindliche und in BRD ausreisen wollende DDR-Bürger.

Im Auftrag Präsidium USAP möchte ich Sie über folgendes informieren:
Wir verstehen, daß in Reiseverkehr Ungarn - DDR herausgebildete außerordentliche Lage politisches Problem bedeutet für DDR und SED. Gleichzeitig bitten wir um Verständnis Führung Ihrer Partei, daß Problem auch für uns schwere politische Frage und darüber hinaus weitere Schwierigkeiten in vielerlei Richtung bereitet. Diese Entwicklungen sind jedoch unabhängig von unseren Absichten zustande gekommen und brachten uns in Zwangslage. Gründe dafür, die wir jetzt nicht bewerten wollen, liegen außerhalb von uns. USAP trifft nicht Verantwortung.

USAP ist Anhänger solcher Lösung, die im geringstmöglichen verletzt Interessen UVR und DDR, zugleich humanes Vorgehen gewährleistet dafür betroffene Staatsbürger. Wir halten es für wichtig, daß diese Frage nicht Schaden anrichtet in Beziehungen USAP - SED, die beruhen auf gemeinsamen Interessen, Vertrauen und gegenseitigem Verständnis.

Präsidium USAP gründlich prüfte Vorschlag Führung SED zur Lösung Problems. Dabei zu Schlußfolgerung gelangt, daß in Berlin Lösung bringende Formel - wegen grundlegend abweichender Besonderheiten in Ungarn herausgebildeter konkreter Lage - leider nicht für Lösung Frage geeignet.[198] Erinnern, daß

---

197 Vgl. Anm. 193. Dieses Fernschreiben wurde laut Eingangsvermerk am 11. September 1989 um 8 Uhr lediglich Günter Mittag, Hermann Axen und Oskar Fischer zugestellt.

198 Vgl. Dokument 17.

wir auf Ihre Bitte um eine Woche verschoben von uns geplanten Maßnahmen. Damit war Möglichkeit geschaffen, Lösung zu finden, die unter unseren Bedingungen anwendbar. Leider Lage seitdem weiter verschlechtert.

All dies in Betracht ziehend, hält Führung USAP nicht möglich und zweckmäßig, daß ungarische Regierung Maßnahme zurückzieht über zeitweilige Außerkraftsetzung Artikel 6 und 8 Abkommens visafreien Reiseverkehr 1969 sowie nichtveröffentlichten Protokolls zum Abkommen.

Präsidium USAP unternimmt alles, damit diese unter außerordentlichen Bedingungen zustande gekommenen Maßnahmen mit Charakter einer Ausnahme nur möglichst kurze Zeit in Kraft bleibt. USAP auch künftig bestrebt nach aktiver Entwicklung breiter kameradschaftlicher Zusammenarbeit mit SED. Zur Förderung dessen sind wir bereit, in naher Zukunft hochrangigen Meinungsaustausch zu führen.

Hoffen aufrichtig, daß diese bedauerliche Angelegenheit beruhigende Lösung erfährt und in der Zukunft nicht Beziehungen Ungarn - DDR, USAP - SED belastet.

Bitte Sie, verehrter Genosse Honecker, mit Ihren Erfahrungen und Ihrer Autorität zu fördern, daß öffentliche Meinung DDR, Mitglieder unserer Bruderpartei verstehen Lage Ungarns und USAP sowie Gründe Entscheidungen ungarischer Regierung.

Budapest, 10.9.89

Mit sozialistischen Gruß
Reszö Nyers"

Nachdem Degen mir diese Botschaft vorgetragen hatte, wurde ich zum Gespräch zu Nyers gebeten. Nyers dankte für von mir überbrachte Grüße Erich Honeckers, bat, diese herzlich zu erwidern und Wunsch für baldige vollständige Genesung zu übermitteln. [Er] bat ebenfalls, Grüße an Genossen Stoph und Mittag zu übermitteln. Erläuterte in wenigen Sätzen nochmals Inhalt mündlicher Botschaft an Genossen Honecker.

Ich habe daraufhin folgendes dargelegt: Es ist bedauerliche Tatsache, daß DDR auf diese Art und Weise gezwungen, Rechtsungleichheit für eigene Bürger zuzulassen. Wir hatten eingeschätzt, daß bei Gesprächen 31.8. Genosse Mittag und O. Fischer gegenüber A[ußen]m[inister] Horn gangbaren Weg zur Lösung Problem vorgeschlagen. Ereignisse vom Freitag (BRD-Ständige Vertretung Berlin) beweisen dies nach meiner Überzeugung. Tatsache, daß in Prag Dienstag, 12 Uhr, ähnlicher Weg gegangen wird, könne das nur bekräftigen.[199] Aus meiner Sicht habe Ungarn mit Ungeduld und überhastet gehandelt. Ich habe bei Gesprächen in Berlin mit A[ußen]m[inister] Horn persönlich Eindruck

---

199 Vgl. Anm. 192. Auch in der Botschaft der Bundesrepublik in Prag hatten Verhandlungen begonnen, hunderte Ausreisewillige zur Aufgabe ihres Zufluchtsortes zu bewegen.

gewonnen, daß nicht an Realisierbarkeit unserer Vorschläge geglaubt. DDR ist bereits mit Ausreise Botschaftsfestsetzer vor vollendete Tatsachen gestellt worden. Wesen unserer Vorschläge vom 31.8. hat nicht darin bestanden, daß DDR allein Erläuterungen gibt, sondern darin, daß jeweiliger Hausherr, d. h. in Berlin Leiter Ständiger Vertretung, in Prag BRD-Botschafter und in Budapest ungarische Staatsorgane, Erklärungen abgeben, die durch Anwesenheit offizieller Persönlichkeiten DDR bekräftigt. Bestätigt hat sich unsere Warnung, daß die Schaffung von Flüchtlingslagern Sogwirkung ausüben wird. Nimmt man die Ereignisse der letzten Tage, kann ich mich nicht des Eindrucks erwehren, daß eine Anti-DDR-Kampagne stattfand. So sind in Lagern am Balaton nur DDR-Bürger aufgenommen worden, während Bürger UdSSR, SRR, CSSR abgewiesen. Fakt ist in meinen Augen, daß BRD-Vertreter in den Lagern wirksam wurden, während unseren Genossen vielfältige Hindernisse in den Weg gelegt und schließlich eine Verschleierungslösung mit Wohnwagen zunächst von einem Lager angeboten [wurden]. Ich als Botschafter fühle mich hintergangen, sowohl in Angelegenheit Botschaftsausreiser als auch durch Tatsache, daß zur gleichen Zeit, als am Freitag Staatssekretär Kovacz mir gegenüber erklärte, daß BRD und DDR-Flüchtlinge erst Sonntag durch Fernseherklärung Außenminister Kenntnis von Regierungsentscheidung erhalten, im Lager Zanka ungarischer Lagerleiter gegenüber 2.000 DDR-Bürgern mitteilte, daß Ausreise in Nacht 10. zum 11.9. erfolgt.

Mit Bedauern nahm ich zur Kenntnis, daß die Entscheidung endgültig. Möchte abschließend danken, daß Parteivorsitzender persönlich Gelegenheit gibt DDR-Botschafter, Meinung zu äußern. Bekräftigte Wunsch, Absicht DDR, gemeinsam mit UVR Beziehungen zu entwickeln und auftauchende Probleme konstruktiv zu lösen. Dankte für Absicht Partei- und Staatsführung UVR, Vorsitzenden Präsidialrat Straub mit Leitung Delegation zu 40. Jahrestag zu betrauen. Betrachten dies als große Ehre.

Vehres
10.9., 14.00 [Uhr]

Quelle: SAPMO - BArch, SED, ZK, J IV 2/2A/3239.

Dokument 28

Zweites Fernschreiben vom DDR-Botschafter in Ungarn, Gerd Vehres, am 10. September 1989[200]

10.9.1989, 19.00 Uhr, öffentlich bekanntgegeben, daß Regierung UVR entschieden hat, Ausreise nicht rückkehrwilliger DDR-Bürger in dritte Staaten zu genehmigen. Dafür zeitweilige Außerkraftsetzung „entsprechender Artikel" bilateralen Abkommens mit DDR über visafreien Reiseverkehr verkündet. Zugleich Information über Weisung Innenminister an Grenzorgane: beginnend mit 11.9.1989, 00.00 Uhr, DDR-Reisepapiere auch in Richtung Österreich und SFRJ als gültig anzuerkennen.

21.00 Uhr begann in Lager Zanka Zusammenstellung PKW-Konvoi. Westdeutsche Fahrzeuge (offensichtlich als Führungsfahrzeuge) dabei. TV-Teams werden begleiten. Für 11.9. früh Zugtransport vorbereitet für illegale Ausreise Bürger ohne eigene Kfz aus Zanka. Bis 21.00 Uhr in Flüchtlingslagern Budapest keine offensichtliche Aufbruchmaßnahmen.

Außenminister Horn in Fernsehinterview 19.15 Uhr begründete ungarische Entscheidung.[201] Wortlaut übermittelt ADN. Aus meiner Sicht bemerkenswert:

1. Aufdeckung und verzerrte Darstellung Einzelheiten Gespräche Berlin 31.8.

2. Heuchlerische Zurückweisung jeglicher Verantwortung UVR-Seite.

3. Erklärung, daß unter Begriff „zeitweilig" zu verstehen: so lange keine andere Lösung gefunden, aber sicherlich nicht nur 24 Stunden gültig.

4. Zahl DDR-Touristen in Ungarn z. Z[t]. auf 60.000 geschätzt. Für mich besonders auffällig, daß an dieser Stelle keine Begrenzung der Ausreisegenehmigungen auf Lagerinsassen. Damit indirekte Aufforderung zur illegalen Ausreise für alle hier befindlichen DDR-Bürger.

5. Entrüstete Zurückweisung, daß Ungarn von BRD ökonomische Vorteile oder Kopfgeld in Höhe von 1.000 Dollar erhalte.

6. Versicherung, daß Horn keine nachhaltige Störung Beziehungen UVR - DDR erwarte, weil größere, langfristigere Interessen Beachtung finden sollten.

Bemerkung: Ursprünglich uns gegenüber erbetene Geheimhaltung bis zur Fernseherklärung durch ungarische Seite selbst durchbrochen (Regierungssprecher 7.9.1989, Vorabinformation Medien sowie in Lager Zanka). Fernseherklärung Horn wurde mit Reportagen aus Leipzig und Budapester Lagern eingelei-

---

200 Vgl. Anm. 193. Das Fernschreiben wurde laut Vermerk am 11. September 1989, 8.00 Uhr zugestellt. Empfänger waren diesmal über den üblichen Personenkreis hinaus die Herren Vogl, Burkert und Schwiesau im DDR-Außenministerium. Ein handschriftlicher Vermerk von Günter Mittag weist aus, daß das Fernschreiben allen Mitgliedern und Kandidaten des SED-Politbüros zur Kenntnis gebracht wurde.

201 Vgl. Gyula Horn: Freiheit, die ich meine. A. a. O., S. 327 ff.

tet und garniert. Dabei westliche Argumentation über Gründe Ausreisewelle voll übernommen.

Vehres
10.9., 23.30 [Uhr]

Quelle: SAPMO - BArch, SED, ZK, J IV 2/2A/3239.

Dokument 29

Schreiben vom DDR-Botschafter in Ungarn, Gerd Vehres, an Außenminister Oskar Fischer vom 10. September 1989[202]

Werter Genosse Minister:
In Ergänzung zu meinem CT 385 vom 10. 9. möchte ich über einige weitere Aspekte des Gespräches mit Genossen Nyers informieren.[203]

Nachdem ich eine erste Stellungnahme zur Entscheidung durch die ungarische Regierung und Bestätigung durch das Präsidium der Partei abgegeben hatte, erwiderte Genosse Nyers:

1. Genosse Nyers möchte nicht, daß die DDR in den genannten Vorgängen eine Anti-DDR-Kampagne sieht. Wenn ein solcher Eindruck entstanden ist, so handelt es sich nur um den oberflächlichen Schein, nicht um das Wesen der Angelegenheit. Er bat mich als Botschafter, nach Hause verständlich zu machen, daß angesichts der raschen Entwicklung der Dinge schnelle Entscheidungen erforderlich waren. Dies auch deshalb, weil die Partei sich in einer solchen innenpolitischen Lage befindet, wo ihr die Opposition im Nacken sitzt.

2. Genosse Nyers glaubt, daß ein großer Teil des entstandenen Problems durch die plötzliche Öffnung der Grenze zu Österreich bewirkt wurde. Dieser Fakt hat bei einem Teil der DDR-Touristen bestehende Absichten zur illegalen Ausreise verstärkt. Die rasch zunehmende Anzahl von Ausreisewilligen führte unter den gegebenen Umständen dazu, daß es unmöglich wurde, eine so große Masse mit Worten oder Erklärungen zu überzeugen. Wären die ungarischen Organe tief in die Angelegenheit, d. h. in die Lager selbst, hineingegangen, so wären viel größere, unerwünschte Konflikte sowohl für Ungarn als auch die DDR entstanden. Der politische Sieger wäre in diesem Fall nur die BRD gewesen. Genosse Nyers erklärte seine Überzeugung, daß künftig von ungarischer

---

202 Das Schreiben wurde von Oskar Fischer am 11. September 1989 an Günter Mittag weitergeleitet und noch am selben Tage allen Mitgliedern und Kandidaten des SED-Politbüros zur Kenntnis gebracht.

203 Vgl. Dokument 27.

Seite stärker gemeinsam mit uns gehandelt werden müsse. Er glaubt, nach der jetzigen einmaligen Emigrationswelle werde ein Abebben eintreten, und damit würde das Problem handhabbarer werden. In diesem Zusammenhang betonte er nochmals, daß die ungarische Entscheidung nur eine zeitweilige, für kurze Zeit gültige Maßnahme ist. Danach soll von ungarischer Seite wieder das bestehende bilaterale Abkommen mit uns angewandt werden.

Genosse Nyers erklärte, daß die ungarische Führung bis zum letzten Moment geprüft hat, ob die Berliner Formel eine Lösung ermöglicht.[204] „Wir wollten gern so verfahren, mußten aber leider feststellen, daß bei einer solchen Anzahl der Ausreisewilligen und unter den konkreten ungarischen Bedingungen ein Erfolg leider nicht möglich ist." Die Kritik des DDR-Botschafters, daß beim ungarischen Vorgehen der DDR-Standpunkt hätte besser in Betracht gezogen werden müssen, wird durch die Parteiführung geprüft und geklärt, ob ein solcher Fehler aufgetreten ist. Er möchte bekräftigen, daß die Politik der UVR die „selbständige Staatlichkeit der DDR" unterstützen wird und auch in weiteren Verhandlungen mit der BRD dementsprechend vorgeht. Im grundsätzlichen politischen Vorgehen Ungarns kann Genosse Nyers keinen Fehler entdecken. Das Präsidium der Partei ist stets über die grundsätzliche Linie des Vorgehens informiert gewesen. Ob diese jedoch in jeder konkreten Lage und in jedem Lager durchgesetzt werden konnte, entzieht sich seiner Kenntnis. Bei der Beurteilung des ungarischen Vorgehens müsse man beachten, daß „Ungarn in eine Zwangslage, in eine politische Falle geraten" ist. Ungarn konnte nicht wählen zwischen Gut und Schlecht, sondern nur zwischen Schlecht und weniger Schlecht (ich enthielt mich der Feststellung, daß damit gesagt wurde, die DDR sei das kleinere Übel). Genosse Nyers verwies schließlich auf die Besonderheit der gegenwärtigen Lage, da die Partei gegenwärtig auf politischem Gebiet in eine Verteidigungsposition gedrängt wurde, und er nur hoffen kann, daß es wieder gelingt, in die Offensive zu kommen.

Ich erklärte im Anschluß an diese Erläuterungen, daß ich mich nicht weiter mit dem Vergangenen beschäftigen möchte. Als Botschafter sehe ich auch meine Aufgabe darin, gemeinsam zu überlegen, wie die auch von der ungarischen Seite mehrfach geäußerte Absicht zu realisieren ist, damit Ungarn in der Zukunft nicht zum ständigen Auswanderungskorridor oder Weg zur Ausschleusung wird. Da wir bis heute der Auffassung waren, daß die UVR keine Entscheidung unter Außerachtlassung der DDR-Interessen treffen wird, habe ich natürlich keinen Auftrag, Standpunkte oder Überlegungen für die Zeit nach der massenhaften illegalen Ausreise darzulegen. Ich persönlich könne mir jedoch vorstellen, daß nach den genannten wenigen Tagen eine Erklärung der UVR Klarheit schaffen könnte, daß künftig die UVR den illegalen Aufenthalt in diplomatischen Missionen oder in Lagern nicht als Weg zur Erpressung der illegalen Ausreise akzeptiert. Diese Erklärung könnte ebenfalls darauf verweisen, daß die UVR künftig entsprechend den bestehenden bilateralen Abkom-

---

204 Vgl. Dokument 17.

men, die nur zeitweilig außer Kraft gesetzt wurden, handeln wird. Für vorstellbar würde ich auch halten, daß dies die UVR gemeinsam mit der DDR erklärt. Ich betonte: Falls es nicht gelingt, die illegale Ausreise zu stoppen, würde sich eine ständige Belastung der bilateralen Beziehungen zu unserer Republik ergeben, was wir keinesfalls wünschen.

Genosse Nyers erwiderte, daß er meine persönlichen Überlegungen sich als Verhandlungsgrundlage vorstellen könne. Möglich sei auch eine gemeinsame Erklärung, wenn eine entsprechende Formel gefunden wird. In diesem Zusammenhang bemerkte er, daß in dem Fall, wenn die offiziellen Kanäle zur legalen Ausreise aus der DDR nicht eingeengt werden und der offizielle Weg durch viele Ausreisewillige gewählt wird, es auch leichter ist, gegen illegale Praktiken konsequenter vorzugehen und härter gegen diejenigen aufzutreten, die über „schwarze Wege" sich entfernen wollen.

Beim Hinausgehen brachte Genosse Nyers zum Ausdruck, daß er natürlich mit Erklärungen und Feststellungen seitens der DDR zum ungarischen Vorgehen rechne. Das sei normal. Er persönlich hoffe und wünsche, daß mit Hilfe der diplomatischen Sprache deutlich werde, die künftigen Möglichkeiten der kameradschaftlichen Zusammenarbeit - wie auch von ungarischer Seite gewünscht - werden nicht verschüttet.

Der Berater des Parteivorsitzenden, Genosse Degen, begleitete mich zum Ausgang. Er bemerkte dabei, daß die Feststellung von Genossen Nyers über die nachträgliche Prüfung des Vorgehens des MfAA der UVR offensichtlich nicht ohne Grund gefallen sei. Auf der letzten Sitzung des Politischen Exekutivkomitees sei bereits kritisiert worden, daß im Rahmen der Anstrengungen zur Lösung des Problems zuerst die Reise in die BRD erfolgte und nur nachher Gespräche in Berlin zustande kamen.[205]

Soweit zum Verlauf des heutigen Gespräches im Zentralkomitee der USAP. Es sei mir gestattet, noch auf einige Dinge im Zusammenhang mit dem Gesamtvorgang aufmerksam zu machen:

1. Der gesamte Vorgang ordnet sich ein in die politischen Auseinandersetzungen in Ungarn. Er ist Ausdruck des Strebens, die Fahrkarte in Richtung Westen zu erwerben, d. h. bezahlbar zu machen. Die Entscheidungen zum ungarischen Vorgehen wurden im engsten Kreis getroffen. Das betraf besonders Außenminister Horn, Innenminister Horváth und den stellvertretenden Abteilungsleiter Internationale Parteibeziehungen im ZK der USAP, Imre Szokai. Mit Parteivorsitzendem Nyers und Ministerpräsidenten Németh erfolgte die Abstimmung der Grundlinie. Die Partner unseres MfS wurden fast permanent aus den Entscheidungsprozessen herausgehalten.

2. Trotz ungarischerseits gegenüber der DDR verbal erklärter Bereitschaft zur Lösung des Problems, stellten die Gespräche mit der DDR (Außenminister, Leiter der Hauptabteilung Konsularische Angelegenheiten, MfS, DRK) ein Hinhalten sowie eine bewußte Irreführung der DDR dar. Die ungarischen

---

205 Vgl. Anm. 176.

Organe unternahmen keine ernsthaften eigenen Anstrengungen, ausreisewillige DDR-Bürger zur Rückkehr in die DDR zu bewegen. Die Bemühungen der Konsularabteilung unserer Botschaft, mit diesen Bürgern in den Lagern Kontakt aufzunehmen und den Standpunkt der DDR darzulegen, wurden verzögert und behindert.

Gleichzeitig entfachten und förderten die ungarischen Medien eine gegen die DDR gerichtete Kampagne, die die in Ungarn weilenden DDR-Bürger offen zum Aufsuchen der Lager ermunterte. Kampfgruppen, die zeitweilig zur Verstärkung der Grenzsicherung eingesetzt waren, wurden durch oppositionelle Gruppierungen, antisozialistische Kräfte und den Großteil der Presse diffamiert.

Geduldet wurde die Tätigkeit von Menschenschleuserorganisationen aus Österreich und der BRD. Gerade heute erhielten wir einen Anruf einer Reisegruppenleiterin aus der westungarischen Stadt Köszeg mit der Mitteilung, daß in einer Diskothek österreichische Staatsbürger lauthals erklärten, sie stünden gegen Entrichtung eines entsprechenden Betrages bereit, mit ihren PKW's noch in dieser Nacht Bürger auszuschleusen. Die genannte Gruppe hat 3 Reiseteilnehmer verloren. Nichts wurde bekannt über die uns gegenüber ausgesprochene Ankündigung, härter gegen Menschenschleuser vorzugehen.

Der Aufenthalt der DDR-Bürger in den Flüchtlingslagern wurde so gestaltet, daß die von uns befürchtete Sogwirkung unbedingt eintrat. Der vom Ungarischen Roten Kreuz gewährte Tagesverpflegungssatz betrug 300,- Forint, d. h. pro Person für einen Monat 9.000,- Forint. Bei einer Familie mit 2 Kindern bedeutet das 36.000,- Forint. DDR-Touristen können für ihre Reise 2.600,- Forint plus 100,- M vor Ort = 700,- Forint eintauschen (ein Diplomat in der DDR-Botschaft erhält mit Familie ca. 20.000,- Forint). Außerdem erhalten die DDR-Bürger ein Taschengeld im Gegenwert von 20,- DM, das sind 700,- Forint.

Die Behauptungen, daß staatliche Organe nicht in die Aktion einbezogen sind, haben sich von Tag zu Tag immer mehr als Unwahrheit erwiesen. Ich nenne nur das Beispiel des Pionierlagers Zanka. Hier wurden Einheiten der Ungarischen Volksarmee zum Zeltaufbau eingesetzt. Bei der Rückfahrt eines Armee-LKW kam es zu einem Unfall, bei dem 23 Soldaten, davon 5 schwer, verletzt wurden. In den vergangenen Tagen wurde eine sogenannte Solidaritätsaktion der DDR-Bürger in Zanka gestartet und 15.000,- Forint für Geschenke an die verletzten Soldaten gesammelt. Mit dieser Geschichte wurde durch die publizistische Auswertung auf die Tränendrüsen gedrückt.

3. Die Aktion ist gleichzeitig als ein abgestimmter und gelungener Versuch imperialistischer Staaten, insbesondere der BRD, zu werten, um unter Ausnutzung der politischen und ökonomischen Lage der UVR Druck auf die ungarische Führung auszuüben und das Problem ausreisewilliger DDR-Bürger in der UVR im Sinne der Wahrnehmung der Obhutspflicht der BRD für alle Deutschen zu lösen. Die imperialistische Differenzierungspolitik war hier bewußt darauf gerichtet, durch zielbewußten Einsatz umfangreicher ökonomi-

scher Mittel gegenüber der UVR sich bereits anbahnende Lösungen gemäß der Berliner Formel für die BRD-Vertretungen in Berlin und Prag in bezug auf die UVR zu verhindern.[206] Mit der massenweisen Ausschleusung tausender DDR-Bürger sollte ein öffentlichkeitswirksamer Präzedenzfall für die Unterstützung der völkerrechtswidrigen BRD-Position durch ein sozialistisches Land geschaffen werden. Das reiht sich ein in den begonnenen Prozeß des Herauslösens Ungarns aus der sozialistischen Staatengemeinschaft.

Charakteristisch für die Vorbereitung und Durchführung der Ausschleusung war, daß die BRD immer offener und direkter den Unterhalt und die Versorgung der Lager, „die konsularische Betreuung der DDR-Bürger" und die gezielte Vorbereitung der Ausschleusungsaktion betrieb. Die ungarischen Organe duldeten und deckten dieses Vorgehen der BRD.

Werter Genosse Minister!

Ich habe heute abend das Leitungskollektiv der Botschaft über die eingetretene Situation informiert. Dabei habe ich erklärt, daß es für unser Kollektiv darauf ankommt, seinen Beitrag zur Durchsetzung der Interessen der DDR und zur Gestaltung der Beziehungen zur UVR unter den gegebenen Umständen zu leisten. Deutlich wurde, daß keinerlei Panikstimmung aufkommt. Das Kollektiv hat die zusätzlichen Aufgaben unter Anspannung der Kräfte bisher gemeistert. Sozusagen in Klammern darf ich hinzufügen, daß trotz stärker gewordener Versuchungen im Bereich unserer Auslandsvertretung bisher keine Verluste aufgetreten sind.

Ich versichere, daß wir gemeinsam mit der Parteileitung alles daran setzen, um auch künftig die Politik von Partei und Regierung würdig zu vertreten und alle Weisungen diszipliniert zu erfüllen.

Mit sozialistischem Gruß
gez. Gerd Vehres

Quelle: SAPMO - BArch, SED, ZK, J IV 2/2A/3239.

Dokument 30

Verlauf der Sitzung des SED-Politbüros am 12. September 1989[207]

Neuer Punkt 1:
(Dazu lag der Entwurf der Note an Ungarn vor.)[208]

---

206 Vgl. Dokument 17 sowie Anm. 192.

207 Die Mitschrift wurde wiederum von Wolfgang Herger angefertigt, der als Vertreter von Egon Krenz an der Politbürositzung teilnahm. Vgl. Anm. 139.

Genosse Mittag:
Seit der letzten Sitzung gibt es eine Reihe von Veränderungen, insbesondere die Schleusungen von DDR-Bürgern aus Ungarn in die BRD. Es sind ca. 10.000. Die Lager in Ungarn sind fast leer, aber wie sich der Zustrom entwickelt, weiß man nicht. Die BRD wird die Hetzkampagne weiter steigern. Was Ungarn gemacht hat, ist der Bruch der Vereinbarungen mit der DDR unter dem Deckmantel des Humanismus. Nyers behauptet, sie seien in eine Falle gegangen.[209] Das ist ein Schwindel. Ungarn ist nicht mehr Ungarn wie vor zwei oder 10 Jahren. Wir müssen uns dem stellen. Wir können uns nicht nur von Hoffnungen leiten lassen.

Die erste Frage für mich ist, das Loch Ungarn zuzumachen, um keine neuen Sachen anlaufen zu lassen. Wir müssen Maßnahmen treffen, sonst wird es weitere schwere Einbußen geben - international und auch bei uns selbst. Wir sollten intern regeln, die Ausreisen nicht mehr so global durchzuführen wie bisher. Wieso müssen die wackligen Kandidaten fahren? Diese interne Regelung darf allerdings nicht unsere Partei und die Masse der Bevölkerung betreffen. Wir würden sie verärgern. MfS und MdI sollen diese Maßnahmen durchführen. Da Ungarn Transitland ist, müssen wir das auch für Bulgarien und Rumänien prüfen. Wir müssen auch die Lage an der Grenze CSSR/Ungarn prüfen. Denn die CSSR brauchen wir unbedingt für den Reiseverkehr. Alle Bürger der DDR können einen Paß erwerben. Für eine Reise müssen sie dann eine Genehmigung beantragen.

Genosse Schürer fährt zu Verhandlungen über die Wirtschaftsbeziehungen nach Ungarn. Er soll die Verhandlungen wahrnehmen, aber keine bindenden Zusagen treffen. Die Gespräche sollten in Berlin weitergeführt werden. Wir müssen prüfen, was sich aus der Kooperation mit Ungarn lösen läßt, denn der Kurs Ungarns geht in Richtung EG.

Ende September wird der stellv[ertretende] Verkehrsminister der DDR nach Ungarn fahren, um den Tourismus für 1990 zu besprechen. Dazu soll eine gesonderte Entscheidung vorgelegt werden.

Im Antwortbrief O. Fischers an Schewardnadse wird unser Vorschlag bekräftigt, das Außenministerkomitee der W[arschauer] V[ertrags]-Staaten zusammenzurufen.[210] Die TASS-Erklärung enthält einen klaren Standpunkt.[211] Das ist die offizielle Meinung der sowjetischen Partei- und Staatsführung. Die

---

208 Der Inhalt der DDR-Protestnote an das ungarische Außenministerium zur Öffnung der ungarisch-österreichischen Grenze für ausreisewillige DDR-Bürger ab 11. September 1989, 0 Uhr, vom 12. September 1989 wurde im ND am 13. September wiedergegeben.

209 Vgl. Dokument 29.

210 Vgl. Dokument 18.

211 In einer TASS-Erklärung, die das ND am 12. September 1989 abdruckte, wurde, an die Adresse der Bundesrepublik gerichtet, die DDR als „untrennbares Glied des Warschauer Vertrages", als „treuer Freund und Verbündeter" der Sowjetunion bezeichnet.

laufenden Informationen an die sozialistischen Staaten und die Bruderparteien führen wir weiter. Auch das Auftreten in internationalen Organisationen muß entsprechend vorbereitet werden. Denn jetzt ist es eine Weltkampagne geworden, die durch den Verrat der Ungarn noch erweitert wird. Wir sollten ein Schreiben an die 1. Bezirkssekretäre vorbereiten, das Genosse Erich Honecker unterzeichnet. Er erholt sich gut, fährt Fahrrad, aber die Genesung braucht eben seine Zeit. Er läßt ausdrücklich alle Genossen des Politbüros grüßen. Diese Information sollten wir auch den Mitgliedern des ZK übergeben.

Wir sollten jetzt keine Kampagne machen, daß Bürger der DDR wieder zurückkommen. Es sind ja sowieso erst einige 100. Die Hauptsache ist jetzt die Stärkung des Parteiaktivs.

Die SPD-Information behandeln wir heute nicht in der offiziellen Tagesordnung. Ich habe Genossen Rettner vor der Sitzung gesagt, daß er alle Termine noch einmal prüfen soll.[212]

Nach dem 40. Jahrestag der DDR müssen wir einiges analysieren, was mit der Weiterführung unserer Politik zusammenhängt. Bei uns sind natürlich Kräfte vorhanden, die jetzt aufgemöbelt werden.

Genosse Hager:
Wir sollten den Reiseverkehr nach Ungarn so kontrollieren, daß nicht die falschen fahren, ansonsten wäre ich für eine Suspendierung. Wir müssen Ungarn auffordern, den Vertragsbruch zurückzunehmen. Es steht überhaupt die Frage, was wir mit diesem sogenannten Bruderland machen. Wir sollten unseren Botschafter zur Berichterstattung zurückrufen.

Morgen soll ich die Genossin Ormos vom Politbüro Ungarns empfangen. Sie gehört zu dem Kreis um Poszgay. Ich halte es für sehr unerfreulich, dieses Gespräch zu machen. Was soll davon in der Presse stehen? So tun, als wenn nichts wäre? Ich schlage vor, das Gespräch zu verschieben.[213]

Es ist erfreulich, was Du über die Gesundheit Erich Honeckers sagst. Aber warum veröffentlichen wir das nicht, er ist doch unser Staatsoberhaupt?

Der Brief an den 1. Bezirkssekretär und die ZK-Mitglieder ist sehr wichtig.

---

212 ZK-Sekretär Hermann Axen hatte die zwölfseitige Vorlage „Information und erste Schlußfolgerungen zu aktuellen Entwicklungen in der SPD im Zusammenhang mit der gegenwärtigen Anti-DDR-Kampagne" am 8. September 1989 in das Politbüro eingebracht. Vgl. SAPMO - BArch, SED, ZK, J IV 2/2A/3239. Während eine Delegation des FDGB unter Leitung des Politbüromitglieds Harry Tisch noch vom 12. bis 15. September 1989 auf Einladung des DGB die Bundesrepublik besuchte, wurde am 16. September 1989 mitgeteilt, daß Volkskammerpräsident Horst Sindermann den geplanten Besuch einer Delegation der SPD-Bundestagsfraktion unter Leitung von Horst Ehmke abgesagt habe.

213 Das Gespräch zwischen Kurt Hager und Maria Ormos, Mitglied des Politischen Exekutivkomitees der USAP und Universitätsrektorin in Pécs, fand am 13. September 1989 statt. Einen Tag später berichtete das ND relativ ausführlich über die Begegnung.

Genosse Stoph:
Ich stimme den Vorschlägen Günter Mittags zu, besonders der Note. Wir sollten auch an die verantwortlichen Genossen in der CSSR, Rumänien und Bulgarien herantreten, ob sie mehr Urlauber aus der DDR aufnehmen können.
Den Botschafter aus Ungarn zurückzurufen ist überlegenswert.
Was zur BRD veröffentlicht wird, ist richtig. Wir müssen diese Hetze weiter entlarven. Sie verletzen ihre eigenen Unterschriften unter Helsinki, unter den Grundlagenvertrag und unter den Vereinbarungen mit Erich Honecker. Wir müssen sie immer wieder darauf verweisen: Wer Beziehungen zum Staat DDR hat, muß auch akzeptieren, daß dieser Staat Staatsbürger hat. Intern müssen wir analysieren, warum solche Menschen abhauen. Wir müssen noch mehr mit den Bürgern in ein vertrauensvolles Verhältnis kommen, denn es gibt Kritiken, Unzufriedenheit usw. Aber das kann ja nicht der Grund sein, warum man alles im Stich läßt. Was müssen wir noch besser machen?
Genosse Herrmann sollte auch mit den Blockparteien sprechen.

Genosse Keßler:
Wir müssen langfristig die Ursachen analysieren. Ich habe auch Vorstellungen, was man verändern müßte. Aber das ist heute nicht Gegenstand der Sitzung. Über die Erklärung von TASS bin ich glücklich. Damit können wir bestimmten Leuten klarmachen: sich es nicht mit der DDR zu verderben.
Unseren Botschafter aus Ungarn dürfen wir nicht abberufen. Genau das wollen sie. Das wäre kein guter taktischer Schritt. Wir dürfen uns nicht von Emotionen leiten lassen.

Genosse Axen:
Wir müssen unseren Kurs so weiterführen, wie wir es in den letzten Sitzungen des Politbüros besprochen haben. Den Botschafter sollten wir jetzt nicht zurückziehen. Erst müssen wir die Note übergeben.

Genosse Hager:
Protestiert zu einer Bemerkung: Ich bin doch nicht das Sprachrohr des Gegners. Ich habe mir doch den Vorschlag, den Botschafter zurückzurufen, gut überlegt.

Genosse Axen:
Das will ich Dir doch gar nicht unterstellen. Der Hauptfeind ist die BRD, nicht Ungarn. Wir sollten genau prüfen, wie wir mit der SPD weitermachen. Vom 18. - 22.9. kommt die SPD-Fraktion mit Ehmke zur Volkskammer. Das sollten wir beibehalten.[214]

---

214 Vgl. Anm. 212.

Genosse Böhme:
Es ist richtig, die Reisen nach Ungarn dosiert zu behandeln, aber das darf sich nicht gegen die Masse der Bevölkerung richten. Das brauchen wir nicht. Das würde sie gegen uns aufbringen. Wir sollten auch den Botschafter nicht zurückziehen. Die Note an Ungarn ist gut. Auch die ADN-Meldung war gut.[215] Aber wir brauchen auch eine staatsoffizielle Erklärung.

Ich bin auch dafür, die Ursachen zu untersuchen, aber der größte Teil ist Opfer des ideologischen Klassenkampfes. Es geht nicht in erster Linie um irgendwelche materiellen Dinge. Ein großer Teil ist mit dem Kopf schon länger in der BRD.

Die Genossen begrüßen die offene Position in den Parteiaktivtagungen. Die Bürger erwarten das offene Wort der Partei. Wir dürfen uns aber auch nicht abbringen lassen von unseren eigentlichen Aufgaben. Wir brauchen die Orientieung auf jene Probleme, die wir mit dem XII. Parteitag auf neue Weise angehen wollen.

Genosse Mielke:
Die Note sollte sofort übergeben werden. Die Rückreisen von Ungarn sind im wesentlichen normal, auch die Reisen dorthin. Z. Zt. sind 50.000 DDR-Bürger in Ungarn. Der Vorschlag zur Kontrolle nach Ungarn ist intern. Die Kontrolle erfolgt auf der Grundlage der Reiseverordnung vom 30.11.1988, vor allem nach den §§ 13 und 14. Wir haben mit Ungarn paß- und visafreien Verkehr. Wenn der DDR-Bürger einen Paß hat, dann genügt das nicht, er braucht ein Visum dazu. Bei Reisen nach Ungarn legen wir eine Einlage in den Personalausweis. Diese Einlage entspricht einem Visum. Die CSSR läßt DDR-Bürger ohne Visum von uns nicht nach Ungarn. Die Sache mit der BRD-Botschaft in Prag soll nach dem Berlin-Beispiel geklärt werden. Der BRD-Abgesandte wollte den CSSR-Außenminister unter Druck setzen. Er hat das abgelehnt.

Die SPD-Vorlage ist nicht vollständig. Die Sache ist sehr gefährlich. Sie sind dabei, in der DDR eine SPD gründen zu wollen.

Was die Ursachen für die Ausreisenden anbetrifft, verweise ich auf das Material der Abteilung Parteiorgane über die Anträge zum XII. Parteitag. Die 1. Sekretäre der Bezirks- und Kreisleitungen werden von meinen Genossen ständig informiert, aber die Grundfragen sind in diesen Materialien.[216] Doch

---

215 Die ADN-Korrespondenz, mit der die Ereignisse vom 10. und 11. September 1989 in Ungarn den DDR-Bürgern erläutert wurden, erhielt die Überschrift „Provokation gegen die DDR stabsmäßig organisiert". Vgl. ND, 12. September 1989.

216 Die Zentrale Auswertungs- und Informationsgruppe des MfS fertigte dazu streng geheime Materialien an. Im Juli 1989 wurde z. B. die interne achtzehnseitige „Information über die Lage und Entwicklungstendenzen der ständigen Ausreise von Bürgern der DDR nach der BRD und Westberlin sowie des ungesetzlichen Verlassens der DDR in der Zeit vom 1. Januar bis 30. Juni 1989" vorgelegt. Vgl. BStU, ZA, ZAIG 4681.

welche Beschlüsse werden wir dazu fassen? Es gibt viele Genossen - nicht Feinde -, die fragen, was ist los? Was muß verändert werden?

Die Hetze gegen Erich Honecker überschlägt sich. Heute wurde er bereits totgesagt. Wir sollten seinen Gesundheitszustand veröffentlichen.

Die entscheidende Frage ist: Der Feind schlägt gegen die Partei. Auch bei Privatreisen bleiben viele weg. Es entstehen zum Teil empfindliche Lücken, z. B. im Krankenhaus in Zwickau.

Für Streiks gibt es keine Signale, aber es gibt viel Unzufriedenheit. Die Genossen müssen informiert werden, die Partei muß mobilisiert sein.

Am 15. Oktober 1989 wollen die Ungarn ein Flüchtlingslager auf der Grundlage der Flüchtlingskonvention der UNO einrichten.

Genosse Sindermann:

Das ND hat mir heute sehr gut gefallen. Die Note sollten wir sofort übergeben, aber den Inhalt auch veröffentlichen. Ansonsten sollten wir keine überstürzten Maßnahmen gegenüber Ungarn treffen. Wir müssen die positiven Kräfte auch dort unterstützen.

Ehmke hat mir heute früh mitteilen lassen, daß der Besuch für die SPD einen hohen Stellenwert hat. Er werde zeigen, daß man auch in schwierigen Zeiten mit der SED reden kann. Wir sollten das wahrnehmen und ihnen alles sagen, was wir zu sagen haben.

Was sich der Westen gegen Erich Honecker leistet, ist wie zur Zeit der faschistischen Judenpogromhetze. Wir sollten melden, daß Genosse Mittag bei Genossen Honecker war und ihn über alles informiert hat.

Genosse Tisch:

Ich bin mit den Vorschlägen des Genossen Mittag einverstanden. Wir müssen jetzt kühlen Kopf bewahren. Ich bin heute nachmittag schon in der BRD. Der DGB hat das gesamte Programm des Besuches veröffentlicht. Ich bin darauf eingestellt, daß es zu Provokationen kommt.[217] Wir müssen unser Schiff in ruhigem Wasser wie in der Brandung sicher steuern. Jetzt befinden wir uns in der Brandung.

Der Brief an die 1. Bezirkssekretäre ist wichtig, er müßte aber bis in die Grundorganisationen gehen. Die Partei muß in Front, muß nach vorn.

Es gibt auch bei uns keine Anzeichen für Streiks oder nach Forderungen nach neuen Gewerkschaften. Wir müssen aber darauf eingestellt sein.

Genosse Hager:

Ich ziehe meinen Vorschlag nach Botschafterabberufung zurück. Zuerst sollten wir die Note übergeben, sie veröffentlichen und abwarten, wie Ungarn

---

217 Vgl. Anm. 212. Zum Auftreten von Harry Tisch vor Journalisten in der Bundesrepublik vgl. insbesondere ND, 13. September 1989.

reagiert. Ich werde auch die Parteidelegation morgen empfangen, mache aber keine Offensive des Lächelns.

Was die Ursachen anbetrifft, stehen wir vor der Notwendigkeit, in einer der nächsten Sitzungen die gesamte politische Situation einzuschätzen. Wo liegen die Ursachen, daß viele junge Leute die DDR verlassen. Wir müssen das mit konkreten Schlußfolgerungen analysieren, was sich verändern muß. Wir können den Parteitag nicht nur mit Kontinuität vorbereiten, sondern auch mit Erneuerung. Welche qualitativ neuen Schritte gehen wir also? Genosse Honecker hat das auf der 7. Tagung doch gesagt.

Auch die positivsten Ärzte haben einen Sack voller Sorgen und kommen zu der Schlußfolgerung, daß unser Gesundheitswesen immer mehr an Boden verliert. Wir haben mittlerweile 250.000 Alkoholiker in der DDR. Ich habe Informationen von Schriftstellern, die regelrechte Hoffnungslosigkeit widerspiegeln.

Die Besprechung mit der SPD sollte man machen. Nicht wir sollten das gemeinsame Papier in Frage stellen.

Zur Gesundheit Erich Honeckers dachte ich an eine einfache ärztliche Mitteilung.

Genosse Dohlus:

Ich stimme den Vorschlägen des Genossen Mittag zu. Niemand darf nervös werden. Wir müssen Ruhe bewahren und das nach unten bis in die Grundorgaiationen spüren lassen. Es gilt, jeden Schritt zu überlegen, vor allem auf seine weiteren Konsequenzen. Wir dürfen uns die Sache nicht so einfach machen: Die Entwicklungen in Polen, Ungarn und in der Sowjetunion haben eine große Wirkung und Unsicherheit in unserer Partei ausgelöst. Die Bezirksparteiaktivtagungen geben eine gute Orientierung, sie werden von den Genossen gut aufgenommen. Wir führen jetzt die Kreisaktivtagungen, die Mitgliederversammlungen und die persönlichen Gespräche zum Umtausch der Parteidokumente durch. Viele Genossen sagen, man müsse die Ursachen auch im eigenen Land erforschen. Sie fragen, warum gehen so viele Jugendliche? Man muß die Arbeit unter der Jugend verbessern. Alle Massenorganisationen müssen Position beziehen.

Wir haben bisher 270.000 Anträge an den Parteitag. An der Grundtendenz wird sich nichts ändern. Darauf müssen wir schon bei der Vorbereitung des Parteitages eingehen.

Wir sollten etwas zum Gesundheitszustand des Genossen Erich Honecker veröffentlichen.

Genosse Mittag:

Es war wichtig, sich auszutauschen. Das war eine gute Aussprache, um zu einem Gesamtbild zu kommen. Wenn man bestimmte Sendungen sieht, muß man erst einmal 1/2 St[un]d[e] Luft holen. Es ist gut, daß wir die Briefe an

Erich Honecker aus allen Bezirken veröffentlicht haben.[218] Sie zeigen die Einheit und Geschlossenheit der Partei.

Früher haben wir alle Walter Ulbricht verteidigt, jetzt müssen wir alle Erich Honecker verteidigen. Ich will mit E. Honecker sprechen, um einen Weg zur Veröffentlichung seines Gesundheitszustandes zu finden. Aber wir können doch überall sagen, daß es ihm gut geht und daß er bald seine Amtsgeschäfte wieder aufnehmen wird. Genosse Tisch kann auch in der BRD so auftreten.

Es geht eine große Schule der Auseinandersetzung auch durch die Partei. Wir führen ja auch hier im Politbüro ausführliche Diskussionen. Damit sich alle damit beschäftigen können, habe ich die Anträge an den Parteitag verteilen lassen.

Die ADN-Meldung war mit Genossen Honecker abgestimmt. Wir sollten überall zum Ausdruck bringen, daß die TASS-Erklärung eine große Hilfe für uns ist. Die Beratung mit den Blockparteien sollten wir durchführen, auch mit der FDJ und der Gewerkschaft unsere Linie auswerten.

Die Schritte gegenüber Ungarn müssen wir uns gut überlegen. Der Gegner will uns mit allen Mitteln gegeneinander aufbringen. Auch andere Länder stehen unter seinem Druck. Sie müssen auch unsere Solidarität spüren. Die Note an Ungarn ist sofort zu übergeben und der Inhalt zu veröffentlichen. Wir können nicht nur von ADN leben.

In der Diskussion mit der SPD sollten wir unsere Meinung sagen und dann nicht nur Hofmeldungen veröffentlichen, sondern inhaltlich auch unseren Standpunkt. Genosse Sindermann und Axen sollten getrennte Gespräche führen. Die SPD steht auch unter dem Druck der CDU.

Was die Ursachen anbetrifft und was wir verändern müssen, so sollte jeder in seinem Verantwortungsbereich schon beginnen. Dabei sollten wir aufpassen, daß wir nicht neue Dinge ins Spiel bringen.

Der Alkoholismus ist wirklich ernst, aber wir sollten den Zeitpunkt überlegen, um nicht neue Angriffspunkte zu schaffen.

Wir müssen sehen, was unsere Bevölkerung bewegt. Bei uns hungert und friert keiner. Was die Ausreisenden in Ungarn betrifft, so wollten sie schon immer raus. Was unsere Grenztruppen, Schutz- und Sicherheitsorgane leisten, ist enorm. Der mündige Bürger der DDR muß einen Paß haben und nicht Einlagen im Personalausweis. Das ist nicht richtig.

Genosse Mielke:
Einen Paß kann sich ja jeder kaufen.

Genosse Mittag:
Nächste Woche sollte dazu ein Bericht gegeben werden.

---

218 In der Ausgabe vom 9./10. September 1989 veröffentlichte das ND neun Schreiben an Erich Honecker, die von sogenannten Bezirksaktivtagungen zur Eröffnung des SED-Parteilehrjahres 1989/90 verabschiedet worden waren.

Genosse Mittag teilte mit, daß Genosse Gorbatschow zum 40. Jahrestag in die DDR kommt.

Quelle: SAPMO-BArch, SED, ZK, IV 2/2039/77.

Dokument 31

Protokoll der Sitzung des SED-Politbüros vom 29. September 1989[219]

1. Dem Vorschlag, die in den Botschaften der BRD in Prag und Warschau befindlichen DDR-Bürger mit Zügen der Deutschen Reichsbahn von Prag bzw. Warschau über das Territorium der Deutschen Demokratischen Republik in die BRD zu transportieren, wird zugestimmt.[220]

Der Minister für Auswärtige Angelegenheiten der DDR wird beauftragt, zur entsprechenden Zeit eine Mitteilung zu veröffentlichen.[221]

2. Der BRD-Regierung wird anheimgestellt, sich dafür einzusetzen, daß die weitere Aufnahme von DDR-Bürgern in BRD-Botschaften im Ausland nicht gestattet wird.

3. Genosse Oskar Fischer ist über diese Entscheidung sofort zu informieren.
 Verantwortlich: Genosse H. Axen

4. Es ist zu sichern, daß über die Botschaften der DDR in Prag und Warschau sofort die Genossen Jakes und Jaruzelski informiert werden.

Genosse H. Neubauer, Leiter der Ständigen Vertretung der DDR in der BRD, wird beauftragt, die Regierung der BRD über die Entscheidung zu informieren und der Regierung der BRD anheimzustellen, die Maßnahme zu unterstützen.
 Verantwortlich: Genosse H. Axen
                   Genosse H. Krolikowski

---

219 Diese Sitzung wurde im Protokoll Nr. 39 festgehalten und fand am Rande einer offiziellen Festveranstaltung zum 40. Jahrestag der Gründung der Volksrepublik China in der Deutschen Staatsoper von 17.00 Uhr bis 17.20 Uhr statt. An ihr nahmen Erich Honecker (ab 27. September wieder im Amt), Hermann Axen, Horst Dohlus, Joachim Herrmann, Werner Jarowinsky, Heinz Keßler, Günther Kleiber, Werner Krolikowski, Erich Mielke, Günter Mittag, Alfred Neumann, Günter Schabowski, Willi Stoph und Gerhard Schürer teil.

220 Über 6000 Flüchtlinge aus Prag und Warschau trafen am 1. Oktober 1989 mit Sonderzügen der Deutschen Reichsbahn in der Bundesrepublik Deutschland ein.

221 Dieser Satz wurde von Erich Honecker handschriftlich eingefügt.

5. Über diesen humanitären Akt der Regierung der DDR ist ein Kommentar in der Presse, im Rundfunk und im Fernsehen zu veröffentlichen.[222]
Verantwortlich: Genosse J. Herrmann

Quelle: SAPMO - BArch, SED, ZK, J IV 2/2A/3243.

Dokument 32

Protokoll der Sitzung des SED-Politbüros vom 4. Oktober 1989 (Auszug)[223]

Zu aktuellen Fragen
Berichterstatter: Erich Honecker

1. Entsprechend der Beratung im Politbüro am 4.10.1989 beginnt die Aktion der Ausreise von ehemaligen Bürgern der DDR aus Prag mit Zügen der Deutschen Reichsbahn am 4.10.1989 um 17.00 Uhr.[224]
Verantwortlich für die einzuleitenden Maßnahmen:
Genosse E. Krenz
Genosse E. Mielke
Genosse O. Arndt
Genosse F. Dickel
Genosse H. Krolikowski

---

222 Vgl. ND, 2. Oktober 1989. Das ND titelte die ADN-Mitteilung auf der zweiten Seite mit „Humanitärer Akt". Darunter wurde der Kommentar „Sich selbst aus unserer Gesellschaft ausgegrenzt" abgedruckt, in dem Erich Honecker persönlich den folgenden Satz über die ausgereisten DDR-Bürger einfügte: „Man sollte ihnen deshalb keine Träne nachweinen."

223 Die Sitzung fand von 10.10 Uhr bis 11.15 Uhr statt und wurde im Protokoll Nr. 41 festgehalten. An ihr nahmen Erich Honecker (Sitzungsleiter), Horst Dohlus, Kurt Hager, Joachim Herrmann, Werner Jarowinsky, Heinz Keßler, Günther Kleiber, Egon Krenz, Werner Krolikowski, Erich Mielke, Günter Mittag, Erich Mückenberger, Alfred Neumann, Günter Schabowski, Horst Sindermann, Willi Stoph, Harry Tisch, Inge Lange und Gerhard Schürer teil. Als Gäste waren Herbert Naumann, Otto Arndt, Friedrich Dickel, Wolfgang Herger, Günter Sieber und Herbert Krolikowski zugegen.

224 Am 5. Oktober 1989 teilte die DDR-Presse folgende ADN-Meldung mit: „In Übereinkunft mit der Regierung der CSSR hat die Regierung der DDR entschieden, die Personen, die sich widerrechtlich in der Botschaft der BRD in Prag aufhalten, über das Territorium der DDR in die BRD auszuweisen. Dabei ließ sie sich vor allem von der Lage der Kinder leiten, die von ihren Eltern in eine Notsituation gebracht worden sind und die für deren gewissenloses Handeln nicht verantwortlich gemacht werden können." Die Meldung endete mit der Erwartung, daß die Bundesregierung nun eine normale Botschaftstätigkeit gewährleistet.

2. Genosse Jakes, Generalsekretär des ZK der KPTsch, ist durch ein Schreiben des Generalsekretärs des ZK der SED, Genossen E. Honecker, über die Entscheidung zu informieren. Dabei ist ihm der Dank für seine Information zu übermitteln und zum Ausdruck zu bringen, daß die zugesagten Vorbereitungen zur Lösung des Problems erst entschieden werden konnten, nachdem das Politbüro des ZK der SED die entsprechenden Beschlüsse gefaßt hat.

Es ist weiterhin mitzuteilen, daß zur schnellen Lösung der organisatorischen Fragen sofort der Staatssekretär im Ministerium für Verkehrswesen der DDR nach Prag entsandt wird und daß die Bonner Regierung im Laufe des Tages zu einem späteren Zeitpunkt informiert wird.

Verantwortlich: Genosse H. Krolikowski

3. Genosse H. Neubauer wird beauftragt, dem Kanzleramtsminister Seiters am 4.10.1989 um 15.00 Uhr mitzuteilen, daß die Aktion heute beginnt.

Verantwortlich: Genosse H. Krolikowski

4. Über die Aktion ist in den Medien der DDR ein Kommentar zu veröffentlichen.[225]

Verantwortlich: Genosse E. Honecker
Genosse J. Herrmann

5. Die 1. Sekretäre der Bezirksleitungen der SED in Dresden und Karl-Marx-Stadt werden durch ein chiffriertes Fernschreiben über die Durchfahrt der Züge in Richtung Bundesrepublik informiert.[226]

Verantwortlich: Genosse E. Honecker

6. Die Entscheidungen über die zeitweilige Aussetzung des paß- und visafreien Verkehrs mit der CSSR wird ab sofort auch auf den Transitverkehr von Bürgern der DDR nach Bulgarien und Rumänien erweitert. Das betrifft sowohl den Grenzverkehr über die Straßen und - bezüglich Ungarn - auch durch Flugzeug.[227]

---

225 Vgl. ND, 5. Oktober 1989. Der Titel lautete „Wortbruch und völkerrechtswidriges Handeln". Als Verfasser war lediglich die Nachrichtenagentur ADN ausgewiesen.

226 Das Fernschreiben hatte folgenden Wortlaut: „Werte Genossen, auf Grund der Bitte der tschechoslowakischen Staatsführung vollzieht sich in der Nacht vom 4. bis 5.10.1989 eine Durchfahrt mehrerer Züge, in denen sich ehemalige DDR-Bürger befinden, die in die Bundesrepublik abgeschoben werden. Details könnt Ihr über die Reichsbahn erfahren. Die erforderlichen Sicherheitsmaßnahmen, die die ungehinderte Durchfahrt der Züge sichern, werden zentral eingeleitet und mit Euch besprochen. Mit sozialistischem Gruß gez. E. Honecker. Berlin, 4.10.1989." (BStU, ZA, SdM 664.)

227 Am Mittag des 3. Oktober 1989 war bereits der paß- und visafreie Verkehr zwischen der DDR und der CSSR mit sofortiger Wirkung ausgesetzt worden. Die Entscheidung sollte demnach „Provokationen" seitens der BRD zum 40. Jahrestag der DDR vorbeugen.

7. Die Grenze gegenüber der CSSR und der VR Polen ist in ihrer Gesamtlänge unter Kontrolle zu nehmen.[228]

                               Verantwortlich: Genosse H. Keßler
                                                           Genosse E. Mielke
                                                           Genosse F. Dickel [...]

Quelle: SAPMO - BArch., SED, ZK, J IV 2/2A/3245.

Dokument 33

Redemanuskript von Hans Modrow für die Beratung der 1. Bezirkssekretäre der SED mit Erich Honecker am 12. Oktober 1989 in Berlin[229]

Liebe Genossen! Ich habe dem Politbüro vorgestern in einem Fernschreiben unsere Einschätzung zur Lage übermittelt, die wir in aller Verantwortung als Sekretariat der Bezirksleitung und gemeinsam mit den 1. Sekretären der Kreisleitungen erarbeitet hatten. Darin wird die große und wachsende Erwartung der Genossen und breiter Kreise der Bevölkerung ausgedrückt, daß Partei- und Staatsführung der DDR jetzt eine Erklärung geben, die zeigt, daß der Ernst der Lage gesehen wird, unter ihrer Berücksichtigung Orientierung für die weitere politische Arbeit und zur inhaltlichen Gestaltung der Parteitagsdiskussion zur weiteren gesellschaftlichen Entwicklung der DDR gegeben wird.

Wir haben den Erwartungen Ausdruck gegeben, daß zum frühestmöglichen Zeitpunkt eine Tagung des Zentralkomitees einberufen wird, die berät und festlegt, wie jetzt der von der 7. Tagung des Zentralkomitees beschlossene Grundsatz von Kontinuität und Erneuerung weitergeführt und was wir über Bord werfen müssen, weil es uns am Vorwärtsschreiten hindert.

Das Politbüro hat inzwischen eine wichtige Erklärung abgegeben.[230] Sie öffnet den Weg, ist aber im Inhalt erst ein Minimum; das heißt, wir sprechen darin

---

228 Diese Maßnahmen konnten nicht verhindern, daß es vor allem in Dresden in Zusammenhang mit der Durchfahrt von Zügen, die ca. 7.600 DDR-Flüchtlinge in die Bundesrepublik brachten, besonders am 4. und 5. Oktober 1989 zu schweren gewalttätigen Auseinandersetzungen zwischen tausenden Demonstranten und Sicherheitskräften kam.

229 Über diese Zusammenkunft in Berlin wurde offiziell in den DDR-Medien nichts gemeldet. Vgl. Hans Modrow: Aufbruch und Ende. Hamburg 1991, S. 18 ff.

230 Die „Erklärung des Politbüros des Zentralkomitees der Sozialistischen Einheitspartei Deutschlands" kam erst nach zweitägigen Beratungen (10./11. Oktober 1989) zustande. Den Wortlaut vgl. in: ND, 12. Oktober 1989. Zu den Hintergründen vgl. Gregor Gysi/Thomas Falkner: Sturm aufs Große Haus. Der Untergang der SED. Berlin 1990, S. 33 ff.; Günter Schabowski: Das Politbüro. Ende eines Mythos. Reinbek bei Hamburg 1990, S.87 ff.

entscheidend wichtige Fragen an, müssen sie aber in einem raschen Tempo ausfüllen, zum Beispiel die Sache des Reiseverkehrs und andere.

Ich muß unsere Einschätzung und unseren Standpunkt hier bekräftigen. Mir geht es dabei nicht etwa um Angst oder Panikmache, sondern um die Verantwortung für unsere Partei, für unsere Politik, für den Sozialismus in der DDR.

Ich bin aus der Lage im Bezirk heraus der festen Überzeugung, daß wir jetzt grundlegende konzeptionelle Antworten auf Fragen geben müssen, die viele Werktätige, Angehörige der Intelligenz, junge Menschen und auch die Genossen bewegen. Tun wir das nicht, kommt der Gegner noch entschiedener zum Zuge. Es arbeiten die differenziertesten, uns nahe-, aber auch weit fernstehenden Kräfte intensiv an solchen Konzepten, ohne uns und am Ende gegen uns.

Das Bild einer gewissen Normalisierung, das die letzten drei Tage auch in Dresden bietet, bringt die wirkliche Lage nicht klar zum Ausdruck. Sie wurde nur durch den Einsatz der Sicherheitsorgane, Kompromißgespräche und das Einbeziehen von Vertretern der Kirche erreicht. Dahinter steht, daß die Massen sich mit uns entschieden gegen Ausschreitungen und Gewaltakte wenden, da sie keine Lösung von Problemen bringen, sondern Vernunft walten muß.[231]

Zugleich formieren sich die Kräfte noch stärker, die nach dem Motto der „Gewaltlosigkeit" Antwort auf Fragen verlangen, und am Ende Änderungen erzwingen wollen und wachsenden Einfluß erlangen.

Hier wachsen die Gefahren, da die bisher genutzten Mittel zur Beherrschung der Entwicklung in ihrer Wirkung eingeschränkt, wenn nicht gar - mit allen darin liegenden Konsequenzen - aufgehoben werden. Mit Deutlichkeit zeigt sich: Heute sind Fragen und Erwartungen noch weitgehend auf unsere Partei, auf unsere Führung, auf unsere Politik gerichtet. Aber die Zeit drängt, und jeder Tag, manchmal schon jede Stunde haben jetzt politisches Gewicht.

Wie dringlich wir abgestimmtes Vorgehen brauchen, zeigt sich jetzt auch bei der Tendenz, daß die Kirche zur Seite tritt, um anderen Kräften Raum für politisches Wirken freizumachen.

Wenn wir nicht in aller Kürze mit einer Tagung des Zentralkomitees weitere Antworten geben, werden Resignation und nicht wieder gutzumachender Vertrauensschwund eintreten.

Die Lage erfordert dringend eine wirksamere politische Führung. Ich möchte hier nicht zuerst von der direkten, operativen Unterstützung durch Genossen des Zentralkomitees reden, die bei Kontrollen sehr schnell und auch in großer Zahl da sind, von denen jedoch in den letzten politischen Kampftagen nichts zu spüren war.

---

231 Nach tagelangen Auseinandersetzungen in Dresden im Umfeld der Zugdurchfahrten mit den Botschaftsflüchtlingen aus Prag über Dresden in die Bundesrepublik (vgl. Anm. 228) hatte sich die Lage nach dem 7. Oktober 1989 etwas beruhigt. Vgl. dazu Eckhardt Bahr: Sieben Tage im Oktober. Aufbruch in Dresden. Leipzig 1990; Werner Kaulfuß/ Johannes Schulz: Dresdener Lebensläufe. Zeitzeugen berichten vom Leben und vom Umbruch im ehemaligen Bezirk Dresden. Schkeuditz 1993.

Nehmt das „Neue Deutschland", unser Zentralorgan, in die Hand. Was hat es an politischer Orientierung und Argumentation zu den akuten Fragen des politischen Kampfes gebracht, wenn wir mal von den Beiträgen absehen, die aus Bezirkszeitungen zusammengelesen wurden? Die zentralen Medien unterscheiden sich immer stärker voneinander.

Die „Junge Welt" findet mit ihren Beiträgen bis zu Stellungnahmen der Mitglieder des ZK der SED Hermann Kant und Manfred Wekwerth riesengroße Resonanz.[232] ADN-Veröffentlichungen zu den durch Übersiedlung freigewordenen Wohnungen, die an Interessenten vergeben werden könnten, öffentliche Bekanntgaben, jeder der ausreisen wolle, brauche nur zur Abteilung Inneres zu gehen, oder Falschmeldungen, daß man seine Ferienreise in die CSSR eigentlich auch weiterhin antreten könne, vergiften die heißen politischen Diskussionen und stellen das Problem des Reiseverkehrs prinzipiell auf die Tagesordnung.[233] Für uns ist in dieser Situation eine Leitungspraxis erforderlich, die die einzuschlagende Linie klärt.

Am 2. Oktober wollte der Chefredakteur den von Genossen Willi Stoph freigegebenen Absatz zur Jugend in seiner Rede drucken - die Abteilung Agitation wies dies entschieden zurück.[234]

Als aber in den kritischen Tagen Fragen zur Konsultation gestellt wurden, wurden alle Verantwortlichen an das Sekretariat der Bezirksleitung und den 1. Sekretär der Bezirksleitung verwiesen.

---

232 Der sehr kritische Brief von Hermann Kant, ZK-Mitglied und DDR-Schriftstellerverbandspräsident, an den Chefredakteur der „Jungen Welt", Hans-Dieter Schütt, war in der Zeitung am 9. Oktober 1989 abgedruckt worden. Ein Artikel von Manfred Wekwerth, ebenfalls ZK-Mitglied und Präsident der DDR-Akademie der Künste, mit dem bezeichnenden Titel „Schönheit kommt nicht nur von Schönheit, sondern vor allem von der Wahrheit" erschien in der „Jungen Welt" am 11. Oktober 1989.

233 Am 4. Oktober 1989 hatte ADN mitgeteilt, daß es den örtlichen Staatsorganen überlassen bleibe, frei gewordene Wohnungen, „deren bisherige Bewohner illegal die DDR verlassen haben", umgehend an neue interessierte Mieter zu übergeben. Bereits am 8. Oktober mußte ADN klarstellen, daß eine Vergabe z. B. in Berlin nur entsprechend der offiziellen Wartelisten der Räte der Stadtbezirke möglich sei.

234 Am 3. Oktober 1989 wollte die „Junge Welt" von der Übergabe eines Ehrenbanners des ZK der SED durch Ministerpräsident Willi Stoph im VEB Mikromat Dresden berichten. Aus der Meldung wurde u. a. folgende Passage der Rede von Stoph gestrichen: „Weil wir den jungen Menschen nicht immer die Werte und Vorzüge des Sozialismus genügend bewußt machen, lassen sich einige manchmal auch von der glänzenden Fassade des Kapitalismus blenden, wie sie ihnen von der BRD suggeriert wird. Wir machen uns ernsthafte Sorgen, wenn solche jungen Menschen, die bei uns aufgewachsen sind und gelernt haben, denen alle Möglichkeiten für eine umfassende Bildung offenstehen und die persönlich sowie mit ihren Familien eine sozial gesicherte Zukunft besitzen, unser Land verlassen." (SAPMO - BArch, FDJ, AA 273.) Am 3. Oktober berichtete der 1. FDJ-Zentralratssekretär Eberhard Aurich an Egon Krenz, daß Joachim Herrmann die Meldung mit der Bemerkung „Solche Sätze lassen wir künftig auch in der Jungen Welt nicht mehr zu" zensiert hätte (vgl. ebenda).

Mit dem „Neuen Deutschland" und anderen zentralen Medien wird jedoch in den vergangenen Tagen und Wochen ein Bild für die Genossen und Werktätigen gezeichnet, als ginge das wirkliche Leben mit seinen Fragen, Problemen und scharfen Auseinandersetzungen an der Führung der Partei vorbei.

Die Bezirksleitung Dresden hat große Anstrengungen unternommen, um die politische Massenarbeit in der Parteitagsvorbereitung zu entfalten und Masseninitiativen für den volkswirtschaftlichen Leistungsanstieg und die weitere Stärkung der DDR zu entfalten. Das wollen, müssen und werden wir zielstrebig weiterführen.

Aber damit ist im Verständnis auch der Genossen nicht - so wie das festgestellt wurde - die Parteitagsdiskussion im Gange, wie wir sie brauchen, wie sie dringlich erwartet wird und wie sie leider nicht mit den bekannten zentralen Artikeln, sondern eher mit manchen Beiträgen in Zeitungen befreundeter Parteien gefördert wurde.[235]

Die Wenigsten erwarten Debatten um ein großes Sozialpaket. Notwendig ist, die offene Diskussion grundlegender Fragen, wie das jetzt in der Erklärung des Politbüro angedeutet wird. Die Aussage der 7. Tagung des Zentralkomitees, daß wir unseren Kurs der Hauptaufgabe in der Einheit von Kontinuität und Erneuerung fortsetzen und daß wir „keine Insel der Seeligen" sind, müssen nun ausgefüllt werden. Die Kontinuität wird unterstützt, aber zugleich steht die Frage: Wo setzen wir die Erneuerung an?

Zustimmung gibt es auch zu der Aussage, daß wir Bewährtes fortführen und Hemmendes über Bord werfen.

Was bewährt ist und nirgends und niemals über Bord gehen darf, ist der Sozialismus, die führende Rolle der Partei und die sozialistische Ideologie, die sozialistische Planwirtschaft, die Einheit von Wirtschafts- und Sozialpolitik, das sozialistische Eigentum. Die Genossen fragen nun aber auch: Was geht über Bord, was hemmt uns, bringt uns die Schwierigkeiten und Probleme, was steht der erfolgreichen Gestaltung des Sozialismus im Wege? Sie fragen das für sich in ihrem Verantwortungsbereich, und sie fragen das für die ganze Gesellschaft und erwarten darauf Antwort.

Das Leben zeigt: Wir Kommunisten stehen dabei heute unter stärkstem Druck. Das wichtigste ist, wir müssen die Initiative in die Hand bekommen. In der Einheit von Kontinuität und Erneuerung muß die Erneuerung von uns, von der Partei ausgehen und nicht von anderen Kräften. Von uns - und nicht von denen auf der Straße oder in der Kirche - muß gesagt werden, was erneuert wird, was über Bord geht!

Im Moment besitzen wir diese Initiative noch nicht. Das ist das Grundproblem. Nehmen wir diese Initiative nicht in unsere Hand, dann setzen wir das Erreichte aufs Spiel, erleichtern wir dem Gegner seine Arbeit, der das Vertrau-

---

235 Vgl. z. B. Der Morgen; 20. September 1989 (Festansprache des LDPD-Vorsitzenden Manfred Gerlach „40 Jahre DDR - historische Kontinuität und demokratische Erneuerung" am 19. September) und 30. September/1. Oktober 1989 (Wortlaut einer Ansprache Manfred Gerlachs anläßlich des 100. Geburtstages Carl von Ossietzkys vom 13. September).

en des Volkes zur Partei untergraben will und dabei Ergebnisse erzielt hat. Deshalb ist jetzt eine Tagung des Zentralkomitees zu den aktuellen Grundfragen das Gebot der Stunde.

Sie muß in Vorbereitung des XII. Parteitages auf neue Fragen neue Antworten suchen, die gesellschaftliche Initiative in die Hand der Partei nehmen, den Erwartungen der Parteiorganisationen und breitester Kreise der Bevölkerung entsprechen und dem Gegner den Boden für seine Arbeit entziehen.

Mit dieser Tagung müssen wir als Partei die aktuellen Ereignisse analysieren und die Konsequenzen herausarbeiten, um die schädliche Tendenz unserer insgesamt erfolgreichen Entwicklung zu überwinden.

Aus unserer Sicht und aus der unmittelbaren Teilnahme an stürmischen Parteiversammlungen vor Ort geht es darum, wie die Macht des Volkes in unserem Arbeiter-und-Bauern-Staat so wirksam ausgeübt wird, daß es diese Machtausübung spürt, daß die Werktätigen in neuer Qualität, in neuer Offenheit ins Vertrauen gezogen werden.

Es geht nicht um ein bißchen mehr sozialistische Demokratie, es geht um eine neue Qualität ihrer Entwicklung im Leninschen Sinne, um die weitere Ausgestaltung des sozialistischen Rechtsstaats bis hin zum Wirken der Volkskammer als oberste sozialistische Volksvertretung.

Es geht auch um eine Informationspolitik und eine Arbeit der Medien, die diesen Anforderungen entspricht, sich durch Parteilichkeit und Realismus, durch Lebensnähe und Bruch mit jeder Schönfärberei, durch schnelle und gründliche Information auszeichnet. Da Informationspolitik eine Grundfrage politischer Führung ist, muß auch hier die Initiative von unserer Partei ausgehen.

Es geht um die schnellere und konsequentere Entwicklung unserer Volkswirtschaft auf der Basis der sozialistischen Planwirtschaft, orientiert an den Bedürfnissen der Gesellschaft als Ganzes wie auch des einzelnen.

Die Werktätigen sehen viele Fragen und Widersprüche: Warum gelingt es uns seit Jahren nicht, beispielsweise das Konfektions- und Schuhangebot qualitativ und modisch so zu entwickeln, daß es den Bedürfnissen entspricht? Wieso ging das Angebot an Südfrüchten so einschneidend zurück, obwohl wir Monat für Monat einen Exportüberschuß erzielen? Sie sehen den Widerspruch zwischen den monatlichen Erfolgsbilanzen und vielen Einzelheiten in ihrem Leben.

Als Partei sagen wir „Schluß mit der Präzisierung", aber wir präzisieren weiter, weil uns ungelöste Probleme dazu zwingen.

Genossen! Ich sage diese Dinge hier und heute, weil ich in der tiefen Überzeugung lebe, daß ich sie in meiner Verantwortung für die Partei und unsere Sache sagen muß. Ich bin überzeugt, daß uns keine Zeit mehr bleibt, daß schnell gehandelt werden muß, wenn wir nicht alles, was wir geschaffen haben, aufs Spiel setzen wollen.

Quelle: SHStA Dresden, SED, 13218.

Dokument 34

Notiz über ein Gespräch Wadim Medwedjews mit Kurt Hager im ZK der KPdSU in Moskau am 13. Oktober 1989[236]

Eingangs gab Genosse Medwedjew seiner Freude Ausdruck, Genossen Hager im ZK der KPdSU begrüßen zu können als einen alten, bewährten Freund. Er würdigte die Kulturtage der DDR in der UdSSR als ein großes, denkwürdiges Ereignis im Rahmen der Zusammenarbeit beider Länder.[237] Diese Zusammenarbeit sei bedeutsam gerade in der heutigen Situation, wo die Lage in beiden Ländern durch wichtige Ereignisse gekennzeichnet sei. Für die KPdSU sei die Unterstützung der DDR sehr wichtig, ihr Verständnis für die Prozesse der Umgestaltung und auch deren Probleme. Dieser Aspekt sei auch für die Kulturtage wichtig.

Ebenso vollziehen sich in der DDR wichtige Prozesse, vor allem positive, zu denen sowjetischerseits der 40. Jahrestag der DDR gezählt werde, denn er bedeute 40 Jahre Existenz eines sozialistischen Staates auf deutschem Boden.

Gleichermaßen sei der KPdSU bewußt, daß die SED heute mit Problemen konfrontiert sei. Die sowjetischen Genossen hoffen sehr, daß sie bewältigt werden.

Genosse Hager dankte seinerseits für den freundlichen Empfang. Er überbrachte Grüße des Genossen Erich Honecker und des Politbüros des ZK der SED an Genossen Michail Gorbatschow und das Politbüro des ZK der KPdSU.

Der Besuch des Genossen Gorbatschow in Berlin, seine Begegnungen mit den Bürgern und mit der Jugend, besonders beim Fackelzug der FDJ, ließen die große Sympathie gegenüber Genossen Gorbatschow spürbar werden.[238]

Besonders wichtig sei die Begegnung mit Genossen Honecker und mit dem gesamten Politbüro gewesen.[239] In diesen Gesprächen wurden offen und ehrlich die Probleme beider Länder benannt und die Vertiefung der Zusammenarbeit als unbedingt erforderlich hervorgehoben und das sowohl auf ökonomi-

---

236 KPdSU-Politbüromitglied und ZK-Sekretär Wadim Medwedjew sowie Kurt Hager unterzeichneten vor ihrem Gespräch eine „Langfristige Konzeption zur Entwicklung der Zusammenarbeit zwischen der DDR und der UdSSR auf dem Gebiet der Kultur bis zum Jahre 2000". Vgl. ND, 14./15. Oktober 1989.

237 Die „Tage der Kultur der DDR" in der UdSSR waren am 12. Oktober 1989 in Moskau in Anwesenheit von Kurt Hager und dem ZK-Sekretär der KPdSU, Lew Saikow, mit einem Konzert des Gewandhausorchesters Leipzig unter Kurt Masur eröffnet worden.

238 Michail Gorbatschow hielt sich am 6./7. Oktober 1989 an der Spitze einer Partei- und Regierungsdelegation anläßlich der Feiern zum 40. Jahrestag der DDR in Berlin auf.

239 Vgl. Daniel Küchenmeister (Hrsg.): Honecker - Gorbatschow. A. a. O., S. 240 ff. bzw. S. 252 ff.

schem und technischem Gebiet als auch im Bereich der Gesellschaftswissenschaften und der Kultur.

Die soeben unterzeichnete „Langfristige Konzeption" sei ein wichtiges Dokument und böte eine gute Grundlage für beide Länder, für die Kultur- und Kunstschaffenden, für die Ministerien, um die Zusammenarbeit auf ein qualitativ höheres Niveau zu heben und neue Formen zu entwickeln. Die Kulturtage hätten erfolgreich begonnen und belegen erneut, daß die Kultur einen Beitrag leistet, den nur sie leisten kann - nämlich einen emotionalen, der Wirkung auf die Gefühle hat. In diesem Sinne sei die Partei entschlossen, die Konzeption zielstrebig zu verwirklichen. Genosse Hager schlug vor, daß die Abteilungen beider Zentralkomitees dabei zusammenwirken und entsprechende Vorschläge für die Umsetzung der Konzeption unterbreiten.

Auf Fragen der gegenwärtigen Situation in der DDR eingehend, informierte Genosse Hager über eine zweitägige Sitzung des Politbüros, in der offen über alle Fragen und Mängel in der Arbeit von Partei und Staat gesprochen wurde.[240] Insgesamt sei das eine sehr kritische Aussprache gewesen. Behandelt wurden Probleme der Rolle der Arbeiter-und-Bauern-Macht, der Partei und auch der Zusammenarbeit der Bruderparteien. Es gab Übereinstimmung dahingehend, alles über Bord zu werfen, was sich nicht bewährt hat, sich von Routine zu trennen und das sowohl in der Parteiarbeit als auch in den Staatsorganen, den Volksvertretungen u. a. sowie Veränderungen in der Medien- und Informationspolitik vorzunehmen. Im Ergebnis der Beratung habe das Politbüro eine Erklärung angenommen, die veröffentlicht wurde. Auszugsweise sei sie auch in der „Prawda" zu lesen.

Genosse Medwedjew warf ein, daß die Möglichkeit einer Veröffentlichung im vollen Wortlaut geprüft wird.

Genosse Hager informierte des weiteren darüber, daß sich verstärkt Künstler und Kulturschaffende mit sehr kritischen Stellungnahmen zu Wort gemeldet hätten, in denen es nicht um kulturelle und soziale Probleme geht, sondern vor allem um die entstandene Gesamtlage. Die Erklärungen der Akademie der Künste und des Kulturbundes würden veröffentlicht werden.[241] Zur Gesamtlage und ihrem Entstehen äußerte sich Genosse Hager folgendermaßen:

1. Die Ausreise Zehntausender Bürger in die BRD rufe große Beunruhigung hervor und werfe die Frage nach den Ursachen auf.

2. Die DDR ist einer massiven gegnerischen Kampagne ausgesetzt, einer psychologischen Kriegführung gegen die DDR, die SED, den Sozialismus, der ein Fiasko erlitten hätte.

3. Es entstanden eine Reihe oppositioneller Gruppen, die sich zu organisieren suchen, darunter auch eine Sozialdemokratische Partei, zu deren 14 Grün-

---

240 Vgl. Anm. 230.

241 Die Erklärung des Präsidiums der Akademie der Künste der DDR vom 4. Oktober 1989 und das Kommuniqué der Präsidiumssitzung des DDR-Kulturbundes vom 9. Oktober 1989 wurden im ND bereits am 13. Oktober 1989 veröffentlicht.

dungsmitgliedern 7 Pfarrer gehören.[242] Ein Teil der kirchlichen Würdenträger spiele eine negative Rolle und heize die Stimmung an. Andere dagegen suchten den Weg der Verständigung mit staatlichen Organen.

4. Kultur- und Kunstschaffende, Wissenschaftler und andere Angehörige der Intelligenz, Arbeiter und Bauern empfinden einen Widerspruch zwischen Wort und Tat, ihre Alltagserfahrungen stimmen nicht mit der offiziellen Berichterstattung überein. Damit ist eine berechtigte Unzufriedenheit verbunden.

Auf dieser Basis nahm das Politbüro die erwähnte Erklärung an, die alle diese Aspekte enthält und neue Wege in der Entwicklung der Partei und im Leben der DDR eröffnet.

Gegenwärtig finden Beratungen mit den Bezirks- und Kreisleitungen sowie mit den befreundeten Parteien statt. Vorbereitet wird ein Plenum des ZK der SED, das zur Lage Stellung nehmen wird und eine Plattform über Aufgaben der weiteren Entwicklung des Sozialismus in der DDR zur Diskussion in Vorbereitung auf den XII. Parteitag vorlegen wird. All diese Schritte und Vorhaben bedeuten die Einleitung eines großen Dialogs mit allen Kreisen der Bevölkerung, die in der Mehrheit für eine Stärkung des Sozialismus eintreten.

Es gäbe aber auch Kräfte, die antisozialistische Positionen vertreten und andere Formen der Auseinandersetzung wählen, nämlich die der Demonstration, der Angriffe auf die bewaffneten Organe. Insofern sei hohe Wachsamkeit gefordert, um konterrevolutionäre Aktionen zu unterbinden. Von Bedeutung für das weitere Vorgehen sei auch die Umstellung in der Medienpolitik.

Insgesamt vollziehe sich im Leben der DDR eine große Wende im Sinne der Losung von Kontinuität und Erneuerung, wobei der Akzent auf Erneuerung liege. In dieser stürmischen Zeit sei es notwendig, den Kurs zu halten, keinen Pessimismus zuzulassen und die Werte des Sozialismus zu verteidigen - alles Aufgaben der ideologischen Arbeit, in der die Kultur einen nicht unwichtigen Platz hat.

Genosse Medwedjew dankte für die ausführliche Erklärung und informierte seinerseits über die Sitzung des Politbüros des ZK der KPdSU am Vortage. In dieser Beratung seien auch die Ergebnisse des Besuches von Genossen Gorbatschow in der DDR behandelt worden. Genosse Gorbatschow habe ausführlich über das Jubiläum, die Feierlichkeiten, seine Gespräche am Rande mit der Bevölkerung und über die Begegnung mit der Parteiführung und mit Genossen Honecker berichtet. Es gab volle Übereinstimmung zu dem Standpunkt, daß sich die KPdSU immer für die DDR einsetzen werde. Ihr wurde in der Vergangenheit immer Hilfe und Unterstützung zuteil und das werde auch künftig so sein

- gegenüber dem Staat der Arbeiter und Bauern auf deutschem Boden;
- gegenüber der Parteiführung ;

---

242 Die „Sozialdemokratische Partei in der DDR" (SDP) war am 7. Oktober 1989 in Schwante (Kreis Oranienburg) gegründet worden. Den Gründungsaufruf „Für eine ökologische soziale Demokratie" veröffentlichte zuerst „Die Welt" am 9. Oktober 1989.

- und Hilfe auch immer bei Attacken von außerhalb.

Zugleich brachte das Politbüro die Hoffnung und Zuversicht zum Ausdruck, daß die Parteiführung der SED auf der Grundlage einer tiefgreifenden Analyse die Probleme lösen und Wege finden wird, damit der Aufbau des Sozialismus fortgesetzt werden kann. Vor allem die Festigung der Positionen des Sozialismus ist das allerwichtigste für beide Staaten und gleichermaßen für alle anderen sozialistischen Staaten.

Genosse Medwedjew brachte die Entschlossenheit zum Ausdruck, die Zusammenarbeit zwischen beiden Staaten, Parteien und Völkern zu vertiefen. Das sei notwendig auf ökonomischem und wissenschaftlichem Gebiet - wie auch gerade sein Gespräch mit Professor Scheler unterstrich - und ebenso im kulturellen Bereich.[243] Insofern habe die „Langfristige Konzeption" große Bedeutung, die auch Auswirkungen auf die ideologische und theoretische Arbeit haben werde. Dabei müsse das Zusammenwirken den heutigen Bedingungen des Sozialismus und denen in der Welt Rechnung tragen. Auf Parteiebene sollten beide Parteien dafür Sorge tragen, daß die Zusammenarbeit an Tempo und Kraft gewinnt, sich vom Formalismus löst, damit konkrete Ergebnisse erzielt werden. Abschließend teilte Genosse Medwedjew mit, daß Genosse Gorbatschow über diese Begegnung informiert sei und herzliche Grüße übermittele. Ebenso bat er, Grüße an Genossen Honecker und die gesamte Parteiführung auszurichten und mitzuteilen, daß es sehr viel Verständnis für die gegenwärtigen Probleme gebe und aufmerksam verfolgt werde, was in der DDR vor sich gehe. Man hoffe, daß die Parteiführung mit der Situation fertig werde und die Positionen des Sozialismus gestärkt werden.

Genosse Hager dankte für das Gespräch und brachte zum Ausdruck, daß die Positionen des Sozialismus nicht aufgegeben werden. Jedoch allein auf uns gestellt, hätte nicht das erreicht werden können, was erreicht wurde, und so sei es auch jetzt. Die DDR sei immer fest mit der Sowjetunion verbunden und weiß, was sie an Freundschaft und Solidarität erhalten hat, ohne die sie nicht lebensfähig wäre. Das zeige auch die Verantwortung, die die DDR an diesem Punkt in Europa und angesichts der schon mal gehörten Töne aus der BRD habe.

Quelle: SAPMO - BArch, SED, ZK, IV 2/2039/283.

---

243 Wadim Medwedjew war zuvor mit dem Präsidenten der Akademie der Wissenschaften der DDR, Prof. Dr. Werner Scheler, zusammengetroffen.

Dokument 35

Protokoll der Sitzung des SED-Politbüros vom 17. Oktober 1989 (Auszug)[244]

1. Zu aktuellen Fragen
Berichterstatter: W. Stoph

1. Das Politbüro stimmt dem Vorschlag des Genossen Willi Stoph zu, Genossen Erich Honecker von der Funktion als Generalsekretär und als Mitglied des Politbüros des ZK der SED aus Gesundheitsgründen zu entbinden.

2. Das Politbüro beruft die 9. Tagung des Zentralkomitees der SED zu Mittwoch, den 18.10.1989, nach Berlin ein.

3. Genosse Egon Krenz wird vom Politbüro dem Zentralkomitee der SED als neuer Generalsekretär des ZK der SED vorgeschlagen.

4. Das Politbüro empfiehlt dem Zentralkomitee, die Genossen Joachim Herrmann und Günter Mittag von der Funktion als Mitglied des Politbüros und Sekretär des ZK der SED zu entbinden.

5. Es ist ein Vorschlag für die Arbeitsverteilung für die Mitglieder und Kandidaten des Politbüros und für die Sekretäre des ZK auszuarbeiten und dem Zentralkomitee der SED zur Bestätigung vorzulegen.

6. Zur Vorbereitung der 9. Tagung des ZK am 18.10.1989 wird unter Leitung des Genossen Egon Krenz eine Arbeitsgruppe gebildet. Ihr gehören an die Genossen W. Stoph, G. Schabowski, G. Schürer, W. Krolikowski, H. Tisch, H. Dohlus.
[...]

Quelle: SAPMO - BArch, SED, ZK, J IV 2/2A/3247.

---

244 Die Sitzungsbeschlüsse sind im Protokoll Nr. 43 festgehalten worden. Die Zusammenkunft stand offiziell noch unter der Leitung Erich Honeckers. An ihr nahmen alle gewählten Mitglieder und Kandidaten des Politbüros außer Heinz Keßler, der sich in Nikaragua aufhielt, teil. Regulärer Gast war der Chefredakteur des ND, Herbert Naumann. Die Tagung dauerte laut Protokoll von 10.00 Uhr bis 13.50 Uhr.

Kapitel 5

Verzweifelte Versuche zur Rettung des DDR-Sozialismus: Vom 9. bis zum 10. ZK-Plenum

Dokument 36

Botschaft Wjatscheslaw Kotschemassows an Egon Krenz vom 20. Oktober 1989[245]

Ich wurde beauftragt, Ihnen im Namen Michail Gorbatschows den Text des Glückwunsches zu überreichen.

Der Text des Glückwunsches wurde sofort nach Erhalt der Mitteilung aus der DDR über die Beschlüsse der Tagung des ZK der SED vom sowjetischen Rundfunk und Fernsehen verbreitet. Heute wurde er in der zentralen sowjetischen Presse veröffentlicht.[246]

In Moskau ist man aufrichtig erfreut darüber, daß in der komplizierten Lage eine würdige Lösung gefunden wurde. Wir sind überzeugt, daß damit ein wichtiger Schritt zur Festigung des Sozialismus in der DDR getan wurde. Unser gegenseitiges Verständnis, die gegenseitige Offenheit und die Vertiefung der Zusammenarbeit auf allen Gebieten werden jetzt zweifellos eine neue Dimension erhalten.

Ich wurde gleichfalls beauftragt, Ihnen die Einladung des Genossen Michail Gorbatschow zu überreichen, Moskau in allernächster Zeit einen Arbeitsbesuch abzustatten. Über den Termin des Besuchs könnte man sich auf dem Arbeitswege einigen.

Ich wurde beauftragt, Ihnen mitzuteilen, daß das ZK der KPdSU die führenden Repräsentanten der Bruderparteien der sozialistischen und einiger kapitalistischer Länder, die Regierungen einer Reihe von Ländern darüber informiert hat, daß es die Beschlüsse des Plenums des ZK der SED unterstützt. Ich wurde des weiteren beauftragt, Ihnen den Wortlaut der entsprechenden Weisungen zu übergeben, die an die sowjetischen Botschafter ergangen sind.

Quelle: SAPMO - BArch, SED, ZK, IV 2/2039/283.

---

245 Der Text wurde dem neuen SED-Generalsekretär vom Botschafter der UdSSR in der DDR in schriftlicher Form übergeben.

246 Das Glückwunschtelegramm war bereits am 19. Oktober 1989 in der DDR-Presse veröffentlicht worden. Es war der Botschaft hier nochmals beigefügt worden.

Dokument 37

Vorlage für das Politbüro des ZK der SED vom 20. Oktober 1989[247]

Betreff:
Entscheidungen zur Eingabe des Rechtsanwalts Dr. jur. Gysi in Interessenwahrnehmung der Bürgerinnen Bohley und Seidel zur Nichtbestätigung der beabsichtigten Gründung einer Vereinigung „Neues Forum"

Beschlußentwurf:
1. Die Informationen über Aktivitäten der Bürgerinnen Bohley und Seidel zur Gründung einer Vereinigung „Neues Forum" sowie über weitere Schreiben mit diesem Anliegen und die Eingabe des Rechtsanwalts Dr. jur. Gysi (Anlage 1) werden zur Kenntnis genommen.
2. Der Inhalt des Antwortschreibens an den Rechtsanwalt Dr. jur. Gysi (Anlage 2) wird bestätigt. Die Beantwortung sollte durch einen Beauftragten des Ministers des Innern erfolgen.
   Verantwortlich: Minister des Innern
3. Über den Inhalt der Eingabe von Dr. jur. Gysi und des Antwortschreibens des Ministeriums des Innern ist in den Medien der DDR zu berichten.[248]
   Verantwortlich: Leiter der Abteilung Agitation
4. Schreiben von Bürgern an zentrale und örtliche Staatsorgane, die auf die Zulassung einer Vereinigung „Neues Forum" gerichtet sind, sollten auf der Grundlage der im Antwortschreiben an Dr. jur. Gysi enthaltenen Argumente beantwortet werden.
   Verantwortlich: Vorsitzender des Ministerrates
5. Den Beschluß und die Anlagen 1 und 2 erhalten die Abteilungsleiter des Zentralkomitees und die 1. Sekretäre der Bezirksleitungen der SED sowie die Genossen Will Stoph, Erich Mielke und Friedrich Dickel.

gez. Erich Mielke   Friedrich Dickel
     Wolfgang Herger   Klaus Sorgenicht
[...]

---

247 Die Vorlage wurde erst auf der SED-Politbürositzung am 31. Oktober 1989 (Protokoll Nr. 47) zustimmend behandelt. Sie wurde von den Ministern des Innern und für Staatssicherheit sowie den ZK-Abteilungsleitern für Sicherheitsfragen und Staats-/Rechtsfragen verantwortet (siehe Unterzeichner).

248 In der Pressemitteilung über die Politbürositzung am 31. Oktober 1989 wurde die Vorlage zum „Neuen Forum" nicht erwähnt. Dafür erschien eine Mitteilung der Pressestelle des DDR-Innenministeriums, wonach die Anmeldung des „Neuen Forum" derzeit nochmals überprüft werde. Vgl. ND, 1. November 1989.

Anlage 1
Information über Aktivitäten der Bürgerinnen Bohley und Seidel zur Gründung einer Vereinigung „Neues Forum" sowie über weitere Schreiben mit diesem Anliegen und die Eingabe des Rechtsanwalts Dr. jur. Gysi

1. Die Bürgerinnen

Bärbel Bohley   Jutta Seidel
w[ohn]h[aft]: Fehrbelliner Str. 91   w[ohn]h[aft]: Sophienstr. 18
Berlin, 1054,   Berlin, 1020,

haben mit Schreiben vom 19.9.1989 an das Ministerium des Innern die Anmeldung der beabsichtigten Gründung einer Vereinigung „Neues Forum" vorgenommen. Dieses Schreiben ist am 22.9.1989 im Ministerium des Innern eingegangen.[249] Hinsichtlich des Charakters und der Zielstellung des „Neuen Forum" haben sie auf den Aufruf „Aufbruch 89 - Neues Forum" verwiesen.[250]

Entsprechend einer zentralen Entscheidung wurde beiden Antragstellerinnen am 25.9.1989 durch leitende Kader der Hauptabteilung Innere Angelegenheiten des Ministeriums des Innern im Auftrag des Ministers des Innern zu ihrem Antrag mitgeteilt, daß die Bestätigung der Anmeldung versagt wird.

Sie wurden darüber belehrt, daß Gründungshandlungen und andere damit im Zusammenhang stehende Aktivitäten unverzüglich einzustellen sind. Sie wurden auf die rechtlichen Konsequenzen für den Fall der Nichteinhaltung der vorgenannten Aktivitäten hingewiesen.

Die Bürgerinnen Bohley und Seidel haben die Entscheidung zur Kenntnis genommen, jedoch erklärt, daß sie mit dieser Entscheidung nicht einverstanden sind. Über dieses Gespräch und die getroffene Entscheidung hat noch am gleichen Tage unter Bezugnahme auf die Bürgerin Bohley die Nachrichtensendung des ZDF informiert.

Am 3.10.1989 hat Rechtsanwalt Dr. jur. Gysi in Interessenwahrnehmung der genannten Bürgerinnen eine Eingabe an das Ministerium des Innern, Leiter der Hauptabteilung Innere Angelegenheiten, gegen die Versagung der Anmeldung der beabsichtigten Gründung einer Vereinigung „Neues Forum" eingereicht und ersucht, unverzüglich die Bestätigung der schriftlichen Anmeldung gemäß

---

249 Vgl. ND, 22. September 1989. Die ADN-Mitteilung vom 21. September lautete: „Der Minister des Innern der DDR teilt mit, daß ein von zwei Personen unterzeichneter Antrag zur Bildung einer Vereinigung 'Neues Forum' eingegangen ist, geprüft und abgelehnt wurde. Ziele und Anliegen der beantragten Vereinigung widersprechen der Verfassung der Deutschen Demokratischen Republik und stellen eine staatsfeindliche Plattform dar. Die Unterschriftensammlung zur Unterstützung der Gründung der Vereinigung war nicht genehmigt und folglich illegal. Sie ist ein Versuch, Bürger der Deutschen Demokratischen Republik über die wahren Absichten der Verfasser zu täuschen."

250 Vgl. den Gründungsaufruf des „Neuen Forum" vom 10. September 1989 in: Charles Schüddekopf (Hrsg.): „Wir sind das Volk!" Flugschriften, Aufrufe und Texte einer deutschen Revolution. Reinbek bei Hamburg 1990, S. 29 ff. Die „Frankfurter Rundschau" druckte den Text unter der Überschrift „Wir wollen Spielraum" am 13. September 1989.

§ 3 der Vereinigungsverordnung vorzunehmen (Anhang). In der Eingabe von Dr. jur. Gysi wird eine falsche Auslegung der Vereinigungsverordnung durch das Ministerium des Innern behauptet und die Verfassungswidrigkeit der Vereinigung „Neues Forum" verneint.

2. Im Ministerium des Innern liegen 185 Schreiben (Stand vom 18.10.1989) von Bürgern und Kollektiven mit insgesamt 1.162 Unterschriften vor, die gegen die im „Neuen Deutschland" am 22.9.1989 veröffentlichte Entscheidung des Ministers des Innern protestieren und die Aufhebung dieser Entscheidung fordern. Des weiteren wird durch die Bürger zum Ausdruck gebracht, daß sie durch unzureichende Kenntnisse des Inhalts des Aufrufes „Aufbruch 89 - Neues Forum" nicht in der Lage sind, die Entscheidung des Ministers des Innern zu bewerten. Zum Teil besteht das Anliegen der Schreiben auch darin, Argumente für das politische Auftreten zu erlangen. Letzteres wird auch in Vorsprachen beim Ministerium des Innern sichtbar.

Entsprechend den Informationen der Stellvertreter der Vorsitzenden für Inneres der Räte der Bezirke liegen derartige Schreiben in einem ähnlich großen Umfang auch in den Bezirken vor. In diesen Informationen wird auch um Orientierung zum weiteren Vorgehen bei der Beantwortung dieser Schreiben gebeten.

Anhang zur Anlage 1
[*Schreiben des Rechtsanwalts Dr. jur. Gregor Gysi an das Ministerium des Innern, Hauptabteilung Innere Angelegenheiten vom 3. Oktober 1989*][251]

Betr.:
Beabsichtigte Gründung einer Vereinigung unter dem Namen „Neues Forum"

In obiger Angelegenheit haben mich Frau Bärbel Bohley, Fehrbelliner Str. 91, Berlin, 1054, und Frau Jutta Seidel, Sophienstr. 18, Berlin, 1020, mit der Wahrnehmung ihrer Interessen beauftragt. Beide haben schriftlich beim Ministerium des Innern die beabsichtigte Tätigkeit einer Vereinigung mit dem Namen „Neues Forum" angemeldet. Die Anmeldung datiert vom 19.9.1989 und ging laut Rückschein der Deutschen Post am 22.9.1989 beim Ministerium des Innern ein. Am 25.9.1989 wurden beide Mandantinnen zur Hauptabteilung Innere Angelegenheiten des Ministeriums des Innern bestellt.

Dort wurde Ihnen mitgeteilt, daß gem. § 3 der Verordnung vom 6.11.1975 über die Gründung und Tätigkeit von Vereinigungen in der Fassung der Änderungsverordnung vom 14.12.1988 (im weiteren VereinigungsVO genannt) der Antrag auf Zulassung der Vereinigung abgelehnt wird, da kein gesellschaftlicher Bedarf für die Tätigkeit einer solchen Vereinigung bestünde, zumal es genügend andere gesellschaftliche Organisationen gäbe.

---

251 Der Vorlage war die Kopie des Schreibens von Rechtsanwalt Gregor Gysi an das MdI beigefügt worden.

Gegen die Arbeitsweise der Hauptabteilung Innere Angelegenheiten des Ministeriums des Innern richtet sich diese Eingabe im Auftrage der Frau Bohley und der Frau Seidel. Gerügt wird die Verletzung des Artikels 29 der Verfassung der DDR und mehrerer Bestimmungen der VereinigungsVO. [...][252]
Zusammenfassend wird deshalb noch einmal darum ersucht, unverzüglich die Bestätigung der schriftlichen Anmeldung gem. § 3 VereinigungsVO vorzunehmen, damit die Gründungshandlungen begonnen und innerhalb der gesetzlichen Frist von drei Monaten abgeschlossen werden können. Erst danach wird sich herausstellen, ob ein Antrag auf staatliche Anerkennung der Vereinigung gestellt wird, der dann gem. § 7 VereinigungsVO zu bearbeiten sein wird.

Meine Mandantinnen lassen noch einmal ausdrücklich erklären, daß sie keine staatsfeindlichen Ziele verfolgen und ein gesellschaftliches Wirken in Übereinstimmung mit der Verfassung der DDR anstreben.
Vollmachten anbei.[253]

gez. G. Gysi
Rechtsanwalt

Anlage 2
Antwortschreiben des Ministeriums des Innern zur Eingabe des Dr. jur. Gysi

Werter Herr Dr. Gysi!
Zu der von Ihnen in Interessenwahrnehmung von Frau Bärbel Bohley und Frau Jutta Seidel eingereichten Eingabe vom 3.10. 1989 bin ich beauftragt, folgendes mitzuteilen:
Dem Ersuchen von Frau Bohley und Frau Seidel, die Entscheidung über die Versagung der Bestätigung der schriftlichen Anmeldung zur beabsichtigten Gründung einer Vereinigung „Neues Forum" aufzuheben, kann nicht stattgegeben werden.
Gründe:
1. Ihre Auffassung, daß ein unzuständiges Organ entschieden hätte, ist unzutreffend. Gemäß § 3 Absatz 1 der Verordnung vom 6.11.1975 über die Gründung und Tätigkeit von Vereinigungen ist
„die beabsichtigte Gründung einer Vereinigung ... beim zentralen staatlichen Organ, dessen Aufgabenbereich durch den Charakter sowie die Zielstellung der Vereinigung berührt wird, ... schriftlich anzumelden."
Für die Bestätigung der Anmeldung der besagten Vereinigung „Neues Forum" ist das Ministerium des Innern zuständig. Durch dieses zentrale staatliche

---

252 Hier folgt eine Begründung der rechtlichen Einwände in vier recht umfangreichen Punkten.

253 Dem Anhang zur Anlage 1 wurde eine Kopie der Vollmacht beigefügt, die Bärbel Bohley und Jutta Seidel am 3. Oktober 1989 auf einem Standardvordruck für Rechtsanwalt Gregor Gysi ausstellten.

Organ erfolgte auch die Bearbeitung der schriftlichen Anmeldung. Eine Weiterleitung des Antrages oder Verweisung der Antragsteller war deshalb nicht erforderlich.

2. Die in der Eingabe geäußerte Rechtsauffassung, daß die Bestätigung der Anmeldung ein rein formaler Akt wäre, ist ebenfalls unrichtig.

Wenn im § 3 Absatz 2 der Vereinigungsverordnung bestimmt ist, daß Gründungshandlungen erst nach Bestätigung der Anmeldung durch das zuständige Fachorgan bzw. zuständige zentrale staatliche Organ zulässig sind, so ergibt sich schon daraus, daß dieser Bestätigung eine gründliche Prüfung der Anmeldung vorausgeht. Das betrifft insbesondere die Prüfung der Voraussetzungen zur Gründung und Tätigkeit von Vereinigungen gemäß § 1 Absatz 2 der Vereinigungsverordnung. Im konkreten Fall konnte diese u. a. auf der Grundlage des dem Antrag beigefügten Aufrufes ohne weiteres erfolgen.

3. Die Bestätigung der Anmeldung war aus folgenden Gründen zu versagen:

a) Die Verfasser des Aufrufes behaupten, daß sie einen „Staat von Spitzeln und Büttteln" ertragen müssen. Damit wird die sozialistische Staats- und Rechtsordnung der DDR diffamiert. Eine Vereinigung, die eine derartige Position vertritt, widerspricht den Grundsätzen und Zielen der Verfassung.

b) Aktivitäten von Unterzeichnern des Aufrufes nach Nichtbestätigung der Anmeldung zur beabsichtigten Gründung der Vereinigung „Neues Forum", insbesondere im Zusammenwirken mit Medien und sozialismusfeindlichen Kräften in kapitalistischen Staaten, weisen eindeutig den gegen die verfassungsmäßige Ordnung der DDR gerichteten Charakter der angestrebten Vereinigung nach.

Aus diesen Gründen ist die Versagung der Bestätigung für die Anmeldung zur beabsichtigten Gründung einer Vereinigung „Neues Forum" durch den Minister des Innern endgültig.

Bekanntlich gibt es vielfältige Möglichkeiten für die demokratische Mitgestaltung der sozialistischen Gesellschaft und für den Dialog entsprechend der 9. Tagung des ZK der SED und für die Teilnahme an der öffentlichen Diskussion in Vorbereitung auf den XII. Parteitag der SED.

Auf weitere Punkte in Ihrem Schreiben wurde nicht eingegangen, weil sie für die Entscheidung nicht von Bedeutung sind.

Hochachtungsvoll
(Unterschrift)

Quelle: SAPMO - BArch, SED, ZK, J IV 2/2A/3252.

Dokument 38

Grundsätze für den Entwurf eines Gesetzes zu Reisen von Bürgern der DDR in das Ausland vom 23. Oktober 1989[254]

- Das Gesetz gilt für Dienst-, Touristen- und Privatreisen sowie ständige Ausreisen in das Ausland.
- Jeder Bürger der DDR hat das Recht auf Reisen in das Ausland (ohne Vorliegen verwandtschaftlicher Verhältnisse und bisher geforderter Reisegründe) und Rückkehr in die DDR.
- Jeder Bürger der DDR hat das Recht, einen Reisepaß der DDR zu erwerben.
- Bürger der DDR sind berechtigt, mit dem Reisepaß der DDR und einer Genehmigung (Visum) nach allen Staaten und Berlin (West) zu reisen.
- Die Befreiung von der Paß- und Visapflicht für Reisen in das Ausland kann zwischenstaatlich vereinbart werden.
- Die Genehmigung (Visum für eine ein- oder mehrmalige Reise) kann für einen Staat oder mehrere Staaten erteilt werden, soweit dem keine Versagungsgründe entgegenstehen. Ihre Gültigkeit wird befristet.
- Mit der Erteilung von Genehmigungen (Visa) werden keine über die bisher geltenden Festlegungen hinausgehende Möglichkeiten zum Erwerb von Reisezahlungsmitteln geschaffen oder andere finanzielle Leistungen übernommen.
- Für die Ausstellung von Reisepässen mit einer Gültigkeitsdauer von 10 Jahren werden Gebühren in Höhe von 30,- M sowie für die Erteilung von Genehmigungen (Visa) werden in Abhängigkeit von der Gültigkeit, differenziert, in Höhe von 10,- M bis 150,- M erhoben.
- Ständige Ausreisen werden genehmigt, sofern dem keine Versagungsgründe entgegenstehen. Wird eine Genehmigung der ständigen Ausreise erteilt, erfolgt die Entlastung aus der Staatsbürgerschaft der DDR, soweit sie vom Bürger angestrebt wird.
- Die Versagung von Genehmigungen (Visa) für Reisen und ständige Ausreisen erfolgt in Übereinstimmung mit der Internationalen Konvention über zivile und politische Rechte aus Gründen des Schutzes der nationalen Sicherheit, der öffentlichen Ordnung, Gesundheit oder Moral oder die Rechte und Freiheiten anderer.

Insbesondere erfassen sie:
- den Schutz der nationalen Sicherheit und der Landesverteidigung,

---

254 Dieses Material war in einer Politbürovorlage „Regelungen zu Reisen von Bürgern der DDR in das Ausland" enthalten, die gemeinsam von Egon Krenz, Erich Mielke, Gerhard Schürer, Friedrich Dickel und Oskar Fischer eingebracht wurde. Das SED-Politbüro nahm die Vorlage am 24. Oktober 1989 zustimmend zur Kenntnis. Erst am 6. November 1989 wurde ein Reisegesetzentwurf (einschließlich des Entwurfs einer Durchführungsverordnung) in der DDR-Presse veröffentlicht.

- die Ableistung des Grundwehrdienstes und den Dienst in den Schutz- und Sicherheitsorganen,
- den Geheimnisschutz,
- die Sicherung der Strafverfolgung und der Verwirklichung von Maßnahmen der strafrechtlichen Verantwortlichkeit,
- die Verhinderung von Zoll- und Devisenverstößen und spekulativen Handlungen.

Bei ständigen Ausreisen außerdem das Bestehen
- von Zahlungsverpflichtungen sowie staatlicher Forderungen in Vermögensangelegenheiten,
- von Fürsorgepflichten.

Diese Gründe für die Versagung werden im Gesetz ausgestaltet:
- Die Beschaffung von erforderlichen Einreisevisa für Reisen in das Ausland obliegt dem Bürger.
- Der Ministerrat wird im Gesetz ermächtigt, bei Vorliegen außergewöhnlicher gesellschaftlicher Erfordernisse zeitweilig einschränkende Festlegungen für die Erteilung von Genehmigungen (Visa) zu treffen.
- Das Recht der Bürger auf Beschwerde und die gerichtliche Nachprüfung werden im Gesetz ausgestaltet.
- Das Antragsverfahren, die Wiederholung der Antragstellung, die Bearbeitungsfristen und die Entscheidungsbefugnisse werden in einer Durchführungsverordnung geregelt.

Quelle: SAPMO - BArch, SED, ZK, J IV 2/2A/3250.

Dokument 39

Vorschläge des SED-Politbüros für „Maßnahmen gegen antisozialistische Sammlungsbewegungen" vom 23. Oktober 1989[255]

1. Aktivitäten antisozialistischer Sammlungsbewegungen, die sich gegen verfassungsmäßige Grundlagen der sozialistischen Staats- und Gesellschaftsord-

---

255 Dieses Dokument entstammt als Anlage einer Vorlage für das SED-Politbüro mit dem Titel „Maßnahmen zur Verhinderung der weiteren Formierung und zur Zurückdrängung antisozialistischer Sammlungsbewegungen", die gemeinsam von Erich Mielke, Friedrich Dickel, Wolfgang Herger und Klaus Sorgenicht eingebracht wurde. Desweiteren enthielt das Material eine „Information über antisozialistische Bewegungen in der DDR", eine Argumentation „Zum Vorgehen bei der Versagung von Anträgen antisozialistischer Sammlungsbewegungen auf Bestätigung der Anmeldung zur Gründung einer Vereinigung" sowie eine Antwort an Ibrahim Böhme zur SDP-Gründung (vgl. Dokument 40). Die Vorlage wurde am 24. Oktober 1989 im SED-Politbüro zur Kenntnis genommen.

nung richten, müssen unter Nutzung aller Möglichkeiten der Gesellschaft zurückgedrängt werden.
Hauptmethoden sind:
- qualifizierte Durchführung der Gesellschaftsstrategie der SED in allen Bereichen im Sinne der Linie der 9. Tagung des Zentralkomitees, um diesen Bewegungen den Boden zu entziehen,
- offensive ideologische Auseinandersetzung mit Führungskräften und mit den von ihnen vertretenen Plattformen,
- differenzierte Einbeziehung der Personen, die an der Lösung von Problemen der weiteren Entwicklung des Sozialismus in der DDR interessiert sind, in alle Formen des gesellschaftlichen Dialogs und der gesellschaftlichen Mitarbeit.

Die Leitungen der Partei legen entsprechend ihrer Verantwortung dafür differenzierte Aufgaben fest.

Verantwortlich: Sekretäre des ZK
Abteilungsleiter des ZK
1. Sekretäre der Bezirks- und Kreisleitungen

2. Zum Inhalt von Konzeptionen und Plattformen antisozialistischer Sammlungsbewegungen und zu öffentlichen Erklärungen und Interviews ihrer Vertreter werden Gutachten, Studien und Argumentationsmaterialien erarbeitet, in denen zu den aufgeworfenen Fragen marxistisch-leninistische Antworten gegeben werden. Ziel muß es sein, den Nachweis zu erbringen, daß die SED über wissenschaftlich begründete Vorstellungen zur Überwindung vorhandener Widersprüche und Entwicklungsprobleme verfügt, diese zur Diskussion stellt und bereit ist, jeden nutzbaren Gedanken zur Weiterentwicklung des Sozialismus aufzunehmen. Zugleich müssen damit alle gegen unsere Gesellschaftskonzeption gerichteten offenen und verschleierten Angriffe widerlegt und zurückgewiesen werden. Auf dieser Grundlage wird die offensive und öffentliche Auseinandersetzung mit Konzeptionen und Personen im Rahmen der politischen Massenarbeit und in den Medien geführt. Sofort ist ein grundsätzlicher Artikel im „Neuen Deutschland" über die Konzeption des „Neuen Forum" und unsere marxistisch-leninistische Position dazu zu veröffentlichen (möglicher Autor: Erich Hahn).[256]

Zur Führung dieser ideologischen Offensive wird eine Arbeitsgruppe des ZK der SED gebildet.

Verantwortlich: Genosse Kurt Hager als Leiter der Arbeitsgruppe
Abteilung Propaganda
Abteilung Agitation
Abteilung Wissenschaften
Abteilung Kultur
Akademie für Gesellschaftswissenschaften

---

256 Ein solcher Artikel erschien im ND nicht.

Institut für Marxismus/Leninismus
Parteihochschule „Karl Marx"
Redaktion „Einheit"
Abteilung Sicherheitsfragen
Abteilung Staats- und Rechtsfragen

3. Die Kreisleitungen und die Leitungen der Grundorganisationen mobilisieren und befähigen die Mitglieder unserer Partei zum offensiven politischen Gespräch auf der Grundlage der Beschlüsse der 9. ZK-Tagung. Sie treffen Festlegungen zum verstärkten Einsatz von Genossen aus Betrieben, Genossenschaften und Einrichtungen in Wohngebieten und Bereichen, die Schwerpunkte des bisherigen Wirkens des „Neuen Forums" bilden.
  Verantwortlich: 1. Sekretäre der Kreisleitungen der SED

4. Die Volksvertretungen und ihre Organe führen den sachbezogenen Dialog mit allen Bürgern, einschließlich solcher, die von unserer Gesellschaftskonzeption abweichende Auffassungen vertreten. Das Wirken der Abgeordneten und der Mitarbeiter des Staatsapparates in den Wahlkreisen und Wohngebieten ist entschieden zu verstärken. Dazu sind vor allem Einwohner- und Hausversammlungen, Foren und persönliche Aussprachen zu nutzen.
 Ziel ist, den Differenzierungspropzeß zu fördern, Andersdenkende zu einem konstruktiven Miteinander im Rahmen der vorhandenen gesellschaftlichen Strukturen zu bewegen und Feinde des Sozialismus zu entlarven.
 Der Dialog muß so geführt werden, daß daraus keine offizielle Anerkennung des „Neuen Forum" und anderer antisozialistischer Sammlungsbewegungen abgeleitet werden kann.
  Verantwortlich: Genosse Horst Sindermann
       Genosse Willi Stoph
       Genosse Klaus Sorgenicht
       1. Sekretäre der Bezirks- und Kreisleitungen
       Vorsitzende der Räte der Bezirke und Kreise

5. In gleicher Weise sollten die Nationale Front der DDR und die in ihr wirkenden befreundeten Parteien und Massenorganisationen, besonders der FDGB und die FDJ, für eigenständige Beiträge zur Auseinandersetzung mit antisozialistischem Gedankengut gewonnen werden.
 Die Bezirks- und Kreisleitungen der SED sichern das abgestimmte Handeln der staatlichen Organe sowie der in der Nationalen Front zusammengeschlossenen Parteien und Massenorganisationen.
  Verantwortlich: Genosse Werner Kirchhoff
       Genosse Harry Tisch
       Genosse Eberhard Aurich
       Genosse Karl Vogel
       1. Sekretäre der Bezirks- und Kreisleitungen

6. In Konzeptionen, Plattformen und öffentlichen Erklärungen von Sammlungsbewegungen enthaltene sachbezogene Vorschläge und Anliegen werden ausgewertet und - soweit dazu zentrale Entscheidungen bzw. Orientierungen erforderlich sind - den zuständigen Ministern und Leitern anderer zentraler Staatsorgane zur Entscheidung bzw. Erarbeitung von Standpunkten übergeben. Auf dieser Grundlage wird das einheitliche Reagieren gesichert. Über Veröffentlichungen zu entsprechenden Entscheidungen sollte nach Zweckmäßigkeit entschieden werden.
Verantwortlich: Genosse Willi Stoph

7. Die in der letzten Zeit verstärkten Bestrebungen, bestimmte Erwartungen und Forderungen durch Demonstrationen Aus- und Nachdruck zu verleihen, müssen entsprechend den jeweiligen Bedingungen mit politischen Mitteln zurückgedrängt werden.

Sollten Demonstrationen auf diese Weise nicht zu verhindern sein, wird angestrebt, daß sie entsprechenden Rechtsvorschriften als Veranstaltungen angemeldet und Genehmigungen mit konkreten Auflagen verbunden werden.

Antisozialistischen Sammlungsbewegungen ist bei Anträgen auf die Durchführung von Veranstaltungen im Freien (einschließlich von Demonstrationen) bzw. bei der Anmeldung von Veranstaltungen in Räumen nach gründlicher Prüfung die Erlaubnis zu versagen bzw. die Durchführung zu untersagen.

Die Versagung ist auf der Grundlage der Argumentation in Anlage 3 zu begründen.
Verantwortlich: 1. Sekretäre der Bezirks- und Kreisleitungen
Genosse Friedrich Dickel
Vorsitzende der Räte der Bezirke und Kreise

8. Den Kirchen und den Glaubensgemeinschaften werden in den bewährten und neuen Formen der Zusammenarbeit von Staat und Kirche größere Möglichkeiten eingeräumt, gesellschaftliche Belange ihrer Gläubigen einzubringen und zu vertreten. Das schließt die aktive Mitarbeit als berufene Bürger in den Ständigen Ausschüssen und Kommissionen der Volksvertretungen, den Wahlkreisaktiven, den Ausschüssen der Nationalen Front der DDR und anderen gesellschaftlichen Gremien ein.

Damit wird die Profilierung der Kirchen der DDR zur „Kirche im Sozialismus" unterstützt. Ihrem Mißbrauch für politische Veranstaltungen wird entgegengewirkt.
Verantwortlich: Genosse Willi Stoph
Genosse Kurt Löffler
1. Sekretäre der Bezirks- und Kreisleitungen
Vorsitzende der Räte der Bezirke und Kreise
Arbeitsgruppe Kirchenfragen des ZK

9. Bei Aktionen antisozialistischer Sammlungsbewegungen muß der Einsatz von Kräften der Schutz- und Sicherheitsorgane so organisiert werden, daß polizeiliche Hilfsmittel, Spezialtechnik und -ausrüstung nur dann eingesetzt werden, wenn eine unmittelbare Gefährdung von Personen, Objekten und Sachen vorliegt und anders nicht abzuwenden ist. Alle Handlungen der Einsatzkräfte müssen Recht und Gesetz entsprechen.

Einheiten der Kampfgruppen der Arbeiterklasse sind bei Notwendigkeit zum Schutz von Betrieben und Einrichtungen einzusetzen.

Rechtsverletzungen von Bürgern oder Einsatzkräften sind durch die zuständigen Organe kurzfristig aufzuklären. Darüber ist grundsätzlich öffentlich zu informieren.

Verantwortlich: Genosse Erich Mielke
Genosse Friedrich Dickel
Genosse Günter Wendland

10. Die Anwendung strafrechtlicher Mittel gegen Handlungen im Zusammenhang mit dem Wirken antisozialistischer Sammlungsbewegungen ist zu begrenzen auf
- Handlungen, die im Auftrage bzw. in Abstimmung mit imperialistischen Geheimdiensten und anderen Feindorganisationen begangen werden,
- Gewaltanwendungen bzw. -androhungen gegen die verfassungsmäßige Ordnung der DDR, die Tätigkeit staatlicher Organe, Personen, Objekte und Sachen.

Gegenüber Personen, die entgegen staatlicher Entscheidungen und erteilten Auflagen Aktivitäten zur Formierung antisozialistischer Sammlungsbewegungen fortsetzen oder die nichtgenehmigte Druck- und Vervielfältigungserzeugnisse herstellen oder verbreiten, wird unter Beachtung der konkreten Bedingungen angestrebt, differenziert ordnungsrechtliche Mittel anzuwenden.

Beabsichtigte Maßnahmen sind - aufgrund ihrer politischen Massenwirkungen - vom Minister für Staatssicherheit, vom Minister des Innern und vom Generalstaatsanwalt der DDR dem Politbüro des ZK der SED zur Beratung vorzulegen.

Quelle: SAPMO - BArch, SED, ZK, J IV 2/2A/3250.

Dokument 40

Antwort auf die Mitteilung an das Ministerium des Innern über die Gründung der Sozialdemokratischen Partei in der DDR - SDP[257]

In einer mündlichen Aussprache mit dem Absender
Böhme, Manfred, Chodowieckistraße 41, Berlin 1055
ist folgendes mitzuteilen:
Ihre Mitteilung vom 7. Oktober 1989 ist beim Ministerium des Innern eingegangen. Prüfungen haben ergeben, daß die bisherigen Gründungshandlungen rechtswidrig sind. Alle rechtlichen Erfordernisse und Voraussetzungen zur Gründung eines derartigen Zusammenschlusses wurden nicht beachtet.
Der verbreitete Aufruf sowie das Material unter der Überschrift
Zum Aufruf der Initiativgruppe „Sozialdemokratische Partei in der DDR" weisen eindeutig die Verfassungswidrigkeit des Zusammenschlusses nach.[258]
Ihr Inhalt richtet sich:
- gegen die führende Rolle der marxistisch-leninistischen Partei der Arbeiterklasse, die in Artikel 1 der Verfassung postuliert ist, indem formuliert wird: „Die notwendige Demokratisierung der DDR hat die grundsätzliche Bestreitung des Wahrheits- und Machtanspruchs der herrschenden Partei zur Voraussetzung";
- dagegen, daß die DDR als ein sozialistischer Staat der Arbeiter und Bauern die politische Organisation der Werktätigen in Stadt und Land ist (vgl. Artikel 1 der Verfassung), indem „die klare Trennung von Staat und Gesellschaft" gefordert wird;
- gegen den demokratischen Zentralismus als das tragende Prinzip des Staatsaufbaus (vgl. Artikel 47 Absatz 2 der Verfassung), indem die „strikte Gewaltenteilung" und eine „parlamentarische Demokratie" gefordert wird;
- gegen die sozialistische Planwirtschaft (vgl. Artikel 9 Absatz 3 der Verfassung), indem eine „soziale Marktwirtschaft" gefordert wird;
- gegen die im FDGB vereinigten freien Gewerkschaften als die umfassende Klassenorganisation der Arbeiterklasse (vgl. Artikel 44 der Verfassung), indem „Freiheit der Gewerkschaften" offensichtlich außerhalb des FDGB gefordert wird.
Mit den programmatischen Orientierungen und der Aufforderung, „mit allen, die sich zu diesen Grundprinzipien zusammenfinden, solidarische und verbindliche Organisationsformen (zu) suchen", wird zur organisierten, verfassungsfeindlichen Tätigkeit aufgerufen.
Der Bürger Böhme ist abschließend darüber zu belehren, daß aus den vorgenannten Gründen, gestützt auf Artikel 29 der Verfassung und § 1 Absatz 2 der

---

257 Vgl. Anm. 255.

258 Vgl. Anm. 242.

Vereinigungsverordnung, eine Anmeldung keine Bestätigung finden würde, bisher rechtswidrig vorgenommene Gründungshandlungen rückgängig zu machen und weitere Gründungshandlungen zu unterlassen sind. Bei Nichteinhaltung muß mit rechtlichen Konsequenzen gerechnet werden.

Quelle: SAPMO - BArch, SED, ZK, J IV 2/2A/3250.

Dokument 41

Gespräch zwischen dem Generalsekretär des ZK der SED, Egon Krenz, und dem Bundeskanzler der BRD, Helmut Kohl; am 26. Oktober 1989, von 8.30 Uhr bis 8.44 Uhr[259]

Gen. K.[260]: Ja, guten Morgen, Herr Bundeskanzler.

Herr K.[261]: Ja, guten Morgen.

Gen. K.: Hier ist Krenz. Ich freue mich, Sie zu hören zu so früher Stunde.

Herr K.: Das ist unser erstes Gespräch, und ich hoffe, daß diesem Gespräch viele gute Gespräche folgen werden. Das erste, was ich sagen will, Herr Staatsratsvorsitzender, ich wünsche Ihnen für diese wichtige und sehr, sehr schwierige Aufgabe - in etwa kann ich mir vorstellen, was Ihnen alles bevorsteht, was Sie zu tun haben - eine glückliche Hand und Erfolg. In unserem Interesse, im Interesse der Bundesregierung und auch vor allem in meinem Interesse ist nicht, daß sich die Entwicklung in der DDR in einer Weise darstellt, daß eine ruhige, vernünftige Entwicklung unmöglich gemacht wird.[262]

Gen. K.: Herr Bundeskanzler, ich bin Ihnen sehr dankbar für Ihre Worte. Sie haben mir ja in Ihrem Telegramm Kraft gewünscht und jetzt eine gute Hand.[263]

---

259 Hierbei handelt es sich um die offizielle Mitschrift der DDR-Seite.

260 Gen. K. ist die protokollarische Kurzbezeichnung für Egon Krenz.

261 Herr K. ist die protokollarische Kurzbezeichnung für Helmut Kohl.

262 Egon Krenz wurde am 24. Oktober 1989 auf der 10. Tagung der Volkskammer zum Vorsitzenden des Staatsrates (26 Gegenstimmen und 26 Stimmenthaltungen) und zum Vorsitzenden des Nationalen Verteidigungsrates der DDR (8 Gegenstimmen und 17 Enthaltungen) gewählt.

263 Zum Glückwunschtelegramm von Kohl an Krenz vgl. ND, 25. Oktober 1989.

Beides brauch' ich im Interesse der Menschen in diesem Land. Und ich denke, wenn wir vernünftig miteinander umgehen, dann wird das auch für beide deutsche Staaten gut sein.

Herr K.: Also, mein erster Wunsch ist, um das gleich vorweg zu sagen, daß wir schon regelmäßig miteinander telefonieren, und auf meiner Seite, das hat sich jetzt beim ersten Mal halt anders entwickelt, besteht überhaupt nicht der Wunsch, daß wir das jedesmal publizieren.

Gen. K.: Aha.

Herr K.: Wenn wir glauben, es sei vernünftig, zum Telefonhörer greifen und einfach miteinander reden.

Gen. K.: Das ist eine gute Idee. Da bin ich sehr aufgeschlossen. Miteinander reden ist immer besser als übereinander reden.

Herr K.: Es ist inzwischen so möglich, daß ich, um einmal ein Beispiel zu nennen, dann selbstverständlich gleicherweise zum Telefonhörer greife und den Generalsekretär in Moskau anrufe oder umgekehrt. Und das wünsche ich mir auch, daß das zwischen uns in dieser Weise geschieht.

Gen. K.: Also abgemacht, Herr Bundeskanzler. Wenn Sie Probleme haben, würde ich sagen, greifen Sie zum Hörer, wenn ich Probleme habe, greife ich zum Hörer, und wir werden dann sicherlich Wege finden, um das, was wir im Gespräch andeuten, durch unsere Beauftragten näher noch beraten zu lassen.

Herr K.: Also, das ist das Thema Kontakte. Zu dem Punkt, glaube ich, ist es auch ganz nützlich, wenn der Bundesminister Seiters etwa gegen Ende November, zweite Novemberhälfte, einen Termin vereinbart und zu Ihnen kommt.[264]

Gen. K.: Ja, ich wäre einverstanden. Ich nehme an, Herr Bundeskanzler, Sie haben sich informieren können über den Inhalt meiner beiden Reden, die ich gehalten habe. Ich habe von einer Wende gesprochen und meine das ernst.[265]

Herr K.: Auf das Thema will ich gleich noch mal kommen. Ich wollt nur noch zu dem Thema „Kontakt" sagen -.

---

264 Ein Treffen von Egon Krenz und Hans Modrow mit Rudolf Seiters fand am 20. November 1989 in Berlin statt. Vgl. ND, 21. November 1989.

265 Vgl. Egon Krenz: Rede auf der 9. Tagung des ZK der SED. 18. Oktober 1989. In: Beginn der Wende und Erneuerung. Berlin 1989, S. 11 ff.; Ders.: Das Wohl des Volkes ist unser elementarer Leitsatz. Erklärung von Egon Krenz vor der Volkskammer der DDR. In: ND, 25. Oktober 1989.

Gen. K.: Ja.

Herr K.: Also ich wollte sagen, und das sollt man jetzt auch noch gar nicht sagen, sondern soll's sagen, wenn's dann so weit ist und der Termin vereinbart ist, daß Herr Seiters rüber kommt und daß man dann - daß Sie mal mit ihm noch einmal reden können, was ja ein bissel besser ist als am Telefon.

Gen. K.: Unbedingt. Durch meinen Beauftragten wurden ja Vorschläge übermittelt, ich nehme an, Sie sind informiert.[266]

Herr K.: Ja.

Gen. K.: Es wäre also wünschenswert, baldmöglichst dazu die Positionen der Bundesregierung zu erfahren. Und dazu könnten dann auch offizielle Verhandlungen zwischen Bundesminister Seiters und Außenminister Fischer geführt werden, und sicherlich bei der Gelegenheit auch ein Gespräch mit mir.

Herr K.: Für mich ist vor allem wichtig das Letztere.

Gen. K.: Ja.

Herr K.: Er die Gelegenheit hat, Sie zu treffen.

Gen. K.: Ja. Es wäre vor allem wünschenswert, Herr Bundeskanzler, möglichst bald auch Ergebnisse zu erreichen, die darauf hinweisen, daß beide Seiten bestrebt sind, die Beziehung auf eine - ich darf das wohl so sagen - auf eine neue Stufe zu heben.

Herr K.: Ja, ich hab da durchaus Interesse dran. Ich hab mit großem Interesse natürlich Ihre Reden gelesen, und ich brauche Ihnen nicht zu sagen, daß jetzt sich viele Hoffnungen an das alles knüpfen. Ich will [ein] paar Beispiele nennen, die für uns natürlich, aus unsrer Sicht besonders wichtig sind. Das ist das Thema zur Neuregelung der Reisefreiheit. Das ist natürlich ein ganz erheblicher Punkt. Das ist das Thema der in Aussicht genommenen Amnestie für Leute, die wegen illegalen Grenzübertritts zur Republikflucht verurteilt wurden. Das ist das Thema wegen der weiteren Verfolgung von Leuten, die bei Ausschreitungen, bei Demonstrationen festgenommen wurden. Und dann ein ganz, ganz wichtiger Punkt aus unserer Sicht - das werden Sie wohl verstehen - das von Ihrer Seite die Bereitschaft besteht, eine positive Lösung für die sogenannten Botschaftsflüchtlinge - die Leute brauchen ja dann ihre Urkunden, die Frage von Umzugsgut und vergleichbarer Sache, Zeugnissen. Wenn man hier, und das sage ich Ihnen ganz offen, mit Ihrem Namen einen großzügigen Schritt

---

266 Als „Beauftragter" fungierte Alexander Schalck-Golodkowski.

verbinden kann - ich sag bewußt auch mit Ihrem Namen - einen großzügigen Schritt verbinden kann, wird es eine ganz erhebliche Wirkung nicht nur hier haben, sondern ich bin sicher, auch in der DDR.

Gen. K.: Hm, hm. Also, was meine Rede betrifft, die Sie genannt haben, Herr Bundeskanzler, so möchte ich sagen, daß ich mit vollem Bewußtsein die Wende angesprochen habe.[267] Wende bedeutet aber jedoch keinen Umbruch, da hoffe ich, stimmen Sie mit mir überein, daß eine sozialistische DDR auch im Interesse der Stabilität in Europa ist.

Herr K.: Also, Herr Generalsekretär, ich kann nur wiederholen, was ich Gorbatschow bei jeder Gelegenheit sage: Wir haben das deutsche Problem, aber das deutsche Problem ist ein wichtiger Teil der europäischen und der Weltprobleme. Und ich will alles tun, und ich hoffe, wir alle wollen das tun, daß jetzt die Abrüstungsverhandlungen in Wien und anderswo ein wesentliches Stück weiterkommen. Wir werden eine vernünftige Entwicklung der Abrüstung und Entspannung nur bekommen, wenn wir regionale Spannungen nicht verstärken, sondern versuchen zu minimieren. Und in diesem Sinne will ich schon sagen, daß das, was Sie angekündigt haben, von ganz großer Bedeutung ist, und daß wir auch in diesem Sinne - glaube ich - eine vernünftige Lösung finden müssen, wenn Probleme auftreten.

Gen. K.: Ich bin Ihnen für diese Worte sehr dankbar, zumal ich davon ausgehe, daß wir beide Interesse daran haben, daß man alles tun sollte, daß man die gegenseitige Schuldzuweisung sozusagen abbaut, und daß man auch nicht gegenseitig sich Ratschläge erteilt, die nicht annehmbar sind.
Durch meinen Beauftragten habe ich ja in dieser Beziehung auf informellem Wege die Haltung der DDR dazu deutlich gemacht, und ich glaube, es ist im Interesse der Menschen und auch der Sicherung des Friedens, alle Möglichkeiten zu finden, das in den gegenseitigen Beziehungen Erreichte nicht nur zu bewahren, sondern zielstrebig auszubauen. Dazu möchte ich meine prinzipielle Bereitschaft, die Bereitschaft auch der Führung, sowohl des Politbüros wie des Staatsrates, bekräftigen, und dabei gehe ich davon aus, was ich auch gestern mit Herrn Mischnik besprochen habe, unbeschadet grundsätzlicher Unterschiede in vielen politischen Grundfragen die Zusammenarbeit auf vielen Gebieten auszubauen und auch auf den Gebieten, Herr Bundeskanzler, die Sie angesprochen haben.[268] Wir haben schon in voller Souveränität unseres Landes die Frage der Reisefreiheit besprochen. Wir werden ein entsprechendes Gesetz ausarbeiten. Ich verhehle nicht, daß es uns nicht ganz leicht fallen wird. Wir gehen aber mit Ernsthaftigkeit und mit Intensität an diese Arbeit und wollen

---

267 Krenz bezog sich auf seinen Volkskammerauftritt. Vgl. ND, 25. Oktober 1989.

268 Wolfgang Mischnik traf am 25. Oktober in Berlin mit Egon Krenz zusammen. Vgl. ND, 26. Oktober 1989.

noch, daß vor Weihnachten dieses Gesetz in Kraft tritt.[269] Allerdings hat die neue Regelung für die DDR erhebliche zusätzliche ökonomische Belastung. Seitens der DDR muß nachgedacht werden, aber vielleicht kann auch seitens der BRD nachgedacht werden, ob nicht zumindest einige praktische Fragen zukünftig so gehandhabt werden, daß die Respektierung der Staatsbürgerschaft der DDR deutlicher wird. Ich formuliere absichtlich „deutlicher wird". Denn wenn wir ein großzügiges Reisegesetz haben, gibt es ein paar praktische Maßnahmen, über die man durchaus nachdenken kann, Herr Bundeskanzler.

Herr K.: Herr Staatsratsvorsitzender! Ich will jetzt in dem Zusammenhang einfach mal wiederholen, was ich damals Ihrem Vorgänger gesagt habe, und das war, glaube ich, eine ganz wichtige Arbeitsgrundlage. Es gibt in unseren Beziehungen eine Reihe von Grundfragen, wo wir aus prinzipiellen Gründen nicht einig sind und nie einig werden. Wir haben da zwei Möglichkeiten. Das eine, das wir uns über diese Themen unterhalten und zu keinem Ergebnis kommen, das ist relativ fruchtlos oder aber - und das schätze ich sehr viel mehr, und das glaube ich, ist auch der richtige Weg -, daß man eben die gegenseitigen Ansichten respektiert und in allen Feldern, wo man vernünftig zusammenarbeiten kann, die Zusammenarbeit zum Wohle und im Interesse der Menschen sucht. Denn, diese Grundlage muß ja wichtig sein. Es ist ja jetzt, kein Selbstzweck, sondern was für die Menschen zu tun. Und in diesem Sinne glaube ich, ist es jetzt sehr wichtig, daß wir unseren, nach diesem Gespräch jetzt beginnenden Gesprächskontakt intensiv pflegen und aufbauen. Es sind viele Erwartungen und übrigens natürlich nicht nur in Deutschland, sondern auch bei unseren Nachbarn in West und Ost, ob wir fähig sind, eine vernünftige Linie der Zusammenarbeit fortzusetzen. Es gibt ja gute Anfänge.

Gen. K.: Ja, ich bin da vollkommen Ihrer Meinung. Ich habe ja auf dem Zentralkomitee meiner Partei formuliert: „Unsere Hand ist ausgestreckt."[270] Ich habe das gestern wiederholt. Wir sind bereit, das Unsere zu tun, neue Formen, sowohl der wirtschaftlichen Zusammenarbeit zu entwickeln und zu fördern und auch sehr konstruktiv heranzugehen, an alle Gebiete der Zusammenarbeit, zum Beispiel für den Umweltschutz, für das Verkehrswesen, für das Post- und Fernmeldewesen bis hin zum Tourismus und auch die Fragen, die Sie im Zusammenhang mit den Bürgern angesprochen haben, die unser Land auf diese oder jene Weise verlassen haben, werde ich die Justizorgane unseres Landes bitten, auf der Grundlage vorhandener Gesetze und auf der Grundlage neu zu schaffender Regelungen und Gesetze, entsprechende Lösungen zu finden. Sie haben völlig recht, man muß diese Dinge so regeln, daß sie im Interesse der Menschen liegen.

---

269 Vgl. Dokument 39 und 43 sowie Anm. 254.

270 Vgl. Egon Krenz: Rede auf der 9. Tagung des ZK der SED. A. a. O., S. 20 ff.

Herr K.: Ja. Also Herr Generalsekretär! Machen wir das so, wie besprochen.

Gen. K.: Ja.

Herr K.: Und wenn irgendwas anliegt, warten wir nicht lange ab und reden miteinander.[271]

Gen. K.: Jawohl. Und ich bitte Sie einfach, daß der Herr Seiters mit meinem Beauftragten Kontakt aufnimmt, um eventuell einen Termin zu vereinbaren, damit dann die Dinge schnell in Gang gesetzt werden können.

Herr K.: Ja.

Gen. K.: Denn der Zeitfaktor spielt ja in der Politik immer eine große Rolle, Herr Bundeskanzler.

Herr K.: Noch eine Schlußbemerkung. Ich denke, wir sollten beide das Gespräch heute öffentlich bestätigen.

Gen. K.: Ja.

Herr K.: Und wir sollten zum zweiten sagen, jetzt nicht Details, da halte ich gar nichts davon, denn da werden nur Erwartungen geweckt und ein Druck erweckt, der uns beiden gar nicht hilft, daß wir die Gespräche fortsetzen, daß wir ankündigen, daß in absehbarer Zeit auch die Beauftragten intensiv die Gespräche fortsetzen. Da würde ich aber keinen Zeitplan öffentlich nennen, sondern nur die allgemeine Ankündigung und daß unser gemeinsames Interesse ist, im Sinne der Menschen in der DDR und in der BRD die notwendigen Möglichkeiten auszuschöpfen, um den Menschen zu helfen. Je mehr Details wir bekanntgeben, um so mehr Druck erzeugen wir, weil wir dann jeden Tag gefragt werden, was habt ihr getan.

Gen. K.: Ja. Ich bin Ihnen dankbar dafür, Herr Bundeskanzler. Wir werden eine solche Information auch unseren Presseorganen geben. Auf Details werden wir verzichten. Und ich werde sicherlich hinzufügen, daß der erste Kontakt, den wir miteinander hatten, doch ein recht aufrichtiger war und in einer sehr angenehmen Atmosphäre verlaufen ist.[272]

Herr K.: Ja, sehr einverstanden.

---

271 Das darauffolgende Telefongespräch zwischen Kohl und Krenz fand am 11. November 1989 statt. Vgl. Dokument 48.

272 Die entsprechende Pressemitteilung in den DDR-Medien vgl. in: ND, 27. Oktober 1989.

Gen. K.: Ja?

Herr K.: Ja.

Gen. K.: Ich danke Ihnen, Herr Bundeskanzler. Ich wünsche Ihnen auch alles, alles Gute und auch bei den Problemen, die Sie zu bewältigen haben, wie Sie zu Beginn sagten, eine gute Hand, viel Kraft. Ich hoffe, Sie sind in bester Gesundheit.

Herr K.: Ja, Gott sei Dank, ja.

Gen. K.: Und ich wünsche Ihnen, daß alles, alles gut verläuft. Ich meine, Sie haben ja die Operation überstanden; wenn das alles gut gelaufen ist, gute Kraft weiterhin, Herr Bundeskanzler.

Herr K.: Ja. Danke schön. Wiedersehen.

Gen. K.: Wiedersehen. Alles Gute!

Herr K.: Danke schön!

Quelle: SAPMO - BArch, SED, ZK, IV 2/2039/324.

Dokument 42

ZK-Information „Zur aktuellen politischen Lage in der DDR" vom 30. Oktober 1989[273]

Die politische Lage in der Republik ist weiterhin ernst, kompliziert und sensibel. In zahlreichen Städten wird das öffentliche Leben nach wie vor von Demonstrationen, Kundgebungen und größeren Gesprächsrunden beeinflußt.

Die Situation in den produzierenden Bereichen ist im wesentlichen stabil, wird jedoch in vielen Betrieben von fehlendem Material, Ersatzteilen und Zulieferungen stark beeinflußt.

Die Versorgung der Bevölkerung mit Waren des täglichen Bedarfs ist gewährleistet. In einigen Städten und ländlichen Gebieten kommt es zu Störungen infolge des Ausfalls von Transporten, Arbeitskräften und des Fehlens von Waren. Ordnung und Sicherheit sind gewährleistet.

---

273 Diese Vorlage für die SED-Politbürositzung am 31. Oktober 1989 wurde von der ZK-Abteilung Parteiorgane ausgearbeitet und von ZK-Sekretär Horst Dohlus abgezeichnet.

In den vergangenen Tagen ist eine außerordentliche Zunahme geistiger Aktivität, reger politischer, oft kontroverser Diskussionen und schöpferischer Gedanken zu verzeichnen. Dieser Prozeß verläuft widersprüchlich. Er bringt zur Zeit mehr Fragen auf den Tisch als Antworten gegeben werden können.
Die Zeit eines intensiven Dialogs zwischen Volk und Partei und umgekehrt ist angebrochen. Er gewinnt an Tiefe und Breite und erfaßt immer mehr Schichten und Lebensbereiche unserer Gesellschaft. Das Charakteristische ist, daß es ein stark angestautes Bedürfnis für den konstruktiven politischen Dialog gibt und daß sich die Konturen einer kulturvollen Diskussion und umfassenden Information über die Fragen der Innenpolitik allmählich beginnen durchzusetzen. Angriffe parteifeindlicher Kräfte sind dabei nicht zu unterschätzen.
Mit Hinweis auf Fortsetzung fand gestern in der Hauptstadt mit über 20.000 Bürgern das Sonntagsgespräch „Offene Türen - offene Worte" statt; ebenso fanden solche Dialoge am Karl-Marx-Platz in Leipzig, in Karl-Marx-Stadt, Dresden, Plauen, Erfurt, Senftenberg, Greiz und in anderen Orten der Republik statt.[274]
Die oft kontrovers geführten Gespräche, die sowohl durch Beifall, Zwischenrufe und Pfiffe begleitet werden, behandelten solche Themen wie:
- Führungsrolle der Partei,
- Rechtsstaatlichkeit,
- Volksbildung,
- Wahlgesetzgebung,
- Demonstrations- und Vereinigungsrecht,
- Reisetätigkeit und anderes.
In vielen emotional stark aufgeladenen Diskussionen widerspiegelt sich großer Vertrauensverlust in die führende Rolle der Partei, Erschütterung im Bewußtsein der Bürger, das bis zur Enttäuschung, Resignation und Zorn reicht. Das zeigt sich auch in den Reihen der Partei.

Hauptfragen, die immer wieder gestellt werden:
- Warum konnte es so weit kommen? Eine schonungslose Analyse der Ursachen sei notwendig.
- Die Wende sei ohne eine selbstkritische, ungeschminkte, öffentliche Übernahme der Verantwortung für die eingetretene Krise, für Schönfärberei und Fehlentscheidungen nicht möglich.
- Da der Druck für die Erneuerung von unten kommt, müsse jetzt in der Zentrale schneller reagiert und gehandelt werden. Wobei sich zeige, daß der Prozeß des Umdenkens bei einer Reihe leitender Partei- und Staatsfunktionäre sehr differenziert und widersprüchlich verläuft.
Der Beschluß des Staatsrates über eine Amnestie vom 27.10.1989 und die Mitteilung des Innenministeriums der DDR über die Wiedereinführung des

---

274 Über die Demonstrationen berichteten die DDR-Medien ausführlich. Das Berliner „Sonntagsgespräch" vom 29. Oktober 1989 nahm im ND über eine ganze Seite ein.

paß- und visafreien Reiseverkehrs in die CSSR werden begrüßt und als richtige und zeitgemäße Maßnahmen betrachtet.[275]

Die Zentralratstagung der Freien Deutschen Jugend wird sehr differenziert, teilweise mit Kritik und Empörung aufgenommen. Auf ihr sei vor allem ein Katalog von Forderungen aufgestellt worden, ohne jedoch die eigene Verantwortung dabei zu sehen. Insbesondere wird das fordernde Auftreten von Studenten kritisiert.[276]

Schwerpunkt der politischen Führungstätigkeit der Bezirks- und Kreisleitungen bildet nach wie vor die Formierung der Parteikräfte entsprechend der Aufgabenstellung der 9. Tagung des ZK der SED, der Volkskammertagung und des Fernschreibens des Genossen Egon Krenz vom 24.10.1989.

Deutlich wird, daß sich Parteiorgane und Leitungen stärker auf einen stabsmäßigen, der neuen Lage entsprechenden Führungsstil einzustellen beginnen.

Mit zunehmender Konkretheit werden mit der aktuellen Lageeinschätzung zugleich konzeptionelle Maßnahmen für die weitere komplexe und differenzierte politisch-ideologische Arbeit in den Kreisparteiorganisationen, Grundorganisationen und Schwerpunktterritorien herausgearbeitet und gemeinsam mit den Parteileitungen beraten und umgesetzt.

Mit den in den letzten Tagen durchgeführten Mitgliederversammlungen, Parteigruppenberatungen und persönlichen Gespräche wird sichtbar, daß die Wirksamkeit der Führungsarbeit und der entwickelten vielfältigen politischen Aktivitäten auf die Genossen in den Grundorganisationen nach wie vor sehr differenziert ist und sich der Formierungsprozeß noch sehr langsam vollzieht.

Im wachsenden Maße erkennen Genossen ihre hohe persönliche Verantwortung bei der tatkräftigen Bewältigung der anstehenden Probleme insbesondere im eigenen Partei- und Arbeitskollektiv und stellen sich den Aufgaben mit parteimäßigen Positionen und konstruktiven Hinweisen an die Parteileitungen und die 10. Tagung des ZK.

Insgesamt sind jedoch Abwartehaltungen und Forderungen nach klaren konzeptionellen Orientierungen durch die Parteiführung sowie Zweifel und Mißtrauen zur erfolgreichen und dauerhaften Wende und zur Arbeit des Politbüros nicht überwunden.

Zur Lage in der Partei

Ein großer Teil der Genossen hat die Bedeutung der 9. Tagung des ZK erfaßt, der Kurs der Erneuerung wird engagiert unterstützt, und es werden Anstrengungen zur Wiedererlangung der politischen Offensive und des Vertrauens des Volkes unternommen.

---

275 Vgl. ND, 28./29. Oktober 1989. Die Aussetzung des paß- und visafreien Reiseverkehrs für DDR-Bürger nach der CSSR wurde ab 1. November 1989 wieder aufgehoben.

276 Auf der 12. Tagung des FDJ-Zentralrats in Berlin am 26./27. Oktober 1989 waren z. B. Forderungen nach Schaffung eines sozialistischen Studentenbundes im Rahmen der FDJ erhoben worden. Vgl. Junge Welt, 28./29. Oktober 1989.

Bei einer Reihe Genossen, darunter auch Funktionären, zeigen sich mangelnder Wille bzw. Vermögen, sich auf die neuen gesellschaftlichen Erfordernisse einzustellen.

Starke Emotionen löste bei vielen die Tatsache aus, daß es erst gesellschaftlicher Erschütterungen bedurfte, bevor die Parteiführung auf Fragen und Probleme reagierte, die bereits seit langem von vielen Grundorganisationen und einzelnen Genossen signalisiert wurden. Tendenzen gestörten Vertrauens zur Parteiführung sowie abwartende Positionen sind noch nicht überwunden.

Seit Anfang September 1989 erklärten 36.209 Mitglieder und Kandidaten den Austritt aus der Partei, in der großen Mehrheit, bevor das persönliche Gespräch geführt werden konnte. Sichtbar wird, daß sie teilweise aus Protest die Partei verlassen haben oder auch resignierend nicht mehr bereit sind, für die Ziele und Werte des Sozialismus in den Reihen der Partei zu kämpfen.

Der Klärungsprospzeß in den Grundorganisationen hat vielerorts noch nicht dazu geführt, einheitliches und geschlossenes Handeln aller Kommunisten zu gewährleisten. Deutlich erkennbar ist die Meinung, daß verlorengegangenes Vertrauen nur zurückgewonnen werden kann, wenn das politische System der DDR breiten Dialog und ständige Volkskontrolle von unten nach oben gewährleistet und brennende Probleme mit aller Konsequenz angepackt werden.

Teile der Partei haben noch nicht zu kämpfen begonnen, sehr stark bewegen immer noch Fragen zur innerparteilichen Demokratie und Fragen des Findens einer eigenen Position zur eingeleiteten Wende.

Bei nicht wenigen Genossen gibt es einen tiefen Schock über die Lageunkenntnis und mangelnde Kollektivität der Parteiführung. Zu Fragen, wie das künftig verhindert werden kann, gibt es die unterschiedlichsten Auffassungen, die man auch für die eigene Grundorganisation bis zu den Parteiwahlen geklärt haben will.

Im Zusammenhang mit der Vorbereitung der Parteiwahlen wird der Druck, mehrere Kandidaten aufzustellen, stärker. Vor allem aus intellektuellen Kreisen mehren sich Fragen zum Führungsanspruch der SED.

Besonders in Grundorganisationen mit hohem Intelligenzanteil werden von Genossen Positionen und Forderungen vertreten, die denen des „Neuen Forum" entsprechen oder nahe kommen.

Kommunisten, die konsequent den Standpunkt der Partei vertreten, sind oft in der Rolle von Einzelkämpfern. Auch in öffentlichen Versammlungen fallen ihnen andere Parteimitglieder in den Rücken, so daß es auf Foren und anderen Veranstaltungen mehr und mehr zu Auseinandersetzungen zwischen Genossen in der Öffentlichkeit kommt.

In Teilen der Partei, darunter solchen Grundorganisationen wie Hans-Otto-Theater Potsdam, Theater der Stadt Brandenburg und Hochschule für Film und Fernsehen „Konrad Wolf" Potsdam-Babelsberg sind parteiliche Positionen völlig verlassen worden.

Parteileitungen und Parteimitglieder erwarten baldige inhaltliche Aussagen zur Erneuerung der Partei, damit sich die SED an die Spitze des Erneuerungsprozesses stellt. Rigoros sollte vom Zentralkomitee bis in die Grundorganisationen gegen Formalismus und bürokratische Auswüchse sowie Augenauswischerei vorgegangen werden.

Weiterhin stark zugenommen haben unduldsam und teilweise sehr aggressiv geführte Diskussionen über Privilegien für leitende Partei- und Staatsfunktionäre. Immer wieder und breit werden genannt die Sonderläden, Vergünstigungen für NSW-Urlaubsreisen, Jagdgebiete, Sonderflugzeuge (Urlaub), Erhalt und Besitz von Devisen und die Vergünstigungen, die stark unter Kritik stehen, für Kinder, Enkel und Verwandte von Politbüro- und Regierungsmitgliedern.

Gegenstand scharfer Diskussion war der Neubau des Gebäudes der Kreisleitung der SED auf der Insel Rügen in Bergen. Der Bau wurde in Beziehung gebracht mit nichtgelösten Problemen im Bettenhaus des Krankenhauses Bergen, des Dienstleistungsgebäudes Rotensee sowie gastronomischer und kultureller Einrichtungen. Es wird vorgeschlagen, das Gebäude der Kreisleitung in eine Einrichtung für geschädigte Kinder umzuwandeln.

Die Diskussionen im Kreis Oelsnitz sowie anderen Kreisen des Bezirkes Karl-Marx-Stadt zu dem hohen Ausstattungsgrad im „Haus am See" sowie über größere Ferienheime der Partei und das Haus des Bundesvorstandes des FDGB an der Jannowitzbrücke in Berlin halten an.

Über Diskussionen und Meinungen zum FDGB

Nach der Sondersendung von „ELF 99" im Fernsehen der DDR über aktuelle Fragen der Gewerkschaftsarbeit gibt es unter großen Teilen der Werktätigen eine starke Erwartungshaltung an die außerordentliche Sitzung des Bundesvorstandes des FDGB.

Die vom Genossen Harry Tisch bezogene Position, er werde die Vertrauensfrage im Bundesvorstand stellen, habe viele nicht überrascht.[277]

Unter breiten Teilen der Gewerkschaftsmitglieder ist das Vertrauen zum Vorsitzenden des Bundesvorstandes des FDGB, Genossen H. Tisch, aufgrund seines Auftretens in jüngster Zeit stark erschüttert. Seine Reden und Gespräche würden nicht die politische Massenarbeit an der Basis unterstützen. Von der Sondersitzung des FDGB-Bundesvorstandes wird erwartet, daß sie niemanden aus seiner Verantwortung entläßt und daß selbstkritisch zu den bürokratischen Auswüchsen und dem Formalismus in der Gewerkschaftsarbeit Stellung genommen wird.

Es wird abgelehnt, daß Genosse Harry Tisch als Mitglied des Politbüros nur Schuldzuweisungen für andere hat, ohne sich selbst der Verantwortung als Vorsitzender des Bundesvorstandes zu stellen.

---

277 Am 23. Oktober 1989 war Harry Tisch in der Fernsehsendung „Elf 99" mit Positionen aufgetreten, die den Protest vieler Gewerkschaftsmitglieder hervorriefen. Auf der 10. Tagung des FDGB-Bundesvorstands am 30. Oktober 1989 hatte Tisch daraufhin angekündigt, die Vertrauensfrage zu stellen. Vgl. Tribüne, Berlin, 31. Oktober 1989. - Aufgrund weiterer Proteste kündigte Tisch noch am 31. Oktober seinen Rücktritt an, der am 2. November 1989 vollzogen wurde.

Sein bisheriges Auftreten wird als Versuch gewertet, Mängel und Fehler in der Gewerkschaftsarbeit der Partei anzulasten, anstatt zuerst die eigene Arbeitsweise kritisch zu analysieren. In diesem Zusammenhang wurden auch seine Bemerkungen kritisiert, daß er nichts davon halte, wenn in Betrieben von einem „Dreiklang", von schematischer Zusammenarbeit von Gewerkschaft, Betriebsleitung und Partei gesprochen werde.

Viele der Äußerungen des Genossen Tisch, so werde immer wieder gesagt, lassen ungenügende Lebensnähe erkennen.

Zur Lage in der Wirtschaft und in der Versorgung der Bevölkerung

In den Betrieben der Industrie und des Bauwesens unternehmen die Werktätigen große Anstrengungen zur Erfüllung der Planaufgaben.

In Betrieben, in denen Entscheidungen durch Kombinate erforderlich sind, spitzt sich die Lage aufgrund nicht ausreichender Kooperations- und Zulieferleistungen materiell-technischer Probleme und fehl[ender] Arbeitskräfte in der Produktionsdurchführung zu.

In Gesprächen werden immer wieder Probleme aufgeworfen, deren Lösung von übergeordneten wirtschaftsleitenden Organen Entscheidungen voraussetzen.

Häufig werden angesprochen:
- Die proportionale Entwicklung der Volkswirtschaft auf der Grundlage realer Planung,
- die Einheit von Plan, Bilanz und Vertrag,
- die materiell-technische Sicherung der Produktion und
- die gesamtgesellschaftliche Durchsetzung des Leistungsprinzips.

Werktätige des Kleiderwerkes Oschersleben sind empört, daß seit Monaten keine Entscheidung zur Abnahme von mehr als 6.000 eingelagerten Kinderanoraks getroffen werden. Für 1990 ist wiederum die Produktion solcher Anoraks vorgesehen.

Die Transportsituation bei der Deutschen Reichsbahn ist weiter angespannt. Die Transportanforderungen konnten in den vergangenen Tagen erneut nicht voll abgedeckt werden.

Großer Anstrengungen bedarf es weiter, um Rangierbahnhöfe personell zu sichern und den Triebfahrzeugeinsatz zu gewährleisten. Die Arbeit des Fährkomplexes Mukran wird durch die Lage bei den sowjetischen Eisenbahnen weiterhin negativ beeinflußt.

Die unzumutbaren Zustände auf den Bahnhöfen Berlin Hauptbahnhof und Lichtenberg sowie Frankfurt (Oder) setzen sich fort. Die Angriffe und Belästigungen durch polnische Bürger gegenüber Eisenbahnern und Volkspolizei nehmen zu.

Die Stimmung muß als brisant eingeschätzt werden. Sie wird noch verschärft durch die illegalen Handelsgeschäfte und die nach Meinung vieler nicht mehr zu duldenden Einkaufspraktiken polnischer Bürger.

Die Lage in der Versorgung der Bevölkerung, im Dienstleistungsbereich und im Gesundheitswesen ist angesichts der drastischen Auswirkungen des Fehlens von Arbeitskräften, besonders Fachkräften, sehr gespannt.

Verstärkt kommt es zu Einschränkungen der Öffnungszeiten von Handelseinrichtungen und Rückständen bei der tagfertigen Auslieferung des Sortiments Waren täglicher Bedarf und von Bier.

Es verbreitet sich die Auffassung, die Regierung reagiere auf Versorgungsprobleme zu schwerfällig und zu langsam. In diesem Zusammenhang gibt es weiterhin kritische Äußerungen zum Interview des Genossen Stoph.[278]

Das Auftreten des Gesundheitsministers Prof. Dr. Thielmann fand in der Bevölkerung eine starke positive Resonanz, weil er die Lage real beurteilt, Entscheidungen trifft und klare Weisungen erteilt.[279]

Gedrängt wird auf notwendige Entscheidungen für die Finanz- und Zollorgane, um die abnormen Abkäufe durch ausländische Bürger einzudämmen.

In Berlin Prenzlauer Berg wurde in der Kreisleitung die Lage in den Altbaugebieten eingeschätzt, in denen viele Bürger bei extremen Witterungsbedingungen gefährdet sind. Das betrifft tausend Bürger in Häusern, wo jetzt Reparaturen durchgeführt werden. Der Auszug aus gefährdeten Häusern verzögert sich, weil von den 1.400 zugesagten Neubauwohnungen erst 500 übergeben worden sind. Gefordert wird, 100 Betten in Altersheimen sofort zu schaffen, um gefährdete ältere Menschen in diesem Stadtgebiet im Notfall unterzubringen.

Quelle: SAPMO - BArch, SED, ZK, J IV 2/2A/3252.

Dokument 43

Argumentation zum Entwurf des Reisegesetzes, beschlossen vom SED-Politbüro am 31. Oktober 1989[280]

Der Entwurf des Reisegesetzes liegt jetzt der Öffentlichkeit zur Diskussion vor. Bis Ende November werden alle DDR-Bürger die Gelegenheit haben, ihre Vorschläge und Meinungen einzubringen. Viele Hinweise aus der Bevölkerung fanden bereits Beachtung. Voraussichtlich noch in diesem Jahr wird nach der

---

278 Willi Stoph hatte der Fernsehnachrichtensendung „Aktuelle Kamera" und dem DDR-Rundfunk ein Interview gegeben. Den Wortlaut vgl. in ND, 27. Oktober 1989.

279 Gesundheitsminister Prof. Klaus Thielmann hatte sich in Berlin zu aktuellen Problemen im DDR-Gesundheitswesen geäußert. Vgl. Berliner Zeitung, 28./29. Oktober 1989.

280 Auf der Politbürositzung am 31. Oktober 1989 wurde wiederum die Vorbereitung eines Reisegesetzentwurfes beraten. Vgl. Anm. 254.

öffentlichen Diskussion die Volkskammer über den Gesetzentwurf abstimmen, so daß das Reisegesetz bei Zustimmung der obersten Volksvertretung unverzüglich in Kraft treten kann.

Welchen Grundsätzen folgt der Gesetzentwurf?
Oberster Grundsatz ist die rechtliche Gleichheit aller Bürger vor dem Gesetz, wie in der Verfassung festgeschrieben. Jeder Bürger der DDR hat das Recht auf Reisen ins Ausland (ohne Vorliegen verwandtschaftlicher Verhältnisse und bisher geforderter Reisegründe) und Rückkehr in die DDR. Wann, wohin und aus welchem Grund gereist wird, ist einzig die Entscheidung des jeweiligen Bürgers der DDR, übrigens auch, ob er die Reise mit dem eigenen Kraftfahrzeug antritt oder nicht. Notwendig sind allein der Erwerb eines Reisepasses sowie ein Visum, um in alle Staaten und nach Berlin (West) reisen zu können. Der Gesetzentwurf entspricht voll und ganz den völkerrechtlichen Abkommen und Verträgen, wie z. B. der UNO-Konvention über zivile und politische Rechte vom 19.12.1966, der die DDR beigetreten ist, oder dem abschließenden Dokument des Wiener KSZE-Folgetreffens vom Beginn des Jahres, das von der DDR unterzeichnet worden ist.[281] Es wurden all die Regelungen aufgenommen, die dem Bürger Gleichheit und Rechtssicherheit gewähren.

Der Entwurf ist so angelegt, daß er als Gesetz Bestand hat. Es kann nur von der Volkskammer geändert werden.

Warum neben dem Paß ein Visum?
Viele werden fragen, ob der Paß allein nicht genügt. Der Gesetzentwurf geht davon aus, daß in unserem Land jeder Bürger einen Paß erhalten und besitzen kann. Niemandem kann ein Paß verwehrt werden. In anderen Staaten, die das Visum zur Ausreise nicht verwenden, werden staatliche Interessen durchgesetzt, indem ein Paß versagt werden kann. Eine solche Funktion erfüllt bei uns das Visum. Außerdem ist zu beachten, daß viele Staaten ein Einreise- oder Transitvisum fordern. In diesen Fällen müssen solche Visa von den Bürgern bei den Botschaften dieser Länder selbst beantragt werden.

Warum werden die Visa zeitlich befristet?
Der Grundsatz im Gesetzentwurf, daß Privatreisen zu befristen sind, wurde in der Durchführungsverordnung näher ausgeführt. Dort heißt es: „Die Befristung der Genehmigung für Privatreisen, außer für Bürger im Rentenalter und Invaliden, hat so zu erfolgen, daß in der Regel ein Gesamtreisezeitraum von 30 Tagen im Jahr nicht überschritten wird." Dazu ist zweierlei zu bemerken: Zum einen fallen Reisen im organisierten Tourismus sowie Privatreisen in die befreundeten Staaten, mit denen entsprechende Vereinbarungen bestehen, wie z. B. mit der CSSR, selbstverständlich nicht unter diesen 30-Tage-Zeitraum. Zum anderen orientiert sich die Befristung an der Länge eines durchschnittli-

---

281 Vgl. Anm. 65.

chen Urlaubs und entspricht damit volkswirtschaftlichen Notwendigkeiten (Planung der Arbeitskräfte, Sicherung der Produktion usw.).

Und das liegt ebenso im Interesse aller wie die Vermeidung ungerechtfertigter Unterschiede, die z. B. entstehen würden, wenn jemand unbezahlten Urlaub für Auslandsreisen nehmen würde, um diese Zeit für Schwarzarbeit in dem besuchten Land zu nutzen. Außerdem ist in diesem Zusammenhang darauf zu verweisen, daß viele Länder dieser Erde Beschränkungen für die Einreise, seien sie rechtlicher oder finanzieller Natur, haben. So muß man in den USA bei der Einreise umfangreiche Befragungen über sich ergehen lassen, und selbst in Frankreich, der Schweiz oder Österreich ist die private Einreise für Ausländer aus dem Nicht-EG-Raum mit bestimmten Auflagen verbunden.

Wie ist es mit der Finanzierung der Auslandsreisen?

Generell heißt es im Gesetzentwurf, daß die Genehmigung einer Privatreise keinen Anspruch auf den Erwerb von Reisezahlungsmitteln begründet. Das ist einzig und allein der realen Devisenlage unseres Landes geschuldet. Schon bei der jetzigen Reiseregelung ist es so, daß z. B. bei einem Umtausch von 15,00 Mark in 15,00 DM pro Bürger der Reisende für Umtausch und Transport nur ein Viertel der Kosten bezahlt, die tatsächlich entstehen. Die anderen drei Viertel - darunter in DM zu zahlende Transportkosten an die BRD - werden vom Staat getragen. Bei dem neuen Reisegesetz ist ohnehin mit einem weiteren erheblichen Ansteigen der Reisen und damit der Kosten zu rechnen. Es ist deshalb derzeit nicht damit zu rechnen, daß für den einzelnen Bürger mehr Reisezahlungsmittel bereitgestellt werden können. Auch der Hinweis, daß die DDR durch ihre Exporte, den Mindestumtausch für Bürger und andere doch über genügend Devisen verfügen müßte, trifft nicht zu. Das ist deshalb so, weil unsere notwendigen Importe - von Rohstoffen über Technologie bis zu Konsumgütern, Südfrüchten, also vieles, was sich nur in kapitalistischen Staaten erwerben läßt - sowie unsere Rückzahlungsverpflichtungen aus früher aufgenommenen Krediten und deren Zinsen hier wenig Spielraum zulassen.

Für wen gelten Versagungsgründe?

Die Gründe sind im Gesetzentwurf dargelegt. Sie stehen in strikter Übereinstimmung mit denen, die die bereits erwähnte UNO-Konvention für alle Staaten aufführt. In jedem Staat gibt es z. B. Geheimnisträger, die bestimmten Beschränkungen unterliegen. Denn jeder Staat hat die Pflicht, sich und seine Bürger zu schützen, und hat auch Verpflichtungen anderen Staaten gegenüber. Der Entwurf enthält nur jene Versagungsgründe, die unbedingt erforderlich sind. Diese Versagungsgründe stellen keine Falle dar oder sind Gummiparagraphen, die beliebig zum Nachteil der Bürger gedehnt werden können. Außerdem werden gegenwärtig Überlegungen angestellt, wie z. B. bislang noch bestehende Sperrfristen für ehemalige Angehörige bewaffneter Organe auf ein notwendiges Minimum reduziert werden können. Mit der Möglichkeit, gegen Entscheidungen Beschwerde einzulegen und eine gerichtliche Nachprüfung zu beantragen, wird eine hohe Rechtssicherheit gewährleistet.

Sieht der Entwurf des Reisegesetzes auch Veränderungen bei ständigen Ausreisen vor?

Das Recht der Bürger auf Reisen schließt auch das Recht auf ständige Ausreise ein. Das Vorliegen von humanitären Gründen als Voraussetzung für die Genehmigung der ständigen Ausreise verlangt der Entwurf des Gesetzes im Gegensatz zu den bisherigen Regelungen nicht mehr.

Maßstab für die Versagung von ständigen Ausreisen sind einzig und allein die in der UNO-Konvention über zivile und politische Rechte sowie im Abschließenden Dokument des Wiener KSZE-Treffens enthaltenen Beschränkungen. Sie sind im Entwurf des Gesetzes in Form von konkreten Versagungsgründen nachlesbar.

Es versteht sich von selbst, daß wir zum Schutz Dritter z. B. niemanden ausreisen lassen, der noch Schulden hat. Wollen Bürger nach der BRD ausreisen, so ist in diesem Fall eine Aussetzung der Genehmigung um so notwendiger, da die BRD aufgrund ihrer völkerrechtswidrigen Staatsbürgerschaftsdoktrin den Abschluß eines Rechtshilfevertrages mit der DDR verhindert. Demzufolge ist es also nicht möglich, solche Fragen nach der Ausreise zu erklären. Ablehnende Entscheidungen werden künftig die Ausnahme sein.

Ergeben sich aus dem Reisegesetz Veränderungen des Strafrechts?

Es ist vorgesehen, mit dem neuen Reisegesetz auch den § 213 StGB - „ungesetzlicher Grenzübertritt" - zu verändern. Diese Bestimmung soll künftig ausschließlich die Beeinträchtigung der Grenzsicherheit unter Strafe stellen.

Wer nicht oder nicht fristgerecht von einer Auslandsreise zurückkehrt, wird nicht mehr strafrechtlich zur Verantwortung gezogen.

Welche Auswirkungen wird das neue Gesetz für die DDR haben?

Ein neues Reisegesetz, das jedem DDR-Bürger rechtlich das Tor zur Welt öffnet und seine Reisen nur von seinen Wünschen und seiner Finanzkraft abhängig macht, ist seit langem ein dringender Wunsch unserer Bürger.

Sein Nichtvorhandensein hat in der vergangenen Zeit viel Vertrauen gekostet und trug nicht unwesentlich dazu bei, daß wir Zehntausende von allem junger Menschen verloren haben. Auch auf diesem Gebiet soll jetzt eine Wende erreicht werden. Niemand gibt sich Illusionen hin, daß nach dem neuen Reisegesetz uns keine Bürger mehr verlassen werden. Aber der Ausbau der Rechtssicherheit, die Ernsthaftigkeit unserer Bemühungen, auf allen Gebieten meßbare Fortschritte zu erreichen und auf der Grundlage des in unserer sozialistischen Gesellschaft Bewährten kühne Schritte nach vorn zu gehen - und dies in aller Öffentlichkeit und immer im Dialog mit den Bürgern -, das gibt doch Grund zu der Hoffnung, daß viele Menschen wieder neuen Mut schöpfen und

beim Aufbruch zu neuen Ufern tatkräftig dabei sind. Wir müssen dabei immer die Realitäten im Blick haben:
- das ist die Unmenge an Arbeit, die uns vor allem bei der Gesundung unserer Wirtschaft bevorsteht;
- das ist die Tatsache, daß wir mit der BRD den imperialistischen deutschen Staat vor der Haustür haben, der unsere Bürger in seine „Obhutspflicht" nimmt und in dem Kräfte von großem Einfluß sind, die den Sozialismus in der DDR lieber heute als morgen beseitigen wollen;
- das ist die Tatsache, daß mit dem neuen Gesetz auch Überlegungen angestellt werden müssen, wie Fragen des grenzüberschreitenden Verkehrs, zoll- und devisenrechtliche Probleme künftig geklärt werden;
- das ist vor allem die Tatsache, daß unser Volk in seiner Geschichte schon viele große Schwierigkeiten überwunden hat und wir auch jetzt über die Potenzen verfügen um unter Führung der DDR, im Bündnis mit den anderen Parteien der DDR, den Massenorganisationen und all jenen Bürgern, die einen starken, attraktiven Sozialismus wollen, die notwendigen Schritte in die Zukunft zu gehen.

Das neue Reisegesetz wird ein solcher Schritt sein - und bei weitem nicht der letzte.

Quelle: SAPMO - BArch, ZPA, J IV 2/2A/3252.

Dokument 44

Information für das SED-Politbüro über Stand und Vorbereitung der Demonstration auf dem Berliner Alexanderplatz am 4. November 1989, eingebracht am 31. Oktober 1989[282]

1. Diese Demonstration wurde von Vertrauensleuten der Gewerkschaften Berliner Theater initiiert.

Inzwischen ist es zu einer DDR-weiten Sache hoch stilisiert worden, in die Kunst- und Kulturschaffende aller Verbände und Einrichtungen, Vertreter der Kirche, Vertreter des sogenannten Neuen Forum, von Betrieben und Einrichtungen der Hauptstadt und anderer Bezirke einbezogen sind. Diese Demonstration ist in den Kirchen wiederholt angekündigt und über Westmedien wiederholt stark propagiert worden. Man rechnet mit einer Teilnehmerzahl von mehreren hunderttausend bis zu einer halben Million. *Es handelt sich also um die bisher größte Kraftprobe zu den Beschlüssen der 9. Tagung des Zentralkomitees und der Volkskammertagung vom 24.10.1989.*

---

282 Das SED-Politbüro nahm dieses Informationsmaterial lediglich zur Kenntnis.

2. Die Organisatoren gehen von folgendem Konzept aus:
Demonstrationsstrecke: Liebknechtstraße bis zum Palast der Republik über den Marx-Engels-Platz in die Breitestraße, Gertraudenbrücke/Grunerstraße/ Alexanderplatz

Kundgebung mit Ansprachen: (zur Zeit sind 17 Redner im Gespräch) vor einer improvisierten Bühne am Haus des Reisens. Das gibt die Möglichkeit, neben dem Alexanderplatz auch die Karl-Marx-Allee in Richtung Strausberger Platz als Kundgebungsort einzubeziehen.

3. Bisher sind folgende Losungen der Gruppe der "Vertrauensleute" vorgesehen: Gegen sozialistischen Provinzialismus,
Die Straße ist die Tribüne des Volkes,
Wir tapezieren mit Rauhfaser,
Erst Taten - dann lächeln Egon,
Können wir wirklich nur bis 3 zählen,
Karl-Eduard - Der schwarze Skandal,
Rehabilitierung von Opfern stalinistischer Schauprozesse in der DDR,
Politiker haben Fehler gemacht, sie machen weiter,
Demokratie - aber Neu und Jetzt und Hier,
Mißtrauen ist die 1. Bürgerpflicht,
Volksbildung ist Weltbildung,
Nachhilfe für die Volksbildung,
1. Lehrfach - Problembewußtsein,
Margot laß die Schüler sein, sonst fallen wir immer tiefer rein,
Wann lernen unsere Lehrer.

Als Redner sind mit folgenden Themen vorgesehen:[283]
1. Ulrich Mühe/Johanna Schall (Gegenüberstellung Verfassung-Strafrecht),
2. Gregor Gysi (Rechtsstaatlichkeit),
3. Frau Birtler (Stadtjugendpfarramt),
4. Markus Wolf (Macht - Machtmißbrauch),
5. Manfred Gerlach (Machtteilung - Parteien),
6. Vertreter der SED-Bezirksleitung,
7. Hans-Joachim Hoffmann,
8. Christa Wolf (Sprache der Wende),
9. Professor J. Reich (Demokratie und Macht),
10. Walter Janka (Opfer des Stalinismus),
11. Kollege Tschirner (Dok[umentarf]ilm-Studio; Macht - Medien),
12. Redakteur der National-Zeitung
13. Kurt Boewe (liest einen Heiner-Müller-Text),
14. Professor Lothar Bisky (Jugend - Demokratie),
15. Christoph Hein (Schule und Wende),
16. Steffi Spira (Einladung zum Rücktritt),

---
283 Die tatsächliche Rednerliste stimmte mehrfach mit dieser Aufstellung nicht überein.

17. Abschluß/Dieter Mann (Mahnung zur vernünftigen Auflösung der Demonstration sowie Verlesung einer gemeinsamen Pressemitteilung durch Kollegin Hahn).

4. Die Durchführung dieser Demonstration und Kundgebung stellt hohe Anforderungen an Ordnung und Sicherheit mit dem absoluten Schwerpunkt der Sicherung und der Unantastbarkeit der Staatsgrenze. Dazu wurde eine „Sicherungspartnerschaft" zwischen den Organisatoren und dem VP-Präsidium eingegangen. Sie beinhaltet einen starken Einsatz von Ordnern aus den Bereichen der Kunst und Kunstschulen sowie gesellschaftlicher Kräfte aus den Bereichen der Berliner Parteiorganisation und des Staatsapparates sowie die Unterstützung durch die Volkspolizei im Sinne verkehrslenkender und verkehrsorganisatorischer Maßnahmen.

Die Sperrkreise für den öffentlichen Verkehr würden verlaufen:
Gegebenenfalls Schließung der U- und S-Bahnhöfe Alexanderplatz.
Zu berücksichtigen ist, daß das Centrum-Warenhaus und die anderen Handelseinrichtungen am Alexanderplatz und in der Rathausstraße/Liebknechtstraße bis 13.00 Uhr geöffnet sind. (Kundenstrom von 130.000 bis 150.000 Personen)
Eine Schließung der Geschäfte hätte weittragende politische Konsequenzen.
Selbstverständlich wird der Ausschank von Alkohol untersagt.

5. Die Aktivität der Berliner Parteiorganisation wird auf folgende Maßnahmen konzentriert:
Ausgangspunkt für die Teilnahme der Genossen bildet die durch die Medien erfolgte öffentliche Ankündigung der Demonstration.
Bei der Organisierung dieser Teilnahme gehen wir von folgenden Einflußmöglichkeiten aus:
a) Wahrnehmung der Möglichkeit, sich unmittelbar in den Demonstrationszug einzureihen, ohne dabei Ansatzpunkte für eine mögliche Deutung als „Gegendemonstration" zu bieten.
Mitgeführte Losungen bringen die Zustimmung zur Wende und der Erneuerung des Sozialismus in der DDR betont zum Ausdruck.
b) Geschlossenere Teilnahme am zu erwartenden Spalier der Demonstration an neuralgischen Punkten der Strecke mit dem Ziel, Ruhe und Ordnung sowie einen friedlichen Verlauf der Demonstration im Interesse ihrer Organisatoren zu unterstützen.
Das betrifft vor allem die Kreuzungspunkte an der Demonstrationsstrecke, die öffentlichen Gebäude (Volkskammer, Palast der Republik, Staatsrat und Ministerium für Kultur).
c) Gewährleistung der Teilnahme von Genossen der Berliner Parteiorganisation am Abschlußmeeting auf dem Alexanderplatz, wobei der unmittelbare

Vorraum der Tribüne für die Organisatoren der Demonstration frei gehalten wird.

Quelle: SAPMO - BArch, SED, ZK, J IV 2/2A/3252.

Dokument 45

Niederschrift des Gesprächs von Egon Krenz, Generalsekretär des ZK der SED und Vorsitzender des Staatsrates der DDR, mit Michail Gorbatschow, Generalsekretär des ZK der KPdSU und Vorsitzender des Obersten Sowjets der UdSSR, am 1. November 1989 in Moskau[284]

Nach einer äußerst herzlichen Begrüßung wies Genosse Egon Krenz darauf hin, er habe die Losungen des ZK der KPdSU zum 72. Jahrestag der Oktoberrevolution in der „Prawda" gelesen. Besonders habe ihn die Losung „Gruß dem Oktober, Gruß den sozialistischen Ländern" berührt.

Genosse Michail Gorbatschow gab seiner Freude darüber Ausdruck, daß Genosse Krenz noch vor den Oktoberfeiertagen nach Moskau gekommen sei. Dies symbolisiere, daß beide Parteien und Staaten nach Verwirklichung der Ideale der Oktoberrevolution streben.

Er hieß Genossen Krenz im Namen aller Genossen des Politbüros des ZK der KPdSU und der Führung der Sowjetunion sowie in seinem eigenen Namen auf das herzlichste in Moskau willkommen. Man habe trotz eines äußerst angespannten Zeitplanes versucht, Umstellungen vorzunehmen, um diesen Tag für ausführliche Gespräche mit Genossen Krenz zu gewinnen. Er hoffe vor allem auf eine lebendige Information über die Entwicklung in der DDR. Obwohl Informationen darüber eingegangen seien, sei der Bericht des Genossen Krenz darüber für ihn von außerordentlicher Bedeutung. Jede noch so ausführliche Information erfordere eine gründliche Einschätzung, und wer könne diese präziser vornehmen als die Genossen aus der DDR?

Gegenwärtig sehe alle Welt, daß die SED einen Kurs auf rasche Veränderung eingeschlagen habe. Jedoch auch die Ereignisse entwickelten sich sehr schnell, und man dürfe nicht hinter ihnen zurückbleiben, dies sei eine langjährige Erfahrung der Sowjetunion. Genosse Gorbatschow wies darauf hin, er habe bereits in Berlin gesagt, daß der Zeitpunkt für Veränderungen nicht verpaßt werden dürfe. Ein Dialog mit der Gesellschaft sei erforderlich. Anders könne eine führende Partei nicht handeln. Sie müsse sich einerseits die Zeit nehmen, die Lage gründlich zu analysieren und ihre politische Orientierung auszuarbei-

---

284 Das Gesprächsprotokoll lag allen Mitgliedern und Kandidaten des ZK der SED in den Vorbereitungsmaterialien zur 10. Tagung des ZK (8. - 10. November 1989) vor.

ten. Andererseits entwickle sich das Leben mit eigener Dynamik, und man müsse verhindern, daß ein Knäuel von Problemen entstehe, das nicht mehr entwirrt werden kann.

Genosse Gorbatschow empfahl, sich von den komplizierten Problemen keinen Schrecken einjagen zu lassen. Aus eigener Erfahrung wisse er, daß Genossen zuweilen niedergedrückt seien, weil man in der Sowjetunion nach mehreren Jahren Umgestaltung noch so große Probleme zu lösen habe. Er sage ihnen dann immer, die Partei selbst habe die Umgestaltung gewollt. Sie habe die Volksmassen in die Politik einbezogen. Wenn jetzt manche Prozesse nicht so laufen, wie man sich das vorgestellt habe, wenn es stürmische und emotionsgeladene Auseinandersetzungen gäbe, dann müsse man auch damit fertig werden und dürfe keine Angst vor dem eigenen Volk bekommen.

Er wolle damit nicht sagen, in der Sowjetunion habe man die Perestroika schon voll gepackt. Das Pferd sei gesattelt, aber der Ritt noch nicht vollendet. Man könne immer noch abgeworfen werden. Andererseits seien bereits umfangreiche Erfahrungen gesammelt worden, die große Bedeutung haben. Jetzt beginne in der Sowjetunion die Etappe der vertieften Arbeit zur Fortsetzung der Umgestaltung.

Volk und Partei der DDR stehen gegenwärtig ebenfalls vor grundlegenden Veränderungen. Dazu wünsche er Genossen Krenz Erfolg. Die Sowjetunion werde natürlich in diesem Prozeß an der Seite der Genossen in der DDR stehen. Dies sei niemals in Frage gestellt worden, auch dann nicht, als Probleme auftauchten, die eigentlich hätten offen beraten werden müssen. Es habe für die Sowjetunion und die KPdSU niemals einen Zweifel daran gegeben, daß die Deutsche Demokratische Republik ihr engster Freund und Verbündeter sei. Nach dem Volk der DDR sei das sowjetische Volk wahrscheinlich dasjenige, das der DDR bei ihrem Vorhaben am meisten Erfolg wünsche. In diesem Sinne wolle er Genossen Krenz zu seinem Besuch in Moskau begrüßen.

Genosse Egon Krenz dankte für diese Begrüßung und übermittelte herzliche Grüße aller Genossen des Politbüros des ZK der SED. Er dankte dafür, daß Genosse Gorbatschow so schnell Zeit für dieses Gespräch gefunden habe. Des weiteren dankte er ihm für seinen Besuch anläßlich des 40. Jahrestages der Gründung der DDR in Berlin und besonders für das Gespräch mit dem gesamten Politbüro des ZK der SED, das viele Dinge voran gebracht habe. Dies betreffe vor allem die Bemerkung, daß man nicht zu spät kommen darf, sonst werde man vom Leben bestraft werden.[285]

Genosse Gorbatschow warf ein, damit habe er eigentlich über sich selbst gesprochen.

Genosse Krenz legte dar, diese Bemerkung des Genossen Gorbatschow und sein gesamtes Auftreten hätten im Politbüro großen Widerhall gefunden. Dadurch sei der Prozeß der Auseinandersetzung über die weitere Politik der Partei eingeleitet worden.

---

285 Vgl. Daniel Küchenmeister (Hrsg.): Honecker - Gorbatschow. A. a. O., S. 256.

Die SED könne mit Fug und Recht feststellen, daß seit ihrem letzten Parteitag große Erfolge errungen wurden. Anläßlich des 40. Jahrestages der Gründung der DDR konnte die Bilanz gezogen werden, daß sehr viel Gutes und Bleibendes für die Menschen geschaffen wurde. Man könne also auf einem guten Fundament aufbauen.

Die Bevölkerung habe der Partei jedoch übel genommen, daß insbesondere durch die Massenmedien eine Scheinwelt geschaffen wurde, die mit den praktischen Erfahrungen der Menschen im Alltagsleben nicht übereinstimmte. Dadurch kam es zu einem Vertrauensbruch zwischen Partei und Volk. Dies sei eigentlich das Schlimmste, was einer Partei passieren kann.

Manche sagen, die Ursache dafür sei darin zu suchen, daß die Parteiführung in den letzten drei Monaten die innenpolitische Lage nicht richtig eingeschätzt habe. Sie habe Sprachlosigkeit demonstriert, als so viele Menschen die DDR verließen. Dies sei ein schlimmer Vorwurf. Hinzu kam, daß in dieser schwierigen Situation neben politischen Fehlern auch ein wichtiger psychologischer Fehler gemacht wurde: In der Presse wurde geschrieben, daß wir diesen Leuten keine Träne nachweinen.[286] Das verletzte tief die Gefühle vieler Mütter und Väter, Verwandter, Freunde und Genossen dieser Menschen, denen ihr Weggang großen Schmerz bereitete.

Trotz dieser Tatsache sei man sich im Politbüro des ZK der SED einig, daß die politische Krise, in der sich die DDR jetzt befinde, nicht erst im Sommer dieses Jahres entstanden sei. Viele Probleme hätten sich seit längerer Zeit angesammelt.

Heute könne man sagen, die Hauptursache bestehe darin, daß der Ansatz für den XI. Parteitag der SED nicht richtig war, nicht auf einer realen Einschätzung der Lage beruhte. Bei der Lösung ökonomischer Fragen ging man von subjektiven Auffassungen aus, die zu wenig die in der Partei und im Volke verbreiteten Meinungen widerspiegelten. Aus bedeutsamen internationalen Entwicklungen - in der Sowjetunion, in anderen sozialistischen Ländern - und auch aus der innenpolitischen Entwicklung der DDR wurden nicht die richtigen Schlußfolgerungen gezogen.

Genosse Krenz bat, ihn richtig zu verstehen: Wenn man einen Verbündeten hat und mit diesem durch Dünn und Dick gehen will, darf man diese Freundschaft nicht nur in Deklarationen und Kommuniqués festschreiben und darf nicht auf Distanz gehen, wenn es um die Lösung konkreter ökonomischer und anderer Fragen geht, sondern muß als Freund fest zueinanderstehen und die auftauchenden Probleme gemeinsam lösen.

Er sehe heute ein großes Problem darin, daß sowohl junge als auch ältere Leute zur Entwicklung des Sozialismus in der DDR Vorbehalte haben, weil sie plötzlich spürten, daß in Grundfragen der Entwicklung des Sozialismus zwischen der Sowjetunion und der DDR kein Schulterschluß mehr vorhanden war. Dies sei ein Problem der DDR; die Barrieren seien von ihrer Seite aufge-

---

286 Vgl. Anm. 222.

baut worden. Die Menschen seien aber heute gebildet und klug. Sie sahen sehr gut, daß zwar die richtigen Worte gebraucht wurden, die Taten jedoch dem nicht entsprachen.

Genosse Gorbatschow warf ein, die Menschen in der DDR erhielten außerdem auch Informationen aus der Sowjetunion, die sie selbständig analysierten. Sie wurden auch aus dem Westen informiert und zogen ihre Schlußfolgerungen.

Genosse Krenz stellte fest, man habe in der DDR leider viele Fragen der Umgestaltung in der Sowjetunion der Beurteilung des Gegners überlassen und nicht den Dialog mit den Menschen darüber geführt. Dies geschah ungeachtet dessen, daß Genosse Gorbatschow Genossen Erich Honecker bei einem der ersten Treffen geraten hatte, daß man sich mit Auffassungen durchaus auseinandersetzen solle, die in sowjetischen Publikationen auftauchten und mit denen man nicht einverstanden sei.

Genosse Krenz wies darauf hin, das Verbot des „Sputnik" in der DDR habe dazu geführt, daß der Gegner die Frage nach der Mündigkeit der DDR-Bürger aufwerfen konnte. Den Genossen und parteilosen Bürgern, die sich darüber empörten, ging es nicht in erster Linie um den Inhalt des „Sputnik". Das Problem bestand darin, daß die Führung der DDR einerseits zusah, wie die Bevölkerung jeden Abend viele Stunden Sendungen des Westfernsehens empfängt, es andererseits aber verbot, eine sowjetische Zeitschrift zu lesen. Dies war ein tiefer Einschnitt im politischen Denken der Bürger der DDR. Deshalb habe man nach dem 9. Plenum des ZK der SED als einen der ersten Schritte auch die Wiederaufnahme des „Sputnik" in die Postzeitungsliste angeordnet.[287]

Genosse Gorbatschow warf ein, die DDR habe auch jetzt das Recht, Kritik an Äußerungen sowjetischer Presseorgane zu üben, mit denen sie nicht einverstanden sei. In der sowjetischen Presse könne man heute die verschiedensten Dinge lesen, in dieser Hinsicht könne ihn kaum noch etwas erschüttern. Als Beispiel führte er an, daß kürzlich eine Zeitung aus einer baltischen Republik einen bekannten sowjetischen Ökonom dahingehend zitierte, in Moskau werde eine Verschwörung vorbereitet.

Genosse Krenz stimmte zu. Wenn Zeitungen im eigenen Lande kritische Fragen aufgreifen, dann komme man sehr schnell in den Dialog. Heute sei unter den DDR-Bürgern zu hören, daß die „Aktuelle Kamera" schon jetzt interessanter sei als das Westfernsehen.[288]

Genosse Krenz betonte, bei allen Unvollkommenheiten und Problemen in der DDR sowie angesichts der Tatsache, daß noch keine geschlossene Konzeption für die weitere Entwicklung vorliege, sei doch eines erreicht worden: Die Probleme der DDR werden jetzt nicht mehr über den Westen in die DDR

---

287 Vgl. Dokument 7. Bereits am 20. Oktober 1989 hatte ADN mitgeteilt, daß die Monatszeitschrift „Sputnik" wieder in die Postzeitungsliste aufgenommen worden sei.

288 Die Hauptnachrichtensendung des DDR-Fernsehens „Aktuelle Kamera", täglich von 19.30 Uhr bis 20.00 Uhr ausgestrahlt, verzeichnete in dieser Zeit sehr hohe Einschaltquoten.

hineingetragen, sondern in unserem Lande selbst erörtert. Das ist sehr wichtig, warf Gorbatschow ein.

Genosse Krenz legte dar, obwohl er wisse, daß Genosse Gorbatschow gut über die Vorgänge informiert sei, denn er selbst habe mit Botschafter Kotschemassow viele ausführliche Gespräche geführt, wolle er dennoch sagen, daß der Weg zum 9. Plenum des ZK der SED sehr kompliziert war.

Als Genosse Krenz von seiner Reise aus China zurückkehrte, hatte er sich entschlossen zu handeln. Nach Beratung mit Genossen Willi Stoph kam man überein, daß er eine Erklärung des Politbüros zu aktuellen Problemen der Entwicklung in der DDR vorschlagen werde.[289] Der Entwurf dieser Erklärung war im Grunde genommen sehr verwässert, weil zunächst die Absicht bestand, die Situation der Sprachlosigkeit gemeinsam mit Genossen Erich Honecker zu überwinden. Deshalb war man bereit, auf eine Reihe Kompromisse einzugehen.

Genosse Krenz übergab den Entwurf der Erklärung Genossen Honecker. Dieser rief ihn später an und erklärte folgendes:

1. Wenn Genosse Krenz die Erklärung im Politbüro einbringe, werde er dies als einen Schritt gegen sich persönlich betrachten. Er selbst habe niemals etwas gegen die Genossen Pieck und Walter Ulbricht unternommen. Genosse Krenz kommentierte, das sei zwar nicht die Wahrheit, wurde aber so gesagt.

Genosse Gorbatschow warf ein, an die Sache mit Genossen Ulbricht erinnere er sich selbst noch sehr genau.

2. Genosse Honecker erklärte, wenn Genosse Krenz die Erklärung im Politbüro einbringe, werde er die Führung der Partei spalten. Genosse Honecker werde sich dafür einsetzen, daß diese Erklärung nicht beschlossen werde.

3. Wenn Genosse Krenz die Erklärung im Politbüro einbringe, habe er damit zu rechnen, daß die Kaderentscheidungen, die früher oder später im Politbüro eingebracht würden, anders aussehen als bisher geplant. Damit meinte er Genossen Krenz persönlich.

Genosse Krenz legte den Entwurf der Erklärung gegen den Willen des Genossen Honecker dem Politbüro zur Beratung vor. Genosse Honecker, der die Sitzung leitete, erklärte dies ausdrücklich. Nach langer Beratung ergab sich sie Situation, daß mit Ausnahme eines Genossen alle anderen Mitglieder des Politbüros sich für die Erklärung aussprachen. Am Abend des ersten Tages dieser zweitägigen Sitzung des Politbüros wurde der Versuch unternommen, eine Kommission zu bilden, der neben Genosse Krenz noch die Genossen Günter Mittag und Joachim Herrmann angehören sollten. Das Ziel bestand darin, die Erklärung weiter zu verwässern. Auf Forderung des Genossen Krenz wurde Genosse Günter Schabowski zur Mitarbeit in der Kommission herangezogen. Beide kämpften gemeinsam für die Annahme dieser Erklärung, was schließlich auch erreicht wurde.

---

289 Vgl. Anm. 230.

Genosse Gorbatschow bemerkte dazu, politisch sei ihm dies alles klar. Menschlich betrachte er die Entwicklung jedoch als ein großes persönliches Drama des Genossen Honecker. Er habe zu ihm stets gute menschliche Beziehungen unterhalten, und es habe auf diesem Gebiet keine Probleme gegeben. Er habe jedoch bei Genossen Honecker in den letzten Jahren mit Erstaunen bestimmte Veränderungen festgestellt. Wenn dieser auf eigene Initiative vor zwei oder drei Jahren grundlegende Korrekturen an der Politik angebracht hätte, wären solche Verluste und Schwierigkeiten wie gegenwärtig nicht notwendig und möglich gewesen. Genosse Erich Honecker habe sich offensichtlich für die Nummer 1 im Sozialismus, wenn nicht sogar in der Welt gehalten. Er habe nicht mehr real gesehen, was wirklich vorgehe.

Genosse Egon Krenz legte dar, er selbst sei von dieser Entwicklung persönlich sehr betroffen, da sein Lebensweg lange Zeit eng mit dem des Genossen Erich Honecker verbunden war.

Genosse Gorbatschow warf ein, dies habe im Westen auch bestimmte Spekulationen hervorgerufen. Davor solle man jedoch keine Furcht haben.

Genosse Krenz fuhr fort, die Veränderung sei mit Genossen Honecker im Jahre 1985 vor sich gegangen, als Genosse Gorbatschow zum Generalsekretär des ZK der KPdSU gewählt wurde. Plötzlich sah sich Genosse Honecker einem jungen dynamischen Führer gegenüber, der neue Frage auf sehr unkonventionelle Weise anpackte. Bis zu dieser Zeit habe er sich selbst in dieser Rolle gesehen. Allmählich ging ihm der Realitätssinn verloren. Das schlimmste war, daß er sich zunehmend nicht mehr auf das Kollektiv, sondern nur noch auf Genossen Günter Mittag stützte.

Genosse Gorbatschow stellte die Frage nach der Rolle des Genossen Joachim Herrmann.

Genosse Krenz erläuterte, Genosse Herrmann habe im wesentlichen Weisungen des Genossen Honecker ausgeführt, ohne Eigenes einzubringen. Genosse Mittag habe dagegen Genosse Honecker beeinflußt und Mißtrauen zu anderen Genossen geschürt und auf taktische wie strategische Entscheidungen des Genossen Erich Honecker egoistisch Einfluß genommen.[290]

Genosse Krenz berichtete, am Vortage sei im Politbüro eine Analyse der wirtschaftlichen Situation behandelt worden. Im Vorfeld wurde gefordert, ein ungeschminktes Bild der realen Situation der Volkswirtschaft in der DDR zu erhalten. Eine solche Analyse sei im Politbüro noch niemals diskutiert worden.

Genosse Gorbatschow wies darauf hin, daß er sich in derselben Lage befunden habe. Er kannte auch den Staatshaushalt nicht. Bereits zur Amtszeit des Genossen Andropow hätten er und Genosse Ryshkow den Auftrag erhalten, die Lage in der Volkswirtschaft zu untersuchen, weil man spürte, daß dort etwas faul war. Als sie jedoch die volle Wahrheit herausfinden wollten, wurden sie zurückbeordert. Heute sei ihm klar, warum das geschah. Im Grunde genom-

---

290 Die ZK-Sekretäre Joachim Herrmann und Günter Mittag waren auf der 9. Tagung des ZK der SED am 18. Oktober 1989 von ihren Funktionen entbunden worden.

men existierte der Staatshaushalt damals gar nicht mehr. Die Folgen davon habe man heute noch auszubaden.

Genosse Krenz erläuterte, man sei auf dem 9. Plenum mit dem Vorsatz angetreten, der Wahrheit ins Auge zu sehen. Wenn er jedoch die Wahrheit über die Volkswirtschaftslage vor dem ZK darlege, dann könne dies ein Schock mit schlimmen Folgen auslösen.

Genosse Gorbatschow warf ein, in der Sowjetunion sei die reale Lage der Volkswirtschaft der DDR bekannt gewesen. Man sei auch über die Beziehungen zur BRD und darüber informiert gewesen, was dort für Probleme heranreiften. Die Sowjetunion sei immer bemüht gewesen, ihre Pflichten gegenüber der DDR zu erfüllen. Abgesehen von der Tatsache, daß wegen großer innerer Schwierigkeiten 2 Millionen Tonnen Erdöl gestrichen werden mußten, habe man stets verstanden, daß die DDR ohne die Sowjetunion nicht funktionieren kann. Diese Unterstützung sei die internationalistische Pflicht der Sowjetunion. Man habe sich jedoch gleichzeitig gefragt, warum die Sowjetunion in dieser Lage ständig in so aufdringlicher Weise mit den Erfolgen der DDR traktiert wurde. Dies war besonders schwer zu tragen, weil man die wirkliche Lage der DDR kannte. Genosse Gorbatschow sagte, er habe einmal versucht, mit Genossen Honecker über die Verschuldung der DDR zu sprechen. Dies sei von ihm schroff zurückgewiesen worden, da es solche Probleme nicht gebe. Genosse Honecker habe sich offensichtlich als Retter des Vaterlandes gefühlt. Die ganze Entwicklung sei ein großes persönliches Drama für ihn.

Da er eine hohe Funktion innehatte, wurde daraus ein großes politisches Drama. Genosse Gorbatschow betonte, er habe sich bis zum Schluß stets um ein gutes menschliches Verhältnis bemüht. Dies war nicht leicht, weil er die Ansprüche und die wirkliche Meinung des Genossen Honecker kannte. Er habe dies jedoch toleriert, weil es wichtigere Dinge gab.

Genosse Krenz betonte, man müsse auch berücksichtigen, daß viele Genossen die Probleme seit langem erkannt hatten. Sie schwiegen jedoch, um die Einheit und Geschlossenheit der Partei zu wahren. In der Sitzung des Politbüros am 31.10.1989 habe er zum ersten Mal so deutlich empfunden, wie sehr das richtige Prinzip der Einheit und Geschlossenheit der Partei in bestimmten Situationen zum Hemmnis werden kann, wenn die Probleme nicht offen und ehrlich beim Namen genannt werden.

Genosse Gorbatschow äußerte die Überzeugung, wenn Genosse Honecker nicht so blind gewesen wäre und sich nicht nur auf Genossen Mittag gestützt , sondern sich auch mit Genossen Krenz oder Genossen Stoph beraten hätte, dann hätte es eine andere Entwicklung gegeben. Besonders Genosse Willi Stoph habe ihm leid getan, weil er in den letzten Jahren von Genossen Honecker faktisch sehr erniedrigt worden sei.

Genosse Gorbatschow bemerkte, er sei besonders negativ davon berührt gewesen, wie man mit Genossen Modrow umgesprungen sei.

Genosse Krenz informierte dazu, er habe vor zwei Jahren bereits einmal faktisch den Auftrag erhalten, Genossen Modrow abzusetzen. Damals forderten die Künstler zweier Dresdener Theater, die Perestroika auch in der DDR durchzuführen. Genosse Honecker war zu dieser Zeit gerade im Urlaub. Er rief Genossen Krenz an und beauftragte ihn, nach Dresden zu fahren. Dort sollte er die Auseinandersetzung mit dem Ziel der Ablösung des Genossen Modrow führen. Genosse Krenz fuhr nach Dresden und führte ein sehr offenes Gespräch mit Genossen Modrow. Man fand eine taktische Lösung, die darauf hinauslief, Genossen Modrow zu kritisieren, ihn aber nicht von seiner Funktion abzulösen.[291]

Genosse Gorbatschow sagte, Genosse Krenz habe einen sehr tiefen und wichtigen Gedanken ausgesprochen, daß man nämlich keine formale Einheit der Partei zulassen dürfe. Auf der Grundlage verschiedener Meinungen, der Achtung der Auffassungen anderer müsse sich diese Einheit herausbilden. Probleme entstünden immer dann, wenn ein Führer versuche, seine Position um jeden Preis zu halten, und nur noch Zustimmung von seiner Umgebung erwarte. Man habe in der Sowjetunion gesehen, wie Genosse Honecker das Politbüro immer mehr erweiterte, um in diesem großen Gremium einen Genossen gegen den anderen ausspielen zu können. Das sei nicht richtig gewesen.

Genosse Gorbatschow berichtete, im Politbüro des ZK der KPdSU sage heute jeder offen, was er denke. Wenn das jemand hören würde, würde er glauben, die Partei stehe vor dem Zusammenbruch. Dies sei aber nicht der Fall. Selbst Mitarbeiter der Genossen, die an den Sitzungen teilnehmen, erhielten zuweilen das Wort.

Genosse Krenz warf ein, für eine solche Arbeitsweise sei viel Zeit notwendig.

Genosse Gorbatschow erläuterte, im Politbüro des ZK der KPdSU nehme man sich diese Zeit. Manchmal würde er die langen Debatten gern stoppen. Dann nehme er sich zusammen und achte darauf, wenn er Schlußfolgerungen ziehe, die Genossen nicht zu verletzen. Die Linie, die er als richtig erkannt habe, setze er durch, aber stets unter Berücksichtigung der Meinung anderer Genossen. Dies habe eine völlig neue Situation geschaffen. Dadurch werde verhindert, daß große Fehler gemacht werden.

Genosse Schachnasarow, persönlicher Mitarbeiter des Genossen Gorbatschow, der an dem Gespräch teilnahm, ergänzte, die Linie werde nicht mit administrativen Mitteln, sondern durch Argumentation und Überzeugung durchgesetzt.

Genosse Krenz brachte zum Ausdruck, er habe das Politbüro des ZK der SED noch niemals so emotionalisiert erlebt wie in der letzten Zeit.

---

291 Am 16. Juni 1987 hatte die SED-Grundorganisation des Staatsschauspiels Dresden einen kritischen Brief an ZK-Sekretär Kurt Hager wegen dessen „Stern"-Interview gesandt (vgl. ND, 10. April 1987). Der 1. Sekretär der SED-Bezirksleitung Hans Modrow wurde aus dem Urlaub zurückgerufen. Am 15. Juli 1987 beschäftigte sich das ZK-Sekretariat in Berlin mit der Angelegenheit, am 17. Juli gab es eine Sondersitzung des Sekretariats der Bezirksleitung Dresden in Anwesenheit von Egon Krenz. Die politische Führungstätigkeit der Bezirksleitung wurde scharf kritisiert, die Parteisekretärin des Theaters später abgelöst.

Genosse Gorbatschow warf ein, solche kontroversen Sitzungen, die über zwei Tage andauern, habe es im Politbüro des ZK der KPdSU auch gegeben - einmal bei der Diskussion über den Brief von Nina Andrejewa[292] und ein weiteres Mal bei der Erörterung der langfristigen ökonomischen Orientierung.

Genosse Krenz erläuterte, die sowjetischen Genossen seien zwar über die ökonomische und politische Lage der DDR gut informiert, er wolle trotzdem die gegenwärtige ökonomische Situation charakterisieren, weil sie der Führung der SED gegenwärtig bei politischen Entscheidungen, die dringend notwendig sind, die Hände bindet.

Genosse Gorbatschow habe zu Recht darauf hingewiesen, daß die sozialökonomische Lage in der DDR anders sei als in der Sowjetunion. Die DDR verfüge über eine sehr gut ausgebildete Arbeiterklasse, die bereit sei, Leistungen zu vollbringen, und Besorgnis äußerte, daß das Leistungsprinzip schlecht angewendet wird.

Genosse Gorbatschow ergänzte, auch westdeutsche Vertreter hätten gegenüber sowjetischen Genossen geäußert, die Sowjetunion solle doch das System der Berufsausbildung aus der DDR übernehmen. Dies werde dort hoch eingeschätzt. Für die Sowjetunion sei es einfacher, dieses System aus einem Land mit gleicher Gesellschaftsordnung zu übernehmen als Erfahrungen aus der BRD.

Genosse Krenz betonte, Genosse Gorbatschow habe auch mit der Feststellung recht gehabt, daß die Situation auf dem Lande in der DDR anders sei als in der Sowjetunion. Die Klasse der Genossenschaftsbauern in der DDR sei mit dem Dorf fest verbunden. Die Intelligenz sei bereit, ihren Beitrag zu leisten. Jeden Tag erhalte Genosse Krenz zwischen 600 und 800 Briefe. Darunter befänden sich zahlreiche Studien von Wissenschaftlern, die seit langem in bestimmten Schubladen ruhen. So habe er kürzlich eine interessante Studie von Genossen Koziolek, Direktor des Institutes für sozialistische Wirtschaftsführung, auf den Tisch bekommen, die drei Jahre in der Schublade von Genossen Mittag lag.

Die ökonomische Situation der DDR sei dadurch gekennzeichnet, daß die Akkumulationsrate für produktive Investitionen stark zurückging, was sich auch in einem Absinken des Wirtschaftswachstumes insgesamt ausdrückte. Der gegenwärtige Fünfjahrplan werde nicht erfüllt werden. In den Zeitungen wurde bis vor kurzem jedoch ständig von einer Erfüllung und Übererfüllung der Pläne berichtet.

Genosse Gorbatschow warf ein, in der Sowjetunion sei immer eingeschätzt worden, daß die veröffentlichten Zuwachsraten in der DDR um ca. 2 Prozent zu hoch seien.

---

292 Zum Brief der Nina Andrejewa vgl. ND, 2./3. April 1988 sowie 9./10. April 1988. Zur angesprochenen KPdSU-Politbürositzung vgl. Die Auseinandersetzung um die Perestroika. Meinungsaustausch im Politbüro zum Artikel von Nina Andrejewa am 24. und 25. März 1988. In: Michail Gorbatschow: Gipfelgespräche. Geheime Protokolle aus meiner Amtszeit. Berlin 1993, S. 233 ff.

Genosse Krenz stellte fest, da habe man noch gut gerechnet. Vieles sei in diesem Bereich durch die Industriepreisreform verdeckt worden. Durch höhere Industriepreise konnten zwar die Zuwachsraten ausgewiesen werden, die realen Waren waren aber nicht vorhanden.

Die Kosten der Erzeugnisse der Mikroelektronik betragen ein Mehrfaches des internationalen Standards. Ihr Einsatz in der Volkswirtschaft der DDR und im Export müsse gegenwärtig mit über 3 Milliarden Mark jährlich gestützt werden.

Für die DDR gebe es jedoch keinen anderen Weg als den, die Schlüsseltechnologien zu entwickeln. Es sei auch erforderlich, bei der Mikroelektronik weiter voranzuschreiten. Man dürfe die Kostenfrage dabei jedoch nicht unterschätzen. Es dürfe auch nicht außer acht gelassen werden, daß die Bevölkerung Fragen stelle. Einerseits werde über die Entwicklung des 1-Megabit-Speicherschaltkreises und andere Errungenschaften der Mikroelektronik berichtet, andererseits mangele es an Konsumgütern, die dieses Niveau des wissenschaftlich-technischen Fortschritts widerspiegeln. Dies sei ein weiterer Ausdruck des Widerspruchs zwischen Wort und Tat.

Hier sei man bei einer Kernfrage angelangt. Es seien Gefahren für die Stabilität im Lande und für die weitere Erfüllung der Zahlungsverpflichtungen gegenüber dem Ausland entstanden.

Genosse Egon Krenz informierte über die Zahlungsbilanz der DDR. Man müsse neue Kredite aufnehmen. Genosse Gorbatschow bemerkte, so prekär habe er sich die Lage nicht vorgestellt.

Genosse Krenz legte dar, man müsse jetzt Kredite aufnehmen, um alte Schulden zu begleichen. Gegenwärtig müßten allein für die Zinszahlungen 4,5 Millionen US-Dollar aufgewendet werden, was 62 Prozent des jährlichen Exporterlöses der DDR in Devisen entspreche.

Genosse Krenz betonte, die hohe Auslandsverschuldung sei vor allem dadurch zustande gekommen, daß in der Zeit der Kreditblockade gegenüber den sozialistischen Ländern Kredite zu sehr hohen Zinsen aufgenommen werden mußten. Die Situation werde dadurch besonders prekär, daß gleichzeitig neue Anforderungen an die Volkswirtschaft entstanden und neue Erwartungen in der Bevölkerung aufgetaucht sind, die nicht befriedigt werden können. Der Zustand der Zahlungsbilanz sei gegenwärtig in der DDR nicht bekannt. Wenn man real vorgehen und das Lebensniveau ausschließlich auf die eigene Leistung gründen wollte, müßte man es sofort um 30 Prozent senken. Dies sei jedoch politisch nicht zu verantworten.

Genosse Gorbatschow gab zu dieser Problematik aus eigener Erfahrung folgenden Rat: Genosse Krenz und die Führung der SED müsse jetzt in allgemeiner Form einen Weg finden, um der Bevölkerung mitzuteilen, daß man in den letzten Jahren über seine Verhältnisse gelebt habe. Dies könne Genossen Krenz persönlich jetzt noch nicht angelastet werden.

Zunächst brauche man Zeit für eine umfassende Analyse. Später sei jedoch eine volle Information nicht zu umgehen, weil man sonst die zunehmenden

Schwierigkeiten Genossen Krenz selbst anlasten werde. Die Gesellschaft müsse jedoch heute bereits allmählich an diesen Gedanken gewöhnt werden.

Genosse Krenz wies darauf hin, man wolle auf der nächsten Tagung des ZK der SED darauf hinweisen, daß man über die Verhältnisse gelebt habe.

Er berichtete, auf einer der letzten Sitzungen des Politbüros habe Genosse Alfred Neumann darauf verwiesen, daß die Situation, in der Genosse Erich Honecker die Funktion des Generalsekretärs übernahm, sich von der heutigen grundsätzlich unterschied. Er nannte drei Unterschiede:

1. waren 1971 die Staatsfinanzen in Ordnung,
2. bestand damals eine intakte Regierung, die sofort Maßnahmen einleiten konnte,
3. hatte man eine intakte Partei.

Genosse Gorbatschow wies erneut darauf hin, daß diese Lage ihn sehr an die Sowjetunion erinnere. Als in den 60er Jahren Genosse Breshnew die Funktion des Generalsekretärs übernahm, wurde zwar schlecht über Genossen Chruschtschow gesprochen, aber die Läden waren damals voll von Waren. Als 2. Sekretär des Parteikomitees der Region Stawropol mußte er sich damals mit dem Problem beschäftigen, wo die großen Mengen Butter und Fleisch, die man produziert hatte, gelagert werden könnten. Damals wurde der Fettgehalt der Milch erhöht, um dieses Problem zu lösen. Man plante sogar, Fleisch und Butter in den Gletschern des Elbrus im Kaukasus zu lagern. Der Verbrauch betrug damals allerdings 42 Kilogramm Fleisch pro Kopf. In der Region wurden 750.000 Tonnen Butter produziert. Heute würden 66 Kilogramm Fleisch pro Kopf verbraucht, dazu 18 Kilogramm Fisch. Die Region produziere 1,5 Millionen Tonnen Butter. Trotzdem seien die Läden leer. Die Hauptsache bestehe darin, daß der Markt gestört sei. Die Menschen hätten viel Geld in den Händen, und es mangele an Waren.

Genosse Krenz erläuterte, eine weitere Aufgabe der DDR auf ökonomischem Gebiet bestehe darin, die Zahlungsfähigkeit der DDR zu erhalten. Wenn der IWF ein Mitspracherecht bekomme, dann könnte eine äußerst ungünstige politische Situation eintreten.

Genosse Gorbatschow äußerte dazu, eine wichtige Sicherung für die Volkswirtschaft der DDR seien die Rohstofflieferungen aus der UdSSR. Diese seien für den nächsten Fünfjahrplan abgestimmt worden. Die Sowjetunion werde alles daran setzen, um ihre eingegangenen Verpflichtungen zu erfüllen. Dies werde die Lage der DDR etwas erleichtern.

Wichtig sei jedoch auch die Fortführung der prinzipiellen und flexiblen Politik gegenüber der BRD. Es müsse vermieden werden, daß die BRD über die bekannten Mechanismen Druck auf die DDR ausüben könne. Natürlich müsse man stets so handeln, daß die Entscheidungen in Berlin und nicht in Bonn gefällt werden. Aber man müsse die Beziehungen erhalten und dabei große Flexibilität zeigen.

Genosse Krenz stimmte dem voll zu. Was die Rohstoffe betreffe, so sei die DDR für diese Lieferungen außerordentlich dankbar. Leider wüßten nicht alle

Menschen genau, was dies für die DDR bedeute. Genosse Schürer habe einmal eine Rechnung zusammengestellt, welche Kosten entstehen würden, wenn die DDR diese Rohstoffe auf dem kapitalistischen Markt kaufen müßte. Ende der 70er/Anfang der 80er Jahre habe man in der Propaganda auch offen gesagt, daß die DDR ohne diese Rohstoffe nicht leben könnte. Man werde nunmehr diese und ähnliche Tatsachen wieder stärker betonen.

Genosse Gorbatschow wies darauf hin, daß dies in realistischer Weise ohne großes Getöne geschehen müsse.

Genosse Krenz betonte, eine außerordentlich wichtige Frage sei die weitere Konkretisierung der Arbeitsteilung zwischen der DDR und der UdSSR. Man müsse die Barrieren abbauen, die in der ökonomischen Zusammenarbeit entstanden seien. Einziges Kriterium sei die ökonomische Effektivität der Zusammenarbeit und der gegenseitige Nutzen.

Genosse Gorbatschow wies darauf hin, daß die Arbeitsteilung auch in der Sowjetunion selbst ein großes Problem sei. Beim Übergang zur regionalen wirtschaftlichen Rechnungsführung stellten viele Republiken, die vorwiegend Rohstoffe lieferten, die Frage der Neuaufteilung des Nationaleinkommens mit den Republiken, wo die Finalproduktion konzentriert sei. Sie drohten, wenn diese Proportionen nicht verändert würden, könne es zu einer Einstellung der Rohstofflieferungen kommen. Darüber werde im Obersten Sowjet beraten.

Vor einigen Tagen habe im Obersten Sowjet der bekannte Ökonom Schmeljow gefordert, daß ein realer Bericht über die ökonomischen Beziehungen der Sowjetunion zum Ausland, besonders zu den sozialistischen Ländern, vorgelegt werden sollte.

Genosse Krenz erklärte die Bereitschaft der DDR, die Arbeitsteilung wieder zu verstärken.

Genosse Gorbatschow wies darauf hin, daß er Genossen Honecker lange Zeit zu überzeugen versucht habe, die Kooperationsbeziehungen zur Sowjetunion zu verstärken. Dieser sei zwar für Direktbeziehungen, aber nicht für die Entwicklung der Kooperation gewesen. Als Beispiel für eine gut funktionierende Kooperation nannte Genosse Gorbatschow das Lada-Werk, das aus Ungarn und Polen Zulieferteile erhalte, wofür in diese Länder PKW geliefert würden. Allein durch den Verkauf von Rohstoffen aus der Sowjetunion könne der Handel nicht wesentlich erweitert werden.

Genosse Krenz stimmte dem zu. Er erklärte sich auch mit den Bemerkungen des Genossen Gorbatschow über die Beziehungen zur BRD einverstanden. Er bat darum, klarer darzulegen, welchen Platz die SU der BRD und der DDR im gesamteuropäischen Haus einräumt. Dies sei für die Gestaltung der Beziehungen zwischen der DDR und der BRD von großer Bedeutung. Er erläuterte weiter, daß zwischen der DDR und anderen sozialistischen Ländern ein wichtiger Unterschied bestehe. Die DDR sei in gewisser Weise das Kind der Sowjetunion, und die Vaterschaft über seine Kinder müsse man anerkennen.

Genosse Gorbatschow stimmte dem zu und verwies auf ein Gespräch des Genossen Jakowlew mit Zbigniew Brzezinski. Dort wurde unter anderem die

Frage erörtert, ob man sich eine Situation vorstellen könne, in der die Wiedervereinigung Deutschlands Realität werde. Brzezinski betonte, für ihn wäre das der Zusammenbruch.

Genosse Gorbatschow begrüßte, daß Genosse Krenz diese Frage aufgeworfen habe. Bisher haben die DDR, die Sowjetunion und die anderen sozialistischen Länder in dieser Frage eine richtige Linie verfolgt. Diese habe zur Anerkennung der Existenz zweier deutscher Staaten, zur internationalen Anerkennung der DDR, zu ihrer aktiven Rolle in der Welt, zum Abschluß des Moskauer Vertrages und anderer Verträge sowie letztendlich zur Konferenz von Helsinki geführt.

In jüngsten Gesprächen mit Margaret Thatcher, Francois Mitterrand, aber auch mit Jaruzelski und Andreotti sei klar geworden, daß all diese Politiker von der Bewahrung der Realitäten der Nachkriegszeit, einschließlich der Existenz zweier deutscher Staaten, ausgehen. Die Fragestellung nach der Einheit Deutschlands werde von ihnen allen als äußerst explosiv für die gegenwärtige Situation betrachtet. Sie wollten auch nicht, daß der Warschauer Vertrag und die NATO aufgelöst werden, deshalb seien sie für ein Verbleiben Polens und Ungarns im Warschauer Vertrag. Das Gleichgewicht in Europa sollte nicht gestört werden, weil niemand wisse, welche Folgen dies habe.

Auch die USA bezogen bisher eine ähnliche Haltung. Gegenwärtig gebe es jedoch unter den Verbündeten der BRD viele Diskussionen. Man sympathisiere in Worten mit den Sorgen der BRD über das geteilte Deutschland. In den USA gab es dazu in der letzten Zeit einige Nuancen, die noch zu untersuchen seien.

Genosse Schachnasarow warf ein, diese Aussagen seien doch wohl mehr für das breite Publikum bestimmt.

Genosse Gorbatschow stimmte zu und betonte, in der Praxis setzen die USA ihre alte Linie weiter fort. Nach seiner Meinung bestehe in der Gegenwart die beste Politik darin, die bisherigen Linien weiterzuführen.

Der gleichen Meinung sei auch Willy Brandt. Er habe erklärt, für ihn wäre das Verschwinden der DDR eine eklatante Niederlage der Sozialdemokratie, denn sie betrachte die DDR als eine gewaltige Errungenschaft des Sozialismus.[293] Wenn er sich auch von den Kommunisten abgrenze, so betrachte er die Sozialdemokratie doch als einen Zweig der Arbeiterbewegung und halte an der sozialistischen Idee fest. Bahr habe dies offen im Klartext ausgesprochen.

Für die sozialistischen Länder, so betonte Genosse Gorbatschow, sei es am besten zu betonen, daß die gegenwärtige Lage ein Ergebnis der geschichtlichen Entwicklung sei. Niemand komme jedoch darum herum, daß zwischen den beiden deutschen Staaten mannigfaltige menschliche Kontakte bestehen. Diese könnten nicht verhindert werden, man müsse sie unter Kontrolle halten und steuern. Dazu sei es notwendig, einige Korrekturen an der Politik anzubringen,

---

293 Im Rahmen eines Moskau-Besuchs traf Willi Brandt am 17. Oktober 1989 mit Michail Gorbatschow zu einem ausführlichen Gespräch zusammen.

um das Verständnis des Volkes zu erlangen. Genosse Gorbatschow bot an, daß darüber mit den sowjetischen Genossen beraten werden könne.

Es wäre sehr schädlich, die Beziehungen zwischen der DDR und der BRD zu verringern oder gar abzubrechen. Er wolle in diesem Zusammenhang auf folgende Momente hinweisen:

1. Es komme darauf an, die Beziehungen im Dreieck DDR - BRD - Sowjetunion besser zu koordinieren. Darüber habe er auch mit Genossen Honecker gesprochen. Die Sowjetunion wußte aus anderen Quellen, wie sich die Beziehungen zwischen der DDR und der BRD entwickeln.

So sei nun einmal die Lage. Deshalb sei es völlig unnötig, unter engen Bündnispartnern voreinander Geheimnisse zu haben.

Genosse Gorbatschow wies darauf hin, daß es vor Jahren ein gemeinsames Büro gab, daß die Beziehungen der DDR und der Sowjetunion zur BRD koordinierte. Seinerzeit sei es von den Genossen Mittag und Tichonow geleitet worden. Es habe seine Tätigkeit stillschweigend eingestellt, müsse jedoch wiederbelebt werden.

Genosse Krenz erwähnte, Genosse Honecker sei froh gewesen, daß er die Entscheidungen über Reisen in die BRD oder nach China allein treffen konnte. Er sei sehr dafür, Formen auf Arbeitsebene zu finden, durch die die gemeinsame Politik gegenüber der BRD und Westberlin besser abgestimmt werden könne.

Genosse Gorbatschow empfahl, diese Frage im Politbüro des ZK der SED oder in einem noch engeren Kreis zu beraten.

2. Es gelte auch, die Beziehungen in diesem Dreieck genau zu betrachten. Die Sowjetunion sei bestrebt, den Partner BRD enger an sich zu binden. Dann werde auch die DDR eine günstigere Position in diesem Dreieck haben. In der BRD gebe es Bestrebungen in dieser Richtung. Sie sei bereit, mit der Sowjetunion breit zusammenzuarbeiten, erwarte jedoch, daß die Sowjetunion bei der Wiedervereinigung Hilfestellung leiste. Man sprach davon, daß der Schlüssel dafür in Moskau liege. Dies sagten auch die Amerikaner. Dies sei für sie eine sehr bequeme Ausrede. Sie sprächen gegenüber der BRD von ihrer Unterstützung für die Wiedervereinigung, verwiesen jedoch stets auf die Schlüsselrolle Moskaus. Moskau solle den Schwarzen Peter zugeschoben bekommen. Andererseits seien die USA nicht erfreut darüber, daß es zu einer Annäherung zwischen Bonn und Moskau auf ökonomischem und politischem Gebiet komme. In der Praxis sei allerdings bisher noch nicht viel geschehen. Man dürfe auf diesem Gebiet auch nichts übereilen, denn die Vertreter der BRD brauchten ihre Zeit.

Für die DDR sei es wichtig, ihre Beziehungen zur BRD zu erhalten und kontinuierlich weiterzuentwickeln. Dabei sei Vorsicht geboten, damit der ideologische Gegner keine Positionen erhalte, die er ausnutzen könne. Es werde also dabei bleiben, daß die DDR die Rohstoffe aus der Sowjetunion erhalte und gleichzeitig ihre Beziehungen zur BRD vorsichtig weiter entwickle, um andererseits zu vermeiden, in die Umarmung der BRD zu geraten.

3. Für die DDR sei es wichtig, auch mit anderen Ländern außer der BRD die Beziehungen zu entwickeln. Auch hier könne mit der Sowjetunion eng zusammengearbeitet werden. Ungarn und Polen seien auf diesem Gebiet bereits sehr aktiv. Ihnen bleibe auch gar nichts anderes übrig. Oft werde die Frage gestellt, was die Sowjetunion in dieser Situation tue. Sie könne ökonomisch jedoch sehr wenig tun. Es sei absurd, sich vorzustellen, die Sowjetunion könne 40 Millionen Polen aushalten. Die Ursache liege bereits bei Gierek, der Kredite in Höhe von 48 Milliarden Dollar aufnahm. Nunmehr haben die polnischen Genossen bereits 52 Milliarden zurückgezahlt und haben immer noch 49 Milliarden Schulden.

Im Januar 1987 erhielt Genosse Kádár ein Ultimatum vom IWF, in dem zahlreiche Forderungen gestellt waren, bei deren Nichterfüllung mit der Einstellung der Kredite gedroht wurde.

Genosse Krenz wies darauf hin, daß dies nicht unser Weg sei.

Genosse Gorbatschow betonte, in den Beziehungen DDR - BRD gäbe es solche Probleme auch. Man wußte in der Sowjetunion, daß die Mikroelektronik der DDR in starkem Maße auf westlicher Elementebasis aufgebaut wurde. Außerdem wurden auch sowjetische Elemente verwendet. Daraus ergebe sich heute, daß man stärker zusammenarbeiten muß. Es müsse jedoch eine ausgewogene Zusammenarbeit sein, in der deutliche Prioritäten gesetzt werde.

Zusammenfassend bemerkte Genosse Gorbatschow, es gehe darum, die bisherige Politik weiterzuführen, die Erfolge gebracht habe. Darauf könne die DDR und ihr Volk stolz sein.

Es gebe keinen Grund, Vermutungen anzustellen, wie sich die deutsche Frage einmal lösen wird. Die gegenwärtigen Realitäten müßten berücksichtigt werden. Dies sei das wichtigste.

Wenn die Tendenz der Annäherung in Europa mehrere Jahrzehnte lang anhalte und sich die Integrationsprozesse unabhängig von den Gesellschaftssystemen, jedoch bei eigenständiger Entwicklung der Politik, Kultur, des Entwicklungsweges und der Traditionen fortsetzen und der Austausch von geistigen und materiellen Gütern sich entwickle, dann könne die Frage möglicherweise eines Tages anders stehen. Aber dies sei heute kein Problem der aktuellen Politik. In der aktuellen Politik müsse die bisherige Linie weitergeführt werden.

Genosse Gorbatschow bat Genossen Krenz, dies den Genossen des Politbüros zu übermitteln. Darüber gäbe es auch Verständigung der Sowjetunion mit ihren führenden Partnern aus der Zeit der Antihitlerkoalition.

Genosse Krenz wies darauf hin, daß diese Politik ideologisch abgesichert werden muß. Genosse Honecker habe Anfang der 80er Jahre die bekannten vier Geraer Forderungen gestellt.[294] In der Folgezeit habe die DDR zwar einerseits mit der BRD zahlreiche gegenseitige vorteilhafte Verträge abgeschlossen, die BRD habe sich aber bei keiner der vier Forderungen bewegt. Dies habe in

---

294 Vgl. Anm. 172.

der DDR zu bestimmten falschen Vorstellungen geführt. Da zahlreiche prominente Vertreter der DDR in die BRD reisten, stellten auch die einfachen Bürger diese Forderung. Man spreche viel von allgemein menschlichen Werten, hier sei jedoch ein allgemeines deutsches Problem entstanden. Deshalb sei die Entideologisierung der Beziehungen für das Verhältnis BRD - DDR eine sehr komplizierte Frage. Sie stehe anders als in den Beziehungen zwischen anderen Staaten. Entideologisierung würde hier den Verzicht auf die Verteidigung des Sozialismus bedeuten. Fragen wie die Mauer und das Grenzregime zur BRD würden neu aufgeworfen. Die DDR befinde sich in der komplizierten Situation, diese nicht mehr recht in die heutige Zeit passenden, aber weiterhin notwendigen Dinge zu verteidigen.

Genosse Gorbatschow äußerte die Meinung, daß dies alles neu durchdacht werden müsse. Die Zeit sei reif dafür. Wenn die DDR nicht die Formel dafür finde, daß die Menschen ihre Verwandten besuchen könnten, dann wäre das für die Gesellschaft der DDR ein sehr unbefriedigender Zustand. Die DDR werde erneut Ultimaten gestellt bekommen. Sie müsse jedoch die Initiative selbst in die Hand nehmen. In der Sowjetunion sei man bereit, über solche Maßnahmen zu beraten. Die DDR spüre jedoch besser, was zu tun sei. Es sei sicher notwendig, einige konkrete Schritte zu tun, die man aber stets mit bestimmten Verpflichtungen und Aktionen der anderen Seite verknüpfen müsse. Es sei an der Zeit, auf Kanzler Kohl, der nun Kontakt zu Genossen Gorbatschow und Genossen Krenz hergestellt habe, stärkeren Druck auszuüben. In der BRD werde die nationale Problematik sehr stark in der Politik ausgenutzt. Es gebe Leute in den Regierungsparteien, die Kohl loswerden wollten. Er habe jedoch auf das Pferd des Nationalismus gesetzt. Es gäbe auch noch schärfere Forderungen aus dem rechten Lager. Der CDU-Abgeordnete Todenhöfer habe sich mit einem Brief an die USA und an die Sowjetunion gewandt und dort die sofortige Wiedervereinigung Deutschlands gefordert. In der BRD werde mit diesem Thema wild spekuliert.

Genosse Krenz erläuterte vorgesehene Maßnahmen der DDR zu diesem Fragenkomplex:

1. Die DDR werde versuchen, jeden Schußwaffengebrauch an der Grenze zu verhindern. Entsprechende Weisung sei an die Grenztruppen ergangen. Es werde nur geschossen, wenn akute Gefahr für Leben und Gesundheit der Grenzsoldaten bestehe.

2. Der Entwurf des neuen Reisegesetzes sei im Politbüro verabschiedet und dem Ministerrat übergeben worden, der ihn zur öffentlichen Diskussion stellen werde. Er solle noch vor Weihnachten in der Volkskammer angenommen werden.[295] Nach diesem Gesetz werde jeder DDR-Bürger die Möglichkeit erhalten, einen Paß und ein Ausreisevisum für Reisen in alle Länder zu erwerben. Der Kreis der aus Sicherheitsgründen davon Ausgenommenen werde sehr eng gehalten.

---

295 Vgl. Anm. 254.

3. Leider sei die DDR nicht in der Lage, Reisende mit genügend Valutamitteln auszustatten. Man könne nicht weiter über seine Verhältnisse leben. Mit der Veröffentlichung des Reisegesetzes werde ein Kommentar erscheinen, in dem dargelegt werde, daß die aus dem Umtausch von BRD-Bürgern in die DDR erlösten Mittel nicht ausreichen, um DDR-Reisende mit Valuta auszustatten.

Genosse Gorbatschow schlug vor hinzuzufügen, daß ein Weg die allmähliche Herstellung der Konvertierbarkeit der Mark der DDR wäre. Dies wäre ein Anreiz für die Werktätigen, besser zu arbeiten, eine höhere Arbeitsproduktivität und Qualität anzustreben, wodurch solche Ziele erreichbar würden.

Genosse Krenz legte weitere Schritte der Führung der SED in den nächsten Tagen und Wochen dar. Am 8. November 1989 werde das 10. Plenum des ZK einberufen werden. Dort solle die Frage beantwortet werden, wie es in der DDR weitergeht. Wenn auf diese Frage keine seriöse Antwort erfolge, werde die Parteiführung weiterhin vom ZK unter Kritik genommen werden.

Genosse Gorbatschow berichtete, die internationale Reaktion vor allem auf die Rede des Genossen Krenz vor der Volkskammer sei sehr positiv gewesen. Nach seiner Rede auf dem 9. Plenum des ZK der SED herrschte Skepsis vor. Die Reaktion war sehr vorsichtig. Nunmehr gehe es darum, den positiven Eindruck weiter zu vertiefen. Genosse Gorbatschow informierte, er habe von allen wichtigen Staatsmännern positive Antworten erhalten.

Genosse Krenz berichtete, er habe von ihnen allen Glückwunschtelegramme erhalten, darunter auch von Bundeskanzler Kohl. Mit letzterem hatte er ein kurzes Telefongespräch.[296] Kohl verwies auf seinen ständigen Kontakt mit Genossen Gorbatschow und empfahl, diesen auch mit Genossen Krenz aufzunehmen. Genosse Krenz erwiderte, es sei immer besser miteinander zu reden als übereinander. Kohl brachte sogleich konkrete Vorschläge zum Reiseverkehr, zu Umweltfragen, zu den Beziehungen zu Westberlin u. a. vor. Genosse Krenz sagte zu, mit dem Beauftragten des Bundeskanzlers alle konkreten Fragen zu erörtern. Kohl wollte vor allem über Fragen sprechen, zu denen man sich einigen könne, nicht zu solchen, wo man nicht übereinstimme. Genosse Krenz wies Kohl ausdrücklich darauf hin, sowohl die DDR als auch die BRD hätten eigene Interessen. Er müsse damit rechnen, daß er die Interessen der DDR konsequenter als bisher vertreten werde. Kohl sei während des Gespräches sehr emotional gewesen. Er habe die Sätze häufig nicht beendet.

Genosse Krenz schätzte ein, das 10. Plenum des ZK der SED werde sehr stürmisch verlaufen. Viele Genossen bereiteten sich vor und wollten sprechen. Die Diskussion sei nicht vorbereitet worden. Die Zeiten der Ergebenheit gegenüber dem Politbüro seien vorbei. Es werde scharf die Frage der Verantwortung des Politbüros als Kollektiv für die entstandene Lage gestellt werden. Das betreffe auch seine eigene persönliche Verantwortung. Er hoffe, man werde eine kluge Antwort auf diese Frage finden.

---

296 Vgl. Dokument 41.

Auf dem Plenum soll ein Aktionsprogramm beschlossen werden.[297] Die Ursache liege darin, daß das 7. und 8. Plenum des ZK vom Leben überholt wurden. Das vorgesehene Aktionsprogramm soll die Richtung der weiteren Arbeit kurz umreißen. Man werde versuchen, die Frage zu beantworten, worin ein besserer und attraktiverer Sozialismus bestehe, welche Werte des Sozialismus verteidigt werden müßten und welche diskussionswürdig seien.

Auf dem Plenum werde über eine radikale Wirtschaftsreform gesprochen werden.

Die Regierung erhalte den Auftrag, die Hauptrichtungen auszuarbeiten. Klar sei, daß man die Antworten im Sozialismus und nicht in der freien Marktwirtschaft suchen werde.

Die zweite Frage sei die breite Entfaltung der sozialistischen Demokratie. Eine Reihe neuer Gesetze sei in Vorbereitung. Ein großes Problem seien die Wahlen. Hier wurde bereits erklärt, daß wir alle Erfahrungen früherer Wahlen ausnutzen und ein neues Wahlgesetz vorbereiten wollen. Es werde auch um Fragen der Verfassung, so die Pressefreiheit, die Offenheit und die Freiheit und Würde der Persönlichkeit gehen. Die Frage der führenden Rolle der Partei unter den neuen Bedingungen müsse erörtert werden. Es gelte Kritik und Selbstkritik stärker zu entwickeln, um Subjektivismus auszuschließen. Die Veränderungen gingen bis zu dem Vorschlag, die Amtsperiode für die Funktion des Generalsekretärs und für weitere hohe Funktionen zeitlich zu begrenzen.

Auf dem Plenum werden auch Kaderfragen behandelt werden, informierte Genosse Krenz. Zu denen, die um ihre Entbindung von den Funktionen gebeten haben, gehören die Genossen Mielke, Neumann, Mückenberger, Hager und Axen.[298]

Genosse Sindermann begründete seine Absicht, noch bis zum Parteitag im Amt zu bleiben. Die Forderungen der Partei nach Kaderveränderungen gehen jedoch noch weiter.

Genosse Gorbatschow schätzte Genossen Stoph sehr hoch ein. Er sei in den letzten Jahren in einer schwierigen Situation gewesen. Er habe seine Würde auch bewahrt, als er durch Genossen Mittag förmlich an die Wand gespielt wurde. Er habe jedoch stets in entscheidenden Situationen eine sehr prinzipielle Position bezogen. Man dürfe nicht alle alten Genossen in einen Topf werfen.

---

297 Das Aktionsprogramm der SED mit dem Titel „Schritte zur Erneuerung" wurde am 10. November 1989 von der 10. Tagung des ZK der SED verabschiedet. Den Wortlaut vgl. in: ND, 11./12. November 1989 bzw. Schritte zur Erneuerung. 10. Tagung des ZK der SED. 8. bis 10. November 1989 (Teil 1). Berlin 1989, S. 50 ff.

298 Egon Krenz kündigte den Rücktritt der genannten Personen in einer überraschenden Fernsehansprache am Abend des 3. November 1989 an. Vgl. ND, 4./5. November 1989. Tatsächlich wurden neben diesen am 8. und 9. November auch noch die Politbüromitglieder bzw. -kandidaten Hans-Joachim Böhme, Horst Dohlus, Günther Kleiber, Werner Krolikowski, Horst Sindermann, Willi Stoph, Harry Tisch, Inge Lange, Gerhard Müller und Werner Walde abgewählt.

Genosse Krenz brachte sein Bedauern über den Fall des Genossen Tisch zum Ausdruck. Er sei nunmehr zum Rücktritt gezwungen. Der Grund bestehe darin, daß er in einer Fernsehübertragung einen schweren politischen Fehler begangen habe. Er lastete die Verantwortung für die entstandene Lage vor allem den Kadern an der Basis an. Die Gewerkschaftsfunktionäre hätten nach seinen Worten ihre Pflichten deswegen nicht erfüllt, weil sie zu sehr auf die Parteisekretäre in den Betrieben gehört hätten. Dies habe große Empörung unter den Gewerkschaftsmitgliedern hervorgerufen. Im Politbüro sprach man sich dafür aus, diese Frage nicht hier zu entscheiden, um die Selbständigkeit der Gewerkschaften nicht zu beeinträchtigen. Der Bundesvorstand des FDGB habe seine Entscheidung zu dieser Frage zunächst bis zum 17.11. vertagt. Auch das wurde jedoch von den Gewerkschaftsmitgliedern weiterhin nicht akzeptiert. Man sprach sogar von der Möglichkeit einer Spaltung der Gewerkschaft, wenn Genosse Tisch nicht zurücktrete. Nunmehr habe Genosse Krenz einen Anruf erhalten, daß Genosse Tisch umgehend zurücktreten werde.[299]

Zu den in der DDR weiterhin stattfindenden Demonstrationen äußerte Genosse Krenz, die Situation sei nicht einfach. Die Zusammensetzung der Demonstranten sei unterschiedlich. Unter ihnen wirkten einige wirkliche Feinde. Ein großer Teil seien Unzufriedene oder Mitläufer. Die Führung der SED sei entschlossen, politische Probleme mit politischen Mitteln zu lösen. Die Demonstrationen würden legalisiert, und man werde keine Polizei gegen sie einsetzen.

Die Lage entwickele sich jedoch nach einer eigenen Dynamik. Für das Wochenende sei eine große Demonstration mit möglicherweise einer halben Million Teilnehmer in Berlin geplant.[300] Initiatoren seien die Künstler und einige ihrer Verbände.

Genosse Gorbatschow gab hierzu folgende Information: Vor seinem Besuch in der DDR erhielt er über Raissa Maximowna Gorbatschowa in ihrer Funktion im sowjetischen Kulturfonds einen Brief des Kulturbundes der DDR zugeleitet. Dort wurde die Situation in der DDR geschildert und darauf hingewiesen, daß der Kulturbund sich mit einem Appell an das Volk der DDR wenden werde, wenn zum Jahrestag keine Reaktion der Parteiführung erfolge.

Genosse Krenz bekräftigte, wenn Erich Honecker zum Jahrestag eine andere Rede gehalten hätte, hätte sich die Lage anders gestalten können.[301] Zur Demonstration habe das Politbüro entschieden, die Parteimitglieder zur Teilnahme aufzurufen.

---

299 Vgl. Anm. 277.

300 Vgl. Dokument 44. Tatsächlich nahmen an der Demonstration am 4. November 1989 auf dem Berliner Alexanderplatz auch ungefähr 500.000 Menschen teil.

301 Vgl. die Festansprache von Erich Honecker am 6. Oktober 1989 im Berliner Palast der Republik mit dem Titel „Durch das Volk und für das Volk wurde Großes vollbracht" in: ND, 9. Oktober 1989.

Unter den 17 Rednern werde auch Genosse Schabowski sein, um zu verhindern, daß die Opposition auf dieser Demonstration unter sich bleibe. Man wolle alles für einen friedlichen Ablauf tun.
Bei der Demonstration seien folgende Losungen zu erwarten:
- Nennen der Verantwortlichen für die entstandene Lage,
- Rücktritt der Alten im Politbüro,
- Veränderungen der Zusammensetzung der Regierung,
- Reisemöglichkeiten,
- Veränderung der Stellung der Gewerkschaften und des Jugendverbandes,
- Neues Wahlrecht,
- Zulassung einer Opposition,
- Abschaffung von Privilegien,
- Presse- und Meinungsfreiheit,
- Verbesserung der Versorgung und kontinuierlichere Produktion..
Gegenwärtig sei man bemüht, keine Kriminalisierung der Demonstranten zuzulassen und sehr vorsichtig vorzugehen. Die Frage der Anerkennung des „Neuen Forum" sei noch nicht entschieden. Bisher könne man deren Orientierung noch nicht voll einschätzen.
Genosse Gorbatschow teilte sowjetische Erfahrungen aus der ersten Etappe der Umgestaltung zu diesen Fragen mit. Damals entstanden viele informelle Organisationen und andere Bewegungen. Die Führung stand ihnen skeptisch gegenüber. Gute und schlechte wurden dabei in einen Topf geworfen. Dabei wurde in einigen Republiken Zeit verloren. Diese Bewegungen wurden nicht mit der Tätigkeit der Partei verbunden, wodurch es zu einer Polarisierung kam. Einige dieser Kräfte entwickelten sich zu einer Opposition gegen die Politik der Umgestaltung und vertreten separatistische, nationalistische und antisozialistische Auffassungen.
Man dürfe in solchen Fragen keine Zeit verlieren. Antisozialistische und kriminelle Elemente seien die eine Seite. Aber insgesamt könne man das Volk nicht als Feind betrachten. Wenn es sich gegen die Politik auflehne, müsse man überlegen, was an der Politik zu ändern sei, damit sie den Interessen des Volkes und dem Sozialismus entspricht. Man dürfe den Zeitpunkt nicht verpassen, damit solche Bewegungen nicht auf die andere Seite der Barrikade geraten. Die Partei dürfe solchen Problemen nicht ausweichen, sie müsse mit diesen Kräften arbeiten. In der Sowjetunion tue man dies jetzt, aber es sei bereits sehr spät. Diese Organisationen hätten bereits ihre eigenen Führer hervorgebracht und ihre eigenen Prinzipien ausgearbeitet.
Wo es sich um Antisowjetismus handle, dort hätten Kommunisten nichts zu suchen. Aber in der Mehrheit seien dies beunruhigte Werktätige, die sich um zahlreiche vernachlässigte Fragen sorgen.
Genosse Krenz bekräftigte, daß die SED in diesem Sinne an das Problem herangehen wolle. Dies werde jedoch ein langer Prozeß sein.
Anknüpfend an diese Äußerungen des Genossen Gorbatschow bat Genosse Krenz zu prüfen, ob der Erfahrungsaustausch mit den Abteilungen des ZK der

KPdSU zu einer Reihe von Fragen, in denen in der Sowjetunion bereits jahrelange Erfahrungen vorliegen, intensiviert werden könnte. Dies betreffe die Bereiche Parteiorgane, Sicherheitsfragen u. a. Generell sollte der Erfahrungsaustausch zwischen den Abteilungen der Zentralkomitees verstärkt werden.

Genosse Gorbatschow begrüßte dies.

Genosse Krenz teilte mit, die SED werde in nächster Zeit erneut Kader zur Ausbildung an sowjetische Parteischulen entsenden.

Genosse Krenz verwies auf einige gegenwärtig offene Probleme auf dem Gebiet der ökonomischen Zusammenarbeit. Dazu gehören:
- eine bessere Auslastung der Fährverbindung Mukran-Klaipeda, die für den Import und Export von großer Bedeutung sei,
- bessere gegenseitige Vertragstreue,
- Prüfung der Möglichkeit für eine weitere Erhöhung der Erdgaslieferungen aus der UdSSR, wofür die DDR sehr dankbar wäre,
- eine Vereinbarung über weitere Lieferungen von PKW „Lada" in die DDR, da im Moment Fragen der Versorgung der Bevölkerung, u. a. mit PKW, in der Diskussion eine sehr brisante Rolle spielten. Hier wirke sich aus, daß die Spareinlagen in der DDR außerordentlich hoch und die innere Staatsverschuldung gewaltig sei. Unter der Bevölkerung sei sehr viel Geld im Umlauf. Dazu komme ein systematischer Abkauf von Waren insbesondere durch polnische Bürger.

Genosse Gorbatschow bestätigte dies auch für die Sowjetunion.

Genosse Krenz betonte, für die SED bleibe es das Entscheidende, den Gleichklang der Herzen mit der KPdSU und der UdSSR wiederherzustellen, der für uns lebensnotwendig sei. Die Bereitschaft dazu sei auf der sowjetischen Seite immer vorhanden gewesen, auf unserer Seite habe es jedoch bestimmte Störungen gegeben. Er wolle im Auftrag des Politbüros des ZK der SED erklären, daß beide Parteien wieder zu der Methode zurückkehren sollten, alle Fragen, die uns bewegen, offen und ehrlich aufzuwerfen. Die Rufe „Gorbi, Gorbi" während der Demonstration in Berlin hätten gezeigt, daß es unmöglich sei, das gute Verhältnis der jungen Leute und der gesamten Bevölkerung der DDR zur Sowjetunion zu zerstören, auch wenn die Führung hier versagt habe.

Genosse Krenz warf ein, ihm sei sogar vorgeworfen worden, diese Stimmung, insbesondere der Jugendlichen, organisiert zu haben. Es war jedoch einfach der Ausdruck der wahren Haltung der Menschen.

Genosse Gorbatschow betonte, daß der Besuch des Genossen Krenz so kurz nach seiner Wahl außerordentlich notwendig für die gegenseitige Abstimmung am Beginn der neuen Etappe gewesen sei. Es gehe darum, gemeinsam zu demonstrieren, daß man zusammenstehe, daß die Entwicklung in der Sowjetunion der DDR sehr nahe sei und umgekehrt. Dies sei wichtig auch für die anderen sozialistischen Länder und für die ganze Welt. Auch in der BRD werde man sich dafür interessieren, worüber sich Gorbatschow und Krenz abgestimmt haben.

Genosse Gorbatschow hob hervor, daß er alle geäußerten Gedanken des Genossen Krenz teile. Sie seien von der realen Situation diktiert. Für die SED sei es jetzt sehr wichtig, nicht die Initiative zu verlieren. Die Prozesse verliefen sehr dynamisch und könnten sich weiter beschleunigen. Die Führung der Partei müsse entsprechend reagieren. Wenn die Prozesse an Spontaneität gewinnen oder die politische Orientierung verlieren, dann wäre das ein großes Unglück. Es könne dadurch eine ausweglose Lage entstehen. Dann wäre es möglich, daß falsche Losungen die Lage bestimmen und die Situation von anderen Kräften genutzt werden könne. Genosse Gorbatschow wies darauf hin, daß er in dieser Sache eigene Erfahrungen gemacht habe. Durch das Zögern der Führung hätten sich in der Sowjetunion einige Probleme stark zugespitzt, das betreffe insbesondere die Wirtschaft. Genosse Krenz habe mit Recht betont, das kommende Plenum müsse eine Einschätzung der komplizierten Lage treffen. Diese Einschätzung müsse ausgewogen, aber entschieden sein. Genosse Gorbatschow erinnerte in diesem Zusammenhang an das Januar-Plenum des ZK der KPdSU von 1987.[302] Dort war zum ersten Mal formuliert worden, daß die Partei die Verantwortung für die bisherige Lage übernimmt. Gleichzeitig wurde ein konkretes Programm der Umgestaltung vorgeschlagen. Möglicherweise werde die Entwicklung in der DDR in anderen Etappen verlaufen. Für das Ansehen des Generalsekretärs sei es jedoch außerordentlich wichtig, daß der Generalsekretär sehr verantwortungsbewußt und mit großer Achtung vor der Wahrheit an die Probleme herangehe. Sonst werde ihm keiner Glauben schenken.

Genosse Krenz warf ein, es gäbe jetzt schon Kritik dafür, daß der Rücktritt des Genossen Honecker mit gesundheitlichen Gründen erklärt wurde.

Genosse Gorbatschow meinte, auch hier würden weitere Erklärungen notwendig werden.

Genosse Gorbatschow bezeichnete als richtig, auf dem Plenum erste Konturen der Politik der nächsten Periode anzudeuten und ein entsprechendes Aktionsprogramm anzunehmen. Ein detaillierter Plan sollte noch nicht ausgegeben werden, weil dazu offensichtlich noch nicht genügend Zeit zur Verfügung stand, um Vorschläge und Empfehlungen von allen Seiten gründlich zu studieren und zu überdenken. Die Hauptrichtungen des Aktionsprogramms zeichneten sich jedoch schon klar ab - mehr Sozialismus, Erneuerung, Demokratisierung. Man werde das, was in der Vergangenheit gut und nützlich war, übernehmen. Dies betreffe z. B. die soziale Orientierung der Wirtschaft der DDR, die stets ihre starke Seite war. Das dürfe nicht aufgegeben werden. Dies sei ein Potential der DDR, mit dem sie wuchern könne.

Auf dem Gebiet der Kaderpolitik würden sicher entscheidende Veränderungen auf dem Plenum bevorstehen. Genosse Mielke wollte mit seinem Rücktrittsgesuch sicherlich als alter Kommunist anderen ein Beispiel geben. Dies

---

302 Die genannte Tagung des ZK der KPdSU fand am 27./28. Januar 1987 in Moskau statt. Vgl. Michail Gorbatschow: Die Umgestaltung und die Kaderpolitik der Partei. In: Ausgewählte Reden und Aufsätze. Bd. 4. Berlin 1988, S. 329 ff.

ermögliche es Genossen Krenz, die Kaderfragen von inhaltlichen Fragen der Erneuerung zu trennen.

Tiefgreifende Kaderveränderungen seien zweifellos notwendig. Das Plenum müßte dazu den ersten Schritt tun. Es wäre zu empfehlen, einige kluge und originelle Köpfe aus dem ZK in das Politbüro zu wählen und auch prominente Vertreter der Kultur und der Wissenschaft als Mitglieder oder Kandidaten in das ZK aufzunehmen. Das würde das Ansehen dieser Gremien erhöhen. Was die Person des Genossen Honecker betreffe, so könne man ihn im Plenum sicher weiterhin verteidigen, es sei jedoch fraglich, ob das gegenüber der Gesellschaft weiterhin möglich sei. Das Volk habe sich erhoben und sage heute offen seine Meinung. Man dürfe sich also nicht nur auf das Plenum des ZK, sondern müsse sich auch auf die Gesellschaft orientieren. Auch hier gelte es, die Zeichen der Zeit nicht zu verpassen. Die Gesellschaft werde weiterhin die Frage nach der Verantwortung für die Lage stellen, und auch aus diesem Grund seien tiefgreifende Kaderveränderungen notwendig.

Bei den konsequenten Veränderungen der Politik dürfe es nicht zu einer Negation der Vergangenheit kommen. Das wäre auch eine Mißachtung des Volkes, das die bisherigen Errungenschaften der DDR geschaffen hat. Man sollte also eine Form der dialektischen Negation finden, bei der das Gute beibehalten wird, was zur Stärkung des Sozialismus beiträgt, und Neues hinzugefügt wird, was das Leben hervorbringt.

Genosse Gorbatschow betonte, Genosse Krenz stehe in dem Ruf, ein mutiger Mensch zu sein. Ein Generalsekretär könne den Problemen auch nicht ausweichen, sondern müsse sie auf sich nehmen, er müsse stets unter Berücksichtigung der konkreten Situation handeln und die Entwicklung in der Gesellschaft genau berücksichtigen. Das Hervorbringen neuer Ideen und ihre Durchsetzung - all das erwarte man von einem Generalsekretär.

Genosse Gorbatschow äußerte seine volle Zustimmung zu den Gedanken des Genossen Krenz über die Beziehungen zur BRD. Es gelte, auf diesem Gebiet die Zusammenarbeit und die Koordinierung zwischen der DDR und der Sowjetunion wieder zu beleben. Jeder wisse über die Beziehungen des anderen zur BRD gut Bescheid. Man sollte also kein Geheimnis daraus machen, sondern zusammenarbeiten und daraus Nutzen ziehen. Auch die BRD verfüge über die notwendigen Informationen und sei an der Zusammenarbeit sehr interessiert. Richtig sei auch die Überlegung des Genossen Krenz, die Zusammenarbeit stärker unter die Kontrolle der Parteien zu nehmen. Deshalb begrüße er den Vorschlag, den Erfahrungsaustausch zwischen den Abteilungen der Zentralkomitees wieder zu intensivieren. Dasselbe treffe auch auf die Sekretäre der ZK zu. Die Arbeitsebene und enge Kontakte in diesem Bereich seien jedoch das wichtigste. Auch die gemeinsame Arbeit der Akademien für Gesellschaftswissenschaften sollte wieder verstärkt werden.

Genosse Gorbatschow legte dar, es komme jetzt darauf an, den schöpferischen Marxismus, den Sozialismus im Leninschen Sinne, das heißt, den humanen und demokratischen Sozialismus wiederzubeleben, in dem der Mensch wirklich spüre, daß dies seine Gesellschaft ist und nicht die Gesellschaft einer Elite. Dieser Prozeß sei jedoch nicht leicht durchzusetzen. Dies habe er zum Beispiel während seines Besuches in Kuba gespürt.[303] Dort habe zunächst eine sehr angespannte Atmosphäre geherrscht. Er selbst legte jedoch dar, daß die Umgestaltung aus Entwicklungsfaktoren der Sowjetunion resultiere und für die Lösung der sowjetischen Probleme erforderlich sei. Die Frage, ob der Sozialismus in der Sowjetunion gelinge oder mißlinge, habe jedoch für die ganze Welt Bedeutung, darunter auch für Kuba. Die Sowjetunion begrüße andererseits alle Maßnahmen, die die KP Kubas unter ihren Bedingungen für notwendig halte. Sie vertraue ihrer Verantwortlichkeit und ihrer Kompetenz. Es gehe darum, erläuterte Genosse Gorbatschow, daß die revolutionäre Perestroika niemandem aufgezwungen werden könne. Auch in der DDR mußte die Situation dafür erst heranreifen, dafür sei der Prozeß jetzt sehr kompliziert und schmerzhaft.

Genosse Gorbatschow wies darauf hin, daß er gegenüber den Genossen aus der DDR stets größte Zurückhaltung geübt habe. Das Ziel habe darin bestanden, keine Mißstimmung in den Beziehungen aufkommen zu lassen, obwohl die Lage in der DDR sehr gut bekannt war. Man habe Geduld gezeigt, weil man verstand, daß die Partei und die ganze Gesellschaft für diese Veränderungen erst heranreifen mußten.

Heute geht es in den sozialistischen Ländern darum, daß jeder selbst nachdenkt. Andererseits existieren bestimmte Kriterien und Grundzüge für den Sozialismus in allen Ländern.

Genosse Gorbatschow berichtete zum Abschluß des Gespräches über innere Probleme der Sowjetunion. Er informierte, daß er am gleichen Tage die Diskussion mit führenden Ökonomen fortsetzen werde. Gegenwärtig gebe es in allen Bereichen sehr kontroverse Debatten über die weitere Entwicklung der Sowjetunion. Manche forderten die Wiedereinführung des Privateigentums an Produktionsmitteln und die Nutzung kapitalistischer Methoden, andere forderten die Zulassung weiterer politischer Parteien, man streite darum, ob die Sowjetunion sich als Föderation oder als Konföderation weiterentwickeln soll. Besonders auf ökonomischem Gebiet nehmen diese Auseinandersetzungen immer stärker prinzipiellen Charakter an. Es gebe bereits Genossen, die eine andere Vorstellung von der Wirtschaftsentwicklung haben und aus Enttäuschung über die bisherigen Mißerfolge versuchten, der KPdSU kapitalistische Rezepte aufzuzwingen. Die Arbeiterklasse habe das sofort erkannt und reagiere darauf mit Aufrufen, die Diktatur des Proletariats zu verstärken. Es gebe auch Forderungen, wieder zum alten administrativen Befehlssystem zurückzukehren. Dies wäre jedoch für Sowjetunion ein Unglück.

Die gegenwärtigen Auseinandersetzungen zeigten deutlich, daß es sich bei der Perestroika um eine echte Revolution handelt. Genosse Gorbatschow brachte mit aller Entschiedenheit zum Ausdruck, daß er jedoch nicht zulassen werde, daß sich die Konfrontation bis zu bürgerkriegsähnlichen Zuständen

---

303 Michail Gorbatschow besuchte vom 2. bis 5. April 1989 die Republik Kuba.

oder anderen Formen blutiger Ereignisse entwickele. Die Lage sei jedoch sehr zugespitzt, und es handele sich um einen echten politischen Kampf. Deshalb sei es erforderlich zu beweisen, daß der Sozialismus in der Lage ist, sich weiterzuentwickeln, sich zu vervollkommen und sein Potential voll zu entfalten. Eine Schwäche des Sozialismus bestehe darin, daß Veränderungen in der Führung jederzeit zu starken Erschütterungen führen könnten. Das liege darin, daß das Volk in die Entscheidungen nicht einbezogen werde, daß die demokratischen Mechanismen noch nicht in vollem Maße wirkten. Diese müsse man jedoch voll in Aktion setzen. Es gehe darum, die Gesellschaft weiter zu konsolidieren, ihre schöpferischen Kräfte zu mobilisieren und Klarheit darüber zu schaffen, welche Art sozialistischer Gesellschaft aufgebaut werden soll. Alle konkreten Vorschläge und konstruktiven Ideen seien dafür gefragt. Ein aktuelles Problem in der Sowjetunion sei die Auseinandersetzung mit denjenigen, die ernsthaft die Rückkehr zum Privateigentum an Produktionsmitteln fordern. Manche hätten zu diesem Zweck sogar schon Zitate von Marx und Lenin ausgegraben, mit denen sie zu beweisen versuchten, daß Privateigentum nicht Ausbeutung bedeuten müsse. Nach ihrer Meinung sei das Hauptproblem der Charakter der Macht, mit deren Hilfe man das Privateigentum für oder gegen das Volk einsetzen könnte.

Genosse Gorbatschow verwies darauf, daß es durchaus Formen des Privateigentums - im Handwerk, auf dem Lande - geben könne, wie sie zum Beispiel in der DDR existierten. Dies sei jedoch eher individuelles Eigentum. Diese kleinen Formen seien für die sozialistische Gesellschaft kein großes Problem. In der Sowjetunion gebe es jedoch Kräfte, die weitergehen wollten. Genosse Gorbatschow sagte voraus, daß auch der DDR solche Diskussionen bevorstehen könnten, um so mehr, da das kapitalistische Beispiel dort geographisch sehr nahe sei. Es handle sich bei der BRD noch dazu um ein sehr wohlhabendes kapitalistisches Land, dessen Existenz in den politischen Debatten stets zu spüren sein werde.

Genosse Krenz brachte zum Ausdruck, sein Entschluß zu handeln habe festgestanden, als er im Gespräch des Genossen Gorbatschow mit dem Politbüro des ZK der SED feststellte, daß Genosse Honecker die Darlegungen des Genossen Gorbatschow nicht verstand oder nicht verstehen wollte.

Genosse Gorbatschow sagte, er hatte in diesem Gespräch den Eindruck, als ob er Erbsen an die Wand geworfen hätte. Er hege keinerlei Groll gegen Genossen Honecker, sondern sei nur traurig, daß dieser nicht selbst diese Entwicklung vor zwei oder drei Jahren eingeleitet habe. Diese Periode hätte zum Höhepunkt in seinem Leben werden können. Schließlich habe die DDR unter seiner Führung sehr viel erreicht. All das sei gemeinsam mit der Partei und mit dem Volk geschaffen worden. Deshalb dürfe es auf gar keinen Fall negiert werden. Das wäre eine Mißachtung des Volkes, das dann im Grunde genommen umsonst gelebt hätte. Die Entwicklung müsse sehr dialektisch betrachtet werden. Dabei seien sowohl der Fortschritt der Gesellschaft, der Vorlauf für die Zukunft und das große Potential zu sehen als auch die Faktoren, die die gesellschaftliche Entwicklung in der letzten Zeit bremsten.

Genosse Krenz stimmt dem zu und bedankte sich in herzlichen Worten für das ausführliche und tiefgründige Gespräch.

Quelle: SAPMO - BArch, SED, ZK, IV 2/1/704.

Dokument 46

Reden der ZK-Mitglieder Günter Ehrensperger, Gerhard Schürer und Werner Jarowinsky auf der 10. Tagung des SED-Zentralkomitees am 9. und 10. November 1989[304]

Günter Ehrensperger:[305]
Werte Genossen!
Die Frage der Entstehung der Schulden der Deutschen Demokratischen Republik geht in die Zeit Anfang der 70er Jahre zurück. Im Jahre 1970 hatte die DDR Schulden in einer Größenordnung von 2 Milliarden Valutamark. 1973 gab es weltweit eine sehr große Preisexplosion. Diese Preisexplosion war damit verbunden, daß der Bezug von Öl und anderen Rohstoffen für die DDR wesentlich teurer wurde. Es hätte damals - 1973 - der Notwendigkeit bedurft, Konsequenzen für den laufenden Fünfjahrplan zu ziehen. Ihr werdet jetzt die Frage stellen: Wurde von dir oder deiner Abteilung, oder wurden von jemandem solche Konsequenzen vorgeschlagen?

Im November 1973 wurde in Zusammenarbeit mit kompetenten Genossen des Ministeriums der Finanzen eine Auswirkungsberechnung vorgenommen. Diese Auswirkungsberechnung ergab, daß wir, wenn wir keine Konsequenzen ziehen, 1980, wenn wir so weiterleben, 20 Milliarden Valutamark Schulden haben werden. Diese Ausarbeitung habe ich, ich war damals stellvertretender Abteilungsleiter, meinem damaligen Sekretär, Genossen Krolikowski, übergeben.[306] Genosse Krolikowski hat diese Ausarbeitung genommen und ist zum damaligen Generalsekretär gegangen, Genossen Erich Honecker, und hat sie

---

304 Die Reden, bisher nicht veröffentlicht, sind dem unkorrigierten stenographischen Protokoll der 10. Tagung des ZK der SED entnommen. Vgl. dazu Schritte zur Erneuerung. 10. Tagung des ZK der SED. 8. bis 10. November 1989 (Teil 1 und 2). Berlin 1989.

305 Günter Ehrensperger war seit 1981 ZK-Mitglied und arbeitete seit 1974 als ZK-Abteilungsleiter für Planung und Finanzen. Er sprach am 9. November am späten Nachmittag.

306 Werner Krolikowski, seit 1971 Politbüromitglied, war von 1973 bis 1976 ZK-Sekretär für Wirtschaft.

ihm unterbreitet. Ich wurde am gleichen Abend zu ihm bestellt, und er hat mir gesagt, ich habe ab sofort an solchen Rechnungen und Ausarbeitungen nicht mehr zu arbeiten. Das Material bekomme ich nicht wieder, und ich habe zu veranlassen, daß in der Abteilung alle Unterlagen dazu vernichtet werden.

Das war der Anfang. Zum gleichen Zeitpunkt wurde auf Initiative von Genossen der Regierung und der Abteilung, in der ich damals stellvertretender Abteilungsleiter war, nach Wegen gesucht, wie man das Politbüro darüber informieren kann. Es wurde im Jahre 1973 ein Beschluß gefaßt, daß das Politbüro monatlich über die Entwicklung der Verschuldung der DDR im kapitalistischen Wirtschaftsgebiet zu informieren ist. Das ist ab 1973 jeden Monat erfolgt.

Ich möchte vielleicht jetzt einen Zwischensatz sagen: Wenn man die Sache mit einem Satz charakterisieren will, warum wir heute in dieser Situation sind, dann muß man ganz sachlich sagen, daß wir mindestens seit 1973 Jahr für Jahr über unsere Verhältnisse gelebt haben und uns etwas vorgemacht haben. Es wurden Schulden mit neuen Schulden bezahlt. Sie sind gestiegen, die Zinsen sind gestiegen, und heute ist es so, daß wir einen beträchtlichen Teil von mehreren Milliarden Mark jedes Jahr für Zinsen zahlen müssen. Und wenn wir aus dieser Situation herauskommen wollen, müssen wir 15 Jahre mindestens hart arbeiten und weniger verbrauchen als wir produzieren.

Ich möchte einige Faktoren nennen, die es erfordert hätten, daß man laufende Pläne korrigiert, weil sie von außerordentlich großer Bedeutung für die Volkswirtschaft der DDR waren. Die materiellen Mehraufwendungen für die Erhöhung des Erdölpreises für die DDR betrugen insgesamt in dem Zeitraum seit 1973 gegenüber den damaligen Berechnungen des Fünfjahrplanes 145 Milliarden Mark der DDR. Wir waren gezwungen, das Erdöl tiefer zu spalten, weil wir nicht mehr bekommen haben. Das hat allein 22 Milliarden Mark gekostet. Sonst hätten wir kein Benzin gemacht. Ich würde nicht sagen, daß das umsonst war. Es gab eine Situation, in den 80er Jahren, wo festgestellt wurde, daß die Betonschwellen, die für die Eisenbahn gemacht wurden, schadhaft sind, daß man sie auswechseln muß. Es wurde berechnet, daß das ein Gesamtumfang von 6,6, Milliarden Mark ist. Natürlich kann man das nicht mit einem laufenden Plan verkraften. Wir hatten im Winter 1987 Havarien in einem Kraftwerk und andere Faktoren, die allein 3,2 Milliarden Mark zusätzliche Aufwendungen gekostet haben. Aber der Plan wurde nicht geändert.

Ich möchte hier auch sagen, daß wir allein für Exportstützungen aus dem Staatshaushalt für die Wismut 1970 bis 1980 7 Milliarden Mark bezahlt haben. Ich will jetzt aufhören, diese Liste weiterfortzuführen. Ihr werdet natürlich die Frage stellen: Wenn du das alles gewußt hast, was hast du nun gemacht? Ich muß sagen, ich habe in meiner Funktion, nachdem ich Kandidat war, und auch, als ich Abteilungsleiter war, mehrfach versucht, in Stellungnahmen der Abteilung zu Plänen auf diese Probleme aufmerksam zu machen, und ich möchte nur zwei hier zitieren. Eine vom 20.6.1980, betreffend den Planansatz für das Jahr 1981. Dort heißt es wörtlich: Es ist festzustellen, daß zu dem Vorschlag, eine weitere Milliarde Valutamark Barkredit bei kapitalistischen Banken aufzunehmen, in der Vorlage widersprüchliche Aussagen gemacht werden. Auf der einen Seite wird vorgeschlagen, in dieser Höhe Barkredite aufzunehmen, andererseits wird eine Stellungnahme der Genossen Kaminski - das ist der Staatsbankpräsident - und Polze, das ist der Präsident der Außenhandelsbank, beigefügt, die eine solche Kreditaufnahme als unreal und nicht durchführbar bezeichnen. Weiter heißt es in dieser Stellungnahme, die ich unterschrieben habe: Die dargestellten Zahlungsverpflichtungen der DDR gegenüber dem NSW sind das Kernproblem der noch zu lösenden Aufgaben bei der Vorbereitung des Volkswirtschaftsplanes 1981. Wenn es nicht gelingt, zusätzliche finanzielle Barmittel einzusetzen, müssen Entscheidungen für weitere materielle Lösungen, insbesondere zur Erhöhung der Bereitstellung von Waren für den Export, die dann im Inland nicht verteilt werden können, sowie für die Einsparung konkreter Importerzeugnisse getroffen werden.

Ich könnte das fortführen, ich will aber noch einiges sagen:

Aus dem Jahre 1986: Damit die DDR weiterhin ökonomisch unangreifbar bleibt, ist es für die weitere Arbeit am Fünfjahrplan notwendig, daß mit großer Konsequenz an weiteren Maßnahmen und Vorschlägen zur Verringerung des Sockels - so wurde diese Schuld genannt - mit dem Ziel gearbeitet wird, bis 1990 eine Halbierung zu erreichen.

Das war die Forderung, die im Politbüro gestellt worden ist. Ich habe am 11.11.1987 in einer Stellungnahme an das Politbüro geschrieben: Die Zahlungsbilanz mit dem NSW weist eine weitere Erhöhung des Sockels von 35,5 Milliarden Valutamark Ende 1987 auf, 38,5 Milliarden Valutamark Ende 1988 aus. Nach Angaben der verantwortlichen Genossen wird eine solche Entwicklung der Zahlungsbilanz und der damit verbundenen Zwischenfinanzierung künftig für nicht mehr beherrschbar gehalten. Die Ursachen für das Nichterreichen der Aufgabe, einen Exportüberschuß zu erwirtschaften, besteht darin, daß für 1988 in den Bilanzen materielle und finanzielle Ausgaben in Höhe von 8 Milliarden Mark Endprodukten zu Preisen zur Verteilung im Inland enthalten sind, die nicht durch Einnahmen erwirtschaftet werden können.

Genossen, ihr seht daraus, daß ich mich doch in einem großen Zwiespalt als Genosse befunden habe. Mir wurde im Politbüro am 17.11.1987 gesagt: Der Standpunkt der Abteilung Planung und Finanzen in der Stellungnahme kann nicht so verstanden werden, das kann doch nicht der Standpunkt der Abteilung sein. - Und mir wurde auch gesagt: In der Stellungnahme der Abteilung wird gesagt, daß die Sache nicht mehr für beherrschbar gehalten wird. Wenn es so wäre, müßten wir aufhören.

(Zuruf: Ja, hätten wir man aufgehört damals!)

Ich kann Euch sagen, wer das gesagt hat.

(Zuruf: Ja, bitte.)

Genosse Keßler! Das kann ich belegen, dafür gibt es eine Niederschrift, die nicht ich gemacht habe.

So, Genossen, aber jetzt kommt meine Frage, meine Beantwortung. Ich muß hier sagen: Jawohl, ich bin den Weg gegangen bis ins Politbüro. Aber meine Schuld besteht darin, daß ich nicht den Weg ins Zentralkomitee gegangen bin. Das muß ich hier eindeutig sagen, und dafür muß man mich verurteilen. - Soweit meine Antwort zu der Anfrage, die hier gestellt wurde.

Vors. Egon Krenz:
Genossinnen und Genossen! Ich würde vorschlagen, die Sache jetzt nicht weiter zu diskutieren und morgen noch den Genossen Schürer zu hören. Denn bei allem, was jetzt hier sicherlich sehr stark auf uns alle wirkt: Es gibt sicherlich auch noch andere Faktoren. Wenn wir beispielsweise mehr für das Erdöl bezahlt haben, haben wir ja auch mehr für die verarbeiteten Produkte eingenommen. Es ist hier noch nicht die volle Wahrheit gesagt worden, und ich bin dagegen, hier vorwiegend außenwirtschaftliche Dinge anzuführen. Mögen außenwirtschaftliche Dinge da sein, es gibt andere, und wenn diese Frage aufgeworfen ist, dann muß sie bis zu Ende beantwortet werden. Ich bitte, dazu morgen Genossen Schürer noch zu hören. Einverstanden?
(Allgemeine Zustimmung)
Ich sage das, damit wir nicht jetzt über Halbheiten diskutieren.
(nicht zu verstehender Zuruf)
Wir schockieren die ganze Republik.[...][307]

Gerhard Schürer:[308]
Liebe Genossinnen und Genossen!
Die ungeschminkte Analyse der Ursachen für die Verschuldung, nach der Genosse Hoffmann gestern gefragt hat, zeigt, daß die damit in Zusammenhang stehenden Probleme bereits mit den Beschlüssen des VIII. Parteitages über das sozialpolitische Programm begonnen haben. Mit dem sozialpolitischen Programm 1971, daß - so muß ich sagen - so große und positive Wirkungen hatte, wurde die Weiche, wenn damals auch nur um Zentimeter, in die falsche Richtung gestellt. Von da an fuhr der Zug von den Realitäten weg, und zwar immer schneller.

Wir hatten damals 1 Milliarde Dollar Verpflichtungen, und Egon Krenz hat mitgeteilt, daß wir zur Zeit 20 Milliarden haben.

Unsere warnende Stimme damals war viel zu schwach, und die Reaktion darauf immer sehr prinzipiell.

---

307 Günter Ehrensperger setzte danach seine Rede mit Bemerkungen zur sogenannten Eigenerwirtschaftung der materiellen Mittel in der DDR-Wirtschaft fort (5 Protokollseiten). Dies erregte den Protest einiger ZK-Mitglieder. Der Tagungsleiter Egon Krenz brach den Beitrag daraufhin ab. Er wurde später weder erwähnt noch veröffentlicht.

308 Gerhard Schürer, seit 1963 ZK-Mitglied und seit 1973 Politbürokandidat, war seit 1965 Vorsitzender der Staatlichen Plankommission der DDR und seit 1967 stellvertretender Ministerratsvorsitzender. Schürer sprach am 10. November am Vormittag.

Im Februar 1972 sagte Erich Honecker - und ich zitiere hier aus Aufzeichnungen von Genossen Walter Halbritter -: „Wir haben nicht die Absicht, die Schulden der DDR in zwei Jahren zurückzuzahlen. Wenn die Regierung und die Staatliche Plankommission so arbeiten, dann torpedieren sie die Beschlüsse des VIII. Parteitages.

Wir haben dann lange Zeit und zu lange geschwiegen. 1973 gab es eine Reihe Informationen, über die Genosse Ehrensperger berichtet hat, die richtig sind. Seit dieser Zeit gibt es auch eine monatliche Information an das Politbüro über die Entwicklung der Verschuldung in der Zahlungsbilanz. Ich habe im Jahre 1976 dann begonnen, diese Frage wieder als dringende Frage aufzurufen. Sicher auch dann noch nicht mit der notwendigen Konsequenz.

Im Jahre 1976 haben wir das erste Mal mit sehr großem Ernst den Generalsekretär, Genossen Erich Honecker, ein Material gegeben, daß die Sicherung der Zahlungsfähigkeit erfordert, Änderungen in der Wirtschaftspolitik und auch restriktive Maßnahmen durchzuführen. Wir haben das damals nicht beschlossen bekommen, es wurde abgelehnt. Und wir wurden beauftragt, Reserven zu mobilisieren, diese Fragen zu lösen. An dieser Beratung haben neben dem Genossen Erich Honecker Günter Mittag und Gerhard Schürer teilgenommen.

In dichter Reihenfolge fanden zu diesem Problem der Zahlungsfähigkeit der DDR und der Entwicklung der Exportüberschüsse immer wieder Beratungen statt.

Im April 1977 wurde in einem Material, das die Genossen Mittag und Schürer dem Generalsekretär gegeben haben, über aktuelle Zahlungsschwierigkeiten der DDR berichtet. Die Vorschläge wurden als restriktiv abgelehnt. Wir wurden beauftragt, die Arbeitsproduktivität weiter zu steigern und dadurch eine Lösung zu suchen.

Im Juni 1977 habe ich in einer Beratung bei Genossen Erich Honecker dargelegt, daß die Verschuldung im NSW rapide steigt. In den Gesprächen wurde einzelne Vorschlägen von uns über die Streichung von Investitionsvorhaben und Umverteilung von Fonds zugestimmt; aber grundsätzliche Änderungen der Wirtschaftspolitik und die dazu vorgelegten Vorschläge abgelehnt.

Im Mai 1978 wurde erneut aufgrund der komplizierten Lage im Zusammenhang mit den Jahresplänen bis Ende 1980 aufmerksam gemacht auf die schwierige und weiter angespannte Situation. Das erfolgte durch uns sehr prinzipiell. Genosse Erich Honecker organisierte damals eine Stellungnahme durch den Ministerrat. Und ich muß hier sagen, daß der Ministerrat - und das war in diesem Fall nicht der Ministerrat, sondern eine Abteilung oder ein Bereich des Ministerrates - diese Vorschläge der Plankommission prinzipiell als Modell der Restriktion abgelehnt hat. Es wurde dort formuliert: „Die Staatliche Plankommission macht die Zahlungsbilanz zum Maßstab der Wirtschaftspolitik. Der Maßstab der Wirtschaftspolitik muß aber die Einheit von Wirtschafts- und Sozialpolitik sein."

Dieses Dokument ist von Genossen Stoph unterzeichnet und wurde nach Behandlung von Genossen Honecker als die richtige Linie bestätigt. Ich wurde in diesem Zusammenhang persönlich scharf kritisiert und verwarnt, daß ich die Parteibeschlüsse durchzuführen habe.

Weitere Beratungen ähnlichen Inhalts, die ich nicht alle im einzelnen zitieren kann, fanden im Oktober 1978, im Februar 1979 und im Juni 1980 statt. Ende Juni 1982 entwickelte sich international ein Kreditboykott gegenüber der DDR.

Der Vorsitzende des Ministerrates, Genosse Willi Stoph, unterstützte die Staatliche Plankommission und forderte, ich zitiere, „einschneidende Maßnahmen zur Änderung der Wirtschaftspolitik".

Genossen Stoph wurde im Politbüro geantwortet von Genossen Honecker: „Die Worte über einschneidende Maßnahmen wollen wir hier nie wieder hören."

Ich muß vielleicht zunächst bemerken, daß in den Jahren 1982 bis 1985 Exportüberschüsse erreicht wurden, und zwar aufgrund der damals günstigen Lage beim Export erdölabhängiger Produkte in die BRD, die wir durch die tiefe Spaltung des Erdöls gewonnen hatten. Das hing mit den hohen Erdölpreisen zusammen, die zu dieser Zeit bestanden, die aber dann wieder zurückgingen, und nach 1986 gingen dadurch die Exportüberschüsse wieder zurück.

Am 15.5.1986 erhielt ich als Vorsitzender der Plankommission den Auftrag, Vorschläge zu machen, was erforderlich ist, um den Sockel zu halbieren. Unter Sockel ist immer zu verstehen der Saldo zwischen Forderungen und Verbindlichkeiten im NSW. Es wurde ein solches Material ausgearbeitet, was erforderlich ist; aber die notwendigen Konsequenzen, um zu solchen Exportüberschüssen zu kommen, wurden schon ungenügend dargelegt, schon gar nicht beschlossen oder ihnen zugestimmt.

Für alle diese Beratungen, über die ich hier spreche, Genossen, wurde von Genossen Erich Honecker eine Form geschaffen. Man nannte das den „kleinen Kreis" oder manchmal auch den „Kreis der besonders für die Wirtschaft verantwortlichen Genossen des Politbüros", wo faktisch das Politbüro ausgeschaltet wurde. In wechselnder Zusammensetzung waren jedoch ständig 10 bis 15 Genossen des Politbüros anwesend. Der einzige, der bei diesen Sitzungen niemals anwesend war, war Genosse Keßler, und ich halte es deshalb für ungerecht, daß sein Name gestern genannt worden ist. Genosse Keßler wurde im Politbüro mit der Lage konfrontiert, war natürlich dann schockiert und hat diese Bemerkung, die Genosse Ehrensperger zitiert hat, gemacht. Aus meiner Sicht war sie damals verständlich.

Festgelegt wurden mit all diesen Vorschlägen meist einige Streichungen in Investitionsaufgaben, einige Veränderungen im gesellschaftlichen Verbrauch und vor allen Dingen die Mobilisierung von zusätzlichen Reserven. Aber eine grundlegende Veränderung der Wirtschaftspolitik wurde abgelehnt.

Meinen eigenen persönlichen massivsten Vorstoß zur Veränderung der Situation habe ich im Mai 1988 gemacht. Dort habe ich Genossen Honecker meine Überlegungen zur weiteren Arbeit am Volkswirtschaftsplan 1989 und darüber hinaus mit der Bitte um eine Rücksprache übergeben. Davon hat übrigens Genosse Junker gestern gesprochen. Generalsekretär Genosse Erich

Honecker hat diese Vorschläge grundsätzlich abgelehnt und mich nicht zu dem erbetenen persönlichen Gespräch empfangen.[309]

Genosse Stoph hat danach durchgesetzt, daß diese Überlegungen dennoch dem Politbüro vorgelegt werden. Dazu wurde dann vom Sekretär des Zentralkomitees Genossen Mittag eine Stellungnahme vorgelegt, die meines Erachtens mit falschen Fakten, mit Halbwahrheiten, zum Teil mit Verleumdungen auch das Politbüro falsch informierte, und meine Vorschläge wurden zurückgewiesen. All diese Vorschläge - Genosse Junker hat sie gestern aufgezählt -, sind Dinge, die heute als Dinge, die wir jahrelang versäumt haben, hier auf dem Plenum behandelt werden.

Ich bin mir persönlich im klaren, liebe Genossen, daß ich schon vorher, aber besonders nach der Abberufung der Genossen Erich Honecker und Günter Mittag, die Verantwortung voll auf meinen Schultern habe. Die objektiven Faktoren, die Genosse Ehrensperger gestern hier genannt hat, stimmen. Man könnte sie ergänzen. Das habe ich aber auch selber gesagt, daß z. B. die notwendigen besonderen Aufgaben nach dem Reaktorunfall in Tschernobyl für Lubmin und innere Maßnahmen, nämlich das wir für die Mikroelektronik anstelle der im Fünfjahrplan vorgesehenen 8 Milliarden 15 Milliarden aufgewendet haben, oder daß wir den Aufbau der Friedrichstraße beschlossen haben. Als der beschlossen wurde, wurde ich übrigens nicht eingeladen. Wir haben den Aufbau beschlossen, der vorher überhaupt nicht im Fünfjahrplan enthalten war.

Aber ich glaube, daß Wichtigste ist nicht, Genossen, die von außen oder von innen auf uns neu zugekommenen Maßnahmen, sondern das Wichtigste ist, daß all diesen Fragen immer mit der Mobilisierung von mehr Reserven und der Steigerung der Arbeitsproduktivität, der Erhöhung der Leistungen begegnet wurde. Das heißt, die Pläne wurden immer angespannter und, wenn man es heute genau sagt, immer unrealer. Wenn wir als Ministerrat den Plan vorlegten, wurden durch den Sekretär für Wirtschaft in Form von Stellungnahmen ständig weitere Aufgaben zur Erhöhung der Pläne, zur Erhöhung der Leistungen, zur Erhöhung der Arbeitsproduktivität ohne entsprechende materiell-technische Basis gefordert und auch beschlossen.

Auf den Seminaren in Leipzig wurde dann nochmals eine Verpflichtungsbewegung organisiert, die in der Regel keine materielle Deckung hatte, und die auch zu einem Problem führte, nämlich daß das nicht mit den Gewerkschaften besprochen war, also keine Rückkopplung von den Generaldirektoren erfolgte, zumindest zu einem bedeutenden Teil nicht, eine Rückkopplung zu den Gewerkschaften.[310] Deshalb hatte diese Bewegung nicht das Ergebnis, was man erhofft hatte.

---

309 Vgl. Hans-Hermann Hertle: Der Weg in den Bankrott der DDR-Wirtschaft. Das Scheitern der „Einheit von Wirtschafts- und Sozialpolitik" am Beispiel der Schürer/Mittag-Kontroverse im Politbüro 1988. In: Deutschland Archiv, Köln, 1992, Heft 2, S. 127 ff.

310 Zu den Leipziger Messen fanden ZK-„Seminare" mit den Generaldirektoren der DDR-Kombinate statt, vor denen Günter Mittag mit Grundsatzreferaten auftrat.

In Wirklichkeit, und das ist die Wahrheit, an der man nicht vorbeikommen kann, wurden alle Entscheidungen wirksam gegen die produktive Akkumulation. Deshalb die Analyse, die vorgestern Genosse Krenz im Referat gegeben hat; denn zu der Konzeption mußten wir ja immer aufgrund der wachsenden Kaufkraft Maßnahmen beschließen, um den Markt einigermaßen zu decken, wobei auch dort eine wachsende Disproportion zwischen Kauffonds und Warenfonds sich entwickelt hat.[311]

Eine entscheidende Rolle spielten dabei Subventionen, die von 8 Milliarden 1970 auf die gigantische Größe von 58 Milliarden 1989 gestiegen sind. Wenn man sich überlegt, daß das ein jährliches Wachstum des Nationaleinkommens um 7 Prozent ist bei einem Wachstum des Nationaleinkommens von, ich sage einmal, 3 bis 4 Prozent, es wurden meistens 4 Prozent veröffentlicht, aber bei einer ehrlichen Abrechnung muß man unter Berücksichtigung der Preisfragen von 3 bis 4 Prozent sprechen, dann zeigt man, daß das zu Disproportionen führen mußte. Es entstanden die Disproportionen, die zur Störung der Verflechtung der Volkswirtschaft geführt haben. Die Zulieferindustrie blieb zurück, ganze Zweige veralteten, wurden nicht modernisiert, und es entstanden auch gesellschaftliche Störungen, weil sich die Werktätigen nicht mehr mit dem Plan identifiziert haben.

Ich möchte auch sagen, Genossen, daß einige Beiträge im „Neuen Deutschland" nicht zur Klärung dieser Fragen beigetragen haben. Ich erinnere hier an den Artikel von Jürgen Kuczynski im „Neuen Deutschland", daß die Subventionen richtig sind.[312] Sie sind zwar mit einigen schlechten Nebenwirkungen verbunden, aber sie sind besser als die Preis-Lohn-Spirale. Das hat doch die Menschen mehr verwirrt als zur Klärung beigetragen; denn natürlich wollen wir keine Preis-Lohn-Spirale. Niemand, kein Land hat mit der Preis-Lohn-Spirale jemals irgend ein ökonomisches Problem zufriedenstellend gelöst.

Aber wir sind für die richtige Unterteilung der Subventionen, die sozial berechtigt, dem Sozialismus entsprechend sind, und Subventionen, die zur Verschwendung, Verschleuderung und vor allem zum Abkauf durch ausländische Bürger führen.

Auch Otto Reinholds Artikel zu dieser Frage, der kurze Zeit später entstand, hat mehr Schaden als Nutzen gebracht, und solche Artikel wie „Die Krise der Ute Reinhardt und die Wirklichkeit der DDR" hat alle verwirrt, denn niemand kennt Ute Reinhardt und schon gar nicht ihre Krise.[313]

---

311 Die Rede von Egon Krenz „In der DDR - gesellschaftlicher Aufbruch zu einem erneuerten Sozialismus" vgl. in: ND, 9. November 1989 bzw. Schritte zur Erneuerung. Teil 1. A. a. O., S. 3 ff.

312 Vgl. ND, 22. Dezember 1988 und 28./29. Januar 1989.

313 Der Rektor der Akademie für Gesellschaftswissenschaften, ZK-Mitglied Otto Reinhold, schrieb am 14. Februar 1989 im ND über „Sozialpolitik, Preise und Subventionen".

Ich glaube, liebe Genossen, das muß ich noch erwähnen, daß unser Politbüro seit 1973 über die Lage in der Zahlungsbilanz informiert worden ist. Wir haben es für notwendig gehalten, auch aufgrund eines Hinweises von Michail Sergejewitsch Gorbatschow an Egon Krenz, die Zahlen über die Verpflichtungen der DDR hier vor dem Plenum des Zentralkomitees offen zu sagen - viel zu spät, aber es wäre schlimm gewesen, wenn wir mit einer weiteren Unterschlagung dieser Zahlen dieses Zentralkomitee hier belastet hätten. Das betrifft genauso die innere Verschuldung, die Genosse Krenz in bezug auf den Haushalt genannt hat.[314]

Ich muß jedoch bitten, liebe Genossen - vielleicht wird das schwer verstanden -, meine Antwort auf die Frage des Genossen Hoffmann als Interna des Plenums zu behandeln. Die Summe der Verpflichtungen, die Genosse Krenz genannt hat, ist natürlich im Westen bekannt. Sie ist ja von den westlichen Banken nachrechenbar, und sie ist keine Sensation in bezug auf die westlichen Länder. Die Banken fassen die Berechnung zur DDR zusammen, und zwar in der Bank für internationalen Zahlungsausgleich in Basel, und sind voll im Bilde über das, was bei uns los ist. Es gibt aber auch Signale, daß die ungenügenden Exportüberschüsse der DDR oder sogar Importüberschüsse, die eingetreten sind, den Ruf der DDR als gute Kreditadresse schwächen. Und ich sage ganz offen: Wir brauchen auch in der nächsten Zeit und sehr dringend unseren guten Ruf, den wir bis zur Stunde als zahlungsfähiges und zahlungspünktliches Land haben. Deshalb hat die Erreichung eines wachsenden Exportüberschusses eine so große strategische Bedeutung.

Ich möchte persönlich, Genossen, noch ein Wort hinzufügen. Genosse Egon Krenz hat das Problem behandelt, daß die Einheit der Partei den Meinungsstreit und die Kollektivität voraussetzt. Für das Schicksal der Partei ist das lebenswichtig. Ich selbst lebe seit vielen Jahren in dem Konflikt: Wie weit kann ich mit meiner als Wahrheit erkannten Meinung gehen, wenn sie nicht der offiziellen Parteilinie entspricht? Wie diene ich der Partei am besten - wenn ich mich nach Darlegung der Probleme dem dann gefaßten Beschluß füge? Das habe ich getan und glaubte ich auch tun zu müssen, weil es dem Statut entspricht. Oder wäre es besser gewesen, so weit zu gehen, den Skandal, den Ausschluß, in Kauf zu nehmen? Wie kann ich aber dann der Partei dienen, die Wahrheit zu finden, weiterarbeiten und meine Kraft dafür geben?

Ich glaube persönlich, solche Konflikte können nur gelöst werden, wenn das, was in Egons Referat gesagt wird, der unbedingte Meinungsstreit vor der Beschlußfassung, Wirklichkeit wird. Für mich persönlich ziehe ich zugleich die Schlußfolgerung hinsichtlich einer konsequenten Haltung in allen als richtig erkannten Meinungen und allen Fragen, die meine Verantwortung betreffen.

---

314 Egon Krenz hatte in seinem Referat auf der 10. ZK-Tagung am 8. November 1989 die Verbindlichkeiten der DDR gegenüber den nichtsozialistischen Ländern mit rund 20 Milliarden US-Dollar angegeben, die Verbindlichkeiten des Staatshaushaltes gegenüber dem inneren Kreditsystem mit über 120 Milliarden DDR-Mark (1988). Diese Passagen aus der Rede von Krenz wurden nicht veröffentlicht. Vgl. SAPMO - BArch, SED, ZK, IV 2/1/706.

[...]
Werner Jarowinsky:[315]
Liebe Genossinnen und Genossen! Ich muß das sagen, was alle Genossen, die Verantwortung hier im Politbüro tragen, sagen: daß ich persönlich verantwortlich bin für das, was hier zur Diskussion steht. Ich möchte hinzufügen, daß ich es für mich nicht so einfach halte, eine persönliche Wende zu vollziehen. Man kann eine Wende in der Politik vollziehen. Wenn es um einen Menschen geht, eine Persönlichkeit und vor allem um einen Kommunisten, dann muß er sich das etwas schwerer machen.

Ich habe hier keine einfachen Antworten und keine einfachen Erklärungen, und ich kann auch nicht einfach mit der Vergangenheit brechen. Ich muß überlegen, prüfen, wie wir gemeinsam die Zukunft gestalten und was ich dazu noch beitragen kann, ohne Ansehen meiner Person, und ich bin zu allem bereit.

Einige Bemerkungen zu den Ursachen, Genossen: Ich kann für mich nicht in Anspruch nehmen, es nicht gewußt zu haben, es nicht gesehen zu haben. Ich nicht. Ich habe seit langem gesehen, und ich muß hier sagen: Generaldirektor Winter, Mitglied des Zentralkomitees, hat gestern hier Vorschläge unterbreitet.[316] Die Vorschläge, die er gestern hier unterbreitet hat, die Beifall gefunden haben und die hier ins Programm aufgenommen werden sollen, diese Vorschläge lagen im Jahre 1969 und 1970 vor.

Genosse Winter, stimmt das? Das sind keine neuen Vorschläge. Ich kann den Genossen Biermann fragen, ob solche Vorschläge vorgelegen haben.

(Wolfgang Biermann: Ich beantworte eindeutig mit ja.)[317]

Und ich könnte einige andere Genossen auch noch fragen. Das ist damals mit einem Federstrich vom Tisch gefegt worden. Wir waren schon so weit damals. Ich muß es ehrlich sagen. Mein Versäumnis, ich habe nicht den Mut entwickelt, was andere Genossen hier gesagt haben, daß damals so weitgehend zu sagen. Ich habe auch mit den Genossen gesprochen. Ich habe es im Politbüro nicht so gestellt, ich habe es versucht, unzulänglich versucht, und ich sage, das ist mein Fehler. Ich habe auch mit den Genossen der Führung gesprochen, persönlich, das war mein weiterer Fehler - persönlich, immer wieder aufs neue. Und deshalb sage ich, eine Wende vollziehe ich hier nicht ohne weiteres, und ich bekenne mich auch zu vielem, was in der Vergangenheit gemacht worden ist, weil wir uns das nicht zu einfach machen dürfen.

---

315 Werner Jarowinsky war seit 1963 ZK-Mitglied, Politbürokandidat und ZK-Sekretär für Handel und Versorgung. 1984 wurde er Politbüromitglied. Jarowinsky trat wie Schürer am 10. November am Vormittag auf.

316 Die Rede von Rudolf Winter, seit 1981 ZK-Mitglied und seit 1968 Generaldirektor des Werkzeugmaschinenkombinats „Fritz Heckert" Karl-Marx-Stadt, vom 9. November 1989 vgl. in: Schritte zur Erneuerung. Teil 1. A. a. O., S. 112 ff.

317 Wolfgang Biermann, seit 1967 ZK-Kandidat und seit 1976 ZK-Mitglied, leitete seit 1975 als Generaldirektor das Kombinat Carl Zeiss Jena.

Aber jetzt zu einigen Gedanken dazu, Genossen. Ich grübele, ich peinige mich wie Genossen auch, Genossen, für mich ist das ein Martyrium, was wir hier erleben und was wir in den letzten Wochen erleben. Das muß so sein, ich will hier auch keine Entschuldigung, keine Rechtfertigung. Genossen, ich glaube und ich bitte, ich will das mal hinzufügen, auch um Verständnis. Ich weiß nicht, ob ich das ausdrücken kann. Es liegt etwas in unserem System, es liegt etwas darin, daß es nicht mehr so weiter ging, nicht bloß, weil der eine oder andere versagt und nicht seine Meinung gesagt hat, sondern auch deshalb, weil solche Formen, Methoden der Leitung, Organisation und Struktur bestanden, die das den einzelnen unglaublich schwer gemacht haben. Ich glaube, hier müssen wir anfangen. Ich will jetzt ein Stichwort sagen, und ich weiß, daß es hier unpopulär ist, ich weiß, daß es mich auch betrifft: die Frage der persönlichen Macht. Zuviel Macht macht machtlos. Wir haben als Politbüro, der Generalsekretär und vor allem der Wirtschaftssekretär, und wir anderen auch, zuviel Macht gehabt, die wir nicht ausüben konnten, unter Bedingungen, die äußerst kompliziert waren, liebe Genossen. Wir haben hier Schlußfolgerungen im Aktionsprogramm, und wir haben auch die Antwort dazu.[318] Ich will nur sagen, wenn wir nicht an einigen Fragen der Struktur, an einigen Fragen des Stils und der Arbeitsinhalte und auch der Gegengewichte, der Gegenkontrollen, denen wir uns aussetzen müssen, wir tun das ja jetzt, wenn wir uns diesen Fragen nicht stellen, wird sich das nicht ändern.

Genossen! Es war eine sehr bequeme Praxis, und ich will das hier auch mal sagen, und manche Genossen des Zentralkomitees haben diese Praxis auch in reichem Maße ausgeübt. Wenn etwas kompliziert war, hat man es dem Generalsekretär vorher geschickt, und er hat darauf geschrieben: Einverstanden. Erich Honecker.

(Zuruf: Sehr richtig)

Und dann war eine Diskussion im Politbüro überflüssig, und dann war der einzig Schuldige, der einzig Verantwortliche und das einzige Dokument, was überall galt, Erich Honecker. So einfach ist das gewesen. Das ist etwas mit der persönlichen Macht, die niemand wahrnehmen kann. Und hier ist auch der Genosse Honecker in eine Lage gekommen, die er gar nicht mehr ausüben konnte.

(Moritz Mebel: Ihr habt es doch zugelassen!)[319]

Ich habe es zugelassen, ich bekenne mich dazu, Genosse Mebel.

(Moritz Mebel: unverständlicher Zuruf)

Ich habe mit ihm gesprochen, ich habe ihm meine Vorschläge unterbreitet. Genossen, ich habe dann auch Sanktionen bekommen. Man hat mir dann den Außenhandel weggenommen, den Einfluß auf bestimmte Fragen. Ich wurde ausgeschaltet wie andere Genossen auch, die sich zu kritischen Fragen geäu-

---

318 Vgl. Anm. 297.

319 Moritz Mebel, seit 1971 ZK-Kandidat und seit 1986 ZK-Mitglied, war seit 1970 ordentlicher Professor für Urologie an der Charité in Berlin.

ßert haben. Aber Genossen, es geht jetzt nicht darum, schmutzige Wäsche oder sonst wie zu waschen, wir wollen Wege suchen, wie wir nach vorn kommen. Genossen, ich möchte jetzt zu einigen Fragen sprechen, die hier gestellt worden sind.

(Zuruf: Ich bin der Meinung, [so] leicht kann man es sich nicht machen. Selbst wenn du mit dem Politbüro nicht zurecht gekommen wärst, mit Genossen Erich Honecker hättet ihr die Pflicht und Schuldigkeit gehabt, als Kommunist im Politbüro das zu sagen. So ist es.)

(Moritz Mebel: Dann hättet ihr das sagen müssen, und das habt ihr nicht gemacht.)

Genosse Mebel, ich bekenne mich zu der Schuld und der Verantwortung, die hier im Bericht genannt worden ist, ohne jede Einschränkung. Ich will das nicht wiederholen. Ich habe das eingangs gesagt, und ich betone das noch einmal nachdrücklich.

Genossen! Eine Bemerkung zu den Geldeinnahmen, zur Rolle der Versorgung in diesem ganzen Komplex. Es ist eine Tatsache, daß im Laufe der Entwicklung der Wirtschafts- und Sozialpolitik, hier ist es schon dargelegt worden, die Sozialpolitik und damit auch die Versorgung immer weniger durch die Wirtschaftspolitik getragen worden ist, daß die Leistungen der Wirtschaft aus den hier genannten Gründen immer stärker hinter den im Plan festgelegten Aufgaben in der Versorgung zurückblieben, daß die Disproportionen immer größer wurden und daß in den letzten Jahren eine solche Situation eingetreten war, daß die Produktionspläne nicht mehr erfüllt wurden in Größenordnungen. Im vorigen Jahr wurde der Produktionsplan abgesenkt um 7 Mrd., der beschlossene Plan, der als Gesetz gefaßt worden ist, mit all den Folgen für die Versorgung, und in diesem Jahr sind es 2,7 Mrd. bereits mit all den Konsequenzen für die Versorgung und natürlich auch mit all den Konsequenzen für die Volkswirtschaft selbst. Ich will es anders sagen:

Es ist klar geworden, daß es so nicht mehr ging, daß es mit diesen Methoden nicht mehr ging, mit diesem Stil nicht mehr ging und auch mit diesem Herangehen nicht mehr ging.

Nur eine Bemerkung dazu, Genossen, was hätte man anders machen können. Zauberformeln gibt es nicht. Es war die Angst und die Furcht vor solchen rigorosen Eingriffen, die, wie in Polen, eine solche Lage hätten schaffen können des Absinkens des Lebensstandards und die Angst, vor dem Volk diese Konsequenzen offen darzulegen und das Volk um Mithilfe zu bitten und nachzudenken, ich meine die besten Köpfe unseres Landes, welche Wege man suchen kann unter diesen Bedingungen, und, das ist jetzt im reichen Maße, ich muß sagen, es ist in reichem Maße auf den Tisch gekommen, eine solche Fülle interessanter Vorschläge, die dafür Antworten enthalten.

Genossen! Hier ist etwas zur Zahlungsbilanz gesagt worden, mit dem ich nicht ganz übereinstimme, weil ich hier eine etwas andere Auffassung habe. Es ist gesagt worden, daß alles mit diesen Entscheidungen zusammenhängt, ja, aber Genossen, andere Länder standen auch vor einer solchen Lage. Japan hat viel mehr Rohstoffe importieren müssen als wir und hat viel mehr Überschüsse erreicht als wir. Ich will den Begriff hier einführen: Strukturpolitik. Genossen! Wir haben in der Volkswirtschaft nicht den Mut gefunden, die notwendigen Änderungen der Volkswirtschaftsstruktur einzuführen, die notwendig gewesen wären, um dieser Größenordnung zu entsprechen. Statt dessen wurden große Programme in Gang gesetzt, wie z. B. der Mikroelektronik, die 12 bis 14 Mrd. Mark gekostet haben.

Genossen, ich habe mir in den letzten 14 Tagen einige Materialien beschafft, die bisher in keiner Analyse standen und so dem Politbüro auch noch nicht vorliegen. Ich will mal einige dieser Fakten nennen, um zu zeigen, was die eigentlichen Probleme unserer Leistungsentwicklung sind. Genossen! Wir haben für die Mikroelektronik 14 Mrd. ausgegeben. Jetzt sage ich euch mal, was das kostet und was die Produkte bringen. In der Presse, in der Öffentlichkeit, in den Medien haben wir dargestellt, wie ungeheuer wichtig das ist für die ganze volkswirtschaftliche Entwicklung und was das in der Zukunft noch bringen wird, um alle anderen Fragen lösen zu helfen, für Konsumgüter usw.

Genossen! Der Speicherschaltkreis 40 Kilobit, unsere Hauptproduktion gegenwärtig, 8,9 Mio. Stück Produktion, der Betriebspreis 40 Mark, der Weltmarktpreis 1,00 bis 1,50 Mark; der Speicherschaltkreis 256 Kilobit, das ist der, der groß angekündigt in die Produktion gegangen ist, der kostet bei uns - reine Kosten - 534 M, der Weltmarktpreis beträgt gegenwärtig 4 bis 5 Valutamark.

Vier bis fünf Valutamark, Genossen! Ich muß euch auch hier sagen: Die Stützung allein bei diesem Schaltkreis pro Stück 517 Mark und bei dem 32-Kilobit-Schaltkreis von 40 Mark, 31 Mark Stützungen. Das sollten die Zugpferde sein, um die Konsumtion, um die übrige Volkswirtschaft zu entwickeln. So sind die Wahrheiten. Und auch, man kann das doch nicht weglassen, das PKW-Programm mit zehn Milliarden, wo wir nicht ein Ersatzteil mehr haben, wo darüber hinweggegangen wird, hier. Milliarden über Milliarden sind falsch eingesetzt worden, nicht von Experten vorher überprüft. Und das sind auch Antworten. Wir können uns nicht zurückziehen bloß auf die Bilanzen. Andere Länder haben diese Problem gelöst. Und die Arbeiter stellen uns die Frage: Wir arbeiten nicht weniger oder schlechter. Ihr habt zentral eine falsche Strukturpolitik gemacht. Ihr habt euch nicht getrennt von den Dingen, die nichts bringen. Und Genossen, wenn ich euch hier vortrage, was wir im Export für Möbel bekommen, für Schlafzimmer zum Beispiel 19 Pfennig für eine Mark, usw. usw. in Valutaerlös. Hunderte und Dutzende solcher Fragen, die nicht öffentlich diskutiert worden sind. Wir dürften so etwas gar nicht exportieren. Und die hochproduktiven Dinge, ich habe euch gesagt, wie das aussieht hier, die sind nicht gekommen. Es war Selbstbetrug.

Genossen, und noch etwas. Wir haben hier gesprochen von dem 256 Megabit-Schaltkreis. Ich habe ein Protokoll der Regierung bekommen, von der vorigen Woche, von der Sitzung, Genosse Stoph hat es geschickt. Im Plan stehen 500.000 drin, es werden in diesem Jahr 90.000 kommen. Wir müssen importieren. Und das kleine Österreich produziert 50 Millionen Stück, und die Weltproduktion beträgt 800 Millionen Stück. Ich will nur sagen, man muß die Rechnungen mal alle zusammenstellen. Wir müssen wirklich die Analyse auf den Tisch bringen, wir müssen weiter in dieser Entwicklung nachdenken.

Und Genossen, noch eine Bemerkung, die mir wichtig zu sein scheint. Es geht hier um Milliarden, um viele, viele Milliarden, die nicht genutzt wurden und die wir nutzen müssen in Zukunft, wo wir die Struktur ändern müssen. Ein Zehnklassenschüler, der an ein Band gesetzt wird, wo er Produkte herstellt, die in Hongkong von jemand hergestellt werden, der drei Jahre zur Schule gegangen ist, das kann nicht den Erlös bringen, den wir brauchen. Das ist Verschwendung von „Geistkapital", wie der Kapitalist sagen würde. Wir müssen die Struktur hier ändern, entschuldigt bitte.

Und Genossen, noch etwas, wir diskutieren über Ersatzteile. Ich will mich hier auch einmal dazu äußern. Seit Jahren - und hier hat das ganze Zentralkomitee auch mitgemacht - Jahr für Jahr immer wieder die gleichen Beschlüsse: Ersatzteile, tausend kleine Dinge usw.[320] Warum kommen sie denn nicht? Wir sagen: Weil wir keine Mittel gehabt haben für die Zulieferindustrie. Genossen, wir belügen uns doch selbst, hören wir auf uns zu belügen, seien wir ehrlich zu uns selbst. Woran liegt denn das? Wir haben doch noch nie die Rechnung gemacht, was es die Volkswirtschaft wirklich kostet, daß die Maschinen stillstehen, was es kostet, daß die Ersatzteile nicht gebracht werden. Und wir müssen jetzt die Rechnung machen. Das sind die effektivsten Rechnungen, das sind die interessantesten Rechnungen, das sind die größten Reserven, die wir haben.

Und Genossen, ich will hier noch hinzufügen: Es ist möglich, durch eine Nutzung dieser bisher nicht genutzten Strukturdifferenzen, durch eine Eingliederung in die internationale Arbeitsteilung einen Großteil dieser Reserven wirklich zu erschließen. Genossen, ist es denn nicht so, daß unsere Betriebe - jetzt rede ich einmal von den Betrieben - das Leistungsprinzip für den Betrieb gar nicht kennen? Wir haben doch eine reine Kommando- und Abführungswirtschaft, seien wir doch ehrlich, eine reine Abführungswirtschaft. Wer gut arbeitet, führt viel ab, wer schlecht arbeitet, weniger, und wer ganz schlecht arbeitet, wird auch glattgeschrieben, und alles ist in Ordnung.

Mit dem Begriff der Eigenerwirschaftung haben wir das noch gar nicht gelöst. Ich halte überhaupt den Begriff der Eigenerwirschaftung für falsch. Wir müssen damit anfangen, daß jeder Betrieb - und der Betrieb ist die revolutionäre Struktur der Volkswirtschaft - erwirtschaftet, was er braucht, alles erwirtschaftet. Das trifft nicht für alle Betriebe zu, aber für die Mehrzahl der Betriebe. Wir haben dem Betrieb die Mittel weggenommen, die er braucht, um zu wirtschaften. Und Genossen, eine Volkswirtschaft, die ihre alten Produktionsmittel nicht ersetzt, die kann ja gar nicht existieren. Ich habe hier Materialien von der ABI von der vorigen Woche aus dem Bezirk Leipzig vorgelegt bekommen, aus denen hervorgeht, daß die fleischverarbeitenden Betriebe im Bezirk Leipzig - die Leipziger Genossen sind hier, sie können das bestätigen - zu 50%

---

320 Vgl. Anm. 66.

verschlissen sind. Sie arbeiten mit Ausnahmegenehmigungen der Hygiene, Monat für Monat. Das ist keine Einsparung, das ist Verschwendung, Genossen. Ich sage: Ich bin schuld daran. Aber ich suche jetzt den Weg: Wo fangen wir an mit weiteren Veränderungen? [...]

Quelle: SAPMO - BArch, SED, ZK, IV 2/1/707-708.

Dokument 47

Erklärung von SED-Generalsekretär Egon Krenz auf der 10. Tagung des ZK der SED am 9. November 1989[321]

Euch ist ja bekannt, daß es ein Problem gibt, daß uns alle belastet: die Frage der Ausreisen. Die tschechoslowakischen Genossen empfinden das allmählich für sich als eine Belastung, wie ja früher auch die ungarischen. Was wir auch machen in dieser Situation - wir machen einen falschen Schritt. Schließen wir die Grenzen zur CSSR, bestrafen wir im Grunde genommen die anständigen Bürger der DDR, die dann nicht reisen können, und dann ihren Einfluß auf uns ausüben. Selbst das würde aber nicht dazu führen, daß wir das Problem in die Hand bekommen; denn die Ständige Vertretung der BRD hat schon mitgeteilt, daß sie ihre Renovierungsarbeiten abgeschlossen hat. Das heißt, sie wird öffnen, und wir würden auch dann wieder vor diesem Problem stehen.

Der Genosse Willi Stoph hat als amtierender Vorsitzender des Ministerrates eine Verordnung vorgeschlagen, die ich jetzt verlesen möchte, weil sie zwar vom Politbüro bestätigt worden ist, aber doch solche Wirkung hat, daß ich das Zentralkomitee nicht ohne Konsultation lassen möchte.

„Beschluß zur Veränderung der Situation der ständigen Ausreise von DDR-Bürgern nach der BRD über die CSSR

Es wird festgelegt:

1. Die Verordnung vom 30. November 1988 über Reisen von Bürgern in das Ausland findet bis zur Inkraftsetzung des neuen Reisegesetzes keine Anwendung mehr.

2. Ab sofort treten folgende zeitweilige Übergangsregelungen für Reisen und ständige Ausreisen aus der DDR in das Ausland in Kraft:

a) Privatreisen nach dem Ausland können ohne Vorliegen von Voraussetzungen (Reiseanlässe oder Verwandtschaftsverhältnisse) beantragt werden.

---

321 Der Tagungsleiter Egon Krenz unterbrach am 9. November 1989 gegen 15.30 Uhr nach dem Beitrag von Rudolf Winter (vgl. Anm. 316) die laufende Diskussion zum Referat des Generalsekretärs auf der 10. Tagung des ZK der SED und äußerte sich ohne vorherige Ankündigung zur Neuordnung der Ausreisen und des Reiseverkehrs für DDR-Bürger.

Die Genehmigungen werden kurzfristig erteilt. Versagungsgründe werden nur in besonderen Ausnahmefällen angewandt.

b) Die zuständigen Abteilungen Paß- und Meldewesen der Volkspolizeikreisämter in der DDR sind angewiesen, Visa zur ständigen Ausreise unverzüglich zu erteilen, ohne daß dafür noch geltende Voraussetzungen für eine ständige Ausreise vorliegen müssen. Die Antragstellung auf ständige Ausreise ist wie bisher auch bei den Abteilungen Innere Angelegenheiten möglich.

c) Ständige Ausreisen können über alle Grenzübergangsstellen der DDR zur BRD bzw. zu Berlin (West) erfolgen.

d) Damit entfällt die vorübergehend erfolgte Erteilung von entsprechenden Genehmigungen in Auslandsvertretungen der DDR bzw. die ständige Ausreise mit dem Personalausweis der DDR über Drittstaaten.

3. Über die zeitweiligen Übergangsregelungen ist die beigefügte Pressemitteilung am 10. November zu veröffentlichen."

Diese Mitteilung hat folgenden Wortlaut: „Wie die Presseabteilung des Ministeriums des Innern mitteilt, hat der Ministerrat der DDR beschlossen, daß bis zum Inkrafttreten einer entsprechenden gesetzlichen Regelung durch die Volkskammer folgende zeitweilige Übergangsregelung für Reisen und ständige Ausreisen aus der DDR ins Ausland in Kraft gesetzt wird:"

Und dann kommen die vier Punkte, die ich nicht noch einmal vorzulesen brauche.

Ich sagte: Wie wir es machen, machen wir es verkehrt. Aber das ist die einzige Lösung, die uns die Probleme erspart, alles über Drittstaaten zu machen, was dem internationalen Ansehen der DDR nicht förderlich ist.[322]

Quelle: SAPMO - BArch, SED, ZK, IV 2/1/708.

---

[322] Das ZK-Mitglied Hans-Joachim Hoffmann fragte daraufhin an, ob in der Ankündigung die Formulierung „zeitweilig" sinnvoll wäre, weil sie den Druck auslösen könnte, daß die Leute keine Zeit mehr zu verlieren hätten. Krenz schlug ersatzweise andere Umschreibungen vor und sprach den amtierenden Innenminister, Friedrich Dickel, an. Dieser wiederum setzte sich dafür ein, anstelle des Presseamtes seines Ministeriums das des Ministerratsvorsitzenden einzusetzen. Krenz resümierte: „Ich würde vorschlagen, daß das der Regierungssprecher macht. Wir vermeiden also sowohl 'zeitweilig' als auch 'Übergangsregelung' und sagen: bis zum Inkrafttreten des Reisegesetzes, das von der Volkskammer zu beschließen ist, wird das und das angeordnet. - Einverstanden ? - Danke schön." Das Wort wurde dem nachfolgenden Diskussionsredner, Günther Jahn, erteilt.

Kapitel 6

Der Untergang der SED-Herrschaft: Von der Maueröffnung bis zum ZK-Rücktritt, Spätherbst 1989

Dokument 48

Telegramm von SED-Generalsekretär Egon Krenz an KPdSU-Generalsekretär Michail Gorbatschow, 10. November 1989[323]

Lieber Michail Sergejewitsch Gorbatschow!

In Zusammenhang mit der Entwicklung der Lage in der DDR war es in den Nachtstunden notwendig zu entscheiden, die Ausreise von Bürgern der Deutschen Demokratischen Republik auch nach Berlin (West) zu gestatten. Größere Ansammlungen von Menschen an den Grenzübergangsstellen zu Berlin (West) forderten von uns eine kurzfristige Entscheidung. Eine Nichtzulassung der Ausreise nach Berlin (West) hätte auch zu schwerwiegenden politischen Folgen geführt, deren Ausmaße nicht überschaubar gewesen wären.[324] Durch diese Genehmigung werden die Grundsätze des Vierseitigen Abkommens über Berlin (West) nicht berührt; denn die Genehmigung bei Ausreisen zu Verwandten gab es nach Berlin (West) schon jetzt.

In der vergangenen Nacht passierten ca. 60.000 Bürger der DDR die Grenzübergangsstellen nach Berlin (West). Davon kehrten ca. 45.000 wieder in die DDR zurück.

Seit heute morgen 6.00 Uhr können nur Personen nach Berlin (West) ausreisen, die über das entsprechende Visum der DDR verfügen. Das gleiche gilt auch für ständige Ausreisen aus der DDR.

---

323 Dieses Telegramm wurde von Egon Krenz nach dessen eigenen Angaben am späten Vormittag des 10. November 1989 nach Moskau abgesandt. Vgl. Egon Krenz: Der 9. November 1989. Unfall oder Logik der Geschichte. In: Siegfried Prokop (Hrsg.): Die kurze Zeit der Utopie. Die „zweite DDR" im vergessenen Jahr 1989/90. Berlin 1994, S. 82 f. Vgl. dazu Ekkehard Kuhn: Gorbatschow und die deutsche Einheit. A. a. O., S.61 ff.

324 Nach der Ankündigung eines freien Reiseverkehrs für alle DDR-Bürger (vgl. Dokument 47) durch ZK-Sekretär Günter Schabowski auf einer Pressekonferenz gegen 19 Uhr am Abend des 9. November 1989 (vgl. Egon Krenz: Wenn Mauern fallen. Die Friedliche Revolution: Vorgeschichte - Ablauf - Auswirkungen. Wien 1990, S. 182) versammelten sich viele Menschen vor den Berliner Grenzübergängen. Nach 21.00 Uhr wurde zuerst an der Bornholmer Straße der Durchgang geöffnet.

Ich bitte Sie, lieber Genosse Michail Sergejewitsch Gorbatschow, den Botschafter der UdSSR in der DDR zu beauftragen, unverzüglich mit den Vertretern der Westmächte in Berlin (West) Verbindung aufzunehmen, um zu gewährleisten, daß sie die normale Ordnung in der Stadt aufrechterhalten und Provokationen an der Staatsgrenze seitens Berlin (West) verhindern.[325]

Mit kommunistischem Gruß
gez. Egon Krenz
Generalsekretär

Quelle: SAPMO - BArch, SED, ZK, IV 2/1/704.

Dokument 49

Botschaft Michail Gorbatschows an Helmut Kohl vom 10. November 1989[326]

Wie Ihnen natürlich bekannt ist, hat die Führung der DDR einen Beschluß gefaßt, der den Bürgern dieses Landes die Möglichkeit der freien Ausreise über die Grenzen zur BRD und zu Berlin (West) ermöglicht.[327] Es ist verständlich, daß dieser Beschluß der neuen Führung der DDR durchaus nicht leicht gefallen ist. Zugleich bestätigt er aufs neue, daß gegenwärtig in der DDR tiefe und bedeutsame Veränderungen vor sich gehen. Die Führung der Republik handelt zielstrebig und dynamisch im Interesse des Volkes, sie entfaltet einen breiten Dialog mit verschiedenen Gruppen und Schichten der Gesellschaft.

Erklärungen aus der BRD, die vor diesem politischen und psychologischen Hintergrund abgegeben werden, die unter Losungen der Unversöhnlichkeit gegenüber der realen Existenz zweier deutscher Staaten Emotionen und Leidenschaften anheizen sollen, können kein anderes Ziel verfolgen, als die Lage in der DDR zu destabilisieren und die sich dort entwickelnden Prozesse der Demokratisierung und Erneuerung aller Bereiche des gesellschaftlichen Lebens zu untergraben.

---

325 Vgl. Dokument 50.

326 Die Botschaft wurde direkt an Bundeskanzler Helmut Kohl übermittelt, der sich seit dem 9. November 1989 zu einem Staatsbesuch in Polen aufhielt. Kohl unterbrach seine Reise vom 10. bis 11. November, um nach Westberlin zu kommen. Die Botschaft Gorbatschows wurde dem SED-Generalsekretär von der UdSSR-Botschaft in der DDR zur Kenntnis gebracht. Sie wurde am 14. November auch im SED-Politbüro behandelt.

327 Vgl. Dokument 47.

Wir haben die Mitteilung erhalten, daß heute in Berlin (West) ein Meeting stattfinden wird, an dem offizielle Vertreter aus der BRD und Berlin (West) teilnehmen werden. Zur gleichen Zeit ist auch ein Meeting in der Hauptstadt der DDR geplant.[328]

Bei den gegenwärtig faktisch offenen Grenzen und den gewaltigen Menschenströmen in beiden Richtungen kann eine chaotische Situation mit unübersehbaren Folgen entstehen.

Angesichts der Kürze der Zeit und der zugespitzten Situation habe ich es für notwendig erachtet, Sie im Geiste der Offenheit und des Realismus zu ersuchen, ihrerseits die notwendigen und äußerst dringlichen Maßnahmen zu treffen, damit eine Komplizierung und Destabilisierung der Situation nicht zugelassen wird.

Quelle: SAPMO - BArch, SED, ZK, J IV 2/2A/3258.

Dokument 50

Botschaft Michail Gorbatschows an Francois Mitterand, Margaret Thatcher und George Bush vom 10. November 1989[329]

Ausgehend von der ziemlich extremen Situation, die gegenwärtig im Zusammenhang mit den Ereignissen in der DDR, ihrer Hauptstadt und Berlin (West) entstanden ist, und unter Hinweis auf die nach meiner Überzeugung richtigen und zukunftsträchtigen Beschlüsse der neuen Führung der DDR habe ich soeben dem Kanzler der BRD, Helmut Kohl, eine mündliche Botschaft übermittelt.[330] Ich erachte es für notwendig, auch Sie über deren Inhalt zu informieren.

Laut vorliegenden Meldungen soll heute in Berlin (West) ein Meeting stattfinden, an dem offizielle Vertreter aus der BRD und Berlin (West) teilnehmen werden. Parallel dazu ist auch ein Meeting in der Hauptstadt der DDR geplant.

---

328 Am Abend des 10. November 1989 fand im Lustgarten (Ostberlin) eine Kundgebung der SED statt, auf der nach zahlreichen Vertretern der „Parteibasis" auch Egon Krenz sprach. Etwa zur gleichen Zeit versammelten sich am Schöneberger Rathaus (Westberlin) Tausende zu einer Kundgebung aus Anlaß der Maueröffnung. Das Wort ergriffen dort Willi Brandt, Hans-Dietrich Genscher, Helmut Kohl und Walter Momper.

329 Die Botschaften Michail Gorbatschows an die führenden Repräsentanten der drei Westmächte, den französischen und den amerikanischen Staatspräsidenten sowie die britische Primierministerin, wurden ebenfalls durch die UdSSR-Botschaft in der DDR dem SED-Generalsekretär übermittelt. Das SED-Politbüro erhielt am 14. November 1989 diese Information. Vgl. Anm. 326.

330 Vgl. Dokument 49.

Bei den gegenwärtig faktisch offenen Grenzen und den gewaltigen Menschenströmen in beiden Richtungen kann eine chaotische Situation mit unübersehbaren Folgen entstehen.[331]

Ich habe an Kanzler Helmut Kohl appelliert, er möge die notwendigen und äußerst dringlichen Maßnahmen treffen, damit eine Komplizierung und Destabilisierung der Situation nicht zugelassen wird.

Unser Botschafter in Berlin wurde angewiesen, sofort Kontakt mit den Vertretern der Administrationen der drei Mächte in Berlin (West) aufzunehmen. Ich hoffe, daß auch Sie Ihrem Vertreter entsprechende Weisungen erteilen, damit die Ereignisse nicht einen Verlauf nehmen, der nicht wünschenswert wäre.

Insgesamt möchte ich hervorheben, daß gegenwärtig in der DDR tiefe und bedeutsame Veränderungen vor sich gehen. Wenn aber in der BRD Erklärungen laut werden, die auf ein Anheizen der Emotionen im Geiste der Unversöhnlichkeit gegenüber den Nachkriegsrealitäten, d. h. der Existenz zweier deutscher Staaten, abzielen, dann können solche Erscheinungen [des] politischen Extremismus nicht anders eingeschätzt werden, denn als Versuche, die sich jetzt in der DDR dynamisch entwickelnden Prozesse der Demokratisierung und Erneuerung aller Bereiche des gesellschaftlichen Lebens zu untergraben. Mit Blick auf die Zukunft kann dies eine Destabilisierung der Lage nicht nur im Zentrum Europas, sondern auch darüber hinaus nach sich ziehen.

Ich möchte der Hoffnung Ausdruck geben, daß all dies Ihr Verständnis findet.

Quelle: SAPMO - BArch, SED, ZK, J IV 2/2A/3258.

Dokument 51

Telefongespräch zwischen dem Generalsekretär des ZK der SED, Egon Krenz, und dem Bundeskanzler der BRD, Helmut Kohl, am 11. November 1989, 10.13 Uhr bis 10.22 Uhr[332]

Gen. K.:[333] Ja, Guten Morgen, Herr Bundeskanzler.

Herr K.:[334] Ja, Guten Morgen.

---

331 Vgl. Anm. 328.

332 Hierbei handelt es sich um die offizielle Mitschrift der DDR-Seite. Vgl. Dokument 41.

333 Gen. K. ist die Kurzbezeichnung für Egon Krenz.

334 Herr K. ist die Kurzbezeichnung für Helmut Kohl.

Gen. K.: Hier ist Krenz. Obwohl die Atmosphäre zwischen uns beim ersten Gespräch sehr gut war, verhindert jetzt offensichtlich die Technik unsere konstruktive und schnelle Arbeit.

Herr K.: Nein, das glaube ich nicht, ich glaube, das klappt schon sehr gut. Also, Herr Generalsekretär, ich wollte erstens einmal sagen, daß ich sehr, sehr begrüße, diese sehr wichtige Entscheidung der Öffnung.[335]

Gen. K.: Das freut mich sehr.

Herr K.: Das, was jetzt hier möglich ist, trägt, glaube ich, sehr, sehr zu einer positiven Entwicklung bei und vor allem einer Entwicklung, die, was ich noch einmal nachdrücklich unterstreichen will, ich habe das ja auch am Donnerstag im Bundestag gesagt, es ist nicht unser Ziel, und schon gar nicht mein Ziel, daß möglichst viele Leute aus der DDR rausgehen, sondern unsere gemeinsame Politik muß sein, daß die Leute zufrieden sind und in ihrer eigenen Heimat bleiben, aber daß sie 'rüber und 'nüber gehen können, sich besuchen, miteinander sprechen, ist ganz wichtig. Ich glaube, wir stehen jetzt in einem ganz wichtigen Zeitabschnitt, in dem sehr viel Vernunft und gar keine Aufgeregtheit am Platz ist, sondern eine ruhige Gelassenheit, um die richtigen Entscheidungen zu treffen. Ich habe dieser Tage gesagt, ich habe den dringenden Wunsch, daß ich in einer sehr nahen Zukunft mit Ihnen zusammentreffe und möchte einfach heute früh vorschlagen, - ich muß heute noch wieder zurück nach Polen, ich habe den Besuch unterbrochen, und ich darf auf keinen Fall in der schwierigen Lage, die aus der Geschichte heraus mit Polen besteht, dort den Eindruck erwecken, daß wir die polnischen Dinge gering achten.[336] Mein Vorschlag ist, daß zur Vorbereitung unseres Gesprächs Ende der jetzt beginnenden Woche Herr Seiters zu Ihnen kommt, daß man dann einmal den Rahmen absteckt, daß wir dann bald darauf einen Termin ausmachen - wobei ich Ihnen gleich sagen will, ich komme auf keinen Fall nach Ostberlin, aber an einen anderen Ort drüben in der DDR.[337] Ich möchte bei der Gelegenheit auch, wenn es geht, den neuen Ministerpräsidenten, den sie ja wahrscheinlich in den nächsten Tagen wählen werden, kennenlernen und daß wir dann mit, ohne zeitlich in Bedrängnis zu sein, sehr intensiv das tun, was die Diplomaten eine Tour d'horizon nennen, aber wir beide sind keine Diplomaten, sondern in einem offenen und direkten Gespräch

---

335 Vgl. Dokument 47.

336 Vgl. Anm. 326.

337 Kanzleramtsminister Rudolf Seiters traf mit Egon Krenz sowie mit Hans Modrow am 20. November 1989 in Berlin zusammen. Das umfangreiche DDR-Protokoll dieser Begegnung vgl. in: SAPMO - BArch, SED, ZK, J IV 2/2A/3262. Bundeskanzler Helmut Kohl besuchte schließlich am 19./20. Dezember 1989 Dresden und führte dort die offiziellen Gespräche mit Hans Modrow.

einmal überlegen, was geht und was nicht geht.[338] Und ich glaube aber, es ist gut, wenn Seiters, den Sie aber auch, glaube ich, gar nicht kennen - den Termin könnten wir dann im Detail ausmachen -, unsere Vorstellung ist, weil wir ja hier noch einen Haufen Dinge zu erledigen haben, die gar nichts mit dieser Sache zu tun haben, wenn ich nicht da bin, daß der vielleicht im letzten Drittel der nächsten Woche rüberkommt, wie er das vorher ja auch gemacht hat - den Termin kann man ja dann ausmachen, und daß er auch bei dieser Gelegenheit den Ministerpräsidenten, den Sie, glaube ich, am Montag oder Dienstag wählen werden, kennenlernt.

Gen. K.: Also, Herr Kohl, zunächst danke ich Ihnen, daß Sie unsere Maßnahmen, die wir zum Reiseverkehr getroffen haben, so hoch einschätzen. Wir haben sie als Bekräftigung unserer Politik der Erneuerung getroffen, im Interesse der Menschen, und ich glaube, es wäre sehr gut, wenn wir auch bei der praktischen Durchführung überall Sachlichkeit, Berechenbarkeit und guten Willen an den Tag legen, überall, auch bei Organen, die sozusagen unmittelbar die Dinge zu lenken und zu leiten haben. Denn nach wie vor bleibt ja die Grenze. Und die Grenze soll durchlässiger gemacht werden. Wir haben also sehr viele Vorschläge dazu bereits unterbreitet. Dazu gehören auch die direkte Öffnung von Grenzübergängen. Also ich wäre sehr, sehr dafür, Herr Bundeskanzler, wenn wir vor allem bestimmte Emotionen ausräumen, bei Leuten, die nun am liebsten alles über Nacht beseitigen möchten. Aber die Grenze durchlässiger zu machen bedeutet ja noch nicht, die Grenze abzubauen. Da wäre ich Ihnen also sehr dankbar, wenn Sie in dieser Beziehung beruhigend einwirken könnten.

Herr K.: Na ja, ich habe ja gestern mehrmals mit Berlin gesprochen.[339] Und ich habe immer wieder darauf hingewiesen, daß das, was meine Politik, daß jede Form von Radikalisierung gefährlich ist.

Gen. K.: Jede Form von Radikalisierung ist gefährlich. Da stimme ich Ihnen vollkommen zu.

Herr K.: Wir werden uns nicht zu unterhalten brauchen, was für Gefahren das sein könnten, das kann sich jeder leicht ausrechnen.

---

338 Am 13. November 1989 wählte die DDR-Volkskammer bei einer Gegenstimme Hans Modrow zum neuen Ministerpräsidenten. Die Zusammensetzung seiner Regierung wurde von der Volkskammer am 18. November 1989 bestätigt.

339 Egon Krenz leitete am 10. November 1989 zunächst den letzten Beratungstag der 10. Tagung des ZK der SED. Danach trafen er und Hans Modrow mit Vertretern der im sogenannten Demokratischen Block zusammenarbeitenden Parteien (DBD, CDU, LDPD, NDPD) zusammen. Am Abend sprach er zu den Kundgebungsteilnehmern im Lustgarten. Vgl. ND, 11./12. November 1989.

Gen. K.: Ja. Denn ich gehe ja davon aus, Herr Bundeskanzler, daß wir bei einer Frage absolut übereinstimmen. Wenn auch die Zielstellungen unterschiedlicher Art sind, aber daß gegenwärtig die Wiedervereinigung Deutschlands nicht auf der Tagesordnung steht.

Herr K.: Ja, das ist natürlich vom Grundverständnis her - sind wir da ganz anderer Meinung. Weil wir halt auf die Verfassung der Bundesrepublik Deutschland vereidigt sind, und da steht ja das Selbstbestimmungsrecht drin. Wir interpretieren natürlich das Ergebnis des Selbstbestimmungsrechts anders als Sie. Bloß das ist jetzt nicht das Thema, das uns im Augenblick am meisten beschäftigt. Sondern im Moment muß uns beschäftigen, daß wir zu vernünftigen Beziehungen zueinander kommen. Und daß die Menschen dies auch akzeptieren.

Gen. K.: Ja, und wir sind für diese Beziehungen bereit. Und zwar auf allen Gebieten: Auf dem Gebiet der Wirtschaft, des Umweltschutzes, des Verkehrs, des Post- und Fernmeldewesen, der Kultur und auch im humanitären Bereich. Und deshalb begrüße ich sehr Ihnen Vorschlag, daß Herr Seiters noch in dieser Woche zu uns kommt.

Herr K.: Also, das wird, wollen wir mal so sagen, gegen Ende der Woche sein.

Gen. K.: Gegen Ende der Woche wird bei uns die Volkskammertagung sein, aber ich werde sicherlich die Möglichkeit finden, aus der Volkskammer -

Herr K.: Wann ist die Volkskammertagung?

Gen. K.: Die Volkskammertagung wird mit großer Wahrscheinlichkeit zur Regierungsbildung und Regierungserklärung am Freitag und Sonnabend sein. Und am Donnerstag werde ich möglicherweise in der CSSR sein.[340]

Herr K.: Nein, nein, ich finde, es wäre ganz falsch, wenn Seiters vor der Volkskammer da wäre. Da lassen Sie uns doch mal überlegen, daß er vielleicht am Tag danach kommt.

Gen. K.: Daß Seiters vielleicht, sagen wir mal, am folgenden Montag kommt, also Montag in einer Woche.

Herr K.: Ja, das ist sehr gut. Das können wir schon ausmachen.

Gen. K.: Ja. Montag in einer Woche.

---

340 Am 20. November 1989 teilte ADN mit, daß der geplante Besuch von Egon Krenz in der CSSR „auf einen späteren Zeitpunkt" verlegt worden sei.

Herr K.: Lassen Sie mich einmal eine Sekunde in meinen Kalender gucken. Das wäre dann der 20.

Gen. K.: Das wäre der 20. Ja.

Herr K.: Also können wir bongen.

Gen. K.: Ja.

Herr K.: Die Uhrzeit ist, sagen wir mal -. Wir können, wir lassen heute beide raus, daß der Seiters am Montag, dem 20. kommt.

Gen. K.: Jawohl.

Herr K.: Uhrzeit brauchen wir nicht zu sagen.

Gen. K.: Montag, 20. Alles andere kann durch unsere Beauftragten geklärt werden, Herr Bundeskanzler.

Herr K.: Und wenn noch irgend etwas ist, Herr Krenz, um das klar zu sagen jetzt, das ist ja eine Situation, die leicht dramatisch werden könnte, dann greifen Sie zum Telefon und ich umgekehrt.

Gen. K.: Ja, unbedingt, Herr Bundeskanzler.

Herr K.: Das ist jetzt sehr wichtig.

Gen. K.: Ich bin sehr froh, daß Sie weiter heute nach Polen fahren werden, denn Polen ist unser östlicher Nachbar, mit dem uns sehr viel verbindet. Wenn Sie den Herrn Präsidenten sehen und den Herrn Ministerpräsidenten und die anderen Persönlichkeiten, sagen Sie ihnen ruhig, daß wir telefoniert haben.

Herr K.: Ja, werde ich ihm gerne erzählen.

Gen. K.: Ja, und sagen Sie ihm auch auf diesem Wege einen herzlichen Gruß.

Herr K.: Ja, mache ich gern.

Gen. K.: Und alle anderen Fragen, wie gesagt, können dann Seiters und die entsprechenden Herren besprechen, Und ich bin gerne bereit, mit Herrn Seiters Punkt für Punkt durchzugehen, weil ja doch eine Reihe Fragen, die jetzt mit dem Reiseverkehr in Verbindung stehen, noch konkret besprochen werden müssen. Und es wäre sicherlich nicht gut, wenn jetzt die Dinge sich dramatisch entwickeln. Was uns betrifft, haben Sie sicherlich gehört, daß wir eine Tagung des Zentralkomitees unserer Partei hatten, die Führung der Partei sehr, sehr verjüngt haben.[341] Das ist sicherlich ein guter Schritt. Wir sind zu radikalen Reformen bereit. Wir arbeiten zusammen mit anderen politischen Kräften, auch mit den Kräften der Kirche. Also, wir bringen eine Reihe von Vorleistungen, Herr Bundeskanzler, die Sie ja auch immer unterstrichen haben in Ihren Gesprächen mit uns. Und ich denke, es ist eine gute Atmosphäre entstanden, um auch Dinge zu klären, die auch mit dem ökonomischen Bereich zusammenhängen, für den Reiseverkehr.

Herr K.: Ja.

Gen. K.: Denn diese Dinge können wir allein nicht lösen. Und da bitte ich um Ihr Verständnis und auch um Ihre Vorschläge, wie das ja zwischen unseren Beauftragten bereits andiskutiert worden ist.

Herr K.: Ja. Also machen wir es so?

Gen. K.: Machen wir es so, Herr Bundeskanzler. Ich wünsche Ihnen für ihre Kabinettsrunde Erfolg und alles Gute und dann einen erfolgreichen Abschluß Ihrer Visite nach Polen.

Herr K.: Also, Wiedersehen dann.

Gen. K.: Herr Bundeskanzler, wie wollen wir mit der Veröffentlichung verfahren?

Herr K.: Sagen wir jetzt ganz einfach, wir haben ein intensives Gespräch gemacht.

Gen. K.: Ein intensives Gespräch.

Herr K.: Sie können auch ruhig sagen, daß ich begrüßt habe, daß die Grenzen jetzt geöffnet sind.

Gen. K.: Sie haben begrüßt, daß die Grenzen geöffnet sind.

Herr K.: Das ist ein wichtiger Wunsch von uns. Und daß wir das Gespräch fortsetzen. Wo es notwendig, telefonisch.

Gen. K.: Fortsetzen, telefonisch.

Herr K.: Daß am 20. Seiters zu Ihnen kommt.

---

341 Vgl. ND, 9. November 1989 sowie 11./12. November 1989.

Gen. K.: Daß am 20. Seiters kommt.

Herr K.: Das wir uns dann anschließend in der DDR treffen. Aber ich muß noch einmal sagen, nicht in Ostberlin.

Gen. K.: Ja, ist in Ordnung. Daß wir uns in der DDR treffen, und Sie meinen, nicht in der Hauptstadt.

Herr K.: Ja, ist gut.

Gen. K.: Ist in Ordnung.

Herr K.: Bitte schön.

Gen. K.: Danke schön, Wiederhören!

Quelle: SAPMO - BArch, SED, ZK, IV 2/2039/324.

Dokument 52

Inhalt des Telefongesprächs zwischen Michail Gorbatschow und Helmut Kohl vom 11. November 1989[342]

Das Gespräch fand am 11. November auf Initiative des Bundeskanzlers statt.
Der Kanzler erklärte, daß er auf die mündliche Botschaft Michail Gorbatschows antworten wolle, die ihm am Vortage vor Beginn des Meetings in Berlin (West) übergeben wurde.[343]
Helmut Kohl stellte fest, in der BRD begrüße man den Beginn der Reformen in der DDR und wünsche, daß sie in einer ruhigen Atmosphäre durchgeführt werden. Er sagte: „Ich lehne jegliche Radikalisierung ab und wünsche keine Destabilisierung der Lage in der DDR."
Der Kanzler gab zu, daß die Mehrheit der Bürger der DDR, die in den letzten Tagen die Grenze zur BRD überschritten haben, dort nicht für ständig bleiben wollen. Dabei versicherte er, daß die Führung der BRD dies auch nicht anstrebe. Nach seinen Worten wäre eine Massenumsiedlung in die BRD eine absurde Entwicklung. „Wir wollen, daß die Deutschen bei sich zu Hause ihre

---

342 Die UdSSR-Botschaft in der DDR übermittelte diese Information an SED-Generalsekretär Egon Krenz. Sie wurde dem SED-Politbüro auf der Sitzung am 14. November 1989 zur Kenntnisnahme vorgelegt. Vgl. Anm. 326.

343 Vgl. Dokument 49.

Zukunft bauen." Kohl teilte mit, daß er sich auf eine Begegnung mit Krenz Ende November vorbereitet.[344] Dabei bemerkte er, daß die neue Führung der DDR unter den gegenwärtigen Bedingungen die Reformen im Lande dynamisch realisieren sollte.

Zu den gegenwärtigen tiefgreifenden Veränderungen in der Welt betonte Michail Gorbatschow, daß diese in verschiedenen Ländern natürlich unterschiedlich verlaufen und sich nach Formen und Tiefe unterscheiden können. Dabei ist es jedoch erforderlich, daß die Stabilität erhalten bleibt und alle Seiten ausgewogen handeln.

Insgesamt verbessert sich die Basis für die gegenseitige Verständigung. Wir kommen einander näher, und das ist sehr wichtig.

Was die DDR betrifft, so hat ihre gegenwärtige Führung ein weitreichendes Programm. Alle diese Fragen müssen jedoch sorgfältig durchgearbeitet werden, und dafür braucht man Zeit.

Ich verstehe, daß gegenwärtig alle Europäer und nicht nur sie die Ereignisse in der DDR verfolgen. Dies ist ein sehr wichtiger Punkt in der Weltpolitik. Tatsache ist aber auch, daß die BRD und die Sowjetunion sowohl aus historischen Gründen als auch wegen des Charakters ihrer gegenwärtigen Beziehungen ein größeres Interesse an dieser Entwicklung haben.

Natürlich ist jede Veränderung mit einer bestimmten Instabilität verbunden. Wenn ich also von Aufrechterhaltung der Stabilität spreche, meine ich, daß alle Seiten ihre gegenseitigen Schritte sehr genau durchdenken sollten.

Ich glaube, Herr Bundeskanzler, gegenwärtig erleben wir eine historische Wende zu anderen Beziehungen und zu einer anderen Welt. Wie sollten nicht zulassen, daß dieser Wende durch ungeschickte Aktionen Schaden zugefügt wird. Auf keinen Fall sollte die Entwicklung durch ein Forcieren der Ereignisse in eine unvorhersehbare Richtung, ins Chaos gelenkt werden. Das wäre in keiner Hinsicht wünschenswert.

Deshalb nehme ich sehr ernst, was Sie mir in unserem Gespräch gesagt haben. Und ich hoffe, daß Sie Ihre Autorität, Ihr politisches Gewicht und Ihren Einfluß nutzen werden, um auch andere in dem Rahmen zu halten, die der Zeit und ihren Erfordernissen entspricht.

Kohl stimmte den Ausführungen Michail Gorbatschows zu. Nach seinen Worten sei diese Frage auf der Sitzung der Regierung der BRD in diesem Sinne erörtert worden.

Der Kanzler betonte sein Interesse, die Kontakte weiterzuführen, darunter auch im Zusammenhang mit der DDR.

Quelle: SAPMO - BArch, SED, ZK, J IV 2/2A/3258.

---

344 Vgl. Anm. 337.

Dokument 53

Inhalt des Telefongesprächs zwischen Eduard Schewardnadse und Hans-Dietrich Genscher am 11. November 1989[345]

Das Gespräch fand am 11. November 1989 auf Initiative des Außenministers der BRD statt.

Hans-Dietrich Genscher:
Ich begrüße Sie herzlich, Herr Minister. Erlauben Sie mir, zunächst meine Dankbarkeit auszudrücken, daß ich in diesen für unser Volk so bewegenden Stunden die Möglichkeit habe, mit diesem Gespräch unseren Dialog fortzusetzen, den wir bei unseren vergangenen Begegnungen über die Zukunft unserer Völker und Europas geführt haben.

Ich möchte feststellen, daß die neue Führung der DDR bedeutsame Beschlüsse gefaßt hat, die wir begrüßen. In diesem Zusammenhang möchte ich erwähnen, daß die BRD, wie ich bereits in meinem kürzlichen Gespräch mit dem Außenminister der VR Polen in Warschau erklärt habe, an allen früher geschlossenen Verträgen und übernommenen Verpflichtungen festhält - an den Verträgen von Moskau, Warschau und Prag sowie am Vertrag über die Grundlagen der Beziehungen zwischen der DDR und der BRD.[346] Wir sind für die weitere Entwicklung des KSZE-Prozesses, für Fortschritte bei der Abrüstung und meinen, daß man die entsprechenden Verhandlungen mit noch größerer Energie vorantreiben sollte.

Wir messen der beim Besuch der Herrn Generalsekretärs Michail Gorbatschow in Bonn unterzeichneten gemeinsamen Erklärung besondere Bedeutung zu, die die Möglichkeit für die Weiterentwicklung der Beziehungen zwischen unseren Ländern auf der Grundlage des Moskauer Vertrages eröffnet hat.[347]

Wir schätzen die Rolle hoch ein, die Herr Michail Gorbatschow und Sie, Herr Minister, bei den wesentlichen Veränderungen spielen, die ihn den letzten Jahren in der Welt vor sich gehen. Wir schätzen sehr das Verständnis, das die Sowjetunion den gegenwärtigen Prozessen in der DDR entgegenbringt. Wir sind daran interessiert, daß der Prozeß der Reformen in den Ländern Ost- und Mitteleuropas sich ohne Brüche und Erschütterungen entwickelt. Wir streben nicht danach, die bei diesen Prozessen auftretenden Schwierigkeiten einseitig auszunutzen, aus ihnen einseitige Vorteile zu ziehen. In Europa müssen stabile Rahmenbedingungen erhalten bleiben, mehr noch, ihnen muß noch größere

---

345 Auch diese Information wurde dem SED-Generalsekretär Egon Krenz durch die UdSSR-Botschaft in der DDR übermittelt. Vgl. Anm. 326.

346 Außenminister Hans-Dietrich Genscher begleitete Bundeskanzler Helmut Kohl bei dessen Besuch in Polen. Vgl. Ebenda.

347 Vgl. Anm. 101.

Stabilität verliehen werden. Wir sind überzeugt, daß alle in der jetzigen Lage umsichtig und mit Verantwortungsgefühl handeln müssen.

Diese unsere Auffassung habe ich meinen Kollegen in Washington, London und Paris, unseren NATO-Verbündeten und EG-Partnern dargelegt. Bei dieser Gelegenheit möchte ich auch sagen, daß ich mich mit großen Erwartungen auf meinen bevorstehenden Besuch in Moskau vorbereite.[348]

Eduard Schewardnadse:

Ich danke Ihnen, Herr Minister. Meinerseits möchte ich feststellen, daß ich unseren Meinungsaustausch für sehr nützlich halte. Ich meine, wir sollten diese Praxis auch in Zukunft fortsetzen. Ich danke Ihnen, Herr Minister, daß Sie hier die Initiative ergriffen haben.

Wir sind über den Inhalt Ihrer Gespräche informiert. Die von Ihnen dort dargelegten Gedanken halten wir für ausgewogen und realistisch.

In den Ländern Osteuropas finden gegenwärtig wirklich tiefgreifende und bedeutsame Veränderungen statt. Sie wissen, Herr Minister, daß es sich um differenzierte Prozesse handelt, die in den einzelnen Ländern ihre Spezifik und auch ihre Schwierigkeiten haben.

Wir gehen davon aus, daß es unter diesen Bedingungen sehr wichtig ist, die Stabilität zu bewahren, provokatorische Aufrufe oder gar Aktionen zu vermeiden, die die Lage nicht nur in einem einzelnen Lande, sondern auch in Europa insgesamt destabilisieren könnten.

In besonderem Maße gilt es die Stabilität in der Deutschen Demokratischen Republik aufrechtzuerhalten, wo die neue Führung kühne, ungewöhnliche Entscheidungen getroffen hat, die nach unserer Auffassung völlig richtig sind. Es scheint uns sehr wichtig zu sein, in der jetzigen extremen Situation keine unberechenbare Entwicklung der Ereignisse zuzulassen.

Michail Gorbatschow hat gestern dem Herrn Bundeskanzler eine Sonderbotschaft übermittelt.[349] Jedoch waren leider in der Rede Helmut Kohls auf dem Meeting Thesen enthalten, die zu Besorgnis Anlaß geben.[350] In der gegenwärtigen Etappe ist es besonders wichtig, daß alle Seiten wirklich großes Verantwortungsbewußtsein an den Tag legen, um all das Positive zu bewahren, das in den letzten Jahren durch gemeinsame Anstrengungen auf dem Gebiet der Gewährleistung der Stabilität in Europa erreicht wurde. Ich denke, Herr Minister, Sie stimmen mir zu.

---

348 Im Rahmen eines Besuchs in Moskau traf Hans-Dietrich Genscher am 5. Dezember 1989 mit KPdSU-Generalsekretär Michail Gorbatschow zusammen.

349 Vgl. Dokument 49.

350 Vgl. Anm. 328. Der Auftritt von Helmut Kohl vor dem Schöneberger Rathaus am 10. November 1989 wurde in den DDR-Medien nur kurz wiedergegeben. Vgl. dazu ND, 11./12. November 1989 sowie 13. November 1989.

Hans-Dietrich Genscher:
Wie schon gesagt, ich unterstreiche, daß die Regierung der BRD für die Erhaltung der Stabilität in Europa und für die weitere Entwicklung auf dem festgelegten und bereits gebahnten Weg eintritt. Ich bekräftige unser uneingeschränktes Festhalten an den geschlossenen Verträgen, an der Schlußakte sowie an Fortschritten auf dem Gebiet der Abrüstung.

Ich möchte besonders hervorheben, daß ich in dieser bedeutsamen historischen Zeit die Möglichkeit des offenen Meinungsaustausches mit Ihnen und unsere vertrauensvollen Beziehungen außerordentlich hoch schätze.

Eduard Schewardnadse:
Meinerseits möchte ich sagen, daß ich den vertrauensvollen Beziehungen zu Ihnen, Herr Minister, große Bedeutung beimesse. In der Sowjetunion schätzt man Ihren persönlichen Beitrag zum Zustandekommen der positiven Veränderungen in Europa in den letzten Jahren. In der gegenwärtigen komplizierten Etappe, in der tiefgreifende Veränderungen in vielen Ländern vor sich gehen, ist es sehr wichtig, die positiven Tendenzen in der europäischen Entwicklung zu erhalten, das Vertrauen zu mehren, die Stabilität zu stärken und die Bedingungen für ein Abgehen von der militärischen Konfrontation zu schaffen.

Hans-Dietrich Genscher:
Ich stimme Ihnen voll zu, Herr Minister. Ich möchte noch einmal meine Dankbarkeit für das heutige Gespräch mit Ihnen zum Ausdruck bringen. Ich bitte Sie, auch Herrn Generalsekretär Michail Gorbatschow meine herzlichen Grüße und besten Wünsche zu übermitteln. Ich freue mich auf unsere bevorstehende Begegnung in Moskau.

Quelle: SAPMO - BArch, SED, ZK, J IV 2/2A/3258.

Dokument 54

Ausführungen von Ministerpräsident Hans Modrow anläßlich der Diensteinführung von Generalleutnant Wolfgang Schwanitz als Leiter des Amtes für Nationale Sicherheit in Berlin am 21. November 1989[351]

Liebe Genossinnen, liebe Genossen!
Zunächst möchte ich eine Vorbemerkung machen. Die Veränderung in der Bezeichnung des Ministeriums zum Amt für Nationale Sicherheit, es fällt noch

---

351 Die Ausführungen von Hans Modrow auf der MfS-Dienstbesprechung wurden per Tonband mitgeschnitten und in einer unkorrigierten Fassung in der Zentralen Auswertungs- und Informationsgruppe abgelegt.

schwer, das über die Lippen zu kriegen, aber ich glaube, ihr stimmt mit uns darin überein, daß wir damit einen politisch richtigen Schritt vollzogen haben, weil wir davon ausgehen, daß in der Verantwortung, die ihr zu tragen habt, sich doch ein Riesenumfang bedeutsamer Arbeit und künftiger Verantwortung für en Schutz und die Sicherheit unserer Deutschen Demokratischen Republik befindet und daß wir zugleich aber auch davon ausgehen, daß Dinge, die sich in den letzten Tagen und Wochen und Monaten vollzogen haben, die auch auf dem Gebiet der nationalen Sicherheit neue Inhalte in der Arbeit erfordern, auch dann mit einer solchen Begriffsbestimmung ihren Inhalt bekommen und zugleich auch eine ganze Reihe Dinge, die mit Angriffen und Hetze verbunden sind gegen eure Genossen, daß wir auch damit, glaube ich, einen richtigen Schritt vollzogen haben, der auch auf diesem Gebiet mit dazu beitragen soll, diese Aufgaben und Probleme so klar zu umreißen, daß auch Angriffe von anderer Seite auf diesem Gebiet konstruktiver, offensiver abzuweisen sind.[352]

Ich hatte keine Möglichkeit, etwa ein spezielles Referat für euch hier heute vorzubereiten, sondern möchte aus einer Reihe Problemstellungen und Überlegungen, die mit der Arbeit der Regierung verbunden sind, hier meine Überlegungen darlegen. Ich will auch versuchen, zu einigen Dingen Zusammenhänge und Hintergründe mit darzustellen, damit ihr den Prozeß der Vorbereitung dieser neuen Regierung auch in bestimmter Weise mitvollziehen könnt, weil ich glaube, auch das ist für eure künftige Arbeit wichtig.

Die Tätigkeit der neuen Regierung ist zunächst erwachsen aus dem Erneuerungsprozeß, der sich in der DDR vor allem spürbar und sichtbar mit Beginn Oktober vollzog. Ich habe versucht, in der Regierungserklärung sowohl mich dieser Wertung und Einschätzung in Ausgewogenheit und Sachlichkeit zu stellen, damit mit der Regierungserklärung auch den breiten Massen unseres Volkes dargestellt ist, von wo wir unsere Grundkonzeptionen ableiten und worauf wir uns in unserer künftigen Arbeit stützen wollen.[353]

Bekanntlich hat die 10. Tagung des Zentralkomitees alle diese Veränderungen aufgenommen, sie im Aktionsprogramm unserer Partei zusammengefaßt und formuliert.[354] Die 10. Tagung des Zentralkomitees stand auch in der Verantwortung, Kaderfragen zu entscheiden. Ihr alle kennt auch hinreichend den quälenden Prozeß, der sich mit diesen Kaderentscheidungen verbunden hat. Quälend, daß will ich so eindeutig sagen, war er in der Tat, denn vor der ersten Vorschlagsliste, die der Egon Krenz uns unterbreitete, bis zu dem, was

---

352 Am 18. November 1989 wurde Generalleutnant Dr. Wolfgang Schwanitz, seit 1986 ZK-Kandidat und stellvertretender Minister für Staatssicherheit, durch die Volkskammer zum Leiter des Amtes für Nationale Sicherheit und Mitglied des DDR-Ministerrates berufen. Das ehemalige Ministerium für Staatssicherheit erhielt damit eine neue Bezeichnung.

353 Vgl. die Regierungserklärung von Hans Modrow „Diese Regierung wird eine Regierung des Volkes und der Arbeit sein" in: ND, 18./19. November 1989.

354 Vgl. Anm. 297.

dann aus diesem 10. Plenum als Politbüro dann endgültig verabschiedet wurde, gab es ja zwei, drei Stationen. Erst, wo der Vorschlag schon vom Plenum nicht voll akzeptiert wurde, und dann, wo wir von außen Entscheidungen nach[voll]ziehen mußten, um nun eine Arbeit bis zum außerordentlichen Parteitag im Zentralkomitee, dem Politbüro und dem Sekretariat des ZK leisten [zu] können. Ich stand aber bereits mit der Regierungserklärung in einer neuen Situation für die Tätigkeit einer Regierung in der DDR, denn wir konnten nicht auf dem 10. Plenum, und ich schon überhaupt nicht in meinem Diskussionsbeitrag, von einer Koalitionsregierung sprechen, wenn ich nicht bereit war, eine solche Koalitionsregierung am Ende auch zu schaffen. Da geht schon das Problem los, ich werde darauf noch zu sprechen kommen, wie es zu dieser Koalitionsregierung gekommen ist.

Für uns war zunächst die 11. Tagung der Volkskammer bereits ein erstes, ich glaube für das Land in gewisser Weise auch Signal.[355] Diese Tagung lief ja in sich sehr unterschiedlich ab, um es mal mit diesem Wort zu sagen, und für uns gemeinsam, bezogen auf Fragestellung und Antwort des ehemaligen Ministers Erich Mielke ja auch in einer Situation, die, glaube ich, nach außen für uns alle belastend, kompliziert war.[356] Ich habe aber weniger mit dem Genossen Mielke darüber geredet, sondern mit den Vorsitzenden der Parteien und ihnen gesagt, daß ich das alles für nicht sehr verantwortungsvoll halte, daß man auf einen alten Mann, das darf man ja in diesem Kreis sagen, dann auch mit solchen Fragen gezielt die Dinge abläßt, daß man sich eigentlich auch einer solchen Verantwortung bewußt sein müsse, wozu ich auch keinen Widerspruch bekommen habe. Also alle begriffen am Schluß an der Spitze, auch der Parteien, daß man eigentlich so eine Sache nicht gestalten durfte. Aber klar war, daß das Grundkonzept der anderen Parteien darin bestand, eine 11. Tagung der Volkskammer zu veranstalten, wie sie es dann auch ziemlich offen sagte, um Dampf abzulassen, damit die 12. Tagung der Volkskammer mit der Bildung einer Koalitionsregierung von manchen Dingen frei war. Und da muß ich wieder fairer Weise sagen, dieses Konzept ist im Prinzip auch durchgehalten worden. Die 12. Tagung der Volkskammer hat nach dem Echo, was ich bis jetzt empfinde, doch der Regierung einen, wie ich es formuliert habe, Vertrauensvorschuß mit auf den Weg gegeben.[357] Aber wie schnell so etwas auch dann wieder verwirtschaftet werden kann, dessen bin ich mir selber bewußt und habe das auch in der ersten Sitzung des Ministerrates mit aller Deutlichkeit gesagt. Es geht schnell, Verlust an Vertrauen zu haben, und es ist sehr schwer,

---

355 Zur Aussprache der Fraktionen und Abgeordneten zur politischen Lage in der DDR auf der 11. Tagung der Volkskammer am 13. November 1989 vgl. in: ND, November 1989.

356 Der noch amtierende Minister für Staatssicherheit, Erich Mielke, beendete seinen Auftritt vor der Volkskammer am 13. November 1989, bei dem er versuchte, die Aufgaben der MfS-Mitarbeiter zu erläutern, mit dem bekannten Zitat: „Ich liebe euch doch alle".

357 Zur 12. Volkskammertagung am 17./18. November 1989 vgl. Anm. 338 und 353.

Vertrauen zu bewahren oder gar Vertrauen zurückzugewinnen. Aber mit der 12. Tagung der Volkskammer ist, glaube ich, hier ein Schritt in dieser Richtung vollzogen.

Die Regierungserklärung macht aus dieser Überlegung sichtbar, wie sich die Parteien versuchen, [sich] der neuen Lage zu stellen und unter [den] Bedingungen einer Koalitionsregierung den Prozeß der Erneuerung auch im Rahmen einer Koalition miteinander zu gestalten und zu betreiben. Und ich will hier in eurem Kreis die Hauptthesen sagen, mit denen ich vor allem mit den Koalitionspartner verhandelt habe. Es waren im Prinzip 6 Grundgedanken, die ich dort mit aller Entschiedenheit ausgesprochen habe.

1. Die Lage der DDR ist wesentlich ernster, wesentlicher schwieriger und komplizierter als von außen wahrgenommen wird. Die Lage an der Grenze, mit all den Problemen, die bis heute wirken, auch die Hintergrundprobleme, die auf dem Gebiet der nationalen Sicherheit damit verbunden sind, aber vor allem in meinem Amt und in meiner Verantwortung, die Probleme, die sich daraus ökonomisch für die DDR ergeben, und die eigene innere ökonomische Situation in der DDR, vertragen im politischen Feld keine weitere Zuspitzung. Das war das Gespräch nach der 11. Tagung der Volkskammer, und man begriff schon, was ich damit meine, und ich habe diese konkrete Problematik, die den Gen[ossen] Mielke und die Beantwortung einer Frage betrifft, in diesem Zusammenhang auch genannt. Wer dieses Feld politischer Arbeit und Zusammenwirken überheizt, muß wissen, daß eine Koalitionsregierung sich selber die Basis nimmt.

Es wurde dann gemeinsam darüber diskutiert, wie es uns gelingen kann, die politische Situation im Land mit Bemühungen und Überlegungen in ein Konzept zu bringen, daß uns in gewisser Weise dennoch politisch offensiv werden läßt. Dazu spreche ich noch.

2. Die Situation in der DDR, das war meine Forderung, sollte sich so gestalten, daß wir für die BRD verhandlungsoffen erscheinen, [und daß wir] nicht bei Verhandlungen, im Prinzip bei allem, was wir irgendwo gegenüber der BRD an Forderungen, Wünschen, Anfragen haben, um dann mit uns über Zusammenarbeit und ökonomische Fragen zu verhandeln, schon ausverkauft sind. Denn das ist nach meiner Meinung leider das Problem, was mit dem raschen Schritt zur Öffnung der Grenze verbunden war. Früher hat jeder Grenzübergang der DDR 'zig oder hundert Millionen gebracht. Jetzt haben wir 93 Grenzübergänge, also 63 dazu, und nun versuchen wir mühsam nachzuklagen, ob wir daraus noch irgend etwas ökonomisches auf die Beine bringen können, und sie sind nicht sehr entgegenkommend. Diesen Obolus haben sie sozusagen genommen. Das andere Problem, worauf sie pochen, und das spielte in den Koalitionsverhandlungen dann vor allem eine Rolle, war die Frage nach den freien Wahlen, der Verfassung, dem Artikel 1 der Verfassung. Ich habe den Vorsitzenden der Parteien offen gesagt, wenn ihr so weiter machen wollt, daß wir auf der Volkskammer alles das schon verabschiedet haben, dann möchte ich mal wissen, was ich als Regierungschef in dem Gespräch, das Gen[osse] Egon Krenz mit dem Kanzler führt, zu dem ich hinzugezogen sein

werde, [anbiete]. Also nicht mehr, wie das früher war, der Rauchfuß ist der Mittag, und der Modrow ist der Stoph bei Verhandlungen, das war nun nicht mein Konzept. Sondern es ist schon notwendig, daß der Chef der Regierung diese Gespräche mitzuführen hat, denn die Seife soll ich ja nachher tragen, und dazu bin ich nur dann bereit, wenn ich die Voraussetzungen in solchen Dingen habe, damit wir hier im Klartext untereinander reden, daß ihr nicht meint, ich habe zu euch sozusagen Abstand. Ich bin hier in dem Kreis, wo ich über die Dinge reden muß, die wir zusammen zu verantworten haben, damit das auch verständlich ist. Und ich gehe auch von Vertrauen aus, was unter uns herrscht, wenn ich das so deutlich sage. So, und damit war klar, daß wir sie dazu stimulieren könnten. Teilweise hat Gen[osse] Krenz an den Gesprächen teilgenommen, die Masse habe ich alleine machen müssen, weil beim Egon der Zeitplan dann immer nicht dazu paßte. [So] daß wir aufhören, schon den Wahltermin festzulegen, daß wir den Artikel 1 ändern. Wollen wir doch erst mal mit den anderen verhandeln, das war meine These, damit der Kohl erst einmal sieht, daß wir bereit sind, aber das nun auch was kommen muß, damit sich diese Bereitschaft zu den konkreten Schritten hin vollzieht und nicht, daß in aller Öffentlichkeit das erledigt ist. Wir haben dem Herrn Seiters, der fragte, kann ich nun sagen, ob wir den Paragraphen 1 ändern, gesagt: Herr Seiters, wenn sie den Eindruck haben, daß wir das tun, das können sie nicht verschweigen, aber sie können nicht sagen, daß wir das tun, das werden wir erklären und nicht sie.[358] So daß wir uns auch auf diesen Begriff „Eindruck" geeinigt haben. Einfach von meiner Grundüberzeugung aus, wenn sozusagen gar nichts mehr da ist, dann sind wir nur am Bettelstab. So kann die Geschichte ja nicht gehen. Das begriffen auch dann die Parteivorsitzenden. Selbst Gerlach sagte dann, Hans, das ist zu akzeptieren. Da sind wir dann auch bereit und werden nicht in der Kammer fordern, daß der Artikel 1 geändert wird, und dann die Kommission, sondern wir sind bereit mitzugehen, eine Kommission zu bilden, daß nach außen der Druck genommen wird, aber wir auch keine Schritte tun, die vor der Begegnung mit dem Bundeskanzler liegen.[359]

3. Ich habe ihnen eindeutig gesagt, wir müssen dafür Sorge tragen, daß das Vertrauen zur Volkskammer gewahrt bleibt und die Autorität des Staates bewahrt wird. Und wenn wir die Verfassung in Scheiben zerschneiden, dann können wir nicht erwarten, daß der Staat, der ja nun mal in jeder gesellschaftlichen Ordnung auf seiner Verfassung vor allem und zuerst beruht, daß dessen Autorität auch genügend bewahrt bleibt. Wenn wir regierungsfähig sein wollen, dann muß die Volkskammer einen Verlauf bekommen mit ihrer 12. Tagung, die dann auch im Volk wieder Vertrauen schafft. Das war auch dann die gemein-

---

358 Vgl. ND, 21. November 1989. Auf der 13. Tagung der DDR-Volkskammer am 1. Dezember 1989 wird ohne Gegenstimmen bei fünf Enthaltungen aus dem Artikel 1 der Verfassung der Passus gestrichen, in dem die führende Rolle der Arbeiterklasse und ihrer Partei, der SED, festgeschrieben war.

359 Vgl. Anm. 337.

same Situation und Absprache. Und es gab dann sogar am Freitagabend ein Signal, daß evt. von seiten der LDPD eine Anfragestunde an die neuen Minister noch dazwischen geschoben werden soll. Ich habe mit Gerlach gesprochen, wenn ihr diesen „Schiet", auf deutsch gesagt, beginnt, dann gehen eure Minister genau so baden, dann müßt ihr nicht glauben, daß das alles nur auf eine Ecke gezielt zu machen geht. Denn das war klar, der Baumgärtel hat in Weimar natürlich auch ein paar Probleme.[360] Nicht das der Mann nicht fähig ist, aber welche Kommune ist, wenn da nicht alles rekonstruiert ist, mit dem Bürgermeister zufrieden. Wer hat nicht an irgendeiner Ecke Fragen, die dann ihn auch in einer solchen Situation, wo das Neue Forum dort auf dem Markt herumrennt, dann auch den Bürgermeister anfragt. Um so haben wir uns dann verständigen können, daß die 12. Tagung dann diesen, und ich glaube, sauberen und seriösen Ablauf genommen hat.

4. Ich habe ihnen eines offen gesagt. Die Parteien sollten alle von einer Situation ausgehen, die so ausschaut, daß der Prozeß der Erneuerung, den wir gemeinsam nun tragen, von den anderen Kräften, die sich beginnen zu formieren, nicht auf Parteien bezogen unterstützt wird. Wer sich einbildet, daß das Neue Forum, das war meine wörtliche Formulierung, Blutspender für eine der Parteien werden will und daß die LDPD vielleicht meint, daß das Neue Forum sozusagen in Scharen zur LDPD zieht und daraus die mächtige Partei erwächst, der hat eine Illusion. Selbst die CDU, die ja den christlichen Kreisen mit ihrem neuen Vorsitzenden ganz anders nahe stehen wird, wie das vorher bei Gerald Götting der Fall war,[361] ist sich sehr wohl bewußt, daß dieser Mechanismus nicht läuft, sondern daß wir alle in einer Situation leben, in dieser Koalition, daß ein neues Wahlgesetz, eine Wahl im nächsten Jahr, ob im Herbst, der Termin liegt nicht endgültig fest, aber ob wir den Mai oder Mitte des Jahres 1991 halten können. Ich habe Zweifel, gehe davon aus, daß das im Herbst 1990 sein kann, daß wir mit der gemeinsamen Arbeit in der Koalitionsregierung, am Ende jeder für seine Partei, die größte politische Wirksamkeit herbeiführen können. Und wenn die Koalition das gemeinsam trägt, dann wird jede Partei aus dieser Koalition heraus auch ihre politische Stabilität mitnehmen können, wird daraus auch politischen Einfluß gewinnen, und ich sehe das genauso für unsere Partei. Das ist die einzige Möglichkeit, die ich auch in meinem neuen Amt als Vorsitzender des Ministerrates sehe, daß ich in diesem Sinne der Partei dienen und für die Partei arbeiten kann. Das war auch dann das gemeinsame Verständnis und das Begreifen, daß wir auch in diesem Sinne in der Koalition zusammenwirken müssen.

5. Wir kommen in eine Situation, wo wir unser gemeinsames Bündnisverständnis neu erarbeiten und dem einen neuen Inhalt geben müssen und von dort

---

360 Gerhard Baumgärtel (CDU), seit 1982 Oberbürgermeister von Weimar, wurde am 18. November 1989 zum Minister für Bauwesen und Wohnungswirtschaft gewählt.

361 Am 10. November hatte der CDU-Hauptvorstand Lothar de Maizière als Nachfolger des am 2. November zurückgetretenen Gerald Götting zum Parteivorsitzenden gewählt.

aus auch das Verhältnis zueinander bestimmen. Ich habe auch offen ausgesprochen, und daran will ich festhalten, schon in der nächsten Zeit, daß wir auch untereinander so weit gehen sollten, daß wir den Umgang mit den neuen Kräften auch unter uns miteinander diskutieren, daß auch hier eine gegenseitige Offenheit da sein muß und nicht, daß im Bündnis der 5 Koalitionsparteien dann jeder in dieser Frage versucht, irgendwo den anderen auszutrixen. Das alles ist natürlich leichter gesagt als politisch durchgestanden. Die Basis, um in dieser Weise umzugehen, waren zwei wichtige Momente. Ich habe die Regierungserklärung, ich will nicht erzählen, unter welchen Bedingungen die nun entstanden ist, im Gästehaus an der Spree der Partei, mit einer Mannschaft, die ich mir nun selber gesucht habe und wo ich da sozusagen im Hotel Tag und Nacht mit meinem Krempel umgegangen bin, damit eine Regierungserklärung herausgekommen ist, denn Gen[osse] Stoph wies darauf hin, daß er ja bis zum letzten Tag das Amt ausübt, amtiert, und ich habe demzufolge auch, bevor ich nicht Ministerpräsident war und Gen[osse] Stoph bereit war, mir Donnerstag vor dieser Freitagstagung dann die letzten Akten zu übergeben, keinen Fuß in das Regierungshaus gesetzt. Also auch das gehört dazu am Rande, daß man also auch auf solche Art eine Regierungserklärung machen kann und so billig ist kein Staat bisher zu einer Erklärung gekommen, wie wir das mit ein paar Tassen Kaffee und Abends dann mit einem Abendbrot zusammen auf die Beine gebracht haben. Aber ich habe den Vorsitzenden der Parteien am Dienstagfrüh, genau wie meinem eigenen Führungskollektiv der Partei, die Regierungserklärung im Entwurf gegeben, und das wußten sie genau, daß das der Termin war, ich habe abgegeben bei uns, und sie haben es genauso gehabt. Und das war auch eine Frage von Vertrauen, und da sie diese Erklärung auch akzeptieren konnten, weil ich von vornherein auch die Programme, Konzepte aller Parteien darin aufgenommen habe, hat es zu dieser Frage keinerlei Debatten gegeben. Ich habe nur von der BRD noch ein paar Hinweise bekommen, die anderen haben im Prinzip, so wie ich ihnen die Erklärung gegeben habe, sie akzeptiert, sie in ihren Sekretariaten behandelt, waren der Meinung, das ist eine Plattform, die sichtbar macht, daß hier echte Koalition miteinander betrieben werden soll. Und das ist auch ein Stückchen Vertrauensvorschuß, den wir versucht haben damit für die Regierung zu erreichen. Auch die Regierungsbildung war kein Prozeß sozusagen im Alleingang. Dort sind in der Tat zwei Hauptverhandlungen gewesen. Direkte Verhandlungen waren nötig mit einzelnen Parteien um die Zahl der Sitze. Als Gerlach dann nicht der Präsident der Volkskammer war, stellte er wieder neue Prämissen.[362] Es wurde schon miteinander gehandelt, und es war nicht schlechthin ein Kuhhandel. Es war in diesem Sinne auch eine Verhandlungsbasis, wo zum Beispiel beim Außenminister, den die Liberaldemokraten haben wollten, mit dem Gegenvorschlag Oskar

---

362 Bei der Neuwahl des Volkskammerpräsidenten am 13. November 1989 war der LDPD-Vorsitzende Manfred Gerlach (230 Stimmen) im zweiten Wahlgang dem DBD-Vorsitzenden Günther Maleuda (246 Stimmen) unterlegen.

Fischer bleibt, [da] hat Gerlach sofort kapituliert. Da hat er auch gewußt, daß der Oskar Fischer, das war ja in der Volkskammer im Ablauf auch spürbar, im Volk eine Anerkennung hat, daß sie dort dann sozusagen in die falsche Ecke gehen und dann nicht gewinnen können. So wurde also jede Sache in dieser Weise ausgehandelt, um an Ende zu dieser Konzeption sowohl inhaltlich als auch zu den Personalfragen zu kommen.

Und ich habe dann schließlich einen sechsten Punkt in den Verhandlungen gestellt, daß wir die Arbeit, so wie sie begonnen hat, fortsetzen müssen, um auch für die nachfolgende Zeit eine Vertrauensbasis zu besitzen. Der Vorschlag wurde akzeptiert, daß wir den Koalitionsparteien noch in diesem Jahr eine Liste von Problemfragen, die uns als Parteien angehen, für eine nächste Runde von Diskussionen aufbereiten müssen. Denn das wird immer sichtbarer, wie verhält man sich zur Nationalen Front, wie verhält man sich zum Block, welche Rolle spielen die Parteien, wenn sie in dieser Weise Koalitionsregierung miteinander betreiben? Das alles sind ja für uns Probleme, die ja neu für uns sind, die auch mit dem Prozeß der Erneuerung etwas zu tun haben. Auch diese Aufgabe steht vor uns.

Ich wollte euch diese Zusammenhänge hier sagen, Genossen, weil ich glaube, darin sind manche Dinge enthalten, die euch einen besseren Überblick zu den Zusammenhängen geben, aus denen manches entstanden und gewachsen ist.

Was zur Regierungserklärung noch zu sagen wäre, daß sei hier auch offen ausgesprochen. Es ist leider nicht die Situation, daß die Vorarbeit für bestimmte Inhalte, die ich in der Regierungserklärung ausgesprochen habe, aus den uns bisher geläufigen Instituten gekommen ist. Ich habe ganz andere Kräfte versucht zu mobilisieren. Da spielen alte FDJ-Jahre eine Rolle. Da sind auch sozusagen informelle Kontakte, die man in so einer Situation bewegen und nutzen kann. Das alles zahlte sich aus, und über den Weg war es auch möglich, neues Gedankengut echt zu erschließen, um zu erreichen, daß wir auch damit vorwärtsweisend unsere Arbeit aufnehmen. Und das wird in den nächsten Wochen sowieso eine entscheidende Rolle spielen, daß wir solche Möglichkeiten entschiedener ausschöpfen und sie in das Konzept der Regierungspolitik aufnehmen.

Aus dieser Sicht vielleicht auch noch ein letztes Wort zu diesem ersten Komplex, der sich auf die Zusammensetzung bezieht. Die Genossin Christa Luft habe ich deshalb gebeten mitzuarbeiten, weil ich davon ausgehe, daß die Rolle von Werner Krolikowski und Kleiber durch Christa Luft nicht übernommen wird.[363] Sozusagen die Manager, die das rumziehen und ein bißchen die Wirtschaft operativ von dort nach da schieben. Wir brauchen jetzt wirklich in

---

363 Christa Luft, seit 1971 ordentlicher Professor und seit 1988 Rektorin der Hochschule für Ökonomie Berlin-Karlshorst, wurde am 18. November 1989 von der Volkskammer als Stellvertreter des Ministerratsvorsitzenden für Wirtschaft bestätigt. Vgl. Christa Luft: Zwischen WEnde und Ende. Eindrücke, Erlebnisse, Erfahrungen eines Mitglieds der Modrow-Regierung. Berlin 1991, S. 44 ff.

der Regierung eine Persönlichkeit, die in Kategorien einer Wirtschaftsreform denken kann und dazu ist die Gen[ossi]n Christa Luft befähigt. Dazu hat sie selber als Persönlichkeit gearbeitet und in ihrer Hochschule auch die Voraussetzungen. Und die Christa wird diejenige sein müssen für Begriffe, die wir ja nun auch schnell in die Welt setzen; was ist denn nun sozialistischer Unternehmergeist? Das klingt natürlich schön und ist natürlich auch schnell angenommen. Aber was machen wir daraus; ist das das, was draußen beim Helmut Koziolek in Rahnsdorf gewesen ist?[364] Ich glaube, vieles nicht. Wir werden auf manchem Gebiet uns mit jungen Leuten zusammenfinden müssen, die in der zweiten und dritten Reihe bis jetzt gearbeitet haben und unter denen kluge Köpfe sind, die darauf waren, daß man sie mobilisiert. Wer hat den Gregor Gysi vorher groß gekannt, wer hat ihn wirklich ernst und zu Rat genommen. Das sind aber heute Leute, mit denen man reden kann. Wenn wir ein Reiseverkehrsgesetz machen, was draußen nicht ankommt und wo wir unsere Dinge mit hinein haben wollen und wo die Juristerei mit Reife gemacht wird. Mit den alten Köpfen, ich sag das nicht nur aufs Alter bezogen, ich sage auch auf lange Jahre im Amt, werden wir das in bestimmten Bereichen nicht schaffen. Wir brauchen solche Leute, die uns neues an Ideen gut einbringen, und Gen[ossi]n Christa Luft ist genau in dieser Richtung die Strategin für uns, mit der ich auf diesem Gebiet arbeiten muß. Meine eigene Vorstellungswelt wird sich auch nur in diesen Disput miteinander, mit solchen Fragen weiterhin gestalten und vertiefen können. Und ich kann nicht so weiterarbeiten, wie es bisher in der Regierung war, daß die Kanzlei den Chef beschäftigt. Die müssen sich daran gewöhnen, daß der Chef die Kanzlei beschäftigt und daß der Chef auf die Regierung zugeht. Sonst ist die Erneuerung nicht durchzusetzen. Sonst ist nicht machbar, daß jeder neu gefordert wird, um in diesen Prozessen solche Schritte zu erreichen. Und sie wird einen Staatssekretär haben, der sich dann mit den operativen Fragen zu beschäftigen hat, die früher die Hauptaufgaben gewesen sind.

Wir müssen sozusagen eine neue Konzeption besitzen und in meinem unmittelbaren Bereich, weil das für euch auch wichtig ist, Wolfgang, geh ich davon aus, daß ich zwei Staatssekretariate haben werde, aber nicht so wie bisher. Das eine wird unter Leitung von Gen[ossen] Möbis stehen und dort wird das ehemalige Kleinert-Staatssekretariat mit drin sein, und ein zweites, bis jetzt ist meine Überlegung, daß Gen[osse] Halbritter das übernimmt, muß ein Staatssekretariat zu meiner Verfügung sein. Ich will das in diesem Kreis so offen sagen, wie mein Gedankengang ist, daß das zugleich ein Krisenstab sein kann, wo all die operativen Fragen zusammenkommen müssen, mit denen wir uns jetzt herumzuschlagen haben. Damit auch diese Probleme zusammenlaufen. Also auch aus einer solchen Sicht müssen wir die staatliche Struktur der Situation auch anpassen.

---

364 Helmut Koziolek, seit 1981 ZK-Mitglied, leitete seit 1965 das Zentralinstitut für sozialistische Wirtschaftsführung beim ZK der SED in Berlin-Rahnsdorf.

Und damit zu einem zweiten Komplex. Welche Lage haben wir gegenwärtig in der DDR? Ich gehe davon aus, Genossen, daß die politische Einschätzung der Lage mir persönlich gegenwärtig nicht gründlich genug ist und nicht differenziert genug gewertet wird. Hier habe ich an euch Ansprüche, daß wir auf diesem Gebiet die politische Seite der Arbeit unter den neuen Gesichtspunkten, die euch mehr und mehr bekannt sind und geläufig sind, zu gestalten haben.

Was meine ich damit? Der Genosse Staatsanwalt war ja am Sonnabend veranlaßt, in einer sehr starken Anfragestunde eine ganze Reihe von Grundproblemen zu behandeln. Genosse Wolfgang Schwanitz hat sich dazu geäußert.[365] Das Grundproblem für uns ist, daß wir in der Tat umdenken müssen. Daran kommen wir alle nicht vorbei. In Dresden mußten wir es unter sehr harten Kampfbedingungen selber lernen.[366] Und ich bin hier so freimütig und sage ganz offen, daß sogar mancher Denkanstoß für uns dann mit einem Mal ganz sichtbar und spürbar war, als der Landesbischof die Frage stellte nach unserer Bereitschaft, mit den Leuten, die wir noch sozusagen da an einer ganz bestimmten Stelle isoliert hatten, oder wie man das sagen soll, sprechen zu dürfen. Das heißt, da war für uns ganz sichtbar, der Punkt von der Gewalt zur Gewaltlosigkeit ist auch im Ablauf nicht alleine durch uns bewerkstelligt worden, sondern ist im staatlichen Zusammenwirken mit der Kirche geschehen. Und aus diesem Schritt ist auch diese Gruppe der 20 erwachsen, mit der Genosse Wolfgang Berghofer, der Oberbürgermeister in Dresden, gestern die nächste Verhandlungsrunde geführt hat.[367] Das heißt, auch diese Dinge müssen wir für uns geistig nachvollziehen, müssen genau überlegen, daß wir nicht davon ausgehen können, daß alles ist der Feind auf der Straße und dagegen haben wir zu kämpfen. Das alles war und ist zu einfach. Aber umgekehrt, auf der Straße ist nun nicht nur der Freund, und wie fassen wir das nun künftig an, wie werden wir damit fertig? Und dort liegen unsere ganz, ganz komplizierten Problemfragen, weil sich das alles ja noch im Prozeß der Formierung befindet. Wenn ich aus meinem Verständnis zur Sache, was ich gegenwärtig dazu habe, wo ich überhaupt nicht sagen will, daß ich damit auch für mich selber schon am Ende bin, dann möchte ich euch über eine Sache informieren, woraus ich glaube, daß wir in der politischen Arbeit, in die ihr ja einbezogen seid, auf die man Einfluß nehmen muß, hier weitere Schritte ab[zu]leiten [haben]. Ich bin am vergangenen Sonntag in Arnstadt gewesen und hab Gelegenheit genommen, dort zwei Stunden mit der Genossin, die dort am Freitag auch gerade erst,

---

365 Den Bericht des Generalstaatsanwalts der DDR, Günter Wendland, vor der Volkskammer und die Anfragen am 18. November 1989 vgl. in: ND, 20. November 1989.

366 Vgl. Anm. 288 sowie 231.

367 Erstmals am 9. Oktober 1989 empfing der Dresdener Oberbürgermeister, Wolfgang Berghofer, 20 Personen, die am Vortag von Tausenden Demonstranten zu ihren Sprechern ernannt worden waren. Vgl. Eckhard Bahr: Sieben Tage im Oktober. A. a. O., S. 139 ff.

wir waren sozusagen beide neu im Amt, zur Ratsvorsitzenden des Kreises gewählt wurde. Ich hab nur den Vornamen noch im Kopf, mit der Rita und dem Bürgermeister von Arnstadt, dem Bernd, und habe versucht nun zu hören, wie es bei ihnen aussieht. Denn Dresden kenne ich etwas, aber wie sieht es nun im Thüringer Raum aus, und man spürt, daß wir jetzt an einem Punkt sind, wo die Genossen in den staatlichen Organen für die Partei in neuer Weise Verantwortung übernehmen müssen und der Partei in neuer Weise eine Chance zu bieten haben. Sowohl der Rat und die Stadtverordnetenversammlung in Arnstadt, als auch der Kreistag haben sich ein Führungspapier erarbeitet, das auch völlig neuer Art ist. Wo hat bisher ein Rat der Stadt aufgeschrieben, was alles an neuen Gesetzen gemacht werden muß? Aber das haben sie sauber mit aufgenommen und formuliert. Bis hin zu dem Wahlgesetz, bis zu all den Dingen, die nach ihrer Meinung Notwendigkeiten sind. Und zwar abgeleitet aus all dem, was nun die Kreisleitung der Partei, die anderen Parteien, das Neue Forum und wer nun alles sich mit Konzepten befaßt und beschäftigt, irgendwo formuliert hat. Das gleiche hat der Kreistag gemacht und darin auch Konstruktives versucht anzubieten. Ich kriegte auch dort, weil ich zum Geburtstag der Schwiegermutter war, gleich von dem Leiter des Neuen Forum, die kennen sich da aus, Herrn Dr. Effenberg, der wußte genau, wo diese Geburtstagsfeier war, da in so einem Sportlerheim am Sportplatz, das war auch neu für sie, daß man da so als Ministerpräsident einfach herumrennt bei der Schwiegermutter zu Besuch, und der schickte auch seinen Brief, es ist 5 Minuten nach 12, war seine These. Ich habe nun den beiden folgenden Vorschlag gemacht, ich sage das deshalb, weil ich glaube, darin aus meinem gegenwärtigen Verständnis liegt ein Stückchen der Taktik, die wir aufbauen müssen. Ich habe ihnen gesagt, so, ihr habt jetzt euer eigenes Konzept und darin auch ein Stückchen Konsens für andere, und jetzt müßt ihr in die Offensive gehen und den anderen den Weg zu ihrer Grundhaltung versuchen zu verbauen. Worin besteht denn im Moment die Position vom Neuen Forum und den anderen? Das geht quer durch die Republik, das ist nicht nur typisch für Arnstadt oder für Dresden. Sie wollen die Ideengeber sein. Jeden Tag, mindestens jede Woche eine neue Idee, und die anderen sollen die Macher sein. Das heißt, auf welches Pferd ich auch immer wen ziehe, daß kann ich doch jetzt frei machen. Ich kann doch immer neu aufsatteln, ich sattle nochmals und nochmals und komme nie an den Punkt, wo ich zur Verantwortung gezogen werde.

Und das ist genau die Kernfrage, um die es jetzt geht. Meine Grundthese war schon in Dresden in den Gesprächen, wer, und das müssen wir akzeptieren, da können wir uns drehen, wie wir wollen, wer so viel Vertrauen auf sich ziehen kann, daß er mit Aufrufen für Kundgebungen Zehntausende mobilisiert, muß wissen, daß er mit dem Vertrauen nicht Schindluder spielen darf. Der muß wissen, daß der Punkt von Verantwortung einsetzt. Und das ist das Spiel, was wir nun vor allem aus den örtlichen staatlichen Organen her entwickeln müssen. Arbeiten sie mit, so wie das in Dresden organisiert wird, in dieser Arbeitsgruppe, in dieser ständigen Kommission, und dann wird in der Stadtverordnetenversammlung und im Kreistag beraten, was haben diese Kräfte nun auch an Konstruktivität mit eingebracht. Und wer überhaupt nichts einbringt, das wird in der Öffentlichkeit auch deutlich gesagt. Außer aufsatteln ist nicht. Außer sozusagen, den einen zu sagen, sie sind die Wendehälse, und dort kommen dann die Schreihälse, ja. Und ein Volk will auch keine Schreihälse, es mag auch keine Wendehälse, aber Schreihälse will es auch nicht. Und dann müssen wir unsere Politik auch so betreiben, daß wir sie von dieser Seite aus anfassen. Das kann die Partei schon nicht mehr in dem Spiel der Parteien und dieser Kräfte, das müssen die Genossen machen, die in den staatlichen Organen sind, die die Parlamente als Kreistag, als Stadtverordnetenversammlung, in der Gemeindearbeit, dort müssen wir in kluger Weise beginnen, dieses Konzept aufzubauen. Denn das ist die wichtige Seite auch der Wahlarbeit, die mal im nächsten Jahr auf uns zukommt.

Und darin müssen wir gewissermaßen jetzt auch unsere Aufgabenstellung mehr und mehr entwickeln und aufbauen. Ich werde darüber auch mit den Vorsitzenden der Räte der Bezirke am Donnerstag sprechen, daß wir auch hier eine gemeinsame Konzeption finden, um auch auf dem Gebiet mehr offensiv zu sein.

Worüber ich bisher überhaupt keine Vorstellung habe, und hier ist nötig, daß ihr euch auch vom Amt her einen Kopf mit machen müßt, das ist der Umgang mit dieser SDP. Denn das ist ja die Frage der Spaltung der Arbeiterklasse. Was ist denn das für eine Partei? Es baut sich also neben der kommunistischen Partei dann die sozialdemokratische auf. Damit stehen wir im Moment sozusagen auf ganz wackligen Füßen. Zu dem anderen baut sich ein Konzept auf, beginnen sich auch bei mir Vorstellungen zu entwickeln. Ich habe versucht, euch das anzudeuten, aber das andere bleibt ein Problem. Es ist notwendig, daß die Vorbereitung des Sonderparteitages in Gründlichkeit bedacht ist.[368] Die gestrige Ausgabe der Berliner Zeitung hat uns ja einen Parteitag angeboten, sozusagen eine richtige Wundertüte. Wer mit so einem Parteitag fertig werden will oder soll, das ist ja zu normalen Zeiten schon nicht denkbar, in der jetzigen Zeit sozusagen eine Unmöglichkeit. Damit kann ich eine Partei nur auseinander bringen, aber nie zusammenführen. Das muß ein Parteitag sein, das muß ich auch sagen, der nicht das große Gericht ist, sondern ein Parteitag des neuen Denkens muß sich darstellen. Ein Parteitag, von dem die Partei selber gestärkt wird, einfach weil man spürt, es wird nicht über Erneuerung im Land und Erneuerung in der Partei geredet, ohne daß man auch davon eine Vorstellung hat, wie der Prozeß vor sich gehen soll, sowohl im Land geführt von der Partei, nicht mit Machtanspruch, den man in der Verfassung hat, aber mit der Gesellschaftskonzeption, die man besitzt und die man vertritt, die reifer sein muß als die der anderen. In diesem Feld, das ist meine zweite Problematik, werden wir

---

368 Die 11. Tagung des ZK der SED am 13. November 1989 hatte beschlossen, einen außerordentlichen Parteitag vom 15. bis 17. Dezember 1989 in Berlin durchzuführen. Vgl. ND, 14. November 1989. Tatsächlich fand der Sonderparteitag der SED schließlich am 8./9. sowie am 16./17. Dezember 1989 statt.

gemeinsam weiter zu arbeiten haben. Es ist nötig, daß aus der Wirksamkeit und der Gemeinsamkeit, die ihr insbesondere in den Bezirken mit den 1. Bezirkssekretären der Partei natürlich weiter zu halten habt, und daß man das auch entsprechend weiter gestalten kann. Wir werden auch auf der Ebene der Regierung hier für die nächste Zeit zu überlegen haben, wer nimmt auch mit wem im Feld dieser neuen Kräfte mal Gespräche auf, mit welchem Charakter, wieweit öffentlich, wieweit intern. Wir werden uns doch auch an dieser Geschichte nicht vorbei bewegen können.

Zu einem dritten Komplex. Die offene Grenze und unsere Lage. Die politische Wirkung, die zunächst aus diesem Schritt entstanden ist, ist natürlich differenziert und zweiteilig.

Zunächst gehen wir mal von der Seite aus, die bestimmte Entlastung geschaffen hat. Das ist die Tatsache, daß die Leute nun millionenhaft an einem Wochenende nach Westberlin oder in die BRD strömen. Wer das nicht selber gesehen hat, hat einfach keine Vorstellungen davon. Aber das ist sozusagen ein Phänomen, mit dem wir leben und existieren und wo mir auch absolut klar ist, dort werden wir kein Zurückdrehen machen können. Wer will das durchstehen. Wir haben zwar dem Herrn Seiters deutlich gesagt, wenn wir uns nicht ökonomisch engagieren und finden, dann wird man Motivationen gegebenenfalls suchen und machen müssen, damit der erst einmal mit Argumenten und Ansprüchen nach Hause geht. Aber jedem von uns ist doch klar, wie soll das passieren, wer will das machen? Gewaltlos ist doch das nicht mehr zu bremsen. So daß wir den Weg finden müssen, wie wir mit diesem Umstand konstruktiv umgehen. Auf eurem Gebiet ist völlig klar, daß Fragen der Sicherheit unter wesentlich komplizierteren Bedingungen stehen. Hier kann doch jeder alles einpacken, von der einen Seite wie zur anderen. Die von uns packen das ganze Geld ein, und keiner kriegt das mehr zusammen, und die anderen packen anderes ein, wo ihr das schwer fassen könnt. Also, die Sicherheit des Landes überschaubar zu halten für uns, zu verhindern, daß die DDR sozusagen für die anderen ein ständiger offener Schrank ist, in dem jeder sortieren kann, wie er möchte und wie er will, das alles ist natürlich eine Aufgabenstellung, der wir nicht ausweichen können. Und es ist auch klar, daß wir die Bedingungen im Zusammenwirken der Organe, euer Amt, das MdI, Zoll, die Genossen der Grenze, auch selber in der Bereitstellung der Kräfte gemeinsame Schritte gehen müssen, damit wir alles das gewährleisten, was hier erforderlich ist und was die ökonomischen Wirkungen anbetrifft. Genossen, ich muß hier vor euch so offen bekennen, daß ich selber hier noch bei weitem nicht am Ende bin, weil die ökonomischen Fakten, die man braucht, lange nicht so zusammengestellt sind, daß wir das in allen Details erfassen. Die einen reden jetzt und verhandeln, wie kommen wir jetzt zu dem Westgeld, was für die Reisen auszugeben ist. Aber mir liegt viel schärfer als Chef unserer Regierung im Nacken, was machen wir mit dem Geld, was sozusagen zurückschlägt. Wenn ich nur drei, vier Fakten nehme, das extremste, was man mir genannt hat, ist so ein Sextant, den kauft natürlich nicht jeder tausendfach, aber Fakt ist, daß der für 1.000

Mark im Zeiss-Laden zu kaufen war, und der kostet in Westberlin genauso 1.000 Mark. Da könnt ihr euch ausrechnen, wenn ich den für 1 000 Mark hier kaufe, verkaufe den für 1.000 Mark drüben und erwische den Tag, wo ich 20 oder 25 Mark kriege, dann nehme ich die Westmark und kaufe die Ostmark, dann komme ich für 1.000 Mark mit 20.000 Mark zurück. Da brauche ich das nächste halbe Jahr nicht auf Arbeit [zu] gehen. Das heißt, das Spekulative kriegt Ausmaße, wie das vor 1961 nicht war. Diese Größenordnungen lagen vor 1961 nicht mit drin. Es gibt Leute, die nun auch drüben Beschäftigungen suchen und nachgehen. Das ist zwar auch anders als 1961, denn 1961 war ja die Situation, daß sie einen Arbeitsmarkt hatten, der stark aufsog, aber bei diesem Gefälle der Spekulation brauche ich doch drüben nicht viel zu verdienen und mache trotzdem gut, wenn ich dann wieder über die Wechselstube gehe. Also ist der spekulative Faktor wieder befördernd, auch für diese Dinge. Und da ich als Planer 1961 im ersten Halbjahr in einem der größten Berliner Betriebe gearbeitet habe, hatte mein Staatsexamen gerade gemacht als Ökonom und habe erst einmal Praxis machen wollen und meine Spielerchen [haben] immer darin bestanden, Arbeitskräfteanalysen von den Elektroapparate-Werken Treptow zu machen. Und der Planer, dessen Assistent ich war, guckte mich immer an und sagte, Mensch Hans, was rechnest du denn bloß, was sagst Du mir denn für den April, wieviel Arbeitskräfte haben wir denn, was können wir uns denn leisten? Da war aus allen Trends nichts mehr zu rechnen. Denn der Strom, der wegging, wurde immer größer. Das sind alles Fragestellungen, mit denen wir es in Berlin und in den Grenzgebieten auch zu tun kriegen können und zum Teil schon zu tun haben.

Ich habe auch bis gegenwärtig Zahlen vom Westen, auch damit werden wir uns beschäftigen müssen. Am Ende des Jahres, sagt man, rund 275.000 werden die DDR verlassen haben. Deckt sich das mit unseren Übersichten, mit den Zahlen derer, die weggefahren sind und die wiederkommen von diesen Wochenendbesuchen? Stimmt diese Tendenz? Ist es noch eine schärfere? Wir müssen uns in der analytischen Arbeit wieder auf Grundsätze unserer Arbeit zurückbesinnen und Voraussetzungen und Bedingungen schaffen, daß wir uns zu all den Fragen dann auch in notwendiger Weise politisch führend verständigen können.

Ein viertes. Die Erneuerung muß alle Bereiche erfassen und durchdringen. Hier geht es nicht um neue Bezeichnungen, sondern auch um neue Inhalte und das ist auch auf das Amt für Nationale Sicherheit direkt zu beziehen.

Es ist erforderlich, daß ihr euch sehr schnell mit all diesen Fragen beschäftigt, die nicht nur das Amt betreffen, sondern die Bezirke, die Kreise, denn auch dort geht es ja bis dahin, welche Verantwortung ist formuliert, bis hin zu der Bezeichnung, damit wir sozusagen die Dienststellen in die Kategorie des Amtes bringen, damit auch alle diese Fragen am Ende genau bestimmt sind. Und es ist notwendig, daß in dieser Richtung auch in den Bezirken in eigener hoher Verantwortung überlegt, geführt und gedacht wird. Und nötig ist, daß wir uns gemeinsam darüber im klaren sind, auch die neuen Bedingungen setzen eine hohe Bedeutsamkeit des Amtes für Nationale Sicherheit im Rahmen der Tätigkeit der Regierung der Deutschen Demokratischen Republik. Und diese Bedeutsamkeit ist mit verantwortungsvoller Arbeit zu untersetzen. Wir müssen den Mitarbeitern Kraft, Vertrauen und auch persönliche Sicherheit geben, sowohl die innere, die man für sich selber braucht, als auch das, was im Zusammenleben mit den Bürgern und im gesellschaftlichen Umfang erforderlich ist. In diesem Sinne gehe ich auch davon aus, daß wir vor allem in Bezirken und Kreisen zu wirken und zu arbeiten haben, denn die Anonymität der Hauptstadt und der großen Städte ist dort immer noch in einer anderen Weise wirksam als unten unmittelbar in einem Kreis.

Direkt gefragt in Arnstadt, haben mir die Genossen gesagt, daß sie dort bislang keine Signale für Probleme zu geben hätten. Daß sie viel mehr Sorgen haben mit den Kadern der Partei, mit Bürgermeistern, aber in dem Feld der Schutz- und Sicherheitsorgane war ihre Einschätzung, daß sie dort eine Situation der Ausgewogenheit und nicht des einfachen und primitiven Hasses hätten. Mir ist aber klar, das ist nicht allerorts gleich, das ist differenziert, das ist in den verschiedenen Gebieten der Republik auch unterschiedlich. Aber ich hebe auch diese Differenziertheit hervor, Genossen, daß wir sie genauso sehen und beachten und nicht, daß wir aus einem Signal immer das Ganze machen. Man muß die anderen Signale genauso verfolgen, und ich habe auch schon in Dresden in der letzten Phase meiner Arbeit gesagt, wir müssen aufpassen, daß wir uns nicht alle selber bedauern. Wir müssen auch jeder eine Persönlichkeit bleiben und sein, anders geht es nicht. Nur auf dieser Grundlage werden wir auch den Genossen selber die Kraft geben, die heute gebraucht wird, um auch künftig der Verantwortung gerecht zu werden, die dem Amt für Nationale Sicherheit übertragen ist. In diesem Sinne möchte ich unsere heutige Übergabe sozusagen des Amtes an seinen Leiter, Genossen Wolfgang Schwanitz, nutzen, um ihn und seinem Führungskollektiv viel Erfolg in der Arbeit zu wünschen. Wobei jeder von uns weiß, die Sache mit dem Erfolg ist heute schwer zu erkämpfen und auch schwieriger meßbar, aber Meßlatte wird für uns alle sein, was ich versucht habe einleitend zu sagen. Wir haben um einen Vertrauensvorschuß im Volke gebeten für die Regierung, das Amt mit seiner Tätigkeit ist Bestandteil der Regierung und steht nicht außerhalb, sondern gehört zur Verantwortung, die wir gemeinsam zu tragen haben. Ich möchte diese Gelegenheit nutzen, um euch für die geleistete Arbeit, den hohen Einsatz herzlich zu danken und damit die Bitte verbinden, daß wir gemeinsam in hoher Verantwortung unsere Aufgaben weiter erfüllen. Vielen Dank.

Quelle: BStU, ZA, ZAIG 4886.

Dokument 55

Protokoll der Sitzung des SED-Politbüros vom 3. Dezember 1989[369]

Vorbereitung der außerordentlichen Tagung des ZK der SED
Berichterstatter: E. Krenz
1. Der Beschlußvorschlag für die außerordentliche Tagung des ZK der SED wird bestätigt. (Anlage Nr. 1)[370]
2. Es wird vorgeschlagen, einen Arbeitsausschuß zu gründen, dem auch Genossen angehören, die bisher nicht der Parteiführung angehörten.
3. Die Erklärung wird bestätigt. (Anlage Nr. 2)[371]

Quelle: SAPMO - BArch, SED, ZK, J IV 2/2A/3265.

Dokument 56

Unkorrigiertes Protokoll der 12. (außerordentlichen) Tagung des ZK der SED am 3. Dezember 1989[372]

Vors. Egon *Krenz*:
Liebe Genossinnen und Genossen! Wir sind in einer außergewöhnlichen Zeit zu dieser Tagung des Zentralkomitees zusammengekommen. Die Existenz der Partei steht auf dem Spiel. Die Deutsche Demokratische Republik ist in Gefahr, und unser internationales Ansehen ist geschädigt wie nie zuvor.

---

369 An der letzten Sitzung eines SED-Politbüros (Protokoll Nr. 58) nahmen Egon Krenz, Werner Eberlein, Wolfgang Herger, Werner Jarowinsky, Heinz Keßler, Siegfried Lorenz, Hans Modrow, Wolfgang Rauchfuß, Günter Schabowski, Gerhard Schürer, Margarete Müller und Günter Sieber teil. Als Gäste waren Klaus Höpcke, Gregor Schirmer, Helmut Semmelmann und Heinz Albrecht zugegen. Die Sitzung dauerte von 8.30 Uhr bis 10.30 Uhr.

370 Danach sollte Egon Krenz über die "Lage in der Partei" sprechen und Werner Eberlein einen Bericht der ZPKK vorlegen. Geplant war, Erich Honecker, Erich Mielke, Willi Stoph, Harry Tisch, Werner Krolikowski und Günther Kleiber aus dem ZK auszuschließen sowie die Parteiausschlüsse von Hans Albrecht, Gerhard Müller und Dieter Müller zu bestätigen. Kurt Hager, Hermann Axen, Erich Mückenberger, Inge Lange, Hans-Joachim Böhme, Werner Walde, Horst Dohlus, Horst Sindermann und Alfred Neumann hatten außerdem Anträge eingereicht, von jeglichen ZK-Funktionen entbunden zu werden.

371 Der Beschlußvorschlag bestand aus dem Entwurf jener Erklärung, die am 3. Dezember 1989 den Rücktritt des ZK und des Politbüros mitteilte (Vgl. ND, 5. Dezember 1989).

372 Die ZK-Tagung wurde kurzfristig am 1. Dezember 1989 unter dem Eindruck der SED-Kreisdelegiertenkonferenzen für den 3. Dezember, 13 Uhr einberufen.

Man kann die Dinge dramatischer darlegen, als sie sind, denn größer, als wir es empfinden, kann die Dramatik dieser Tage gar nicht sein.

Deshalb hat das amtierende Politbüro den Vorschlag unterbreitet, zu einer Sondersitzung zusammenzukommen, um zur Lage der Partei und zu einigen Möglichkeiten Stellung zu nehmen, die uns aus dieser Lage herausführen können.[373]

Dabei möchte ich zu Beginn dieser Tagung an alle Mitglieder und Kandidaten des Zentralkomitees appellieren, daß wir uns in Sachlichkeit, Vernunft, ja, man kann sagen, in einer Allianz der Vernunft zu den Fragen äußern; denn es geht jetzt nicht mehr um das Schicksal dieses oder jenes Genossen, es geht um das Schicksal unserer Partei, das uns allen am Herzen liegt.

Wir haben zu dieser Beratung die amtierenden 1. Sekretäre der Bezirksleitungen unserer Partei eingeladen. Wenn es eure Zustimmung findet, möchte ich darüber abstimmen lassen, ob ihr damit einverstanden seid.[374]

Wer damit einverstanden ist, daß diese Genossen teilnehmen, den bitte ich um das Handzeichen. - Danke schön. - Gegenstimmen? - Stimmenthaltung? - Das ist nicht der Fall.

Ich muß das Zentralkomitee noch informieren, weil Genosse Joachim Willerding nicht hier vorn Platz genommen hat, daß er in der Nacht von Freitag zu Sonnabend in meiner Wohnung einen Brief abgegeben hat, der mich erst später erreicht hat. Ihr wißt, daß ich von einer Sitzung des Politbüros unmittelbar nach Ribnitz-Damgarten gefahren bin, um an der Kreisdelegiertenkonferenz teilzunehmen, und von dort aus bin ich gestern abend zurückgekehrt, so daß ich von seinem Entschluß und den Beweggründen aus der Presse erfahren habe.[375]

Ich muß sagen, ich beziehe diese Kritik auf mich persönlich. Ich war derjenige, der ihn vorgeschlagen hatte als Kandidaten des Politbüros. Was immer uns in diesen Tagen auch bewegt, es gab keine Notwendigkeit, anderthalb Tage vor der Tagung des Zentralkomitees,

(Zuruf: Sehr wahr!)

auf der man diese Fragen hätte besprechen können, damit an die Öffentlichkeit zu gehen. Ich distanziere mich von diesem Verhalten entschieden. Wir haben schon genug Sorgen und brauchen keine zusätzlichen Sorgen. Er hat seine Beweggründe dargelegt, die ich akzeptiere, was den Inhalt der Arbeit betrifft, aber noch, Genossinnen und Genossen, haben wir ein Statut unserer

---

373 Vgl. Dokument 55.

374 Inzwischen waren alle 15 Ersten Bezirkssekretäre der SED neugewählt worden. Vgl. ND, 3. bis 16. November 1989.

375 Hans-Joachim Willerding, seit 1979 Sekretariatsmitglied des FDJ-Zentralrats und seit 1986 ZK-Kandidat, war erst am 8. November 1989 auf der 10. ZK-Tagung zum ZK-Mitglied und Politbürokandidaten gewählt worden. Er hatte am 2. Dezember 1989 gegenüber ADN seinen Rücktritt von allen Funktionen mitgeteilt. Vgl. ND, 4. Dezember 1989.

Partei, und solange das nicht außer Kraft gesetzt ist, ist zumindest der einzelne verpflichtet, nach diesem Statut zu handeln.

Soweit zu den Eröffnungsworten. Das Wort zum Verlesen eines Beschlusses hat Genosse Schabowski.

Günter *Schabowski*:

Liebe Genossinnen und Genossen! In Anbetracht der Lage, die der Generalsekretär eben in einigen wenigen Sätzen umrissen hat, unterbreitet das Politbüro dem Zentralkomitee den Vorschlag für einen Beschluß. Er umfaßt folgende Punkte:

1. Hans Albrecht, Erich Honecker, Werner Krolikowski, Günter Kleiber, Gerhard Müller, Alexander Schalck-Golodkowski, Horst Sindermann, Willi Stoph, Harry Tisch und Dieter Müller werden aus dem Zentralkomitee ausgeschlossen.

Auf Grund der Schwere ihrer Verstöße gegen das Statut der SED und in Anbetracht zahlreicher Forderungen und Anträge von Kreisdelegiertenkonferenzen werden sie zugleich aus der SED ausgeschlossen.

2. [Hans-]Joachim Böhme, Johannes Chemnitzer, Günter Ehrensperger, Werner Müller und Herbert Ziegenhahn werden aus dem Zentralkomitee ausgeschlossen. Gegen die genannten Genossen werden Parteiverfahren eingeleitet bzw. weitergeführt.

3. Das Zentralkomitee in seiner Gesamtheit erklärt seinen Rücktritt.

4. Das Zentralkomitee erachtet es in Wahrnehmung der ihm verbliebenen Verantwortung als notwendig, dem einberufenen außerordentlichen Parteitag Rechenschaft abzulegen.

Zur Erarbeitung des Rechenschaftsberichtes über die Ursachen für die Krise in der SED und in der Gesellschaft wird eine Kommission von Mitgliedern des Zentralkomitees gebildet.

Es folgen Namen: Werner Eberlein, Wolfgang Herger, Werner Jarowinsky, Siegfried Lorenz, Wolfgang Rauchfuß, Günter Schabowski, Helmut Semmelmann und Günter Sieber.[376]

Vors. Egon *Krenz*:

Ich möchte einen zweiten Beschlußvorschlag unterbreiten:

„Beschluß des Politbüros des Zentralkomitees der SED: Das Politbüro akzeptiert die Kritik von großen Teilen der Mitgliedschaft, daß die derzeitige Führung der Partei nicht imstande war, entsprechend dem Auftrag der 9. und 10. Tagung des Zentralkomitees das ganze Ausmaß und die Schwere der Verfehlungen von Mitgliedern des ehemaligen Politbüros aufzudecken und daraus die erforderlichen Konsequenzen zu ziehen.

---

376 Der Bericht „Zu den Ursachen für die Krise in der SED und in der Gesellschaft" wurde vom genannten Personenkreis bis zum ersten Teil des SED-Sonderparteitages am 8./9. Dezember 1989 erstellt und vorgelegt. Den Wortlaut vgl. in: Günter Schabowski: Das Politbüro. A. a. O., S. 179 ff.

Diese Feststellung muß getroffen werden, obwohl Mitglieder des jetzigen Politbüros in der damaligen Führung der Partei wesentlich dafür gewirkt haben, die personellen und politischen Entscheidungen durchzusetzen, die den Erneuerungsprozeß in der Parteiführung eingeleitet haben.

Um einer weiteren Gefährdung der Existenz der Partei entgegenzuwirken sowie die politische und organisatorische Vorbereitung des Parteitages zu gewährleisten, hält es das Politbüro für erforderlich, seinen Rücktritt zu erklären."

Ich bitte, bevor wir weiterdiskutieren, den Genossen Wötzel, das Wort zu nehmen.

Roland *Wötzel*:

Genossinnen und Genossen! Im Namen der 1. Sekretäre der Bezirksleitungen, die das Mandat zum außerordentlichen Parteitag haben, schlage ich vor:

1. die Bildung eines Arbeitsausschusses der Partei zur Vorbereitung des außerordentlichen Parteitages, bestehend aus Genossen, die konsequent für eine neue SED sind;

2. die Bildung eines Untersuchungsausschusses, der konsequent Machtmißbrauch und Privilegien aufdeckt und die betroffenen Genossen parteimäßig zur Verantwortung zieht.[377]

...:[378]

Ich bitte das Zentralkomitee, den Antrag zu bestätigen, daß die Zentrale Parteikontrollkommission ihren Rücktritt erklärt.

Vors. Egon *Krenz*:

Genossinnen und Genossen! Das ist eine Situation, die es in unserer Partei noch nie gegeben hat. Ich bekenne mich dazu, daß ich bis zuletzt versucht habe, die Dinge so zu wenden, daß ich mich nicht der Verantwortung entziehe. Aber die Aussprache mit den 1. Bezirkssekretären hat erbracht, daß das Vertrauensverhältnis fehlt, um diese Arbeit an der Spitze der Partei weiterzuführen.

Ich halte es auch für richtig, daß beide Beschlüsse voneinander getrennt werden, was die Bestrafung und den Ausschluß ehemaliger Mitglieder des Politbüros und den Rücktritt des heutigen Politbüros betrifft; denn wir haben versucht, die Erneuerung des Sozialismus einzuleiten, was uns aufgrund der

---

377 Roland Wötzel, zuvor Sekretär für Wirtschaft, war am 5. November 1989 zum 1. SED-Bezirkssekretär von Leipzig gewählt worden. Er vertrat den Kern des Arbeitsausschusses, d. h. die 15 Ersten Bezirkssekretäre. Auf einer Beratung der Bezirkssekretäre mit dem ZK-Sekretariat, die nach der Politbürositzung und vor der ZK-Tagung am 3. Dezember 1989 stattfand, waren die grundlegenden Modalitäten für den Amtsantritt des Arbeitsausschusses verabredet worden.

378 Der vom Protokoll nicht erfaßte Redner war offenbar Werner Eberlein.

Tatsache nicht gelungen ist, daß wir das ganze Ausmaß der Verfehlungen, die es gegeben hat, auch nicht kannten.

Ich schlage vor, wir machen jetzt eine Pause, damit die Genossen sich konsultieren können. Wir setzen die Beratung um 13.50 Uhr fort.

(Pause)

Vors. Egon *Krenz*:

Genossinnen und Genossen! Jetzt ist natürlich die Möglichkeit zur Diskussion gegeben, wobei ich natürlich spüre, daß jeder das Bedürfnis hätte, manche Genossen haben mir auch gesagt, sie möchten etwas zu ihrer Rechtfertigung sagen. Ich weiß nicht, ob das noch produktiv ist angesichts der Situation. Ich könnte auch viel zu meiner Rechtfertigung sagen. Die Frage, über die wir uns noch einigen müßten, ist: Wenn wir hier auseinander gehen, dann muß es eine volle Unterstützung für die Regierung geben.

(Beifall)

Sie ist selbstverständlich durch manche Dinge der alten Führung auch belastet, aber sie wird die Kraft haben, da herauszufinden.

Ich möchte auch in diesem Zusammenhang ein persönliches Wort noch sagen, was jetzt sehr stark diskutiert wird, im Zusammenhang mit den Kommunalwahlen.[379] Ich meinerseits habe nicht die Absicht, weiterzugehen, als ich bisher öffentlich gegangen bin. Ich möchte das auch begründen. Selbstverständlich ist mir klar und bewußt, auch aus heutiger Sicht, daß das erzielte Wahlergebnis mit der tatsächlichen politischen Situation im Lande weder damals noch heute übereingestimmt hat. Es gab aber keine andere Möglichkeit, ein anderes Wahlergebnis bekanntzugeben, weil es so entsprechend den Protokollen, die auch in den Kreisen existierten, zusammengestellt worden ist.

Die Genossinnen und Genossen Bürgermeister, die Ratsvorsitzenden und ihre Kollektive brauchen unsere Unterstützung. Und es ist natürlich ehrenhaft, zu sagen, man kann eine Wende nicht mit einer neuen Lüge beginnen, aber es ist, glaube ich, nicht zu vertreten, Kader zu belasten, die jetzt noch das Vertrauen haben, die dann auch belastet werden würden. Und deshalb, glaube ich, kann unser gemeinsames Anliegen nur darin bestehen, und deshalb appelliere ich an alle: Dort, wo es Beispiele gab und sie durch den Staatsanwalt untersucht werden, bitte schön, muß man sie untersuchen, muß man sie an Ort und Stelle aufklären, aber nicht zu einem Gesamtergebnis mehr zusammenführen, wenn es notwendig ist. Im übrigen glaube ich, ist das Problem, daß es solche Wahlen in der DDR nie wieder geben wird und daß es notwendig ist, ein neues Wahlgesetz auszuarbeiten, produktiver, als Stimmungen nachzugeben, die ja nicht von uns eine Korrektur unserer Fehler wollen. Ich will mich also noch einmal ganz eindeutig bekennen, Genossinnen und Genossen: Jedes Element der Revolution hat auch ein Element der Konterrevolution in sich. Und wenn wir das nicht bedenken ...

---

379 Vgl. Anm. 91.

(Zuruf: Das geht nun seit drei Jahren.)
Das ist ja richtig. Ich will ja nur folgendes sagen: So wichtig es ist, daß wir immer wieder auf die Stimme hören, die auf der Straße artikuliert wird, und so wichtig es ist, genau die Lage in der Partei zu kennen, und so notwendig es ist, keine Nachtrabpolitik zu machen, ich bekenne mich zu all dem, so notwendig ist es aber auch, verantwortungsbewußt an alles zu gehen, was wir für die Zukunft bewahren müssen, und nur deshalb spreche ich davon, es ist nicht erst seit drei Jahren so, Genosse Bernhardt, es ist leider seit vielen Jahren so, und daran tragen wir alle die Schuld, und deshalb muß auch das Zentralkomitee als geschlossenes Kollektiv zurücktreten.

Johannes *Chemnitzer*:
Verehrte Genossen! Vielleicht erscheint es jetzt egoistisch, aber ich kann zutiefst nicht begreifen, warum ich als Mitglied des Zentralkomitees außerhalb der Reihe ausgeschlossen werden soll, weil von Seiten des Arbeitssekretariats der Bezirksleitung gegen mich ein Parteiverfahren vorgeschlagen wurde. Wenn ich sagen darf, nach meiner Ablösung als erster Bezirkssekretär wurde eine Untersuchung aufgrund einiger Vorwürfe im Bezirk Neubrandenburg gegen mich durchgeführt, und es wurde vorgestern in der Presse und auch im Rundfunk veröffentlicht, daß im Ergebnis der Untersuchung dieser Kommission festgestellt wurde, daß ich zwar bei einigen Vorwürfen, daß sie sozusagen Gegenstand sind, aber sie keinen strafrechtlichen Charakter tragen, und ausschließlich moralischer Natur sind. Es sind drei Vorwürfe, 1. daß ich mir erlaubt habe, vor 10 Jahren eine Waldarbeiterkate auszubauen auf völlig eigener finanzieller Basis, die etwas über 40 Quadratmeter größer geworden ist, daß ich 2. einen Gebrauchtwagen vom Zentralkomitee gekauft habe, und 3. daß die ...[380] vor drei Wochen in der Jagdgesellschaft stattfand, in der ich selbst Mitglied war, in einer ordentlichen Gesellschaft, nicht in einem Staatsjagdgebiet, und daß mir bestätigt wurde, daß damit keine Tatbestände vorhanden sind, um mich in eine Reihe zu stellen mit den von der Parteiführung verursachten Dingen.

Das ist veröffentlicht. Es ist sehr überraschend gekommen, daß gegen mich ein Parteiverfahren eingeleitet werden soll. Ich bitte euch, Genossen, daß das objektiv beurteilt wird. Für mich wäre der Ausschluß aus dem ZK und die daraus folgenden sicheren Konsequenzen der politische Tod. Ich bitte, das noch einmal zu prüfen.

Erich *Hahn*:
Genossen! Ich bin auch dafür, so schnell wie möglich abzustimmen. Ich bin auch gegen eine große Diskussion heute. Ich bin für die vorgeschlagenen Beschlüsse, die vorgetragen wurden, aber ich kann nicht umhin, eine große Sorge auszusprechen. Die Sorge besteht in der Annahme des sehr kurz und

---

380 Diese Auslassung ist im Protokoll so verzeichnet. Eine Rekonstruktion unterblieb.

knapp von Genossen Werner Eberlein vollzogenen Rücktritts der Zentralen Parteikontrollkommission.[381] Ich gehe davon aus, liebe Genossen, ich muß noch einmal auf die Stimmung in der Partei zu sprechen kommen, ich bin auch der Meinung, daß man nicht allem nachgeben kann, so fern man überhaupt noch die Wahl hat, etwas nachzugeben oder nicht. Aber ich bin der Meinung: Die tiefste Krise unserer Partei gegenwärtig ist in der Moral angesiedelt, in der Moral eindeutig. Der Vertrauensverlust gegenüber der Führung bei breiten Teilen der Mitglieder unserer Partei stützt sich in erster Linie auf diese moralischen Fragen. Die Erwartung vieler Genossen an den Bericht der Zentralen Parteikontrollkommission heute ist sehr groß. Wenn wir so verfahren in dieser einen Frage, ich sage noch einmal, mit allen anderen Beschlüssen bin ich völlig einverstanden, wenn wir in dieser einen Frage so wie vorgeschlagen verfahren, sehe ich die große Gefahr, daß gesagt wird, daß artikuliert wird: Die ZPKK hat gearbeitet, jetzt tritt sie zurück und übergibt alles wieder an einen neuen Ausschuß. Darin sehe ich, Genossen, eine große Sorge, die in diesen Tagen noch einmal zu einem Aufwallen und zu einer nochmaligen Vertiefung der Vertrauenskrise und weiteren Mitgliederverlusten führen kann.

Ich habe mit Werner Eberlein in der Pause gesprochen. Er sagt, er kann einen Bericht der ZPKK nicht geben. Ich kann das nicht beurteilen.

(Vors. Egon Krenz: Heute?)

(Zuruf: Das steht doch in der Tagesordnung.)

Ob das möglich ist oder nicht - ich wäre auch mit einem Zwischenbericht einverstanden.

(Beifall)

Mir geht es nicht um sensationelle Einzelheiten, aber mir geht es um ein viel klareres Wort und Bekenntnis dieser unserer Arbeit seit der letzten Tagung des Zentralkomitees.

Oder: Ich würde vorschlagen, deutlicher zu machen, daß die von Günter Schabowski vorgeschlagenen Beschlüsse Nr. 1 und 2, die von der Parteiführung aus der Arbeit der Zentralen Parteikontrollkommission gezogenen Konsequenzen darstellen. Dann würden wir uns offenlassen, dann würden wir erstens sagen, die ZPKK hat gearbeitet, sie ist zu diesem Resultat gekommen, und das ist ein Resultat, mit dem wir uns identifizieren können.

Und weitere Konsequenzen sind dann jederzeit zu ziehen. Ich sage noch einmal, meine Vorschläge mögen nicht durchdacht sein. Sie gehen von der großen Sorge aus, daß wir in diesem Punkt Schaden anrichten, wenn wir nicht einen Schritt weitergehen.

(Beifall)

Vors. Egon *Krenz*:
Genosse Arndt.

---

381 Vgl. Anm. 378.

Otto *Arndt*:
Ich möchte das unterstützen, was hier gesagt wurde. Wenn ich an die letzte Volkskammersitzung denke, ich habe mich so geschämt, daß der Toeplitz dort auftritt und unsere Partei, wie man so sagt, zur Katze macht, anstatt daß wir vorher in die Offensive gehen und uns die Zentrale Parteikontrollkommission informiert, was los ist, und nicht Genosse Herger dann so ein Pamphlet vorliest, daß das alles so ist, anstatt zu sagen: Wir haben bereits das und das untersucht, und haben die und die Schlußfolgerungen gezogen.[382] Der Toeplitz macht unsere Partei zur Minna und kein Wort von Götting.

(Zuruf: So ist es.)

Man darf den Toeplitz nicht verurteilen. Er hat das alles sehr sachlich und sehr sauber dargestellt.

(Zum Teil unverständliche Zurufe)

Ich spreche nicht gegen den Inhalt des Berichtes, ich spreche gegen die Tatsache, daß er das machen muß in der Volkskammer, und wir nicht vorher im Zentralkomitee Bescheid wußten.

Genossinnen und Genossen! Ich bin dafür, die Diskussion nicht ausfallen zu lassen. Wir haben vor der Partei die Pflicht, denke ich, die Beschlüsse zum Rücktritt des Zentralkomitees und des Politbüros zu akzeptieren. Das ist das, was wir für die Partei machen können. Aber was die Parteikontrollkommission betrifft, sie ist nicht in der Kritik, von nirgendwo her. Das Zentralkomitee und das Politbüro ja. Aber wir sollten, und ich würde das unterstützen, die Arbeit fortsetzen mit dieser Parteikontrollkommission.

Vors. Egon *Krenz*:
Danke schön! Genosse Quandt, bitte schön!

Bernhard *Quandt*:
Liebe Genossen! Mir fällt es sehr schwer, hier und heute vor dem Zentralkomitee aufzutreten, wo gesagt worden ist, daß unsere Partei, unsere ruhmreiche Partei, in Gefahr ist, sich aufzulösen. Das fällt mir sehr schwer, zu begreifen.

Ich will keine Biographie erzählen. Aber ich bin mit 16 Jahren Mitglied des Metallarbeiterverbandes geworden. Mitglied der Sozialistischen Jugend, ein Jahr Mitglied der Sozialdemokratischen Partei und mit 22 Jahren als Mitglied in die Kommunistische Partei Deutschlands in Hamburg eingetreten. Und seit dieser Zeit ehrlich gekämpft, war oft Einzelkämpfer in Mecklenburg, wenn ich an die Fürstenabfindung denke, in weiten Kreisen einzeln gegen die Bande von

---

382 Auf der 13. Tagung der Volkskammer am 1. Dezember 1989 (vgl. auch Anm. 358) hatte der am 18. November 1989 berufene „Zeitweilige Ausschuß zur Überprüfung von Fällen des Amtsmißbrauchs, der Korruption, der persönlichen Bereicherung und anderer Handlungen, bei denen der Verdacht von Gesetzesverletzungen besteht" durch seinen Vorsitzenden, Dr. Heinrich Toeplitz (CDU), einen spektakulären Zwischenbericht erstattet. Den Wortlaut des Berichts und die Debatte vgl. in: ND, 2./3. Dezember 1989.

Konterrevolutionären aufgetreten. Und jetzt soll es mit der Partei zu Ende sein? Das darf nicht sein, Genossen! Das darf nicht sein! Das Zentralkomitee muß so stark sein, daß aus ihrer Mitte ein Politbüro entsteht, das mit der Verbrecherbande des alten Politbüros, entschuldigt, Genossen, nichts zu tun hat!

Liebe Genossen! Genosse Egon Krenz, wir haben im Staatsrat die Todesstrafe aufgehoben, ich bin dafür, daß wir sie wieder einführen, daß wie die strangulieren und erschießen, die unsere Partei in eine solche Schmach gebracht haben, daß die ganze Welt vor einem solchen Skandal steht, den sie noch niemals gesehen hat. Entschuldigt, ich bin sehr aufgeregt. Ich sehe vor mir, liebe Genossen, 30.000 Menschen, die sind standrechtlich vom Volksgerichtshof, vom Blutgericht Freislers, verurteilt worden, und 30.000 sind aufrecht unters Fallbeil gegangen, und wir stehen als Zentralkomitee einer solchen Verbrecherbande als Gefolgschaft hinterher. Das will mir nicht in den Kopf. Darum bin ich gestern nachmittag, nachdem ich erwacht bin, in einen Weinkrampf verfallen. Das ist nicht möglich! Ich bin ehrlich. Ich habe ein weißes Hemd in jedem Fall. Nirgends habe ich mir etwas angeeignet. Immer habe ich für die Partei, für die Ziele der Befreiung der Arbeiterklasse gekämpft. Das werde ich in Zukunft auch tun, und ich denke, daß es schon soweit ist. Mir gefällt einiges nicht.

Da gibt es einige Historiker, die 1960 oder 1970 geboren sind, die fangen jetzt sogar an, die machen sich an Ernst Thälmann heran. Ich habe die Geschichte miterlebt, gegen Ruth Fischer, gegen Scholem, gegen Heinz Neumann, gegen Ivo Katz, der vorübergehend das Parteibüro in Halle besetzt hatte, gekämpft hatte. Er hat sich ein Arbeiterzentralkomitee angeeignet, und daß jetzt Historiker kommen und gehen bis dahin, anstatt vorwärts zu gehen, der Partei neue Wege zu weisen, wie man ehrlich weiterkämpft, fangen sie an, solche Geschichten aufzurühren, bis zum Allerheiligen. Thälmann, der 11 1/2 Jahre in Haft gesessen hat und meuchlings ermordet wurde.

Ich kann das nicht verstehen, daß es sogar in unserer Presse erscheint. Aber die Medien sind ja so frei, jeder Redakteur kann ja schreiben, was er will.

(Zuruf: Sehr richtig!)

Ich möchte so fragen, liebe Genossen! Ich habe gestaunt, in der Volkskammer, weil ich auf dem Sitz des Staatsrates sitze, sonst hätte ich ja wie der andere von den Medien von den Goldklumpen gesprochen hat, die jetzt in der Schweiz sein sollen, vom Platin und so weiter.[383] Ich hätte gefragt, ist das ein Gerücht, oder wissen sie etwas Bestimmtes. Bestimmt verbreitet er Gerüchte mit Bewußtheit, das sind die Konterrevolutionäre, die nicht gegen einzelne Führer, sondern gegen die Partei der Arbeiterklasse vorgehen, die den Arbeiter-und-Bauern-Staat zerschlagen wollen. Und dagegen muß man sich wehren.

Ich bin, liebe Genossen, habe zumindestens gedacht, wenn das Politbüro zurücktritt in seiner Gesamtheit, ich sehe auch keinen anderen Ausweg, ich

---

[383] Bernhardt Quandt bezog sich auf die Debatte in der Volkskammer am 1. Dezember 1989 zum Bericht des zeitweiligen Untersuchungsausschusses. Vgl. Ebenda.

habe neulich Werner Jarowinsky schon entgegengerufen: Du machst es dir zu leicht, du bist doch jahrelang dort gewesen. Du mußt doch das gewußt haben. Warum erzählst du uns das erst jetzt? Warum nicht auf dem 7., 8. und 9. Plenum? Dann wäre das anders! Dann hätten wir damals das Politbüro abgelöst. Dann wäre das Zentralkomitee sauber. Jetzt sind wir alle mit beschmutzt. Aber dagegen wehre ich mich. Ich bin nicht beschmutzt. Ich habe mit den Verbrechern nichts gemein.

Ich bin zumindest, liebe Genossen, der Meinung, daß so viel Intelligenz in unserem Zentralkomitee sitzt, daß sie innerhalb von zwei Stunden einen Aufruf an die Arbeiter und Bauern und an die Intelligenz unseres Landes verfaßt, vom letzten Zentralkomitee aus, und sich reinwäscht in allen Fragen und neu vor das Volk hintritt und das Volk und unsere Genossen mobilisiert, die jetzt machtlos sind. Einen Fall möchte ich erzählen. Wir laufen ja der Anarchie entgegen.

Ich bin, weil die Volkskammersitzung sehr lange gedauert hat, in Berlin geblieben und habe hier geschlafen. Als ich um 21.30 Uhr zu Bett gehe, ruft meine Schwiegermutter an, sie ruft an und sagt, daß sie den Chefarzt des Schweriner Bezirkskrankenhauses mehrmals aufgefordert haben, er solle sein Parteibuch hinlegen. Und er hat gesagt: Ich bin 23 Jahre Mitglied der Partei, ich bleibe es weiter. Und am Donnerstagabend hat man ihm sämtliche Fensterscheiben eingeworfen, und niemand hat sich um ihn gekümmert. Ich habe dann, als ich zurückgekommen bin, bin ich sofort zu ihm hingefahren, bin zum Kreispolizeiamt gefahren und habe die Kriminalpolizei mobilisiert, damit sie das in die Hände nimmt. Soweit geht es, liebe Genossen. Heute hat man den, morgen bindet man mir die Hände.

Und dann kriege ich einen telefonischen Anruf neben all den Dingen, und man fragt, ob ich zu Hause bin. Jawohl, ich bin von Berlin zurück. Ja, es kommt ein Genosse zu Dir, der hat einen besonderen Auftrag. Und der Genosse, das ist ein junger Genosse, ich weiß gar nicht, wer das ist, der sagt: Genosse Quant, ich soll die persönliche Waffe, die Sie haben, von Ihnen abholen.[384] - Ich habe ihm gesagt: Bestellen Sie dem Genossen Schwanitz einen schönen Gruß von mir, die persönliche Waffe kriegen Sie von mir im Zentralkomitee, die persönliche Waffe, die ich bisher zur Verteidigung der Revolution benutzt habe, kriegt er von mir persönlich im Zentralkomitee ausgehändigt.

Hans-Joachim *Böhme*:

Liebe Genossen, es fällt mir nach dieser Rede vom Bernhard Quandt besonders schwer, hier Bemerkungen zu machen. Ich stimme unserem Generalsekretär völlig zu: Es geht in diesen Stunden nicht um das Schicksal des einzelnen, sondern um das Schicksal der Partei. Ich sehe das nicht anders, und ich will

---

384 Nachdem in der Volkskammerdebatte am 1. Dezember 1989 die Frage angesprochen worden war, welcher Personenkreis in der DDR eine Dienstwaffe besitzen darf, wurden die Waffen von SED-Funktionären eingezogen.

hier auch keine Entschuldigungsrede halten oder in irgendeiner Weise zu meiner Verantwortung sprechen, ich habe das bereits auf der 10. Tagung des Zentralkomitees getan.[385] Ich bekenne mich zu meiner vollen politischen Verantwortung auch als Mitglied des alten Politbüros. Aber, liebe Genossen, ich bekenne mich nicht zu irgendwelchen kriminellen Delikten, mit denen ich nichts zu tun habe. Und darum bin ich völlig überrascht, wenn heute hier im zweiten Punkt vorgeschlagen wird, mich aus dem Zentralkomitee auszuschließen und ein Parteiverfahren gegen mich einzuleiten, ohne das bis zur Stunde mir irgend jemand Vorwürfe gemacht hat. Ich wurde darüber informiert, daß diese Forderung vom 1. Sekretär der Bezirksleitung stamme. Ich habe mit ihm in der Pause gesprochen. Er hat mir sagen müssen, daß er keine neuen Vorgänge in irgendeiner Weise kennt. Wir hatten am Mittwoch Bezirksleitungssitzung in Halle. Dort sind mir keinerlei Vorwürfe gemacht worden, und heute soll nun dieser Beschluß angenommen werden.

Liebe Genossen, es gibt natürlich auch noch eine persönliche Ehre, die ein Kommunist hat, und die kann ich mir nicht mit einem solchen Beschluß beflecken lassen. Selbstverständlich bin ich für den kollektiven Rücktritt, da fühle ich mich einbezogen, aber gegen mich persönlich gibt es zur Stunde keine Vorwürfe irgendwelcher Art. Ich habe den Generalstaatsanwalt gefragt. Ihm ist auch nichts bekannt in der Hinsicht. Wieso soll ich heute hier zu einem Kriminellen abgestempelt werden. Das verstehe ich nicht, liebe Genossen.

(Nur zum Teil verständlicher Zuruf: ... seit vielen Jahren. Es hat mich verwundert, ich begreife so etwas nicht. Ich weiß nicht ... ich kenne lauteres Leben. Und was das moralische Versagen betrifft, da sind wir doch alle betroffen. Warum ausgerechnet zwei oder drei Leute?)

Vors. Egon *Krenz*: Bitte schön.

...:[386]

Genossen, ich will dazu etwas sagen. Es ist richtig, daß dieser Vorschlag nicht besprochen war, aber er hat sich erforderlich gemacht. Ich bin bisher davon ausgegangen, daß die Untersuchungen zur Verantwortung von Politbüromitgliedern dem jetzigen Politbüro obliegen. Ich kann hier auch sagen, daß es keine strafrechtlich relevanten Dinge gibt, die eine Rolle spielen. Aber ich wurde heute Mittag, als das Politbüro den Vorschlag zu diesen Veränderungen machte, damit konfrontiert, daß Achim Böhme in dieser Liste überhaupt nicht

---

385 Hans-Joachim Böhme, seit 1981 ZK-Mitglied und Erster SED-Bezirkssekretär von Halle, seit 1986 Politbüromitglied, war auf der 10. ZK-Tagung am 8. November 1989 zunächst bei 66 Gegenstimmen wieder in das Politbüro gewählt worden. Am 10. November beschloß das ZK nach heftigen Protesten aus dem Bezirk, diese Entscheidung aufzuheben. Am 12. November wurde Böhme auch als Bezirkssekretär abgewählt.

386 Der vom Protokoll nicht erfaßte Redner war der langjährige FDJ-Funktionär Roland Claus, der am 12. November 1989 zum 1. Bezirkssekretär von Halle gewählt worden war.

aufgerufen war. Ich muß dabei sagen, daß da etwas nicht bedacht worden ist, nämlich die Lage in der Bezirksorganisation und die massive Forderung vor allem aus den Reihen unserer Partei, die es gibt zur Bestrafung innerhalb unserer Partei zur Person des Genossen Achim Böhme. Und ich muß deshalb sagen, ich erachte einen solchen Schritt eigentlich mehr als einen Schritt [gegenüber] der Person und habe diesen Vorschlag gemacht. Ich bedaure, daß ich in die Lage gekommen bin, das nicht besprechen zu können ... Mit der Dramatik ...
(erhebliche Unruhe im Saal)

Vors. Egon *Krenz*:
Genossen, ich bitte wirklich die persönlichen Dinge zurückzustellen. Der gleiche 1. Sekretär aus Halle hat auch öffentlich verkündet, bevor er mir einen Brief geschrieben hat, daß er mir empfiehlt, nicht wieder zu kandidieren, hat er das öffentlich über die Medien bekanntgegeben.[387] Es ist aus der BRD öffentlich von Genossen bekundet worden, daß man zurücktreten muß. Hier gibt es unsaubere Dinge, auch die teile ich nicht. Aber ich denke, es gibt jetzt wichtigere Dinge. Deshalb habe ich mich dazu nicht geäußert. Ich hätte eine ganze Liste von Fragen, wozu man sich äußern könnte. Aber es geht jetzt darum, daß wir den letzten Rest, den wir noch tun können für diese Partei, daß wir das tun. Und wenn wir anfangen, uns hier im ZK zu zerfleischen, Genossen, wie soll das in der Grundorganisation, wie soll das in den Kreisen und Bezirken ausgehen? Das ist ja das Schlimme, daß man sich zerfleischt und nicht zum gemeinsamen Handeln findet. Bitte schön.

...[388]

Ich hatte am Freitag die Delegiertenkonferenz in unserem Betrieb. Es war eine sehr heftige Delegiertenkonferenz, und es gab große Diskussionen, die von der selben Sorge getragen waren wie hier. Aber am Ende stand ein Punkt: Es ist noch nicht alles verloren. Wir sind noch da, um zu kämpfen. Ich muß deshalb um eins bitten. Ich glaube, daß es mit großer Verantwortung richtig ist, vorzuschlagen, daß wir uns prinzipiell von denen abgrenzen, die verbrecherische Handlungen in unserer Partei begangen haben. Ich stimme dem ersten Punkt des heutigen Vorschlags voll zu, mit aller Konsequenz.

Genossen, ich bin zweitens dafür, daß wir in Vorbereitung auf den Parteitag auch sagen müssen, daß dieses Zentralkomitee nichts mehr wesentlich verändern kann in der Vorbereitung. Ich bin für den Rücktritt. Genossen, ich bin dafür, daß die Parteikontrollkommission so lange weiterarbeitet, so lange es

---

387 Egon Krenz bezog sich auf Spekulationen Ende November/Anfang Dezember über die Neuwahl eines SED-Generalsekretärs auf dem einberufenen außerordentlichen Parteitag.

388 Der vom Protokoll nicht erfaßte Redner war Herbert Richter, seit 1981 ZK-Mitglied und langjähriger Generaldirektor des Gaskombinats Schwarze Pumpe.

gegen einen Genossen Vorwürfe gibt, so lange, bis auf dem Parteitag etwas Neues entschieden ist.

Drittens, Genossen, ich bin für das Vorbereitungskomitee für den Parteitag und möchte erklären, daß jeder Genosse, der in dieses Vorbereitungskomitee geht, mit ehrlichem Gewissen auch sagen muß, daß er keine moralischen Gewissenskonflikte hat. Wir brauchen ihn als Kommunisten. Wenn einer zwanzig Jahre irgendwo gearbeitet hat, findet der Klassengegner irgendwo einen Fehler. Suchen wir Genossen, die dieses Vorbereitungskomitee echt leiten können. Wir müssen nach vorn gehen. Darauf warten die Verbliebenen 80 Prozent der Kommunisten.

Allerdings, Genossen, ich bin dafür, alles zu tun, unsere Regierung zu unterstützen. Genosse Modrow hat in den letzten Wochen echte Schritte getan, mit denen ein Großteil unserer Menschen mitgeht. Ich bin dafür, das voll zu tun. Wir brauchen nicht jeden Tag einen neuen Skandal aus der Partei. Wir brauchen Schritte, wie sie Genosse Modrow eingeleitet hat, die dem Volke zeigen, wo es sich hinentwickelt. Dafür bin ich, für eine volle Unterstützung. Genossen, wir können hier lange diskutieren. Ich bin dafür, wir sollten uns zu den ersten Beschlüssen eindeutig erklären.

Ich habe die Bitte an Genossen Eberlein zu überlegen, ob er die Untersuchungen nicht zu Ende führen sollte, damit man die Einzelfragen nicht hier ausdiskutiert. Das muß die Parteikontrollkommission machen!

(Beifall)

Erich *Postler*: (Zur Geschäftsordnung)

Ich muß darüber informieren, daß es Meldungen gibt, die Lage ist ernst. Wir müssen uns entscheiden, wir dürfen nicht allzuviel Zeit verlieren. Die Berliner sammeln sich zur Demonstration, sie marschieren auf das Haus zu.[389] Es gibt keine Entscheidung von uns. Wenn wir jetzt lange diskutieren, kommen wir in eine schwierige Lage. Ich bin dafür, daß die Genossen ihre Meinung sagen, aber wir müssen zu Beschlüssen kommen.

Vors. Egon *Krenz*:

Als letzter Redner spricht Genosse Beil, dann kommen wir zur Abstimmung. Ich brauche dann nur die exakte Formulierung, dann müßten wir den Beschluß der Initiativgruppe haben.

Gerhard *Beil*:

Ich möchte es ganz kurz machen und sagen, was Genosse Richter im einzelnen gesagt hat, unterstütze ich vollständig.

Ich möchte einen zweiten Punkt hinzufügen. Genossen, ob wir wollen oder nicht, wir befinden uns bereits im Wahlkampf. Andere haben uns dazu ge-

---

389 Vor dem ZK-Gebäude versammelte sich eine Demonstration, auf der vorwiegend Berliner SED-Mitglieder radikale gesellschaftliche Veränderungen forderten.

zwungen. Wenn wir die Volkskammersitzung vom vergangenen Freitag sehen - ich habe die gleiche Meinung zum Bericht des Herrn Toeplitz, ich halte ihn für einen ausgewogenen Bericht, dann muß ich sagen, daß die Vorbereitung unserer Fraktion auf diese Volkskammersitzung, in der von unserer Fraktion keine Fragen an andere gestellt wurden, ich muß sagen, einer der schlimmsten Fehler und eine der schlimmsten Situationen war, die wir erlebt haben.

Wenn wir so in Wahlkämpfe, wenn wir so in politische Auseinandersetzungen gehen, ohne Vorbereitung, ob wir im Zentralkomitee zusammensitzen oder sonst als Genossen, liebe Genossen, dann werden wir auseinanderdividiert! Und das ist für uns die komplizierteste Sache. Das zum ersten.

Ein zweites: Man zieht gegen uns die Handschuhe aus, und man zielt nicht nur auf das Herz, sondern unterhalb der Gürtellinie.

Liebe Genossen! Ich bin gegen einen - entschuldigt ein offenes Wort - schweinisch geführten Wahlkampf. Aber wer uns zu Dingen zwingt, dann sollten wir auch zumindest denjenigen sagen, daß wir in der Lage sind, auch etwas zu sagen!

(Starker Beifall)

Und da gibt es genug Stoff! Und wenn das nicht bekannt ist, dann möchte ich diejenigen, die das wissen, bitten, das bekanntzumachen, damit wir auch diesen Kampf führen können.

(Beifall)

Vors. Egon *Krenz*:
Das Wort hat Genosse Schabowski zum Verlesen des Beschlusses.

Günter *Schabowski*:
Der Beschlußvorschlag könnte jetzt folgendermaßen aussehen: Auf Vorschlag des Politbüros und im Ergebnis der bisherigen Untersuchungen der Zentralen Parteikontrollkommission beschließt das Zentralkomitee: Hans Albrecht, Erich Honecker, Werner Krolikowski, Günter Kleiber, Erich Mielke, Gerhard Müller, Alexander Schalck-Golodkowski, Horst Sindermann, Willi Stoph, Harry Tisch, Herbert Ziegenhahn und Dieter Müller werden aus dem Zentralkomitee ausgeschlossen.

Auf Grund der Schwere ihrer Verstöße gegen das Statut der SED und in Anbetracht zahlreicher Forderungen und Anträge von Kreisdelegiertenkonferenzen werden sie zugleich aus der SED ausgeschlossen.

Der vormalige Punkt 2, in dem beispielsweise Hans-Joachim Böhme und Johannes Chemnitzer erwähnt werden als aus dem Zentralkomitee Auszuschließende, daß gegen sie ein Parteiverfahren eingeleitet wird, sollte, so würde ich vorschlagen, jetzt gestrichen werden, weil mir mit der Formulierung „der bisherigen Untersuchungen" eigentlich angedeutet ist, daß die ZPKK ihre Untersuchungen fortsetzt. Und das impliziert alles, was sonst noch zu untersuchen und aufzudecken ist.

An diesem ersten Punkt würde sich als zweiter Punkt anschließen: Das Zentralkomitee erklärt seinen Rücktritt. Und dann der dritte, schon nicht mehr so wichtige Punkt, obwohl wir als Zentralkomitee diese Verantwortung empfinden, daß wir mit Genossen aus unserer Mitte, die nicht mehr als Mitglieder des Zentralkomitees bezeichnet werden, denn wenn der Beschluß gefaßt ist, sind sie nicht mehr Mitglieder des Zentralkomitees, dem außerordentlichen Parteitag einen Rechenschaftsbericht über die letzte Phase der Arbeit der Partei vor dem außerordentlichen Parteitag vorlegen. Die große Analyse bliebe dann einem ordentlichen Parteitag vorbehalten. Das wäre der Vorschlag.

Der dritte Punkt würde lauten: Das Zentralkomitee erachtet es in Wahrnehmung der ihm verbliebenen Verantwortung als notwendig, dem einberufenen außerordentlichen Parteitag Rechenschaft abzulegen. Zur Erarbeitung des Rechenschaftsberichtes über die Ursachen für die Krise in der SED und in der Gesellschaft wird eine Kommission gebildet. Ihr gehören an: Werner Eberlein, Wolfgang Herger, Werner Jarowinsky, Siegfried Lorenz, Wolfgang Rauchfuß, Günter Schabowski, Helmut Semmelmann und Günter Sieber.

Manfred *Ewald*:
Ich bin einverstanden, ich habe nur die Frage, vielleicht habe ich es nicht verstanden, ob irgendein Wort hinsichtlich der Zukunft gesagt wird. Es wird nur Rechenschaft gelegt.

Vors. Egon *Krenz*:
Es bleibt noch ein Punkt, den wir zu fassen haben, über die Bildung des Arbeitsausschusses.

Günter *Schabowski*:
Dem Arbeitsausschuß obliegt ja die weitere Vorbereitung des Parteitages. Wir können nur noch für das Verantwortung ausdrücken, was zurückliegt, bis zu dem Zeitpunkt der Auflösung des Zentralkomitees. Dann beginnt dieser Arbeitsausschuß seine Arbeit, und der kann und muß auf alle Genossen zurückgreifen können, die bei der weiteren politisch-organisatorischen Vorbereitung des Parteitages auskunftsfähig sind und auskunftsfähig sein können.

Vors. Egon *Krenz*:
Deshalb würde ich vorschlagen, die Abstimmung über den Punkt erst zu machen, wenn wir gehört haben, was der Arbeitsausschuß oder der Initiativausschuß gesagt hat, damit man wenigstens noch eine Empfehlung geben kann.

Günter *Schabowski*:
Darf ich zur Geschäftsordnung eine Bemerkung machen. Einen Beschluß in dieser Kargheit hatten wir ja nicht vorbereitet, sondern wir hatten einen Beschluß mit einer politischen Aussage vorbereitet. Wir hatten uns zuvor mit den 1. Sekretären der Bezirksleitungen zusammengesetzt, auch in Hinblick auf den

aus ihrer Mitte, vornehmlich aus ihrer Mitte zu bildenden Arbeitsausschuß. Man muß ja mit den Genossen beraten, die nach uns die Arbeit weiterführen, fairerweise, und die Genossen hatten uns empfohlen, daß alles, was einen besonderen einschätzenden oder nach vorn weisenden Charakter hat, in diesem Beschluß unterbleiben sollte, weil alles dieser Art dann von dem Vorbereitungsausschuß für den Parteitag kommen muß. Ich glaube, das ist eine richtige Position.

Vors. Egon *Krenz*:
Man muß folgendes dazu sagen: Der Genosse Schabowski, der Genosse Lorenz und der Genosse Herger haben den Beschluß ausgearbeitet und haben ihn vor den 1. Bezirkssekretären vorgelesen. Da wurde dieser einschätzende Charakter als nicht notwendig erachtet. Aber wenn jetzt die Frage erneut aufgeworfen worden ist, es geht um das Zentralkomitee, dann würde ich doch bitten, da mir der Text vorliegt, den Text, der ausgearbeitet war, hier vorzulesen.

„Beschluß der 12. Tagung des Zentralkomitees: Das Zentralkomitee der SED stellt fest, daß der Prozeß der radikalen Erneuerung der Partei von der Basis her rasch voranschreitet. Davon legen in eindrucksvoller Weise die Kreisdelegiertenkonferenzen in Vorbereitung des außerordentlichen Parteitages Zeugnis ab.[390] Alle Konferenzen gestalteten sich zu Foren prinzipieller und sachlicher Auseinandersetzung mit den Hemmnissen und Erfordernissen des Prozesses der Erneuerung der Partei und des Sozialismus in der Deutschen Demokratischen Republik.

Die Diskussion im Zusammenhang mit der Wahl der Delegierten zum Parteitag war bestimmt in vielen Ideen, Vorschlägen und Initiativen, wie sich die Partei unter den Bedingungen der tiefen Krise neu formieren müsse, um die Kraft zu gewinnen, ohne die eine sozialistische Gesellschaft mit menschlichem Antlitz in der DDR nicht zu gestalten ist.

Untrennbar damit verbunden ist die rückhaltlose Auseinandersetzung über den Amts- und Machtmißbrauch ehemaliger Mitglieder der Partei- und Staatsführung. Einhellig brachten die Delegiertenkonferenzen ihre Empörung und Verurteilung der kriminellen Handlungen und Vergehen zum Ausdruck, durch die unserer Partei und der Deutschen Demokratischen Republik schwerer Schaden zugefügt wurde.

Scharf kritisierten die Delegierten, daß das Politbüro des ZK der SED und die Zentrale Parteikontrollkommission den ihnen übertragenen Auftrag, mutmaßliche Gesetzesverletzungen und ungerechtfertigte Inanspruchnahme von Privilegien, das ganze Ausmaß von Korruption und angemaßter Bevorrechtung rücksichtslos aufzuklären, nur unvollkommen erfüllt haben. Die dazu zu leistende Arbeit ist von Inkonsequenz und Halbherzigkeit geprägt. Das Politbüro erkennt die Berechtigung dieser Kritik uneingeschränkt an."

---

390 Die SED-Kreisdelegiertenkonferenzen in Vorbereitung des außerordentlichen Parteitages mußten laut Beschluß der 11. ZK-Tagung bis 3. Dezember 1989 abgeschlossen sein.

Dann kommt das, was Genosse Schabowski vorgelesen hatte.
(Unruhe)

Manfred *Ewald*:
Die Genossen draußen fragen uns alle: Wie geht es mit der Partei weiter? Irgendwie muß deutlich werden, wie es weitergeht.

Horst *Stechbarth*:
Ich weiß nicht, ob es richtig ist, Genossen, wenn ein Ausschuß hier berufen wird, der den Sonderparteitag vorbereitet, wenn wir darin wieder nur Mitglieder des Politbüros oder des Zentralkomitees haben. Das nimmt uns draußen keiner mehr ab.

Vors. Egon *Krenz*:
Da muß es ein Mißverständnis geben. Darüber wird jetzt der Ausschuß berichten. Es wird niemand mehr, soweit ich das empfinde, aus dem alten Politbüro in diesem Ausschuß sein. Ich bitte Genossen Kroker, das Wort dazu zu nehmen, damit wir das im Komplex hier behandeln und nicht unnötigerweise Fragen auftreten. Genosse Kroker ist 1. Sekretär der SED-Bezirksleitung Erfurt, aus der Volkskammer ausgeschlossen, weil er vor Jahren gegen die Politik Erich Honeckers und Günter Mittags aufgetreten ist.

Herbert *Kroker*:[391]
Liebe Genossinnen und Genossen! Ich kann den Zorn, die Bitternis und die ganze Schwere des Augenblicks für viele Genossen hier persönlich verstehen. Es ist nicht die Zeit, viele Worte zu machen; denn die Lage diktiert das Geschehen, und es geht um die Rettung unserer sozialistischen Sache.
Ich möchte nicht, daß der Arbeitsausschuß seine Arbeit mit einem Fehler beginnt. Ich kann hier nur sagen: Der Arbeitsausschuß wird sich 16.00 Uhr konstituieren, weil noch Genossen herangeholt werden, die im Arbeitsausschuß mitwirken sollen. Die Liste liegt hier, und erst, wenn wir die Genossen da haben, können wir uns zusammensetzen und das Papier erarbeiten, welches wir heute noch der Presse übergeben. Es geht nicht anders, sonst würden wir wieder als 1. Sekretäre ohne die anderen Mitglieder hier etwas vortragen. Wir müssen das erst im Arbeitsausschuß diskutieren und beraten und werden es erst denn der Presse vortragen. Deshalb bitte ich um Verständnis. Sonst würden wir wieder einen Fehler ihn der Demokratie machen.[392]

---

391 Herbert Kroker, von 1970 bis 1983 Generaldirektor des Kombinats Umformtechnik Erfurt und dann von ZK-Sekretär Günter Mittag abgelöst, war am 12. November 1989 zum 1. SED-Bezirkssekretär von Erfurt gewählt worden. Er leitete ab 3. Dezember 1989 den Arbeitsausschuß zur Vorbereitung des außerordentlichen Parteitages der SED als Vorsitzender und eröffnete den Parteitag am 8. Dezember 1989.

392 Die Erklärung des Arbeitsauschusses vgl. in: ND, 4. Dezember 1989.

(Egon Krenz: Was schlägst du jetzt konkret vor?)
Jetzt schlage ich vor, daß Genosse Heinz Albrecht oder die Genossen des Politbüros zu den Genossen hinausgehen und erklären, daß das Zentralkomitee den Rücktritt erklärt hat.[393]
(Abstimmen!)
Selbstverständlich abstimmen. Sie sollen die Beschlüsse erläutern und sagen, daß sich ein Arbeitsausschuß bildet.

...:[394]

Warum ... das Zentralkomitee unserer Sozialistischen Einheitspartei Deutschlands ...? Wir sind noch nicht zurückgetreten, und es ist das Recht dieses Zentralkomitees, das die volle Verantwortung trägt, darüber eine politische Rechenschaft abzugeben. Das ist nicht nur unser Recht, sondern das ist unsere Pflicht. Das würde auch euch, liebe Genossen, die ihr die Vorbereitung des außerordentlichen Parteitages auf euch nehmt, die Arbeit erleichtern. Auf dem 9. Plenum habe ich das gesagt: Die politische Verantwortung tragen wir. Wir treten zurück, aber wir haben dazu etwas zu sagen. Ich glaube, das, was hier vorgelesen wurde, ist voll zu unterstützen.
(Vereinzelt Beifall)

Vors. Egon *Krenz*:
Wünscht jemand das Wort?
(Abstimmen!)

...:[395]

Ich muß noch einmal zur Geschäftsordnung ums Wort beten. Vor dem Haus versammeln sich Massen von Genossinnen und Genossen, Parteimitglieder, die fordern, daß sie bis 15.00 Uhr eine Antwort erhalten. Aber, Genosse Krenz, sie fordern sie im Sinne dessen, daß wirklich ein solcher Arbeitsausschuß gewählt wird. Das ist die Forderung auch der Mehrzahl der Kreisdelegiertenkonferenzen, und dem können wir uns nicht wieder entgegenstellen.

Vors. Egon *Krenz*:
Ich schlage vor, daß wir jetzt den Beschluß fassen.

Werner *Eberlein*:
Ich muß noch etwas dazu sagen. Es tut mir leid, die Zeit zu klauen. Es geht um die ZPKK. Diese ZPKK wird angegriffen wegen Halbherzigkeiten und

---

393 Die Rücktrittserklärung von ZK und Politbüro vgl. in: Ebenda.

394 Vom Protokoll konnte der Name des Redners nicht erfaßt werden.

395 Der vom Protokoll nicht erfaßte Redner war offenbar Erich Postler, seit 1976 ZK-Mitglied und seit 2. November 1989 1. SED-Bezirkssekretär von Gera.

Halbheiten, zu Recht angegriffen. Darum hat die ZPKK gemeinsam, nicht von meiner Seite aus, sondern gemeinsam beschlossen zurückzutreten.

Eine zweite Frage: Es gibt einen Bericht der ZPKK, der vorbereitet wurde. Aber dieser Bericht spricht nur Halbheiten aus, da auf den gestrigen Kreisdelegiertenkonferenzen ganz andere Töne zur Sprache gekommen sind, ganz andere Anwürfe gemacht worden sind. Darum hat dieser Bericht heute keinen Bestand mehr.

Weiterhin: Wenn jetzt im Beschluß gesagt wird: Auf Beschluß der ZPKK wird der und der ausgeschlossen, kann die ZPKK dem nicht zustimmen, weil das statutenwidrig ist. Das ist das Problem, vor dem wir stehen. Wir haben mit den Genossen nicht gesprochen. Ich kann aufzählen, mit wem ich gesprochen habe, aber keiner hat sich zu Gesetzwidrigkeiten bekannt. Ich kann nicht Dingen zustimmen, die statutenwidrig sind.

Deshalb bitte ich, die ZPKK herauszulassen. Wenn das Plenum das beschließt - als Mitglied [des ZK] stimme ich dem zu, aber als Mitglied der ZPKK kann ich dem nicht zustimmen.

... .[396]

Wenn gesagt wird: „Im Ergebnis der Arbeit der ZPKK ...", dann ist das nicht ein Beschluß der ZPKK.

Vors. Egon *Krenz*:

Es beschließt das Zentralkomitee. Genossinnen und Genossen! Nun möchte ich mal sagen: Wir sollen auf dem Boden bleiben. Wenn ein Staat bis an den Ruin geführt wird, dann ist das Verbrechen. Ich glaube, ein größeres kann es nicht geben. Und darüber müssen wir uns hier eindeutig Klarheit verschaffen, unabhängig davon, wer welche Schuld daran trägt.

Deshalb stelle ich jetzt, weil es als Antrag gestellt worden ist, die Beschlußpunkte, die Genosse Schabowski vorgetragen hat, einschließlich der Präambel zur Abstimmung. Wer sich zur Präambel und den Beschlüssen, vorgetragen vom Genossen Schabowski, bekennt, den bitte ich um das Handzeichen. - Danke schön. Gibt es Gegenstimmen? - Stimmenthaltungen? - Damit sind die Beschlüsse gefaßt. Es gibt keinen Grund zum Beifall.

Der nächste Beschluß war der Beschluß des Politbüros. Soll ich ihn noch einmal vortragen?

(Nein!)

Er wird also auch akzeptiert. Das ist der Beschluß des Politbüro, daß wir zurücktreten. Er braucht nicht im Zentralkomitee noch einmal bestätigt zu werden.

Drittens: Ich schlage vor, daß Genosse Schabowski diese beiden Beschlüsse jetzt der Presse erläutert und mitteilt, daß sich gegenwärtig ein Arbeitsaus-

---

396 Vom Protokoll konnte der Name des Redners nicht erfaßt werden.

schuß zur Vorbereitung des außerordentlichen Parteitages konstituiert. Ist das richtig so?
(Zustimmung)
Genosse Kroker, habe ich dich so richtig verstanden? Kann man es so machen?
(Ja.)

... :[397]
Ich frage trotzdem, ob es gut ist, daß dort das Kollektiv genannt wird, das den Rechenschaftsbericht ausarbeiten soll ...

Vors. Egon *Krenz*:
Ich schlage vor: Die Leute, die für die Ausarbeitung des Rechenschaftsberichts benannt sind, sind eine parteiinterne Angelegenheit und haben mit der Presse nichts zu tun. Einverstanden?
(Einverstanden!)
(Unverständlicher Zuruf)

Vors. Egon *Krenz*:
Jetzt müssen wir uns trotzdem verständigen, Genossen. Jetzt stehe ich auch vor einer Frage, auf die ich keine Antwort habe. Das ZK hat sich aufgelöst. Die Beschlüsse sind gefaßt. Jetzt müßte der Arbeitsausschuß tätig sein. Und wir können die Tagung beenden. Oder wie ist das?
(Zuruf: ..., daß keine ehemaligen Mitglieder des Politbüros in diesem Arbeitsausschuß sind.)

Vors. Egon *Krenz*:
Nein. Aber ich würde Genossen Albrecht bitten. Wärst du bereit, rauszugehen, deinen Genossen die Beschlüsse zu erklären?[398]
(Zuruf: ... der Arbeitsausschuß sich 16.00 Uhr konstituiert und dann einen Standpunkt veröffentlicht.)

Vors. Egon *Krenz*:
Jawohl. Einverstanden so? Genossinnen und Genossen! Die Tagung ist beendet.
(Ende: gegen 14.50 Uhr)

Quelle: SAPMO - BArch, SED, ZK, IV 2/1/716.

---

397 Vom Protokoll konnte der Name des Redners nicht erfaßt werden.

398 Die Beschlüsse der ZK-Tagung wurden vom Mitglied des Arbeitsausschusses Heinz Albrecht, seit 14. November 1989 1. SED-Bezirkssekretär von Berlin, bekanntgegeben.

Anhang

Abkürzungsverzeichnis

ABI	Arbeiter-und-Bauern-Inspektion
ADN	Allgemeiner Deutscher Nachrichtendienst (der DDR)
AfG	Akademie für Gesellschaftswissenschaften beim ZK der SED, Berlin
AL	Alternative Liste (in Westberlin)
BPO	Betriebsparteiorganisation (der SED)
BStU, ZA	Der Bundesbeauftragte für die Unterlagen des Staatssicherheitsdienstes der ehemaligen DDR, Zentralarchiv, Berlin
CDU	Christlich-Demokratische Union (der Bundesrepublik)
CDU	Christlich-Demokratische Union (der DDR)
CSSR	Tschechoslowakische Sozialistische Republik
DBD	Demokratische Bauernpartei Deutschlands
DGB	Deutscher Gewerkschaftsbund
DM	Deutsche Mark (der Bundesrepublik)
DRK	Deutsches Rotes Kreuz (der DDR)
DSF	Gesellschaft für Deutsch-Sowjetische Freundschaft
EDV	Elektronische Datenverarbeitung
EG	Europäische Gemeinschaft
FAZ	„Frankfurter Allgemeine Zeitung"
FDGB	Freier Deutscher Gewerkschaftsbund
FDJ	Freie Deutsche Jugend
FDP	Freie Demokratische Partei

Gbl.	Gesetzblatt (der DDR)
HfÖ	Hochschule für Ökonomie, Berlin-Karlshorst
IRK	Internationales Komitee des Roten Kreuzes
IWF	Internationaler Währungsfonds
KI	Kommunistische Internationale
KP	Kommunistische Partei (im Zusammenhang)
KPD	Kommunistische Partei Deutschlands
KPdSU	Kommunistische Partei der Sowjetunion
KPTsch	Kommunistische Partei der Tschechoslowakei
KSZE	Konferenz über Sicherheit und Zusammenarbeit in Europa
LDPD	Liberaldemokratische Partei Deutschlands
LKW	Lastkraftwagen
M	Mark (der DDR)
MdI	Ministerium des Innern
MfAA	Ministerium für Auswärtige Angelegenheiten
MfS	Ministerium für Staatssicherheit
Mio.	Millionen
Mrd.	Milliarden
NATO	Nordatlantikpaktorganisation
ND	„Neues Deutschland", Berlin
NDPD	Nationaldemokratische Partei Deutschlands
NSW	Nichtsozialistisches Wirtschaftsgebiet
NVA	Nationale Volksarmee (der DDR)
PDS	Partei des Demokratischen Sozialismus
PKW	Personenkraftwagen

PVAP	Polnische Vereinigte Arbeiterpartei
RGW	Rat für Gegenseitige Wirtschaftshilfe (Comecon)
SAPMO-BArch	Stiftung Archiv der Parteien und Massenorganisationen der DDR im Bundesarchiv, Berlin
SBZ	Sowjetische Besatzungszone
SdM	Sekretariats des Ministers (im MfS)
SDP	Sozialdemokratische Partei (in der DDR)
SED	Sozialistische Einheitspartei Deutschlands
SFRJ	Sozialistische Föderative Republik Jugoslawien
SHStA	Sächsisches Hauptstaatsarchiv, Dresden
SPD	Sozialdemokratische Partei Deutschlands
SRR	Sozialistische Republik Rumänien
SU	Sowjetunion
SW	Sozialistisches Wirtschaftsgebiet
TASS	(staatliche) Nachrichtenagentur der Sowjetunion
UdSSR	Union der Sozialistischen Sowjetrepubliken
UNO	Organisation der Vereinten Nationen
USA	Vereinigte Staaten von Amerika
USAP	Ungarische Sozialistische Arbeiterpartei
UVR	Ungarische Volksrepublik
VEB	Volkseigener Betrieb
VM	Valutamark
VP	Volkspolizei (der DDR)
VR	Volksrepublik (im Zusammenhang)
VVS	Vertrauliche Verschlußsache
WPO	Wohnparteiorganisation (der SED)

WTR	Wissenschaftlich-technische Revolution
ZAIG	Zentrale Auswertungs- und Informationsgruppe (im MfS)
ZDF	„Zweites Deutsches Fernsehen"
ZfG	„Zeitschrift für Geschichtswissenschaft", Berlin
ZIJ	Zentralinstitut für Jugendforschung, Leipzig
ZK	Zentralkomitee
ZPKK	Zentrale Parteikontrollkommission (der SED)

Personenregister

Angeführt werden die im Vorwort, in den Dokumenten und in den Anmerkungen genannten Personen.

Aboimow	119
Adam, Theo	57
Albrecht, Ernst	87
Albrecht, Hans	22 268 270 281
Albrecht, Heinz	268 285 287
Andrejewa, Nina	207
Andreotti, Giulio	211
Andropow, Juri	204
Arndt, Otto	155 274 - 275
Aurich, Eberhard	159 176
Axen, Hermann	94 100 120 123 125 134 138 148 - 149 153 - 154 216 268
Bahr, Egon	211
Baker, James	82
Baktai, Erik	112
Baumgärtel, Gerhard	258
Beil, Gerhard	125 280
Berghofer, Wolfgang	262
Bertele, Franz	95 120 130 - 133
Biermann, Wolfgang	14 233
Birthler, Marianne	197
Bisky, Lothar	197
Boewe, Kurt	197
Bohley, Bärbel	19 27 168 - 171
Böhme, Hans-Joachim	18 123 149 216 268 270 277 - 279 281
Böhme, Ibrahim	174 179
Brandt, Willy	211 242
Breshnew, Leonid	23 79 209
Brzezinski, Zbingniew	210 - 211

Bush, George	78	81 - 82	86	103	121
	242				

Ceausescu, Nicolae	56	
Chruschtschow, Nikita	67	209
Claus, Roland	278	
Czyrek, Josef	87	125

Degen, Imre	138 f.	144			
Deszil	127				
Dickel, Friedrich	155	157	168	173 - 174	
	177 - 178	239			
Dietze, Olaf	99				
Dimitroff, Georgi	67				
Dohlus, Horst	15	18	98	102	123	152
	154 - 155	166	186	216	268
Duisberg, C.-J.	96				

Eberlein, Werner	18	100	268	270 - 271	274
	280	282	285		
Ehmke, Horst	148 - 150				
Ehrensperger, Günter	20	224	227 - 228	230	270
Engels, Friedrich	65				
Eppler, Erhard	93				
Ewald, Manfred	282	284			

Felfe, Werner	29			
Fischer, Oskar	22	78	90	96 - 97	100
	109	111 - 113	116	118	
	120 - 121	123	125 - 131	134	
	136 - 139	142	147	154	173
	182	260			
Fischer, Ruth	276				
Fischer, Werner	27				
Forck, Gottfried	93				

Freisler, Roland	276
Friedrich, Walter	39
Fuchs, Jürgen	27
Genscher, Hans-Dietrich	80 86 - 87 121 128 242
	250 252 - 253
Gerlach, Manfred	160 197 258 - 260
Gienke, Horst	93
Gorbatschow, Michail	11 - 12 14 20 23 43
	66 75 - 76 78 80 - 83
	85 88 105 154 162
	164 - 165. 167 199 - 200
	202 - 223 232 240 - 242
	249 - 253
Gorbatschowa, Raissa	217
Gorinowitsch	118 126
Götting, Gerald	258
Grósz, Károly	137
Gysi, Gregor	23 168 - 171 197 261
Habermas, Jürgen	48
Hager, Kurt	20 92 - 93 121 - 122 124
	148 - 149 151 155 162 - 163
	165 175 206 216 268
Hahn, Erich	14 50 175 273
Halbritter, Werner	228 261
Hartfiel, Jürgen	57
Hein, Christoph	197
Herger, Wolfgang	18 96 118 146 155 168
	174 268 270 275 282 - 283
Herrmann, Joachim	15 - 16 93 102 149
	154 - 156 159 166 203 - 204
Hirsch, Ralf	27
Hockauf, Frieda	64 f.
Hoffmann, Hans-Joachim	197 227 232 239
Höfner, Ernst	58

Honecker, Erich	11 - 17 25 30 - 31 35 56 63 65 75 - 76 78 80 - 93 95 97 100 - 101 105 107 - 108 119 - 120 123 - 124 126 138 - 139 148 - 156 162 165 166 202 - 206 209 - 210 212 - 213 217 221 223 - 224 228 - 230 234 268 270 281 284
Honecker, Margot	92
Höpcke, Klaus	268
Horn, Gyula	97 109 111 - 112 116 119 121 125 135 - 136 139 141 144
Horváth, István	119 144
Jahn, Günther	239
Jahn, Roland	27
Jakes, Milos	154 156
Jakowlew, Alexander	87 210
Janka, Walter	197
Jarowinsky, Werner	18 20 154 - 155 224 233 268 270 277 282
Jaruzelski, Wojciech	87 - 88 90 106 154 211
Jashnowski, Franz	95
Junker, Wolfgang	229
Kádár, János	213
Kant, Hermann	16 159
Katz, Ivo	276
Keßler, Heinz	18 97 - 98 122 125 154 - 155 157 166 226 229 268
Kirchhoff, Werner	176
Kleiber, Günther	18 63 149 154 - 155 216 260 268 270 281
Kleinert, Kurt	261

Klier, Freya	25 27				
Kohl, Helmut	22 80	95 - 97	105	107	
	119 121	123 126	180 - 186		
	214 - 215	241 -252	257		
Kotschemassow, Wjatscheslaw	88 126 - 131 167 203				
Kovacz, Jeanö	134 - 137 140				
Koziolek, Helmut	207 261				
Krawczyk, Stephan	25 27				
Krenz, Egon	11 16 - 18 21 23				
	26 - 27 30 39 72 74				
	87 93 - 94 96 118 146				
	155 159 166 - 167 173				
	180 - 186 188 199 - 210				
	212 - 221 223 - 224 227				
	231 - 232 238 - 251 254				
	256 - 257 268 270 - 272				
	274 - 276 278 - 287				
Kroker, Herbert	23 284 287				
Krolikowski. Herbert	155 - 156				
Krolikowski, Werner	63 101 123 154 - 155 166				
	216 224 260 268 270 281				
Kuczynski, Jürgen	231				
Kwizinski, Julij	118 129 - 130				
Lafontaine, Oskar	87				
Lambsdorff, Otto Graf	87				
Lange, Ingeburg	97 124 155 216 268				
Leich, Werner	94				
Lenin, Wladimir	82				
Liebknecht, Karl	12 25 28 - 29 92				
Löffler, Kurt	177				
Lorenz, Siegfried	16 18 268 270 282				
Luft, Christa	13 20 260 - 261				
Luxemburg, Rosa	12 25 28 - 29 92				
Maizière, Lothar de	258				
Maleuda, Günther	259				

Mann, Dieter	198
Manuilski, Dmitri	67
Marx, Karl	85
Masur, Kurt	162
Mebel, Moritz	234 - 235
Medgyessy, Peter	136
Medwedjew, Wadim	162 - 165
Meyer, Wolfgang	119
Mielke, Erich	103 105 124 - 125 149 153 - 155 157 168 173 - 174 178 216 220 255 - 256 268 281
Mittag, Günter	13 15 - 16 22 63 84 95 - 97 104 109 - 112 125 134 138 - 139 141 - 142 147 149 - 155 166 203 - 205 207 212 216 228 230 257 284
Mitterand, Francois	211 242
Mischnick, Wolfgang	183
Möbis	261
Modrow, Hans	17 - 18 20 - 22 63 93 107 157 181 205 - 206 244 - 245 253 - 254 257 268 280
Moke, Werner	63
Momper, Walter	87 242
Mückenberger, Erich	63 155 216 268
Mühe, Ulrich	197
Müller, Dieter	268 270 281
Müller, Gerhard	22 104 216 268 270 281
Müller, Helmut	99
Müller, Margarete	268
Müller, Werner	270
Müntzer, Thomas	14
Nagy, Imre	88
Naumann, Herbert	155 166
Németh, Miklós	119 121 136 144

Neubauer, Horst	131 - 132 154
Neumann, Alfred	154 - 155 209 216 268
Neumann, Heinz	276
Nixon, Richard	79
Nyers, Reszö	100 138 - 139 142 - 144 147
Olechowski, Tadeusz	90
Ormos, Maria	148
Ossietzky, Carl von	160
Ott, Harry	134
Pallagi, Ferenc	112
Pieck, Wilhelm	67 203
Podkljutschnikow, M.	118
Postler, Erich	280 285
Pozsgay, Imre	88 119 148
Quandt, Bernhard	275 - 276
Rauchfuß, Wolfgang	18 257 268 270 282
Reagan, Ronald	86
Reich, Jens	197
Reinhold, Otto	14 19 - 20 93 231
Rettner, Gunter	148
Richter, Herbert	279 - 280
Ryshkow, Nikolai	105 204
Saikow, Lew	162
Schabowski, Günter	16 - 18 25 - 26 93 98 154 - 155 166 203 218 240 268 270 274 281 - 284 286
Schachnasarow, Georgi	206 211
Schalck-Golodkowski, Alexander	22 182 270 281
Schall, Johanna	192

Scheler, Werner	165
Schewardnadse, Eduard	15 75 - 78 80 - 82 84 - 85 87 - 88 113 - 114 118 - 119 123 125 - 126 147 250 252-253
Schindler, Hans	112 130 132 - 133
Schirmer, Gregor	268
Schmeljow	210
Schneider, Wolfgang	103
Schnitzler, Karl-Eduard von	98 101 106
Scholem, Werner	276
Schönhuber, Franz	86
Schulz, Gerhard	103
Schürer, Gerhard	13 18 20 58 69 147 154 - 155 166 173 210 224 227 - 228 230 268
Schütt, Hans-Dieter	159
Schwanitz, Wolfgang	253 - 254 262 267 277
Seidel, Jutta	19 168 - 171
Seiters, Rudolf	128 - 132 181 - 182 185 244 - 249 257 265
Semmelmann, Helmut	268 270 282
Sieber, Günter	118 134 155 268 270 282
Sindermann, Horst	14 19 63 99 118 122 148 150 153 155 176 216 268 270 281
Sljunkow, Nikolai	84
Sorgenicht, Klaus	168 174 176
Späth, Lothar	87
Spira, Steffie	197
Stalin, Jossif	67 91
Stechbarth, Horst	284
Stoph, Willi	14 17 100 103 119 - 120 125 139 149 154 - 155 159 166 168 176 - 177 192 203 205 216 228 - 230 236 238 257 259 268 270 281
Straub, Bruno	140
Streletz, Fritz	89
Szokai, Imre	144

Teltschik, Horst	80	130			
Templin, Regina	27				
Templin, Wolfgang	27				
Thälmann, Ernst	276				
Thatcher, Margaret	211	242			
Thielmann, Klaus	192				
Thuermer, Gyula	137				
Tichonow, Nikolai	212				
Tisch, Harry	16	22	101	148	151 153
	155	166	176	190 - 191	
	216 - 217	268	270	281	
Todenhöfer, Jürgen	214				
Toeplitz, Heinrich	275	281			
Tschirner, Joachim	197				

Ulbricht, Walter	11	17	67	153	203

Vehres, Gerd	112	134	136 - 138	140 - 142 146
Vogel, Hans-Jochen	86	121	132 - 133	
Vogel, Karl	176			
Vogel, Wolfgang	95	130		
Vranitzky, Franz	123			

Walde, Werner	123 - 124	216	268
Walesa, Lech	106		
Walters, Vernon	121		
Weizsäcker, Richard von	106		
Wekwerth, Manfred	159		
Wendland, Günter	178	262	
Willerding, Hans-Joachim	269		
Winter, Rudolf	233	238	
Wolf, Christa	197		
Wolf, Markus	197		
Wollenberger, Vera	25		
Wötzel, Roland	271		

Ziegenhahn, Herbert	270	281

Im Rahmen der vorliegenden Publikation war eine umfassende Darstellung von Biographien der aufgeführten Personen leider nicht möglich. Weitergehende Informationen bieten u. a.:

Wer war wer - DDR. Ein biographisches Lexikon. Hrsg. von Jochen Cerny. Berlin 1992.

Andreas Herbst/Winfried Ranke/Jürgen Winkler: So funktionierte die DDR. Bd. 3: Lexikon der Personen. Reinbek bei Hamburg 1994.

ZEITSCHRIFT FÜR GESCHICHTSWISSENSCHAFT (ZFG)

42. Jahrgang 1994

Erscheinungsweise: monatlich
- bis 1990 im VEB Verlag der Wissenschaften
- bis 1993 in der Hüthig Verlagsgemeinschaft Berlin/Heidelberg
- seit Herbst 1993 im Metropol Verlag Berlin

Seit Januar 1994 herausgegeben von:
Prof. Wolfgang Benz (Technische Universität Berlin)
Prof. Georg G. Iggers (Buffalo und Washington, USA)
Prof. Fritz Klein (ehem. Akademie der Wissenschaften, Berlin)
Prof. Ernst Schubert (Universität Göttingen)
Prof. Dietrich Staritz (Universität Mannheim)
Prof. Peter Steinbach (Freie Universität Berlin)
Prof. Ludmila Thomas (Humboldt Universität Berlin)
Redaktion: Daniel Küchenmeister (verantw.), Marcella Fuchs, Jürgen Danyel, Günter Braun, Gerd-Rüdiger Stephan . Tel. (030) 38006252

Regelmäßige Rubriken:

ARTIKEL (Wissenschaftliche Arbeiten zu allen Problemen der deutschen, europäischen und Universal-Geschichte und zu Fragen der Geschichtstheorie)

AUS DEM WISSENSCHAFTLICHEN LEBEN (Aktuelle Berichte über wissenschaftliche Konferenzen und Projekte)

DISKUSSION (Forum für Kontroversen)

REZENSIONEN (monatlich zwischen 5 bis 10 ausführliche Buchbesprechungen)

ANNOTATIONEN (monatlich 20 bis 30 Kurzbesprechungen)

Verbreitung: ca. 20 Länder
Einzelheft: 24,- DM
Abonnement (Inland): 238,- DM (12 Hefte = 19,83 DM per Ausgabe)

METROPOL VERLAG . Kurfürstenstr. 135 . 10785 Berlin
Tel. (030) 2618460 Fax (030) 2650518

Honecker - Gorbatschow
Vieraugengespräche

Herausgegeben von Daniel Küchenmeister

271 Seiten . Leinen . 32,00 DM
ISBN 3-320-01804-3

„Die Texte in diesem Buch, vor allem Protokolle und Notizen von Gesprächen, daneben aufgezeichnete mündliche Botschaften und Briefe, stammen alle aus dem Zentralen Parteiarchiv der SED. Der Herausgeber hat ein ausführliches zeitgeschichtlich instruktives Vorwort beigefügt. Das Ganze macht einen ordentlichen Eindruck." (FAZ, 10.11.1993)

„Vor einer Überinterpretation der Gesprächsnotizen beziehungsweise ihrer selektiven Behandlung sei gewarnt", heißt es in der vorzüglichen Einführung der Dokumentation durch den Herausgeber Daniel Küchenmeister. Das ist eine wissenschaftlich gerechtfertigte Warnung. Indes darf man sich nach der Lektüre der in einem bestimmten Zusammenhang geäußerten Ansicht des Herausgebers generell anschließen, „wie sehr beide Persönlichkeiten des historischen Untergangs des Sozialismus waren." (Die Zeit, 5.11.1993)

Dietz Verlag Berlin
Weydingerstraße 14-16
10178 Berlin